日本語本質論

翻訳テクスト分析が映し出す姿

泉子・K・メイナード　著

明治書院

はじめに

　日本語研究では、これまで日本語の特徴について数多く論じられてきた。表記、語彙、文構造、談話構造、レトリックなど、その考察範囲は広い。筆者も日本語の諸相に関連した研究を重ねてきたのだが、本研究は、筆者のポピュラーカルチャーの日本語の分析（『ライトノベル表現論』明治書院 2012、『ケータイ小説語考』明治書院 2014、*Fluid Orality in the Discourse of Japanese Popular Culture,* John Benjamins 2016）と、それに基づく哲学的考察（『話者の言語哲学』くろしお出版 2017）に続く研究である。筆者は一連の研究で、言語の主体としての話者が、いかに豊かな日本語表現を生み出しているかを探究してきた。本書では、表現性に満ちた日本語の根源に発見できるその本質をテーマとして、より深く考察したい。

　本研究では、翻訳テクスト分析というアプローチを試みる。英訳を中心とした翻訳テクストを分析し、日本語表現がどのように翻訳されるか・されないか、特に原作の日本語の意味が翻訳文に充分に反映されない点を指摘し、それを通して日本語の本質を確認する。もっとも、翻訳という行為にも複雑な問題が絡んでいる。翻訳の可能性と不可能性の論議に見られるように、そのプロセスにおける課題は無視されてきたわけではなく、これまでもその問題点や限界性が論じられてきた。ただ、それらの言説は、起点言語テクストと目標言語である翻訳テクストを広範囲にわたって分析することなく、主張され続けてきたに過ぎない。現在でも多くの実例を分析した研究は、ほとんど存在しないのである。本研究では言語表現に焦点を当てながら、翻訳で失われる意味をより広く深く検証するために、幾つかの作品の原作と対照しながら翻訳テクスト分析を試みる。

周知のように、日本語話者が駆使する各種の創造的な表現の意味や表現性は、必ずしも他の言語に充分反映されるわけではない。翻訳上の意味のずれを明らかにする作業は、日本語を広い視野から、そして、他者の視点から考察するというプロセスであり、それは日本語を深く理解するための条件でもある。外国語に充分反映されず伝わらない意味にこそ、日本語の特徴を発見することができるからである。

　その過程で浮き彫りになる日本語の本質とは、一連の言語操作の根底に横たわる空白の場における空白の話者の存在である。ここで言う空白とは消極的な世界ではなく、そこに大きな積極性と可能性を秘めたものである。場には豊かな状況が具現化し、それを感受する者として豊富な様相を備えた話者が潜在する。そして日本語とは話者が自分を相手に提示するために、創造的に情感を込めて表現し演出するリソースとしてある。それは、情報を伝えて相手を説得するというより、情的な思いを共有するための手段として機能する言語である。日本語はまた、スタイルや話者のキャラクター提示を可能にするキャラクター・スピークなどの、バリエーションに富んだ言語でもある。

　昨今、グローバル化した情報社会において、日本のポピュラーカルチャーを含む広義の文芸作品が、外国語に翻訳されるケースが増加している。そのように紹介され消費される日本語文化は、日本語の表現性を正確に伝えているのだろうか。日本語の本質は理解されているのだろうか。もしそうでないなら、どのような意味で差異が生じているのだろう。日本、日本人、日本文化は世界の中で充分理解されることなく、ある意味、誤解されたままにあるのではないだろうか。

　翻訳というプロセスで失われがちな日本語の意味は、いわゆる主観的な意味、陳述、辞的表現、または、モダリティと言われる部分である。しかもこれらの意味は間主観性に支えられ、常に読み手や聞き手としての相手やコンテクストに影響を受ける。主観的な情感は命題の情報を包み込みながら、話者の視点、発想・発話態度、情意・情緒などの深い心情的な意味を提供する。そのような豊かな表現性は、日本語の持つ美しさと、日本の文化に見られる審美的な価値観につながっている。同時に書き手や話し手としての話者は、どのように

自分を演出するかという決断に迫られ、スタイルやバリエーションを個性的に選択し運用する。その多様性は、日本の社会に根付く人間関係のあり方に動機付けられているのだが、その意味や表現効果は翻訳テクストでは充分に伝えられない。

さらに翻訳の過程で失われる側面として忘れてならないのは、話者の創造性である。創造的な表現であればこそ見逃せない表現性も、主観的な意味と同様に失われがちになる。例えばミステリーの翻訳では、読者が物語のあらすじを追うだけなら、原作の表現性が充分翻訳されなくても欠如していると意識されない。いや、むしろあらすじ以外の複雑な情感や話者の個性は、読者の立場から見れば邪魔になるだけかもしれないのである。

翻訳という現象にまつわるさらに深刻な問題は、英語に翻訳するプロセスで英語に反映されない意味の欠如を意識することのないまま（英語に存在しないのであるから）翻訳テクストとしてグローバルな舞台に紹介されることである。そして、このような日本語作品の翻訳テクストに内在する決定的な意味のずれは、意識されないまま世界文学・文化の一部となっていく。それは、喪失を喪失と感じないという翻訳現象がもたらす根源的な限界性に他ならない。本書では、このような、ともすれば翻訳という過程で生じやすい、原作テクストと翻訳テクストとの間の意味の差異性が、どこに観察できるかを検証しながら考察し、それを鏡としてそこに映し出される日本語の姿を詳しく論じていく。

筆者は長年アメリカに住み、常に日本語と英語を使って生活し、両言語での執筆を続けている。その日常の中でも、日本的な気持ちが伝わっていない場面に遭遇する。個人的な人間関係だけでなく、ポピュラーカルチャーや文学、外交関係、政治問題、学術論文、広範囲のメディアなどにおいても観察される。その場合問題となるのは、日本語の本質として、日本人のコミュニケーション方法に深く根付いている感情や態度である。それらの意味は英語で表現できないことが多く、また、たとえ英語に翻訳したとしても無視されがちである。情報の交換はできていても情的な意味のずれが生じ、深いところでつながっていないことがある。

このような心情は、グローバル化した世界の広い地域で異なった言語を使い、独特の文化の中で生きる多くの人々が経験していることではないだろうか。異言語間のコミュニケーションでは、外国語で表現できないことを言わなければならないという、矛盾した行為が必要とされる。その文化や言語の根底に潜む最も大切な意味は、それぞれ異なる価値を伴っていることが多いため、伝わり難いと言える。私たちはそのような困難に直面する時、翻訳にまつわる言語間の差異性と、意味のずれをより強く意識させられる。それは、意味のずれが、母国語が外へ出て他の言語と接触する過程で、より鮮明に映し出されるからである。

　ところで、歴史上、最も真剣に日本語と英語を比較することを余儀なくされたのは、幕末から明治へという日本の近代化の渦中に身を置いた、海外への留学経験者たちだったのではないだろうか。筆者が勤務するニュージャージー州立ラトガース大学（Rutgers University）は、アメリカ独立前の1766年にQueen's Collegeとして創立され、その後 Rutgers Collegeとなり、さらに現在のような州立の総合大学となったもので、全米で8番目に古い大学である。実は、ラトガース・カレッジには、日本と交流の歴史があり、1860年代後半から1870年代にかけて、20名近くの日本人留学生が在籍していたのである。日本語と英語という言語文化の間に身を置いた幕末の若者たちは、侍としての生活からアメリカ東部の大学生としての日常を経験することになり、日夜、翻訳というプロセスに直面した。そのカルチャーショックは、相当のものだったろうと想像できるのだが、その頃の事情を語るものとして、現在に語り継がれる日下部太郎（八木八十八）の悲話がある。

　越前藩の武家に生まれた太郎は、藩主に選ばれて米国留学の命を受け、1867年に22歳でラトガース・カレッジにやって来る。大学ではその秀でた才能を発揮したものの、過度の勉学のため結核を患い、1870年4月13日、卒業を目前にして他界してしまう。しかしラトガース・カレッジは、その年の卒業生名簿に太郎の名を加えたのみならず、米国の最優秀卒業生に贈られるファイ・ベータ・カッパ賞を与える。その賞は、翌年の春、太郎に特別にラテン語を教えたラトガース・カレッジの先輩であるウイリアム・E・グリフィス（William

Elliot Griffis）によって、はるか遠い福井の太郎の父親のもとに届けられた。現在もなお、大学から遠からぬウィロー・グローブ墓地（Willow Grove Cemetery）には太郎の他、6名の志なかばにして異郷の土となった日本人の若者たちの墓標が立っている。

　2020年は、太郎の没後150年にあたるのだが、先日、筆者は福井出身の友人と墓前に立った。墓地の一角の小さな区画、その向かって右側のオベリスク形の墓碑には、「大日本越前日下部太郎墓」と、薄れてはいるが、日本語の文字が読みとれる。アメリカに留学した日本人の中には、洗礼を受けてキリスト教信者になった者もいたのだが、太郎は周囲のプレッシャーに堪え、最後まで侍でいたのだそうだ。やはり、文化的な差異性は人の心を蝕み、異文化間に起きる苦悶を強いる。

　今、世界における日本語文化の宿命を思う時、太郎や幕末の留学生たちが経験した言語や思想の差が何であったのかを問うことは無意味ではない。それは、日本語文化には翻訳してもしきれない本質があるという証であり、異言語・異文化の間に認められる、埋めることのできない溝の深さを示しているからである。

　本書では翻訳行為の結果として入手できる翻訳テクストに焦点を当てることで、異なった文芸の諸相と日本語の談話における話者のあり方を探求する。筆者はそのプロセスを通して、日本語文化における空白の場に位置する空白の話者がいかに具現化するかを追いつつ、その本質に迫りたい。翻訳される外国語を、日本語の本質を照らし出す一つの灯として利用することで、ぼんやりしたものや陰の中に潜むもの、そしてむしろ日頃意識しない何かが映し出されるものと思う。

　本書の出版にあたり、プロジェクトの前半では久保奈苗さん、後半では社長の三樹蘭氏に大変お世話になった。『ライトノベル表現論』『ケータイ小説語考』に続き、今回も、創業123年という伝統ある明治書院さんにお世話いただいた。日本語学における筆者の学問上の冒険をあたたかく受け止めていただき、本当にありがとうございました。

最後に、三回のアメリカ留学を応援してくれた亡き父母、組谷勉・春江と、長年にわたりアメリカ生活を共に楽しみながら、サポートし続けてくれる夫のマイケル（Michael L. Maynard, Ph.D.）に感謝の意を表したい。

　　　　　　　　　　　2018年12月
　　　　　　　　　　　ニュージャージー州、ハイランドパークにて
　　　　　　　　　　　SKM

目　次

はじめに…iii

第1部　背景と理論 ———————————————————— 1

第1章　翻訳テクストと日本語 ———————————————— 2

1.1　翻訳テクストから日本語の本質へ…2
1.2　翻訳テクストにおける意味のずれ…6
　　　1.2.1　誤訳…6／1.2.2　欠落…10
1.3　翻訳テクストの日本語への影響…14
　　　1.3.1　日本の翻訳事情…14／1.3.2　翻訳テクストと日本語の文…16／
　　　1.3.3　文学ジャンルと文体への影響…18／1.3.4　翻訳テクストとステ
　　　レオタイプ化された表現…19／1.3.5　翻訳を前提にした文学作品…20
1.4　翻訳テクスト分析の枠組みと理論的背景…21
　　　1.4.1　言語研究の諸分野からの応用…21／1.4.2　比較対照分析の手法
　　　…22／1.4.3　文学翻訳テクストのスタイル分析…25
1.5　使用データ…28
1.6　本書の構成…32

第2章　日本語思想の深層：空白の場と空白の話者 ——————— 36

2.1　背景…36
　　　2.1.1　西洋哲学と西洋言語学のコンテクスト…36／2.1.2　日本文化と
　　　日本語に関する先行研究…41
2.2　空白の場における話者…45
　　　2.2.1　西田哲学と場所の論理…45／2.2.2　述語論理から浮かび上がる
　　　話者…46
2.3　陳述と日本語表現…48
　　　2.3.1　陳述と辞の発見…48／2.3.2　時枝文法の構想と場面…51
2.4　間主観性と話者…53

2.4.1 間主観性と場…53／2.4.2 主観的・間主観的表現と潜在的な話者…55
2.5 パトスのレトリック…57
2.5.1 パトスのレトリックの特徴…57／2.5.2 ロゴスのレトリックとの比較…59／2.5.3 レトリック的な話者…60
2.6 空白の場と空白の話者…63
2.6.1 空白の場の意味付け…63／2.6.2 空白の話者の存在感…64

第3章 翻訳と意味の差異性 ———————————— 68
3.1 翻訳と言語における意味のずれ…68
3.2 翻訳行為の捉え方と意味…71
3.2.1 翻訳の理想…71／3.2.2 翻訳の種類…72／3.2.3 翻訳手順…74
3.3 翻訳研究からの視点…75
3.3.1 翻訳研究の展開…75／3.3.2 翻訳のキーワード…77／3.3.3 翻訳とイデオロギー…79／3.3.4 翻訳における書き換えと意味のずれ…81

第2部 考察 ———————————————————— 85

第4章 空白の場と状況の設定 ———————————— 86
4.1 求心的な表現世界…86
4.1.1 場から話者へ…86／4.1.2 文構造と求心性…88／4.1.3 場の設定を前提とする世界…92
4.2 オノマトペと場の具現化効果…94
4.2.1 オノマトペの具体性と臨場感…94／4.2.2 慣習的オノマトペ…95／4.2.3 臨時的オノマトペ…99／4.2.4 「ちらちら」と作品全体の結束性…100／4.2.5 「ドシン」が呼び起こす場と文学性…104
4.3 登場人物の設定と場…107
4.3.1 ジョバンニと Kenji…107／4.3.2 ジョバンニの指示表現…109／4.3.3 主人公の提示方法と場…110／4.3.4 「二人」の情意と結束性…112
4.4 おわりに…114

目次　xi

第5章　空白の話者の登場：潜在性と可変性 ——————117

- 5.1　感受経験の前景化…117
  - 5.1.1　状況感受の多様性…117／5.1.2　知覚表現と潜在的な話者…124
- 5.2　受け手視点の文構造…127
  - 5.2.1　受身の情意…127／5.2.2　「てくれる」と他者とのつながり…131
- 5.3　一人称表現の可変性…134
  - 5.3.1　複数の話者提示…134／5.3.2　話者の潜在化：ゼロ記号と「私」…137／5.3.3　「私」と「自分」…141／5.3.4　三人称と一人称の間…144／5.3.5　「俺」・ゴシック体の「俺」・「俺ら」と空白の話者…147
- 5.4　おわりに…151

第6章　トピック・コメント軸：コメントを提示する話者 ——————153

- 6.1　トピック・コメント軸…153
  - 6.1.1　トピック・コメントと「は」…153／6.1.2　トピック・コメント的世界…155／6.1.3　シーンにおけるトピック構造…158／6.1.4　ステージング操作と語りの方策…160
- 6.2　名詞句と情報のパッケージ…166
  - 6.2.1　名詞化と情報ユニット…166／6.2.2　名詞句とコメント…170
- 6.3　ノダ文と非ノダ文…175
  - 6.3.1　「のだ」の意味と機能…175／6.3.2　ノダ文でコメントする効果…178／6.3.3　ノダ文の多用と回避…182
- 6.4　デアル文とノデアル文…184
  - 6.4.1　「だ」と「である」の比較…184／6.4.2　デアル文の発話態度とコメント…187／6.4.3　「のである」と談話構造…191
- 6.5　おわりに…195

第7章　語りのモダリティ：語り方を操作する話者 ——————197

- 7.1　表記と語彙の操作…197
  - 7.1.1　記号論と間ジャンル性…197／7.1.2　カタカナ表記の意味…201／7.1.3　「共感」と「キョーカン」…205／7.1.4　類似した語彙グループの表現性…208／7.1.5　「雨ニモ負ケズ」を導入する効果…212
- 7.2　揺れ動く時制…215
  - 7.2.1　ル形とタ形の意味と機能…215／7.2.2　物語における時制の揺れ…218／7.2.3　ル形の意味：従属性と即時性…224

7.3　引用と心内モノローグ…228
　　　7.3.1　引用表現の機能…228／7.3.2　多様な引用方法…230／7.3.3　語りの心内モノローグと心内会話…234／7.3.4　引用の変動性と移人称…239
7.4　スタイルシフト…243
　　　7.4.1　語りの態度とデス・マス体…243／7.4.2　会話体へのシフト…247／7.4.3　スタイルとアイロニー…250
7.5　おわりに…254

第8章　バリエーションとキャラクター・スピーク：自由に演出する話者 ── 256

8.1　空白の話者とキャラクター・スピーク…256
　　　8.1.1　言語の本質とバリエーション…256／8.1.2　キャラクターとキャラクター・ゾーン…258／8.1.3　キャラクター・スピークと話者の演出…260
8.2　バリエーションとキャラクター設定…262
　　　8.2.1　おじさん言葉と老人語…262／8.2.2　特殊な登場人物の設定…264
8.3　ヤンキー言葉と若者言葉…267
　　　8.3.1　ヤンキーキャラクターの提示…267／8.3.2　若者を意識させるバリエーション…270
8.4　方言とおネエ言葉…273
　　　8.4.1　方言とキャラクター…273／8.4.2　キャラクター・スピークとしてのおネエ言葉…276
8.5　語り手のキャラクター・スピーク…280
　　　8.5.1　語りの声と方言…280／8.5.2　語りのキャラクター・スピーク…282
8.6　おわりに…286

第9章　翻訳テクストとしての日本語 ── 289

9.1　ポルトガル語小説の翻訳テクスト…290
　　　9.1.1　キャラクター・スピーク…290／9.1.2　感受表現…299
9.2　ポルトガル語物語の翻訳テクスト…301
　　　9.2.1　「こと」表現と名詞化…301／9.2.2　授受表現…308
9.3　日本語翻訳テクストの比較：共通性と個人差…310
　　　9.3.1　柴田訳と村上訳の特徴…311／9.3.2　一人称表現…314／9.3.3

　　　　登場人物の人称表現…318／**9.3.4** ノダ文とノデアル文…319
　9.4 おわりに…322

第3部　展望 ——————————————————————— 323

第10章　日本語の本質と翻訳 ——————————————— 324
　10.1 日本語表現の本質と話者…324
　10.2 翻訳テクスト分析が映し出す日本語の姿…327
　10.3 翻訳における意味のずれ…329
　10.4 グローバル時代と日本語の存在理由…333
　10.5 世界の中の日本語と日本語本質論…336

参照文献・サイト…341
使用データ…363
使用作品紹介…366
著者索引…375
事項索引…381

第1部

背景と理論

第1章
翻訳テクストと日本語

1.1 翻訳テクストから日本語の本質へ

　本書では翻訳テクスト分析を試みるのだが、まずその手法の必要性を論じるべきであろう。翻訳テクスト分析を実践する根本的な動機は、ある言語と他の言語の意味の差異性を意識することによって両言語の姿がより鮮明に映し出され、それぞれの言語に対する理解が深まることにある。具体的には、分析の過程で起点テクストの諸相が、目標言語の翻訳テクストにどのように翻訳されるか・されないかを観察することで、両言語の比較対照が可能になる。本研究の立場は、翻訳テクストを媒介として、原作である起点テクストへ回帰する研究態度であり、焦点を当てる差異性には語彙や文法だけでなく、それぞれの言語内のバリエーションや談話レベルの現象が含まれる。そして分析の過程でそれぞれの言語の特徴が前景化してくるため、起点言語である日本語自体の特色が浮き彫りになる。つまり、異言語間の意味のずれを通して、言語内部の本質を理解するという仕組みである。

　本書の分析では、起点言語のテクストと翻訳テクストとを、比較しながら記述し分析する。それは、第3章で紹介する翻訳研究で取り上げられる多くの研究姿勢と、翻訳を巡る懸案を認めながらも、基本的には記述的な談話分析の試みである。翻訳テクスト分析では、複数の言語の諸相が互いに鏡像関係に置かれるのだが、本研究のテーマである日本語の本質を論じるために、対照する言語として筆者は英語を選んだ。英語との比較対照を試みる理由は、筆者が英語に関する経験があること以外にも幾つかある。英語は現在インターネット社会

を中心とするグローバルな世界で、中心的な位置を占める言語であることと、多くの学問的アプローチが、英語または他の西欧語を基盤として発展したことがあげられる。さらに重要なのは、多くの哲学的思想が西洋文化の中で育まれたものであり、本研究はその西洋中心主義に疑問を投げかける立場をとっていることから、西洋の言語学の基盤となっている英語と比較対照するのが有益であるという点である。もちろん世界の言語環境は西欧語だけではなく、例えば中国語のように母語話者の数から言うと無視できない言語もあるわけで、英語以外の言語と比較対照することで異なった日本語の本質が映し出される可能性がある。しかし、それは本研究の範囲を超えるテーマであり、将来の研究を待たねばならない。

　具体的には、翻訳テクストとしての英訳に表層化していない表現から、日本語にあって英語にない表現、または、日本語で頻繁に使われるものの、英語では好まれない表現を観察することで、日本語とはどういう言語かという疑問に答える。それは、言語に限らないのであるが、他者を通して再帰的に自分を見つめ発見することで、その本質が浮き彫りになるという基本的な理解の仕方である。なお、本書の大半は日本語の原文と英訳との比較対照であるが、後述するように、第9章ではポルトガル語と英語を起点言語とした作品の日本語と英語の翻訳テクストをもデータとする。

　従来の翻訳を利用した研究は、そのデータが、ともすると研究者の好みによって選ばれる傾向があり、偏ったものになりがちだった。全ての学問における研究成果は、多かれ少なかれイデオロギーというフィルターを通した結果得られるものである。しかし、より根本的な問題として、あるイデオロギーに動機付けられた学問的な立場が一般化すると、その立場からしか現象を見ることができなくなるという弱点がある。より広範囲の具体例を分析するという、最も基本的であるべき研究態度が見失われがちで、実際に分析される現象は、研究者の私見にうまく利用できるような特殊な例が意図的に、または単なる不注意から、選ばれることが多くなる。本研究ではこのような偏りを避けるため、なるべく多くの作品の翻訳テクストを、談話分析や比較対照分析の立場から分析していく。

従来のアプローチの一つで翻訳テクスト分析の基本となってきた概念に、翻訳論で言われる等価（equivalence）がある。しかしこの概念は、西洋的学問の伝統に基づいたものであり、あくまで主語・述語を枠とする命題の意味に分析の焦点が当てられてきた。このため、情意や発想・発話態度を含んだ広い意味の等価を考察することは、不充分であった。より広い視野からの翻訳テクストの分析が必要なのである。

　翻訳をテーマとする翻訳研究という分野があるが、この分野においてさえ、実際の翻訳テクストの分析が充分になされてこなかったという経緯がある。通訳者と翻訳者の養成や社会的地位などに関した研究が、多く見られる傾向がある（Takeda 2012）。例えば日本通訳翻訳学会の機関誌『通訳翻訳研究』では、理論的なものより応用論・実践論や、翻訳または通訳の仕方という実技面が重視される。このため、処方箋的な方法論が中心になりがちであり、真に記述的な研究はあまり見かけないのである。また、従来の翻訳研究で考察される現象は、全体的に見るとむしろ逸脱したものであることが多く、代表的なものとは限らない。早川（2013）は翻訳学についてその背景を説明しているが、これから必要なこととして「翻訳テクストそのものの分析を行なっていくことが今後の課題である」（2013: 6）と述べている。本研究では、あくまで広範囲にわたる実際の翻訳テクストを分析することにする。

　なお、海外で盛んになりつつある翻訳研究・翻訳学という学問領域は、日本の研究者にも影響を与え、新しい研究が始まっていることに言及しておくべきであろう。翻訳テクストを分析する研究や理論的な論述など、翻訳者や通訳者だけでなく、言語学者や日本語学者などからの寄稿も見られるようになってきている。ますますグローバル化するインターネット社会において、翻訳に関する国際的な興味が増しつつある。そのような学問的風土の中で、翻訳作業と日本語の特徴との多様な関係が、より明らかになっていくことが期待される。

　翻訳テクストに日本語の特徴を探すという研究態度で、一つ注意するべきことがある。それは、ともすると日本語では使われないとされてきた文構造が、直接分析の対象として取り上げられない部分で使われることがあるという事実である。例えば、日本語と英語の他動性についての論述がある。日本語では、

英語の無生物が仕手として何らかの行為をするという文構造、特に原因とその結果という関係付けを避けることが知られている。そのような英語の構造を日本語に翻訳する際は、受け手視点の文構造になることが多く見られることは確かである。しかし、例えば、(1a)の「低いブザーの音が彼女の思考を現実に引き戻した」という日本語表現には、無生物が仕手として行為をし、それが原因となってある結果をもたらすという構図が観察でき、(1b)の英訳はそれに照応した構造になっている。

(1a)『真夏の方程式』87
（略）低いブザーの音が彼女の思考を現実に引き戻した。

(1b) *A Midsummer's Equation*, 75
The sound of a hushed buzzer brought her back to the present.

このような文の構造は、もともとは欧文を日本語に直訳したことの影響であると考えられるが、日本語で書いた作品にも見られるようになり、八木下(2016)は、夏目漱石の『私の個人主義』の中に無生物主語の構文が使用されていると指摘している。本研究が明らかにするように、英語の構造が日本語と違うことが原作と翻訳との構文上のギャップを生み出すことは確かに多いのだが、英語的な構造が日本語に全く用いられないというわけではないことを、認識しておく必要がある。同様に、日本語的とされる表現が、英語に全く使われないわけではないことにも留意しておきたい。

なお、本研究では翻訳テクストを分析するので、ここで翻訳者と翻訳作品について二点指摘しておきたい。第一は、翻訳テクスト自体が一つの作品であることを、認めるべきであるという点である。翻訳者は訳者あとがきなどで、その経緯や経験について感想を述べることがあり、それを通して翻訳行為に対する態度を知ることができる。例えば、宮沢賢治の『銀河鉄道の夜』の翻訳者であるPulversはその経験を「賢治の短編や詩を読んだことで日本語を覚えた」(1996: 241)と述懐している。Pulversは翻訳の際、原作の作風を反映するこ

とのできる文体を見出すことを心掛けていたとして、次のように述べている。

> 『銀河鉄道の夜』の翻訳に際し、ぼくは次のようなことをいつも心の中で呟いていた。「もし賢治が英語で書くとすれば、どんな文体を使い、どんな単語を選ぶだろう。どんな音に惹かれ、どんな音に神秘性を感じるだろう。賢治の自然観に通底するようなものをはたして英語の中に見出せるだろうか……」(1996: 245)

　このような翻訳者の情熱を思う時、翻訳は確かに一つの作品として存在することが感じられ、そう扱うことが妥当であると思われる。
　第二は、本書の趣旨は翻訳作品の過ちを指摘することで、翻訳者の弱点をつくという性格のものではない点である。翻訳にはその当事者にしか分からない苦労があるのであり、その行為に真摯に向き合いたいと思う。本書の目的は、翻訳者や翻訳作品に対して個人的な批判をすることではなく、あくまでもそれらの現象を通して日本語の姿をより深く理解することにある。

1.2　翻訳テクストにおける意味のずれ

　筆者は第2部で翻訳テクストの具体的な分析をするのだが、ここで翻訳行為に伴うある種の意味のずれの具体例をあげ、その現象に触れておきたい。それは誤訳と欠落という翻訳上のギャップである。これらは質と程度の差こそあれ、どの翻訳作品にも見られるのであるが、翻訳テクストの比較対照分析の対象にはならない。明らかな誤訳と欠落部分は言語間の差異性に基づくものと言うより、翻訳者の個人的な決断によるものだからである。しかし、誤訳と欠落を全く無視するわけにもいかないため、以下簡単に触れておきたい。

1.2.1　誤訳

　翻訳文の中には、明らかに誤訳とされる部分がある。例えば、今回分析の対象とする『銀河鉄道の夜』の四人の翻訳者による英訳に、その現象が確認でき

る。(2a) は、ジョバンニが学校から家に帰り、病気の母親と交わす会話である。原文の「どうか」の翻訳であるが、この「どうか」は、どうかお願いという意味であり、どうしようかという意味ではない。(2d) は 'Well, let me see'、(2e) では 'I guess so' となっていて、(2b) と (2c) の翻訳にある 'please' の意味は反映されていない。(2d) と (2e) の「どうか」の訳はやはり誤りであるとせざるを得ない。

(2a)『銀河鉄道の夜』62
「おっかさん、窓をしめておこうか。」
「ああ、どうか。もう涼しいからね。」

(2b) *Night Train to the Stars*, 31
"Mom, shall I shut the window now?"
"Yes, please, it's getting quite chilly."

(2c) *Night on the Galactic Railroad & Other Stories from Ihatov*, 53
"Shall I close the window for you now?"
"Please do. It's gotten a bit chilly."

(2d)『英語で読む銀河鉄道の夜』39
'Should I close the window for you, Mom?'
'Well, let me see … it's already getting cool now, I suppose.'

(2e) *Milky Way Railroad*, 28
"Shall I close the window, Mom?"
"I guess so. It is getting cool."

同様に『銀河鉄道の夜』の「手を大きく振って」という表現も誤訳されている。まず、原作を見てみよう。

(3a)『銀河鉄道の夜』57

けれどもジョバンニは<u>手を大きく振って</u>どしどし学校の門を出て来ました。

この場合、ジョバンニが手を振るという動作は、歩きながら手を振っているのであって、友達に向けて手を振っているのではない。手を振るという日本語表現は、確かに別れ際の合図であることもある。しかし、このコンテクストでは、ジョバンニはみんなの中に入れない自分を残念に思いながらも、それに逆らって、から元気にわざと手を前後に大きく振って歩いていくのである。(3a)の直前が次のようであることからも、ジョバンニの淋しい気持ちが読み取れる。

(4)『銀河鉄道の夜』57

ジョバンニが学校の門を出るとき、同じ組の七八人は家へ帰らず、カムパネルラをまん中にして校庭のすみの桜の木のところに集まっていました。それはこんやの星祭りに青いあかりをこしらえて、川へ流す烏瓜を取りに行く相談らしかったのです。

「手を大きく振って」の英訳は (3b) から (3e) に示される通り 'gave a vigorous wave'、'gave them a wave'、'waving his arms high in the air'、そして 'with a broad wave of his hand' となっていて、すべて 'wave' という表現を使っているが、むしろ 'swing' という表現が正しいように思う。

(3b) *Night Train to the Stars*, 23

Giovanni, though, <u>gave a vigorous wave</u> and marched straight on out of the gate.

(3c) *Night on the Galactic Railroad & Other Stories from Ihatov*, 48

Not stopping to join in, Giovanni just <u>gave them a wave</u> before rushing off into town.

(3d) 『英語で読む銀河鉄道の夜』23
　Giovanni hurried out the gate waving his arms high in the air.

(3e) *Milky Way Railroad*, 19-20
　But Kenji, with a broad wave of his hand, hurried by and went on out the school gate.

　実際、『銀河鉄道の夜』には「大きく手を振って」という表現が（5a）に示すようにもう一度登場するのだが、その使用には上述のジョバンニの気持ちがより具体的に描かれている。そして三人の翻訳者が'swing'という表現を使っていて'swinging his arms'となっている。なお（5c）には呼応する英訳部分は見当たらない。

(5a) 『銀河鉄道の夜』64-65
　そしてきゅうくつな上着の肩を気にしながら、それでもわざと胸を張って、大きく手を振って町を通って行きました。

(5b) *Night Train to the Stars*, 39
　He walked on through the town, bothered by his jacket, which was getting too tight for him, yet deliberately drawing back his shoulders and energetically swinging his arms.

(5c) *Night on the Galactic Railroad & Other Stories from Ihatov*, 56
　He walked, taking long strides as he continued through the streets, with his chest held out, despite it making his too-small coat pinch his shoulders.

(5d) 『英語で読む銀河鉄道の夜』47, 49
　He went through town swinging his arms and straining to swell up his chest on purpose, even though the shoulders of his coat were pinching him.

(5e) *Milky Way Railroad*, 32

He strode on through town, swinging his arms and throwing out his chest, even though it made the coat pinch his shoulders.

1.2.2 欠落

特に欠落部分が多い作品として、『真夏の方程式』の英訳 *A Midsummer's Equation* がある。この作品はミステリーであり、話の進展状況を正しく伝えることが最も重要になることは理解できるのだが、特に、登場人物の心内モノローグや心内会話部分、慣用句や慣用的な表現、語り手が追加する説明部分、そして語り手が直接話法的にコメントする部分、などに欠落が見られる。幾つか例を見よう。

(6b) には恭平の心内モノローグである「さすがは田舎だ」の英訳が見当たらない。

(6a) 『真夏の方程式』80-81

数分後、二人は堤防のそばに立っていた。立入禁止を示すテープが張り巡らされているが、見張りの警察官はいない。さすがは田舎だ。湯川が構わずテープの内側に侵入したので、恭平も倣った。

(6b) *A Midsummer's Equation*, 69

Several minutes later, the two of them were standing by the seawall. Yellow tape had been stretched out in front of the wall, but there were no policemen in sight. Yukawa ducked under the tape and kept walking, so Kyohei followed suit.

(7b) でも同様に、恭平の心内モノローグ「それで伯父さんたちが、ここに布団を敷いてくれたのだろう」が英訳されていない。

(7a) 『真夏の方程式』54

どうやらテレビを見ているうちに眠ってしまったようだ。それで伯父さん

たちが、ここに布団を敷いてくれたのだろう。

(7b) *A Midsummer's Equation*, 47
I must've fallen asleep watching TV?

　(8b)では、「交換する？」「今日のところはやめておこう」という会話部分と、成実の心内モノローグで「来客らしい」が英訳されていない。これは、翻訳者が必要ないと判断したためのように思われるのだが、その理由は明らかではない。

(8a)『真夏の方程式』116-117
「そっちも旨そうだな」湯川がいった。
「交換する？」
「今日のところはやめておこう」
　その時、玄関からブザーの音が聞こえてきた。来客らしい。湯川に、ごゆっくり、と声をかけて成実は宴会場を出た。

(8b) *A Midsummer's Equation*, 101-102
"That looks pretty good too," the physicist remarked.
　The front desk buzzer sounded, so Narumi said, "Enjoy your meal," and excused herself.

　(9b)では成実の心内モノローグ「昨日、駅でタクシーを捕まえられなかったことが、余程悔しいらしい」が全く無視されている。このような例はここだけでなく数多くある。話の進展には差し障りのないものであるとしても、原作に見られるような登場人物の内面が、表現されないままになっているという事実は無視できない。

(9a)『真夏の方程式』77

「この町のタクシーは当てにしないことにした。必要ない時にはいくらでも走っているくせに、こっちが必要な時には一台も見当たらない」
昨日、駅でタクシーを捕まえられなかったことが、余程悔しいらしい。
「ところで、不毛な議論っていうのは聞き捨てなりませんね。みんな、一生懸命に話し合ってるのに」

(9b) *A Midsummer's Equation*, 66
"Because I've decided that the taxis in this town are useless. You see them drive by all the time when you don't need them, but when you need them, there's not a single one to be found."
"I'm surprised you thought that debate was pointless," Narumi said, "I thought everyone was very engaged."

物語の時系列を直接支えない情報は、欠落することがある。(10b) では、「企業の中には、社員名簿を極秘扱いにしているところも少なくない。個人情報だからといって、なかなか見せようとしないことがある」が全く訳されていない。補足的な情報を提供するものであり、物語の進展には関係ないと判断したものと思われる。

(10a)『真夏の方程式』201
「よくあっさり見せてくれたな」
企業の中には、社員名簿を極秘扱いにしているところも少なくない。個人情報だからといって、なかなか見せようとしないことがある。
「捜査以外のことには使わないこと、外部に漏らさないこと、といった内容の誓約書にサインをさせられました。」

(10b) *A Midsummer's Equation*, 175
"And they just showed them to you?"
"They had me sign a piece of paper saying that I wouldn't use them outside of

the investigation, and I wouldn't pass them on to any third party."

　(11b)は、メタファー表現が省略される例である。「正面から見るとキツネのような顔だった」という表現は、直訳しても意味は通じるものと思われるが削除されている。なくても物語の進展にはさしつかえないのだが、このような欠落が作品の表現性の差につながっていることは確かである。

　(11a)『真夏の方程式』320
「伯父さんと花火をした時のことは覚えているかな。六日前のことだけど」野々垣が訊いてきた。正面から見るとキツネのような顔だった。
　覚えています、と恭平は答えた。

　(11b) *A Midsummer's Equation*, 278
"You remember lighting fireworks with your uncle?　It was about six days ago," the detective asked.
"I remember," Kyohei said.

　なお、『R.P.G.』の翻訳にも欠落部分があり、細かい情報がすっぽり抜けていることがある。(12b)では、「都内にある食品会社（株）オリオンフーズ本社営業第二部顧客管理課課長。事件現場から徒歩で十分足らずの新倉二丁目の一角に自宅があり、妻の春恵（四十二歳）と娘の一美（十六歳）の三人家族である」という状況説明が全く翻訳されていない。

　(12a)『R.P.G.』18
　その後、鞄の中身など被害者の所持品により、身元はすぐに判明した。所田良介、四十八歳。都内にある食品会社（株）オリオンフーズ本社営業第二部顧客管理課課長。事件現場から徒歩で十分足らずの新倉二丁目の一角に自宅があり、妻の春恵（四十二歳）と娘の一美（十六歳）の三人家族である。
　これもまた些末なことだがと、佐橋巡査部長は後に語っている。

(12b) *Shadow Family*, 18

After reporting the find, he was able to establish an identity in short order using the contents of the victim's briefcase and other effects: Ryosuke Tokoroda, age 48. There was one other little thing. Officer Sahashi explained later.

　以上、作品によってその質や程度は異なるものの、日本語の文芸作品の英訳における欠落は、細かく調べてみると決して例外的なものではないことが分かる。

　しかし、翻訳テクストに観察される誤訳と欠落は、そのまま日本語の本質や特徴につなげていくことはできない。翻訳テクスト分析ではこのような個人的なむしろ偶発性を伴う現象ではなく、起点言語と目標言語に一貫して観察できる表現を扱う。誤訳や欠落によって失われた表現性を探究することも、興味ある研究課題ではあるが、本書では直接論じない。

1.3　翻訳テクストの日本語への影響

　本研究では翻訳テクスト分析を試みるので、日本における翻訳というプロセス自体について、その背景を概観しておきたい。従来日本語が直面したのは、西欧語から日本語へという翻訳であるが、この翻訳作業が日本語に与えた影響は少なくない。特に興味深いのは次に見るように、西欧語が少なからず日本語に変化をもたらしたという事実であり、それが外国語と日本語との間に埋めることのできないギャップがあることを物語っている点である。

1.3.1　日本の翻訳事情

　明治以降、本格的に始まった日本の近代化は、多くの分野における西洋書物の翻訳作品を生み出した。しかし、翻訳文の勢力が増大し、日本語に多大な影響を及ぼすことを危惧する立場も見られた。谷崎（2010 [1934]）は『文章読本』の中の「西洋の文章と日本の文章」で、言語学的に全く系統の違う二つの国の文章の間には、永久に超えられない壁があると指摘する。このため、西洋

の言語の「長所を取り入れることよりも、取り入れ過ぎたために生じた混乱を整理する方が、急務ではないかと思ふのであります」(2010 [1934]: 256) と述べている。

しかし実際問題として、西洋文化の影響力は否定し難く、翻訳による日本語への影響は続いた。翻訳文は戦前戦後を通して、起点言語を重視した直訳調のものが多かった。大きな変化が見られたのは1970年代である（古野 2002）。1970年代に入ると、翻訳に使われる日本語は、ただ目標言語に移しただけではなく、日本語として自然な表現かどうかが問われるようになり、読み易い日本語に翻訳することが良しとされるようになった。そして翻訳者の間でも、読者の期待感に答えようとする翻訳態度が主流となった。

近代日本の翻訳研究の流れの中で無視できないのは、野上豊一郎と柳父章の対照的なアプローチである（長沼 2013）。野上（1921）は、起点言語と目標言語の間で等価が得られるとする立場をとった。翻訳の分量さえ、原作と比較して多くても少なくても失敗であり、翻訳においては、「中身は全く同じ本質で、同じ分量でなければならぬ」(1921: 135) とさえ述べている。この立場は、長沼（2013）が指摘するように、英国の古典学者 Postgate（1922）の主張をそのまま受け入れたものであり、日本語と西欧語との差異を無視した、現実逃避の理論であったと言わざるを得ない。

この立場に対抗する論述を繰り広げるのが、直訳の不可能性を指摘した柳父（2004, 2010）である。次項で見るように、翻訳が日本語の文体に深い影響を与えたことからも明らかなのだが、二言語間で同じ意味を持ち同じ分量となる翻訳テクストなるものは、容易に存在しないと柳父は主張した。

確かに、近代日本の翻訳の歴史を辿ると、明治から大正にかけての日本では起点言語の規範が優勢であった。英語、ドイツ語、フランス語、ロシア語などの起点言語が重要視され、それらの言語をもとに日本語の新たな文体を創造するなど、日本語を翻訳行為によって変化させるまでの影響力を持っていたのである。現代の日本では、西欧語の重視は薄れつつあることも確かであるが、明治・大正の翻訳文が日本語に及ぼした影響は無視できない。

1.3.2 翻訳テクストと日本語の文

　柳父・永野・長沼 (2010) は、日本における翻訳事情を論じているが、その中で柳父 (2010) は、特に重要な事実として、1889年に発布された大日本帝国憲法をあげている。帝国憲法の内容と表現方法は、伊藤博文が憲法学を学んだドイツのプロイセン地方の法律に深い影響を受けていて、それはドイツ語原案を翻訳したものだったと説明する。柳父 (2004, 2010) を参考に、ドイツ語の翻訳テクストが日本語に与えた影響の具体例として、係助詞「は」についての説明に触れておきたい。

　柳父は特に大日本帝国憲法の冒頭である「第一条　大日本帝国ハ万世一系ノ天皇之ヲ統治ス」という文に注目し、次のように論じる。これはドイツ語の主語で始まる文構造を翻訳したもので、それまで「は」という助詞がこのような形で使われることは、江戸時代の蘭学で例外的に観察されたに過ぎなかった。しかし、この憲法の冒頭の「は」の使用は、日本語に圧倒的な影響を与えることになった。既知情報を示す「は」が、未知情報についても使われることになったからである。読者には未知であっても書き手にとっては既知であることを前提とすることで、その情報を所有している者、つまり、権力者の視点を伝える表現として使われるようになったのである。このように、日本語の基本的な構造にも、翻訳テクストは少なからず影響を与えてきた、と柳父は主張する。

　江戸から明治にかけての日本語の変化の様子を、その分析により明らかにした柳父 (2004) は、翻訳との出会いを契機に日本語がある矛盾を引き受けてきたと指摘する。客観的判断内容を主体的なものの表現で包み込むという日本語の構造は、翻訳文が直面する矛盾を引き受けたものであるとし、「西洋舶来の客観的、論理的内容や、人間世界についての客観的叙述は、いったん翻訳者や学者や作家の『主体的なものの表現』に納められ、そこで『主体的』な変容をこうむる」(2004: 162) ことになったと述べている。いずれにしても、翻訳調の文体が採用されても、それがそのまま起点言語である日本語の伝統的な表現と等価であるはずもなく、日本語はその本質的な陳述に関連した課題を残したまま、一定の影響を受けてきたのである。

近年、西欧語を起点言語とする文学作品が日本語に翻訳されるケースが増加するにつれ、翻訳文についての示唆的な研究が目立つようになってきている。これらの研究は、翻訳テクストの観察を通して言語の特徴を探るという本書のアプローチと類似している。本研究のアプローチは第9章を除いて日本語を起点とするため、翻訳方向が逆の作品を分析するのであるが、どちらの方向であっても翻訳研究を通して日本語の姿が浮き彫りにされてくることは確かであり、その研究姿勢は筆者の考察と矛盾しない。

そのようなアプローチの一つに、翻訳プロセスの考察に基づいて日本語の特徴を捉えた平子（1999）の研究がある。平子は、日本語は統辞的自立性が弱く、客観的で合理的に規定する言語としての力が弱いこと、文脈に依存していて、その状況が基準となり場への配慮がなされること、主観的・評価的な言い方が多く、客観的状態や形状を自分の感情・評価と切り離して表現すべきところでも、感情を交えてしまう傾向があること、などをあげ、次のようにまとめている。

> 日本語の文を言う主体は自分のおかれている場に向きあって、その場を確認・叙述するのである。主体による場への配慮および事態の確認・叙述を第一とし、そのためには統辞的（言語的）論理も犠牲にするというところに、日本語的な「主体性」（言語に対する超越）および「主観性」（思念の優位）をみることができる。(1999: 102)

このように翻訳学者の研究の中には、日本の翻訳文という視点から、日本語の根源に迫る示唆的な研究がある。

同様に、井上（2005）は日本語に翻訳された文学を第三の文学と呼び、その分析を通して次のような欧文とは異なる日本語の特徴をあげている。日本語には主語・代名詞の省略が多いこと、両言語の間には文構造・語順の違いがあり品詞の機能も違うことから、単語レベルの一対一の対応では訳出不可であること、日本語では時制の規則が緩やかであり、関係詞に相当するものを持たないこと、性・年齢・地位・階級等の別が人称代名詞や文末に明瞭に現れること、

そして、日本語は欧文より視覚に訴えるところが大きいこと、である。

　このような特徴は、起点言語としての日本語にも、またポルトガル語と英語を起点言語とする翻訳テクストとしての日本語にも、観察される性格のものである。筆者は本研究で、先行研究で言及されてきた日本語の特徴の根底に横たわる原理として、空白の場と空白の話者という概念を導入し、その具現化のプロセスとしての日本語の姿を捉えていきたい。

1.3.3　文学ジャンルと文体への影響

　翻訳行為が日本語に及ぼした影響は、日本の文学や文芸におけるジャンルの導入と、その細分化に関しても観察される。日本の文学・文芸ジャンルが、外国作品の影響を受けることは少なくない。例えば、日本の推理小説というジャンルは、西洋の mystery novel や detective story の影響を受けたことが知られているし、いわゆるサイエンス・フィクションも、しかりである。Inoue (2012) は、前者のケースとして、Edgar Allan Poe と Arthur Conan Doyle の翻訳作品を、そして後者の例として Jules Verne と H. G. Wells の翻訳作品をあげている。

　さらに日本語文体への影響について Inoue (2012) が特に興味を示すのが、Hemingway の A Farewell to Arms の小田律による日本語訳『武器よさらば』(1930) である。Inoue によると、この日本語訳は翻訳というより、原作をリソースとして自分で語り直したものであるとのことである。当時推理小説の翻訳などで知られた小田は、ヘミングウェイの文体が魅力的なものであり、特にそのリアリズムに満ちた感傷的でない文章は、従来の日本の文体にはなかったものであると感じていたとのことである。そしてやがて、小田が翻訳に使ったリアリズムが、新しい文体として受け入れられるようになっていく。例えば、ヘミングウェイの原作が 'he' という人称代名詞で始まり、動詞の過去形で終わっていることに影響され、翻訳文に登場した「彼は…した」という文が、他の文学作品にも頻繁に使われるようになった、と Inoue (2012) は説明する。そしてこの文体が「乾いた、はっきりした印象」(dry, crisp impression) (2012: 122) をある種の小説に与えることになったと指摘している。

1.3.4 翻訳テクストとステレオタイプ化された表現

　翻訳文には現在日本の実社会では使われない表現が登場することがあり、そのステレオタイプ化された表現が他の日本語の作品にも使用されることがある。ステレオタイプが可能にする意味を利用して、登場人物の特徴を印象深いものにするために使われる場合であり、役割語（金水2003, 2007, 2011, 2014a, 2014b）や、第8章で詳しく論じるキャラクター・スピーク（Maynard 2016, メイナード 2017）を含む。このような翻訳文は、日本語文化の一つの現象として存在するのであり、その意味で翻訳という行為は確かに日本語に影響を与えていると言える。

　中村（2013）は翻訳に使われる日本語が、日常使われる自然な日本語と異なっていることを具体例を示しながら分析している。女性語や男性語、方言などの使用に焦点を当て、翻訳は日本語の古い表現を保存したり、新しい表現を作り出したりしながら変化させていると主張する。具体的には、1957年に和訳された『風と共に去りぬ』から1999年に和訳された『ハリー・ポッターと賢者の石』、そして2006年に新訳された『カラマーゾフの兄弟』に至るまで、ヒロインの言葉はその人の年齢や作品の背景に関わりなく、女らしい言葉に翻訳されてきたことを例示している。

　加えて中村（2013）は、海外の女性著名人が日本のメディアで紹介される際、その発言が女性語に翻訳される現象を考察している。その一例として、アメリカの26歳のジャズ歌手ヘイリー・ロレンの引用「ジャズ歌手と呼ばれるのは間違いではないけれど、シンガー・ソングライターの方がより正確かしら」（2013: 18）がある。これは朝日新聞に掲載された記事に登場する翻訳であるが、「かしら」は女性語として現在ほとんど使われない表現であるにも関わらず、アメリカ女性の言葉として使われている。

　同じような問題は男性語に関しても認められる。中村（2013）によると、西洋の若い男性の発話は気さくな男ことばに翻訳されることが多いとのことである。例えばビバリーヒルズの男子高校生の発話が、「おれの名前はディラン・マッケイ、恋とダンスとロックに夢中なごく平均的なティーンエイジャーさ」（2013: 26）と和訳されていると報告している。このような表現は日本の若者

によっては使われないものの、西洋の若者に特有の表現としてある種の登場人物に用いられる。注1

　女性語などの日本語表現をどのように扱うべきかという問題は、翻訳者の立場からも問い掛けられている。野崎（2014）は、登場人物の台詞の語尾に「わ」をつけておくか迷うのだが、翻訳文の形をできるだけ整えていくことで、その決断に何かが宿るように願うのだと説明する。翻訳の困難さを乗り越えるために、翻訳者は「かのように」という想定のもと、つまり原作をあたかもそうであるかのように理解し、日本語に訳すときもその内容をそっくり移す・映すことができるかのように振舞うのだ、と言う。翻訳者は現実的な問題として、原作の内容を日本語で表現できるとする任務に従事しているのであり、表現方法を探すプロセスではステレオタイプに陥り易い傾向があると言える。翻訳という行為が起点言語に与える影響には、このような特殊な用法も含まれるのであり、それはステレオタイプに特徴付けられた翻訳文、という日本語のバリエーションの一種であると理解することができる。

1.3.5　翻訳を前提にした文学作品

　翻訳と日本語の文法や文体の関係を見てきたが、現在、翻訳という概念が日本語に及ぼす影響は、翻訳作品から日本語へという方向と逆になる場合もあることにも注目したい。これは Hijiya-Kirschnereit（2012）が論じる翻訳プロセスにおける pretranslation という概念である。pretranslation とは、日本文学が世界文学の一部となることを期待・予想して、翻訳を意識して日本語の原作を制作する現象を意味する。日本の作家がグローバルな読者を意識して作品を創作するのであり、翻訳という現象が日本文学や日本の言語文化にこのような意味でも影響を与えることがあるのである。

　例えば、Hijiya-Kirschnereit（2012）は、村上春樹の作品『ねじまき鳥クロニクル』の場合を例にあげ、グローバルな読者に英語で読んでもらうために、日本語の原作と異なったバージョンが書かれたと指摘する。村上は編集の過程で、幾つかのエピソードやシーンを短縮したり整えたりして、アメリカの読者の好みや基準に合わせるようにしているのであり、さらに他の言語にも翻訳さ

れることを予測し、それに備えた国際的なバージョンを作るようにしている、と説明する。

　本項では、翻訳が日本語に与える影響について概観した。まず、日本語が翻訳テクストとなる場合の状況について、特にその翻訳文の特徴とジャンルや文体への影響について説明した。加えて翻訳テクストとしての日本語には、実生活では使われないステレオタイプ化された表現が使われていること、また翻訳を前提にした文学作品が生まれていることに注目した。日本語と翻訳には密接な相互関係があることが分かる。本研究は、あくまで日本語の原作とその翻訳テクストを主なデータとしているのだが、日本語自体が、翻訳という行為の影響を受けていることを確認しておきたい。

1.4　翻訳テクスト分析の枠組みと理論的背景

1.4.1　言語研究の諸分野からの応用

　有意義な翻訳テクスト分析を試みるためには、他の研究分野との交流が必要であり、それは必然的に学際的な性質を帯びる。また、翻訳する原作のジャンルや表現の目的・意図によって、翻訳テクストの分析方法は異なるものになる。当然のことながら、本研究で扱う文芸作品と、例えばマニュアルの文章は目的が違うので、その翻訳テクスト分析には異なるアプローチが必要になってくる。

　本書では、第2部の分析の各章で、分析する現象に有効なアプローチを応用するので、その際に関連した先行研究に触れながら必要に応じて言及するのだが、ここで、基本的な分析方法を確認しておく必要があるだろう。以下、主に拙著を中心に紹介するので、詳細はそれらを参照していただきたい。

　作品に登場する会話部分や直接話法の分析には、会話分析の方法（メイナード 1993）がヒントとなる。日本語の談話における陳述表現の分析や、談話やテクストレベルの分析を試みる談話分析（メイナード 1997）及び、談話言語学（メイナード 2004）は、本研究の分析の枠組みを提供する。語用論的なアプローチとして、日本語の諸相の機能的分析、例えば引用表現（メイナード

1994, 2005b, Maynard 1998b)、指示表現（メイナード 2006）、感情表現（メイナード 1998, 2000, 2001a, 2001c)、スタイルシフト（メイナード 1991, 2001b）など、また日本語全体を扱った語用論的な研究（メイナード 2004, 2005a）は、分析の方法を提供する。言語のバリエーションの研究には、社会言語学からの応用も必要になり、借り物スタイルの研究（メイナード 2004）や第8章で紹介するキャラクター・スピークの概念（メイナード 2012, 2017, Maynard 2016）も利用できる。理論的な概念としては、場交渉論（メイナード 2000, Maynard 2002）や、間テクスト性・間ジャンル性（メイナード 2008）なども応用することができる。

1.4.2 比較対照分析の手法

　起点言語と目標言語を比較対照する翻訳テクスト分析は、基本的には対照言語学の伝統を引き継いでいる。筆者は Maynard (1983, 1989) やメイナード (1993, 2003) で、会話分析を含む談話分析の対照研究を試みてきたが、その手法は本研究の翻訳テクスト分析にも応用できる。ここで簡単に対照言語学の分野を復習しておこう。

　言語現象を比較する分析方法には、二つの流れがある。一つはアメリカの応用言語学で1950年代から、いろいろと姿を変えながら研究されてきた対照分析 (contrastive analysis) である。もう一つは、主にヨーロッパで試みられてきた対照言語学 (contrastive linguistics) である。アメリカのアプローチは、英語を第二言語または外国語として習得しようとする学習者が、直面する問題点を解決するために始められた。しかし、実際には、例えば学習者の誤用は、母国語と習得しようとする言語との差異に基づいて簡単に予測できるようなものではなく、また実際比較対照すると言っても、対照するべきものの共通性 (equivalence) をはっきり決めていなかったこともあり、多くの問題が残された。注2

　これに対して、ヨーロッパの対照言語学の研究は、応用言語学とは直接連結することなく進められた。対照言語学とは、二つ以上の言語または同一言語内の方言などの比較対照を研究する学問であり、その目的とするところは言語間

の類似点と相違点を明らかにすることにある。このように異なる二つの流れの中で、最初は音韻、語彙、文のレベルでの比較が多かったものの、次第に談話レベルでの比較対照が試みられてきた。

　日本語と外国語の対照分析で言及しておくべき研究として、Hinds（1983, 1990）がある。Hinds（1983）は、朝日新聞の天声人語欄をデータに日本語のレトリック構成を起承転結で説明し、そのレトリックが英語と違うことを指摘する。Hinds（1990）は、英語、日本語、中国語、タイ語、韓国語など、複数の言語の談話構成を比較対照分析し、英語が演繹法を用いるのに対し、他の言語では準帰納法と言うべきレトリックが使われると結論付ける。そして日本語を含む準帰納法のレトリックの方法には、論旨にあたるものは文章の最後に出てくる、筆者がなぜその文章を書くか、その目的を冒頭ではなく遅れて述べる、文章内の情報は文章全体のトピックと間接的な意味関係を結んでいる、結論はその前で述べられる論理の方向と必ずしも密接に関係しているわけではない、という特徴があると説明する。このように Hinds（1983, 1990）は、日本語の文章構成の特徴を他の言語と比較しながら理解するという対照分析を試みている。

　筆者も日本語と英語の比較対照研究として、例えば、トピック構造の比較（Maynard 1982）、関係代名詞の有無と情報伝達の方向性の比較（Maynard 1983）、登場人物の提示方法の比較（Maynard 1985b）などをしてきた。他にも、アメリカ英語の直線的な文章に対して、日本語の文章は遠回しな文章になるとする本名（1989）、日本語では起承転結的な構成が好まれることを指摘する西原（1990）、日本語の文章では前半より後半に多くの主観表現が使われるとする杉田（1995）などがある。なお、翻訳研究の分野における比較対照研究として河原（2009）があり、ニュースや講演の翻訳文を分析している。

　本書では直接分析の対象としないが、日本語の比較対照のために会話を分析した先行研究がある。筆者は、日本とアメリカの日常会話の比較対照を行った（Maynard 1989, メイナード 1993）。この研究では、共通性の問題を意識したデータ採取（両国の学生の同性ペア40組の日常会話を録画）を行い、そこに共通性を求めた。加えて、日本語会話分析の研究としてザトラウスキー（1993）

や、堀口（1997）があり、アメリカ英語、イギリス英語、オーストラリア英語との対照研究として大谷（2015）と重光（2015）がある。大谷は会話の話題展開の仕方について、英語では聞き手が積極的に質問し話題が展開していくのに対し、日本語では聞き手は知らない内容でも質問をすることはあまりなく、働きかけないタイプの行動が目立つと報告している。重光は、英語では質問と応答という行為を通して、新しい情報を引き出そうとする傾向があるのに対し、日本語では自分が理解できる情報を確認することを重視し、同意を求める発話が多いことを指摘している。また会話分析の一つの現象としてあいづち研究があり（Maynard 1989, メイナード 1993, 2013）、その比較対照分析としてMaynard（1986b, 1989, 1990b）、メイナード（1987, 1993）、Clancy et al.（1996）、窪田（2000）、宮崎（2009）、大塚（2015）がある。いずれの研究結果も、筆者が本書の第2部で翻訳テクスト分析の結果として論じる日本語の特徴と矛盾しないものである。

　なお、筆者は、小説の翻訳文を用いた日英比較対照分析を試みたことがあり（メイナード 1997, 2003）、本書の研究内容とも直接関係あるテーマを扱っているので簡単に報告しておきたい。日本文学の英訳とアメリカ文学の日本語訳、具体的には、安部公房の『他人の顔』（1968）と E. Dale Saunders による英訳 *The Face of Another*（1966）、及び Saul Bellow の *Dangling Man*（1988）と太田稔による和訳『宙ぶらりんの男』（1971）を選び、原作における冒頭の500の文とそれに照応する翻訳文に観察される名詞述語文を分析したものである。日本語表現では、「のだ」、「ことだ」、「ものだ」、「わけだ」、英語では、that、if、whether に導かれる名詞句、動詞の ing 形、to＋動詞に導かれる句が、何らかの形で it＋be 動詞（及びそれに準じるもの）と共起する使用例を調べた。その結果は次のようになった。

　『他人の顔』では500の文のうち名詞述語文は163箇所（32.60%）あり、それ以外の文は337箇所であった。*The Face of Another* では500の和文に呼応する英文は566あり、そのうち名詞述語文に当たるものは20箇所（3.53%）、それ以外は546箇所であった（χ^2=157.73, $p<.01$）。*Dangling Man* では500の文のうち名詞述語文に呼応する文は13箇所（2.60%）、そうでない文は487箇所で

あった『宙ぶらりんの男』では原作（*Dangling Man*）の500の英文に呼応する和文は562で、そのうち名詞述語文は85箇所（15.12%）、それ以外の文は477箇所であった（$\chi^2=49.55, p<.01$）。

　この結果から、名詞述語的表現は、日本語の原作にも翻訳テクストにも広範囲にわたって頻繁に使われることが分かった。日本語のテクストでは名詞化することで命題そのものを概念化しながら、それに話者がコメントするという形で文章が構成されていく。コトとして全体を捉え、それについて話者が自分の視点・態度・情感などをコメントとして表現する方法が、日本語の文章では英語より好まれると言えるだろう。日本語で頻繁に使われる名詞述語文は説明的または回想的な文脈を構成し、その文脈が文章の一貫性を保つことができるが、英語ではこの手法は好まれずあまり使用されない。やはり原作と翻訳テクストの間には、表現性のずれが存在する（メイナード 1997, 2003）のである。

1.4.3　文学翻訳テクストのスタイル分析

　文学作品の翻訳テクストの研究で興味深いのは、Parks（2007）による英文学とそのイタリア語訳のスタイルを比較したものである。Parks は著作の中で Virginia Wolf の作品 *Mrs. Dalloway* を Feltrinelli 出版によるイタリア語訳 *La Signora Dalloway* と比較する。Parks は翻訳者が原作の過去完了形の使い方を充分理解せず、Wolf の文学的表現を否定してしまったと批判している。原作に使われる過去完了形は主人公の心内モノローグの中で使われているのであり、決して文法上の誤りではないと Parks は主張する。また翻訳者が原作の意味があいまいであると指摘する他の部分についても、そのあいまいさこそが Wolf が意図したものであると強調する。Parks は、翻訳者が原作のスタイルを充分理解しなかったために、翻訳文が必要以上に説明調になったり、書き換えられたりすることがあると論じている。要するに原作者が表現方法として選んだスタイルが、充分理解されず結果として反映されないことが、文学作品の意味のずれを生んでしまうのである。

　Parks（2007）が批判する具体例を一つあげておこう。それは小説の冒頭部分であり、原作とイタリア語訳は次に示す通りである。

Mrs. Dalloway said she would buy the flowers herself.

For Lucy had her work cut out for her. The doors would be taken off their hinges; Rumpelmayer's men were coming. And then, thought Clarissa Dalloway, what a morning—fresh as if issued to children on a beach.

<u>What a lark!</u>　<u>What a plunge!</u>　For so it had always seemed to her when, with a little squeak of the hinges, which she could hear now, she had burst open the French windows and plunged at Bouton into the open air. (2007: 109-110)

La signora Dalloway disse che i fiori li avrebbe comperati lei.

Quando a Lucy aveva già il suo daffare. Si dovevano togliere le porte dai cardini, gli uomini di Rumpelmayer sarebbero arrivati tra poco. E poi, pensò Clarissa Dalloway, che mattina—fresca come se fosse stata appena creata per dei bambini su una spiaggia.

<u>Che gioia!</u>　<u>Che terrore!</u>　Sempre aveva avuto questa impressione, quando con un leggero cigolio dei cardini, lo stesso che senti proprio ora, a Bourton spalancava le persiane e si tuffava nell'aria aperta. (2007: 110)

Parks はこのイタリア語の翻訳部分を、次のように英訳し直す。

Mrs. Dalloway said she would buy the flower herself.

As for Lucy she already had her work to do. The doors would have to be taken off their hinges; Rumpelmayer's men would arrive soon. And then, thought Clarissa Dalloway, what a morning—fresh as if it had just been created for children on a beach.

<u>What joy!</u>　<u>What terror!</u>　She had always had that impression, when with a light squeak of the hinges, the same that she heard right now, at Bourton she threw open the shutters and plunged into the open air. (2007: 111)

ここで Parks が注目するのは、感嘆表現の 'What a lark!　What a plunge!'

である。イタリア語では、'Che gioia! Che terrore!' となっているのだが、それを英語に逆翻訳すると 'What joy! What terror!' という感情表現であることが明らかになる。全く異なった語彙が使われているのである。原作者は感情表現ではなくメタファー的に 'lark' という表現を使っているのであるが、そのような効果は失われる。

　ちなみに、和訳の『ダロウェイ夫人』(近藤 1999) では次のようになっている。

　　　ダロウェイ夫人は、自分で花を買ってくると言った。
　　　なにしろルーシーは手一杯であったから。ドアは蝶つがいからそっくり外されるだろう。それにはランプルメイア商会の職人が来てくれるはずだ。それに、ああ、なんというすばらしい朝だろう——海辺の子供たちが迎えた朝のように新鮮で。
　　　まあ愉快！　家から外へ飛びだしたときのあの気持、むかしブァトンでフランス窓をさっとあけ、大気のなかに飛び込んだとき。そのときの蝶つがいのキーキーきしむ音が聞こえるようだ。(1999: 3)

　和訳でも感情表現が選ばれている。確かに、英語を直訳したのでは意味がはっきりしないという問題はあるだろうが、それが原作者の意図であった場合はどうなるのだろう。翻訳者はどちらかと言うと物事をはっきりさせ、読者に分かり易いことを重視しすぎる傾向が確かにあるように思う。

　文学作品の翻訳では、原作者のスタイル選択の意図を充分反映することは困難である。Wolf の作品に関して言えば、起点言語としての英語の持つ表現性を、目標言語であるイタリア語の表現性と重ね合わせることの難しさは計り知れない。しかし、この差異性の中にこそ言語の特質が隠されているのであり、Parks (2007) の研究は翻訳テクスト分析の一例として、重要なヒントを提供してくれる。特に、目標言語の翻訳テクストをもう一度起点言語に翻訳するという逆翻訳は、筆者も使用してきた手法であり (Maynard 1999a)、本研究でも必要に応じて利用することにする。

1.5　使用データ

　日本語の原作と外国語への翻訳テクストを分析の対象とした研究、特に日本文学の英訳を中心とした論述は、まず古典的な作品を中心に始まった。従来日本文学の翻訳は、英語圏の大学における日本文学者や翻訳者の間でなされ、彼らは戦後日本で遭遇した伝統的な日本のイメージに執着していた。失われた過去のノスタルジックな日本のイメージを海外に提供するといった責任感のようなものに動機付けられ、『細雪』、『金閣寺』、『雪国』などの英訳が生まれた。そしてその英訳からさらに他の言語に翻訳された。当時世界で読まれた日本文学は、英語圏の日本文学者によってそのイメージが創られたと言っても過言ではない。変化が見られたのは1980年代で、それ以後村上春樹を中心とした現代文学が翻訳されるようになった。そこにはアメリカナイズされた日本文化を描く作品がアメリカで好まれるようになり、より受け入れられ易くなったという状況の変化があった。

　近年、日本語の原作とその英訳テクストを比較する研究は、ごく少数の例を便宜的に扱う手法に終わることが多かった。例えば、川端康成の『雪国』の冒頭の文と、ある特定の英訳を比較するといった、任意に選んだ例証のみによる研究である。そのような研究によって興味ある知見が得られるとしても、それでは特殊な言語現象だけが強調され、全体像が掴みきれないという弱点がある。本研究では複数の作品をデータとし、限られた場合に過ぎないが、定性的だけでなく統計的・定量的な分析方法を採用する。

　データとして選ぶのは、従来の研究で選ばれてきたいわゆる（純）文学作品だけでなく、ポピュラーカルチャーを含む文芸作品である。本研究で分析する作品はより広い文芸と言えるもので、国内でも人気のある作家による作品とその英訳であるが、当然のことながら、翻訳されるという時点で、人気のある作品という条件を満たす特殊な作品ということになる。しかし、従来の研究で選ばれた作品と比較すると、より日常的な日本語表現が使われていることは確かであり、その点においても日本語の本質を論じるためにふさわしいデータであると考える。

具体的には、小説、ミステリー、ライトノベル、児童文学といったジャンルから次の作品を選んだ。なお、起点言語（日本語）の作品が複数の翻訳者によって目標言語（英語）に翻訳されている『銀河鉄道の夜』については、四人の翻訳者による英訳を分析し比較する。

ここでは、著者名、翻訳者名と作品名のみリストアップすることにする。詳細は巻末の使用データのリストを参照されたい。なお、データとして引用している作品及び翻訳は、必ずしも初版本、初刷本ではないことを断っておきたい。

小説
大江健三郎『取り替え子（チェンジリング）』
Boehm, Deborah Boliver. *The Changeling*.
川上弘美『センセイの鞄』
Powell, Allison Markin, *The Briefcase*.
星野智幸『俺俺』
De Wolf, Charles. *ME: A Novel*.
吉本ばなな『キッチン』
Backus, Megan. *Kitchen*.
吉本ばなな『TUGUMI　つぐみ』
Emmerich, Michael. *Goodbye Tsugumi*.

ライトノベル
谷川流『涼宮ハルヒの憂鬱』
Pai, Chris. *The Melancholy of Haruhi Suzumiya*.
野村美月『"文学少女"と死にたがりの道化(ピエロ)』
McGillicuddy, Karen. *Book Girl and the Suicidal Mime*.
野村美月『"文学少女"と慟哭の巡礼者(パルミエーレ)』
McGillicuddy, Karen. *Book Girl and the Wayfarer's Lamentation*.

ミステリー
東野圭吾『真夏の方程式』
Smith, Alexander O. *A Midsummer's Equation.*
宮部みゆき『R.P.G.』
Carpenter, Juliet Winters. *Shadow Family.*

児童文学
宮沢賢治『銀河鉄道の夜』
Bester, John.（ジョン・ベスター）*Night Train to the Stars.*
Neville, Julianne. *Night on the Galactic Railroad & Other Stories from Ihatov.*
Pulvers, Roger.（ロジャー・パルバース）『英語で読む銀河鉄道の夜』
Sigrist, Joseph and D. M. Stroud. *Milky Way Railroad.*

　さらに本研究では、下記のように、起点言語をポルトガル語とする作品とその和訳と英訳とを使用データとする。加えて、英語で書かれた短編を、小説家と文学者である二人の著者が和訳したものをデータとして、比較対照分析する。

Amado, Jorge. *Terras do Sem Fim.*
武田千香『果てなき大地』
Putnam, Samuel. *The Violent Land.*

Coelho, Paulo. *O Alquimista.*
山川紘矢・山川亜希子『アルケミスト　夢を旅した少年』
Clarke, Alan R. *The Alchemist.*

Auster, Paul. *Auggie Wren's Christmas Story.*
柴田元幸「オーギー・レンのクリスマス・ストーリー」
村上春樹「オーギー・レンのクリスマス・ストーリー」

筆者は、これらのデータ選択と分析作業によって、翻訳テクストを多角的に観察・考察することが可能であり、伝わらない日本語の表現性を一般化して理解することで、日本語の本質に迫ることができると考えている。

　本研究では、言うまでもないことだが、翻訳されない作品は分析されない。翻訳される場合のみを研究の対象としているので、日本語文化の一部を分析しているに過ぎない。数多い作品の中から、どのような理由に基づいて翻訳する作品が選ばれるのかは、興味ある問い掛けである。例えば、本書では触れないが、翻訳される作品とされない作品を比較し、その選択の過程に日本語から英語への翻訳の難易度や、社会的・政治的イデオロギーが関与しているかを問うことが考えられるが、それは残された課題である。

　なお、データの提示方法は次のようである。原作を横書きに直し、原則としてルビは削除する。行変えと字下げに関しては、原作の直接話法や段落の冒頭などの改行に準じる。なお、英訳では章の冒頭で字下げのないもの、段落構成が異なるため字下げがないものがあり、データ提示はそれを再現する。ゴシック体、及び符号はできる限り再生する。分析の焦点となる日本語の表現には原則として下線を施す。英語とポルトガル語の翻訳テクストは、本文の説明部分で言及する表現に限って下線を施す。日本語以外のデータ提示に関しては、英語はそのまま、ポルトガル語については参考までに後続する括弧内に筆者の日本語の直訳が添えてある。

　本研究では、作品に全体的に観察される現象を考察するのだが、すべてを例示することは不可能であるため、翻訳テクストとのコントラストが明らかなものを選ぶようにした。また、スペースの関係から、論点に直接関係している部分のみを抽出したので、前後関係が充分示されない例もある。ただし、例文の解釈にはコンテクスト情報が必須であることから、なるべく簡単な説明を加えるようにした。各作品のあらすじについては、「ネタバレ」になってしまう可能性もあるが、巻末の使用作品紹介を参照されたい。

1.6　本書の構成

　本書は3部、10章から成っている。まず第1部の第1章で、翻訳テクストと日本語の関係について概観した。特に翻訳という行為が日本語に及ぼした影響について理解し、加えて本研究の分析を支える翻訳テクスト分析という手法を紹介した。この章で、翻訳テクスト分析を通して日本語の本質を探る可能性を指摘し、使用するデータの選択理由の説明も加えてある。

　第2章は日本語文化の深層として、今までの西洋言語学と比較しながら、日本の西田哲学に影響された日本的な言語観を提示する。そこから発展した陳述や辞を重視する日本語文法やレトリックに触れ、日本語表現の深層に横たわる空白の場と空白の話者という筆者の立場につなげる。日本語の数々の現象の根底にある主観性と間主観性について論じ、日本語の全体像を捉えるパトスのレトリックについても触れる。そして、空白の場と空白の話者が具現化するプロセスについて、筆者のこれまでの理論と研究を紹介しながら説明する。

　第3章では、本研究の背景として翻訳研究の分野を概観する。今まで翻訳関係の研究では、翻訳の可能性と不可能性、翻訳の種類、研究のキーワード、翻訳行為がもたらす政治的な問題意識や偏見などが論じられてきた。本書は翻訳テスクトを分析するという記述的な立場であるが、関連する研究分野としての翻訳研究の背景を理解しておきたい。そして特に最終章である第10章で、翻訳テクストについて顧みる際に、翻訳研究で明らかにされた観点に言及することにする。

　第2部の考察は6章から成っている。

　第4章は日本語表現が空白の場をどのようにして設定し具現化するかを、場から話者へという求心的な表現、場に臨場感と具体性をもたらすオノマトペ、そして場に影響を受ける登場人物の設定という現象に探る。

　次に空白の話者に視点を移し、潜在的な話者の存在を提示する表現に焦点を当てるのが第5章である。日本語の文では他動性が回避され、知覚表現や受身表現や授受表現などを通して、経験する受け手としての話者に焦点が当てられることを確認する。さらに空白の話者は、日本語に特有とされる一人称表現で

具体的に設定されるのだが、英訳には反映されないその多様性を探る。

　日本語における空白の話者はその場にふさわしい姿で随時登場するのだが、そのために各種の表現操作をする。それを第6章から第8章で、トピック・コメント軸、語りのモダリティ、そしてキャラクター・スピークというテーマに分けて分析する。

　第6章は日本語の基本軸であるトピック・コメントを理解し、それが具体的に文と談話のレベルで、コメントする話者の視点や発想・発話態度を示す効果をもたらすことに焦点を当てる。加えて、情報を名詞句というかたまりにパッケージ化し、それにコメントするという軸に沿って、文が構成されることを確認すると同時に、談話レベルにおけるトピック・コメント関係がステージング操作を可能にする様子を考察する。ノダ文と非ノダ文やデアル文とノデアル文という文構造は、トピック・コメントの軸に支えられているのだが、これらの文は英語の翻訳テクストには充分に反映されない場合が多くある。第6章ではトピック・コメント軸という日本語の根本的なダイナミズムを理解し、英訳に反映されない意味と表現性のずれを検証する。

　語りという行為自体に焦点を当て、話者が語りのモダリティを操作する様を分析するのが第7章である。まず、表記・語彙レベルの現象について分析し、日本語の表記変換が可能にする話者の視点や態度の表現が、間テクスト性や間ジャンル性の効果をもたらすことを考察する。続いて、揺れ動く時制表現、語り手や登場人物の声を自由に操作する引用、心内モノローグ、心内会話、そして豊かなスタイルとそのシフトについて、それらが語りの視点や発想態度を表現しながら空白の話者を埋めていく様相を明らかにする。日本語表現が可能にする語りの態度は英訳され難く、その分、話者の気持ちが伝わり難いままになることを強調する。

　第8章では、日本語のバリエーションとキャラクター・スピークに焦点を当てる。キャラクターとキャラクター・スピークについて説明し、特に、おじさん言葉、ヤンキー言葉、若者言葉、方言とおネエ言葉などが、登場人物や語り手のキャラクターを設定したり、キャラを提示するために利用される状況を観察する。日本語の豊かなバリエーションは、空白の話者を具体的に演出するた

めの大切なリソースであり、日本語の創造的な演出を可能にするのだが、英語には反映されないままになる傾向がある。語り手や登場人物の設定のみならず、原作の雰囲気が充分伝えられないままになる状況に注目する。

　テクスト分析を起点言語が日本語である場合以外に拡げて、その翻訳テクストと比較対照するのが第9章である。ポルトガル語の小説と物語を、その和訳と英訳とで比較する。加えて英語の短編作品が二人の翻訳者によってそれぞれ和訳されたテクストの分析を通して、日本語表現には第4章から第8章までの分析で明らかにされた表現が使われていることを、個人差に注目しながら確認する。日本語から英語という方向性だけでなく、他言語から日本語への翻訳という作業においても、日本語の本質につながる言語操作が、翻訳者たちによって選択され続ける現象を考察する。

　第2部で考察・分析する日本語の表現や複数レベルにおける文芸上の操作は、翻訳テクストに充分反映され難い。このような操作は日本語を特徴付ける表現に支えられているのであるが、それらの表現に欠ける翻訳テクストには、原作の日本語の意味、表現性、情緒、創造性、演出効果などが、充分反映されないままになっていることを確認する。

　本書の最終章である第10章では、まず、本研究の結果をまとめ、日本語の本質は、空白の場における空白の話者という概念で捉えられると結論付ける。日本語の話者は、場の中の受け手としての受身的存在であるが、同時に具体的な話者としてその特性を豊かに演出すること、そして場と話者の設定には、豊かなバリエーションやレトリックが駆使され、どのような表現をどう使うか・使わないかという選択によって、自分の演出を実現していることを確認する。特に全体を包む情緒や美、そして独特のキャラクターといった価値が加味され、そこに日本語文化の特徴ある雰囲気が醸し出されることを強調する。

　加えてこの章では、本研究の展望として、グローバル時代における日本語と日本語本質論の意義について語りたい。翻訳が鮮明にする異文化・異言語間の理解の困難さと可能性を確認し、言語というものには豊潤性と貧困性が同時に存在するものであるという事実を理解する。そして、翻訳という簡単に片付けることのことのできない行為の結果生まれる翻訳テクストであれば、そこに意

味の不確定性が認められるのは当然であることを確認する。と同時に、多くの言語がその言語の運用目的や、コミュニケーションのあり方自体においても、差異性を維持し存在し続けることが、人類文化の財産であることを強調する。日本語という言語は文化的財産であるだけでなく、話者のあり方そのもの、人間のあり方そのものに根底でつながっている。日本語的世界観は日本人だけでなく、日本語を使って生活し思索する他国の人々によっても選ばれる可能性があるのである。このようなコンテクストからも、筆者は日本語の習得や教育を軽視するような立場や風潮は強く否定しなければならないと考えている。本書で論じる日本語の本質を主張することは、英語を中心としたグローバル時代にあって、日本人・日本文化のためだけでなく、人間の言語と存在の多様性の証として不可欠であることを強調したい。

注1　ステレオタイプが利用されるのは、翻訳テクストだけではなく、メディア作品、例えばドラマなどにも見られる。水本（2006）は、女性語とされてきた「わ」や「かしら」が実社会における20代の女性ではほとんど使われないのに対し、ドラマでは若い女性の言葉として使われていると報告している。ステレオタイプを利用した日本語は、豊かなバリエーションの一つであり、それも日本語の特徴であると言える。

注2　1.1で紹介したように翻訳論で等価（equivalence）という用語が用いられるが、ここで言う共通性としてのequivalenceはデータの質に関係する概念である。等価は起点言語と目標言語の意味の一致を指しているが、共通性とは、あくまで分析の対象となる言語が、社会言語学的に類似した条件を満たすという意味である。例えば、比較するデータが同様のコンテクストで採取された会話であるという意味で、用いられる概念である。

第 2 章
日本語思想の深層：空白の場と空白の話者

　日本語の深層を理解するためには、その思想、特に言語と存在の関係を理解する必要がある。かつて Heidegger（1971）が、言語は存在のありかであるとした言葉を引き合いに出すまでもなく、私たちは言語を通して物事を解釈する。自分の存在を意識し理解しようとする時、私たちは外界と自分とを解釈学的関係に置く必要があるのだが、その解釈の手段を提供するのは言語である。言語と人間の存在意識がこのように深淵でつながっていることを考えると、私たちが使う言語の諸相も、我々の主体としての存在と深く関係しているものと思える。従って言語の本質を問う時、言語の主体としての話者とは何か・誰かという、哲学的思索を無視することはできない。

　本章では、西洋哲学のコンテクストとそれに対する日本の哲学において、存在とは何かというテーマに触れ、それぞれの哲学から生まれた言語観を理解する。西洋の伝統と比較しながら、日本語の深層に横たわる世界観・言語観を探っていくことにする。そこで確認される言語観は、本研究の考察の部で分析する日本語の表現性につながっていて、その特徴は英語には翻訳されないままになりがちである。英語に訳せない日本語の本質は何なのかという本書のテーマに向けて、その背景を理解することから始めよう。

2.1　背景

2.1.1　西洋哲学と西洋言語学のコンテクスト
　日本語の根源を理解するために、西洋の言語観と比較する方法が考えられる

が、本章では特に空白の場における空白の話者という筆者の立場に関連する論述を追っていくことにする。具体的には、デカルトのコギトの思想に基づいた言語へのアプローチと対比しながら、理解するのが一番妥当であろう。もっとも、メイナード（2000, 2017）で西洋哲学の動向についてその複雑性を強調したように、一筋縄ではいかないものであることに注意しておくべきである。西洋哲学にも反デカルト主義は常に存在し、また、特に現代の言語学の流れには、脱デカルト主義に基づいた言語へのアプローチが多く認められるからである。それは、反デカルトまたは脱デカルトを唱え、デカルトの確立した主体的自我という概念に疑いを投げかけた18世紀のイギリス経験主義を代表するDavid Humeや、19世紀のアメリカの哲学や心理学の分野におけるWilliam Jamesを発端とする動向である。さらに、1980年代から人類学や民俗学などの分野で、例えばGeertz（1984）のように、脱デカルト的立場のもと、より広範囲の言語研究が提唱されてきた。

　しかし、日本語の本質を探究するには、やはりデカルト的な話者との対比から始めるべきであろう。言語の特徴を捉えるためには、我や自我の概念を追求するデカルト哲学を軽視することはできないのである。西洋哲学では我の捉え方は古代からの懸案であり、特に近代ヨーロッパの哲学でそれは最大の課題となった。具体的にはデカルト主義、そしてその解体という流れの中で、哲学的考察の中心を占めてきたと言える。つまり、思索を通して確立した我を前提にした世界の構築を唱えるデカルトと、そのような我の概念を否定し、変容する世界での経験を通した可塑的な我を唱える立場の対立が始まったのである。

　デカルトが「我思う、故に我あり」という命題に至ったのは17世紀初頭である。人間の思索は誤りに満ちていると疑うとしても、そう考える行為こそが自分が存在する証であるという哲学の根本原理である。自我は外界から独立して、それ自体が存在する実体として捉えられた。自分の思惟を唯一の根源とし、それを世界の一切を秩序付ける超越的意識に昇格させたのである。デカルトはその代表作 *Meditations on First Philosophy*（Descartes 2001 ［1901］）の最初の省察で、哲学の最初の段階は懐疑であり、哲学的探求は従来の見方や知識を疑うことから始めるべきだと説く。そして次に Concerning the Nature of the

Human Mind: That the Mind is More Known than the Body という項目のもと、次のように述べている。

> 私は、先にこの世には何も存在しないという（懐疑的な）結論に達した。空も、大地も、精神も肉体も、何もないという考えに達した。それなら、同時に私も存在しないという結論に達したのかというと、全くそうではない。私が今このように結論付けたということは、そこに私が存在することになる。(略) さらに私は誰かに惑わされ騙されたとしても存在する。私は何かとして存在すると意識する限り、どんな力によっても自分は存在しないという考えに乗っ取られることはない。要するに今、私はすべて注意深く熟考する結果、次のような結論に達するのである。すなわち「私はある、私は存在する」という命題であり、この命題は私がこれを言い表し、または自分の精神において把握するたびに、必然的な真理としてある。(Descartes 2001 ［1901］ 筆者訳)[注1]

　すべてを否定しても、内面の思惟行為だけは存在するというコギトの思想が、近代西洋哲学の根本原理として受け入れられるようになり、それは「我思う、故に我あり」という命題として思想界の中心概念となったのである。
　しかし、自己が内面の思惟という超越的意識に依拠するという立場を固執するデカルト思想には、その前提として、精神の肉体からの分離と他者の否定という重大な懸案が隠されていた。デカルトの立場では、思惟することが存在であると思惟するわけであり、その思惟する者（がいるとすればそれ）を前提としない。しかし、身体がないのならつまり生身のデカルトがいないのなら、デカルトの意識だけがどこかに浮遊し、それが考えるという行為をすることになるのだが、これは奇妙な状況としか言いようがない。実際、私という人間がいないのにどうして考えることなどできるのだろうか、という疑問が残る。デカルト的思索では理性的に考えるという行為が重視されたため、身体を備えた自己は精神の背後に追いやられた。その結果、考えることと生きることが同一視されたのである。

同時にデカルト主義では、自我は外界から、つまり一切の他者から独立した主体とされた。自我は実体がないだけでなく、孤立したものとされたわけである。こうしてデカルトは、酒井（2005）の指摘にもあるように、思惟と自我は同一のものであり、その自我は自己の内部で統一的に連続した存在としてあり、主体として考えたり行動したりするという「同一・連続・主体的という近代的自我概念の形成」（2005: 45）を成し遂げたのであった。しかし、この他者を否定した自我の形成には、重大な問題が潜んでいた。
　近代における西洋の学問は、コギトに象徴される理性的な内省と、明瞭で理論的な考察という名目のもとに、あくまで科学的な分析と理解を目的にする傾向があった。そこではロゴスの知が求められ、人間的な、例えば記憶、心理過程、感情、想像力、神話などを含む「パトスの知」（メイナード1997, 2000, Maynard 2002）は否定されてきた。人間が思惟する過程でのみ得られる抽象的な知識が、重要視されたのである。と同時に話者という概念も、相手不在のまま、そして思考する身体を欠いたまま、独立・孤立した理性的な誰か・何かとして理解された。
　20世紀後半、デカルト思想を最も忠実に受け止めた言語学がアメリカに生まれる。Chomsky（1957, 1965）の生成変形文法（Generative Transformational Grammar）である。Chomsky は、当時のアメリカの言語学者が考えていた言語学、つまりフィールドワークを通して生きた言語の記録と記述に従事する研究態度を否定し、科学的な言語学は話者や話者が属す社会という概念とは隔離して（というよりそれらを否定して）構築されるべきだと考えた。Chomsky にとって言語とは抽象的なシステムであり、ソシュール（Saussure 1966）のパロールを完全に無視したかたちで、形式言語学を提唱した。Chomsky の理論は結局20世紀後半のアメリカ言語学会を牛耳ることになったのだが、この一連の学問の流れでは、生きた話者つまり実際に言葉を使う話者という概念は否定され、理想とされる話者（ideal speaker）が前提とされた。実際の言語行為は Chomsky の言う performance という彼独自の概念と関連付けることで、Beaugrande（1998）が指摘するように、理想の言語と摩り替えられ、言語の社会的な基盤を無視することに成功したのである。

Chomskyにとって言語理論とは独立した観念としてあるもので、実際の人間の言語行為とは別の世界に属する。文構造を中心とする文法や音声学ではそれなりの成果をもたらしたものの、広義の言語研究、つまり、社会言語学や語用論、加えて文より大きな単位を考察の対象とする談話分析などで現在テーマとなっている多くの課題は、理論の外側に置かれ無視されることになった。そして言語学では抽象的な思考が高度な知であるとされ、理論で説明できない事実に直面すると、その理論はミニマリスト・プログラム（Chomsky 1995）に代表されるようにますます抽象化した。

　なお、反・脱Chomsky言語観を提唱した学者には、Chomskyの言う理想の言語に挑戦したBeaugrande（1998）、また、Chomskyの生成変形文法のアプローチに根本的な疑問を投げかける学者として土屋（2008）がいることも理解しておくべきである。自己の概念を疑うポストモダンの動向とともに、話者はより複雑な存在として捉えられるようになった。筆者はメイナード（2017）で話者複合論を唱えたが、これもChomsky神話への挑戦に他ならない。

　一方、近代哲学の中には、デカルト主義に対する挑戦として進められてきた動向もある。Hume（1963）は自分を感知・感受して経験する者として捉え、デカルト的我の単一性を否定した。心理学のアプローチでは、James（1984［1890］）が意識の流れとして自分を捉え、瞬間的に感受する我を重視した。自分とは意識の流れの総合に他ならないのだとし、その流動的な自分をデカルト主義の対極に置いたのである。

　人類学ではデカルト主義に挑戦したGeertz（1984）の立場があり、西洋世界中心になりがちな学問のあり方を批判した。人間はその社会や文化に支えられた存在であり、西洋の人の概念は、普遍的なものではないことを指摘した。同様に、自分（self）の複数性を主張した研究としてMarkus and Kitayama（1991）、Burke and Stets（2009）、Turner（2012）などがある。さらに人類学の観点から、Goffman（1959）は話者を言語行為、特に、観衆を意識したパフォーマンスとの関係に発見する。話者はいろいろな自分の側面をあたかも演劇のステージ上で演じるように、自分を表出・演出しているのであり、そのような側面をGoffmanは「キャラクター」という表現で捉えた。

ポストモダンの現象と自分の概念を関連付ける研究態度の一例としては、Gergen（2000［1991］）がある。Gergen は心理本質論の崩壊を唱え、現在起こっているのは個人の内面に本質的に存在する自分の空白化であると説く。そして、空白化された自分が拠り所とするのは対人関係であり、それを埋めるためにその中に多くの人とキャラクターを住まわせ、飽和状態の自分が生まれるとした。加えて、認知科学においても言語の構造と関連付けながら、複数の自分という捉え方が報告されている（Neisser 1988）。社会言語学の分野でも、言語のバリエーションと話者の関係が論じられ、その複数のアイデンティティが論じられてきた（Bell 1999; Bucholtz 1999; Cutler 1999）。

2.1.2 日本文化と日本語に関する先行研究

日本語とはどういう言語かという問い掛けは、日本において多くの言語学者がテーマとしてきたものである。特に英語との比較対照の流れの中で数々の研究がなされ、日本語の特徴が論じられてきた。その全てに触れることはできないが、特に前項で触れた言語の主体としての話者の概念と関連付けられる論点を中心に、文化論と言語論に触れておきたい。

まず、言語世界の基盤を成す意識の世界をどう捉えるか、という疑問に答えるためのアプローチを幾つか概観しておこう。廣松（1982）は、西洋は物的世界観が主要なものであるのに対し、日本は事的世界観が根源にあると主張し、その見方を関係主義的存在観と呼ぶ。廣松によると、この結論は東洋哲学の見地から至ったわけではなく、間主観的な認識論に基づいて考察したものであり、日本は共同主観的であるという結論に至ったのだと言う。

前野（2015）は、日本文化の中心には無が存在するという立場をとり、外部からのどんな新しいことも矛盾なく受け入れ、やがてそれを日本化するとしている。アメリカの中心には愛と自由があるのに対し日本には無があるとし、それは河合（1982）が古事記を中心とする神話の分析に基づいて、日本の深層を中空構造として捉えたことと共鳴する。さらに、内田の『日本辺境論』（2009）に言及し、日本文化には原点や祖型があるわけではないと指摘する。前野は、この中心のない世界における日本の思想が強い主体を欠くことは確かである

が、西欧を中心とした分析思考に基づく近代科学は多くの矛盾点を抱えているのであって、むしろ日本的な無の世界に、多くの可能性が秘められていると主張している。

町田 (2003) は宗教的な視点から、西田幾多郎の絶対無の場所における述語的統一に触れ、西洋の主語的論理と一神教とを、そして日本の述語的論理と多神教とを結び付ける。日本の述語的論理は複数の考え方を可能にするもので、これこそが世界に必要な物事の理解方法なのだと説く。町田は「〈絶対無の場所〉を共通基盤とする共同体の中に、あらゆる価値観をもつ個人同士が、決してその独立を脅かし合うことなく共存し、しかも全体的秩序を失うことのない述語的世界」(2003: 144) こそが望ましい世界のあり方だと提言している。

次に、文化論から日本語論に目を移し、日本語表現を通して具現化する私、自己、主体、話者という概念に関する先行研究に触れておこう。池上 (2006) は日本語と英語を、その言い回しの背後にある発想という視点から比較している。そして日本語では、起因への言及を避け自己の他者化を避け、自己中心的に事態把握をする傾向があるという特徴をあげる。続いて、英語は自己が分裂するのに対し、日本語は自己を投入する傾向があるとし、日本語表現の主客合体的特徴について次のように説明している。英語では、視る主体と視られる客体という分裂が見られ、そこに主客対立の構図が生まれる。一方日本語では、主体は主体としての機能を維持したまま事態の中に臨場することによって、視る主体と視られる客体の主客合体の構図が演出されるのだ、と。

大江 (1979) は、感情導入という概念が、日本語の特徴を分析するのに特に有益であるという立場をとっている。具体的には感情移入を促す表現として「てくる」、「ていく」などのように動作の方向性を表す表現や、「てやる」、「てくれる」のような授受関係を示す表現がある。そして日本語の「私」が表層化せず「ゼロ記号」となることが多いことをあげ、「日本語の『私』がふつうゼロとなり、表現されないということは、これが、客体化されずに主体的にできごとを眺めるような『私』の表現だからともいえる」(1979: 207) と記している。

森田 (1998) は、日本語は私中心の世界観の言語であり「日本人、そして日

本語は、自己を離れては世の中すら把握することができない」(1998: 28) と指摘する。そして、日本語のコミュニケーションにおいては、私は公（世の中・人々）の中の一員ではなく、人々を対立的に把握する主体であるとし、私はあくまで傍観的な立場しか示さないとしている。

　また、日本語は言葉による対話を拒絶しがちで、独白的・一元的なものであるという沼田（1998）の指摘もある。沼田（1998）は次のように説明する。西洋のロゴスは、人間と普遍的な価値との対話関係にあることを理想とする。しかし日本の伝統は、見る行為と思う行為の区別がはっきりしない主客未分の心の状態、つまり一元的なあり方を重視してきた。言語によって表現する時でさえ、他人への説明を主な目的とせず、むしろ言葉による対話を拒絶する独白的な面がある、と。

　次に、日本語論の中で、特に英語との比較対照から得られた論点に触れておきたい。安西（1983）はモノとコトの概念に基づいて両言語を次のように性格付ける。英語はモノに注目するのに対し日本語はできごとをコトとして捉える傾向がある。日本語は描写する世界を全体的に直感的にコトとして摑まえようとする。その方がどこかに筆者の所在が感じられ、読者に、その主観的な語りかけが生身の人間の書いた文章であるという印象を与える。そのような文章は一種の安心感を与え、内容的にも感情的にも読者にはしっくりくるのである。日本語表現では直接話法が頻繁に用いられるが、状況に密着した表現を好むという、いわば状況論理的性格が認められ、しかも物事全体が自然にそうなったという捉え方を好む。安西は、以上の特徴をあげ、日本語はコトに注目した表現を重視し、主観的な意味をもって相手に訴えることが多いと結論付けている。

　さらに安西（1983）は日本語の特徴について、抽象名詞が少ない、オノマトペのような具体的な表現が多い、ある状況を言語化する時に英語ほど概念化しない、そして、動作主としての人間中心主義ではないが、別の意味ではかえって英語よりも人間中心の発想をする、と指摘する。そして英語では動作主としての仕手が大切で、動作主性と働きかけが中心となるが、日本語では、状況に反応することでその関係に焦点が当てられるとまとめている。

文の種類をもとに、日本語と英語の比較をするのが中島（1987）である。中島（1987）は、英語は主語中心の命題文から成っていて、述語中心の描写文が中心となる日本語と対照的であるとし、英語は、動作主・動作・被動者という構図になるのに対し、日本語は周辺的なものから中心的なものへとズームインして表現する傾向があると指摘する。そして「要するに日本語は主体（動作主）中心の論理的な表現にこだわらず、主体不在の状況の推移を順次述べて行って、最後の述語でまとめあげるという表現法をとる」（1987: 61）と述べ、一般的に「日本語は直感的・描写的であるのに対し、英語は命題的・論理的である」（1987: 188）と結論付けている。

　山中（1998）は、日本語の特徴について日本語では主語を明示することが必ずしも必要でない、人称のシステムも確立しているとは言えない、ある種の形容詞の用法は話し手に強く結び付いている、そして、時制の対立を欠く接尾辞もある、と説明する。そして、「これらの言語事象が一様に示していることは、日本語が情報の一定部分を場面にまかせて、客観的な叙述を行なうよりむしろ内輪でのやりとりに重心をおく対話言語であるという事実である」（1998: 218）と結んでいる。

　以上、日本の文化と言語の特徴について幾つかの論点を概観してきたが、どれも一理ある見解である。確かに日本語の話者は無の文化において、場の中で傍観的な立場をとり、主客未分の心の状態を大切にしてきた。また状況を丸ごとコトとして捉え、そのコトと人間の関わりを重視するのだが、そのメッセージはあくまで直感的なものになることが多い。そして情報の一部を場にまかせて、客観的な論理より内輪でのやりとりに重点をおく傾向がある。先行研究で明らかにされた日本語の特徴には示唆深いものがあり、概して筆者の論点と矛盾するものではない。筆者は本書で以上のような日本語の表現性の特徴を、空白の場における空白の話者という概念を提唱することで、より根本的に理解し、それを日本語の本質として捉えていくことにする。

2.2 空白の場における話者

筆者は本書で、空白の場における空白の話者という概念に基づいた日本語本質論を展開するのだが、その根本には西田哲学がある。メイナード (2000) でも触れているが、ここで西田哲学の場所論とそこから導き出される日本語観をふり返っておきたい。

2.2.1 西田哲学と場所の論理

日本独自の哲学を打ち立てた西田幾多郎は、日本語がどのような言語であるかを知るヒントを提供してくれる。西洋のロゴス主義における主体は、場所から独立した自己として理解される。しかし、西田哲学では、場所は主体を育む源として存在するのであり、それはコギト的主体の対極に位置すると言ってもいい概念である。場所は主体をとりまく環境であるのみならず、まさに主体の基体となるものに他ならず、それなくしては主体を捉えることができない創造のスペースとして理解される。

西田の場所の概念は単なる過去の遺産としてではなく、今もその重要性を増していると言える。例えば中村は、1975年の著作から長年にわたり、現在あらためて人々が場所の概念に関心を向けざるを得なくなった問題意識を論じている（中村 1993, 1996）。中村 (1996) は、場所に関する四つの問題意識として、存在根拠としての場所、場所としての身体、象徴的な空間としての場所、そして、言語的トポスをあげる。これらの関心は全て、場所という概念の現代における有意義性を示している。

筆者は今まで Maynard (1993, 1997a) やメイナード (1997, 1998) などで、何度も場の概念に言及してきたが、それらはすべて西田の場所論に依拠している。西田にとって場所への接近は、意識の働きの根拠を求めることでなされた。西田はその論文「場所」(1949a) で、哲学的思索は主客の対立から始めるのではなく、むしろ意識からこそ出発するべきと主張する。そしてこの場合、意識するとは、作用者としての自己がおのれの意識の野に自己を映すことであるとした。つまり、西田にとっての場所は純粋経験を可能にする意識の野で

あった。西田はその立場を「従来の認識論が主客対立の考から出立し、知るとは形式によって質料を構成することであると考へる代わりに私は自己の中に自己を映すという自覚の考から出立して見たいと思ふ」(1949a: 215) と表現する。

西田にとっての場所は、おのれを照らす鏡のようなものであり、その鏡を通して意識が成立する働きを次のように説明する。

> 此の如き自己自身を照らす鏡ともいふべきものは、単に知識成立の場所たるのみならず、感情も意思も之に於て成立するのである。我々が体験の内容といふ時、多くの場合既に之を知識化して居るのである。此故に論理的な質料とも考へられるのである。真の体験は全き無の立場でなければならぬ。知識を離れた自由の立場でなければならぬ。此場所に於ては情意の内容も映されるのである。知情意共に意識現象と考へられるのは之によるのである。(1949a: 213)

このような場所では、あらゆる存在が限定されつつ現れてくるのだが、それ自体は何によっても規定されていない。従ってそれはいかなる存在でもあり得ない。西田はこのような場所を「無の場所」と呼んだのであるが、それは自由な可能性に満ちた場として捉えられた。特に大切なのは、この無の場所に知情意全てが意識現象として捉えられている事実である。そして根本的には、西田 (1949a) が論文の冒頭段落に綴った「有るものは何かに於てなければならぬ、然らざれば有るといふことと無いといふこととの区別ができないのである」(1949a: 208) という言葉に、その根源的な意味が表現されている。

2.2.2　述語論理から浮かび上がる話者

場所の重要性がさらに明確になるのは、言語による判断の論理形式との関連においてである。西田によれば、場所は一般としての性格を持つが、それは特殊が一般においてあるという関係の基盤をなす。判断は「ＳはＰである」という包括関係によって示されるが、それは一般が特殊Ｓを包む関係である。一般

としての述語面であるＰ、つまり場所が特殊である主語を包む。西田は「判断は主語と述語から成り立つ。特殊なる主語が一般なる述語の中に包摂せられるのが判断の本質である」(1949b: 177)と言うのである。判断とは一般が自己限定の作用をすることであり、その一般とは豊かに自己において自己を映すような世界、つまり述語的場所のことであると理解することができる。

西田は、判断は従来は主語中心であったものを、逆方向に捉えて述語中心に考えるべきであると主張する。判断の背後には述語面がなければならないのであり、つまり主語は述語において存在するものであると強調する。判断的知識はその当人に意識されなければならないのであり、そのような自覚こそが経験的判断の述語面なのだと説明する。場所は自分とものとが、ともにそこにある場所であり、存在を根源的に可能ならしめる場所、無の場所であるが、それは、超越的述語に支えられていると西田は言う。

それでは、西田哲学の中で我はどのように捉えられているのだろう。西田は「場所」論文の中で、我を次のように理解する。

> すべての経験的知識には「私に意識せられる」といふことが伴はねばならぬ。自覚が経験的判断の述語面となるのである。普通には我という如きものも物と同じく、種々なる性質を有つ主語的統一と考へるが、我とは主語的統一ではなくて、述語的統一でなければならぬ、一つの点ではなくして一つの円でなければならぬ、物ではなく場所でなければならぬ、我が我を知ることができないのは述語が主語となることができないのである。(1949a: 279)

西田は我というものが述語によって、つまり円や場所によって決定されると言うのである。このことからも、西田にとっていかに超越的述語面としての場所が大切であったかが知れるのだが、この西田の場所論を、中村(1993)は次のように評価している。

> 「働くものから見るものへ」(略)の後半でうち立てられた〈場所の論理〉〈無の場所〉によって西田の哲学は〈西田哲学〉とはじめて固有名詞で呼

ばれるようになったが、たしかにこれはユニークで大がかりな企てであった。すなわちここに、彼はこれまでの哲学の共通の前提であった主語論理主義の立場から述語論理主義の立場へコペルニクス的転換ともいうべきものを行なうとともに、それをとおして、すべての実在を述語的基体（無）によって根拠づけ、無の場所を有の欠如ではなく無底にして豊かな世界としてとらえたのであった。(1993: 67)

西田の我の概念は、確かに西洋の主体と逆の方向で到達したものである。我はもともと存在するものではなく、場所に依存し場所の中に存在する。その場所自体も、もともと無である。筆者はこの西田のアプローチを、空白の場における空白の話者という概念を通して捉える。そして、話者は場所と同様、空白であるものの、場所に潜む豊かな可能性によって具現化してくる存在であるとする。このような人間観が、日本語の構造とつながっていることによっても分かるように、日本語の根源には、脱デカルト的な志向性が隠されているのである。本書の目的の一つは、この志向性を明らかにすることにある。

2.3　陳述と日本語表現

2.3.1　陳述と辞の発見

　日本の国語学の流れの中で、日本語の文法について深い洞察が加えられたのは、江戸時代になってからである。ただそれは、体系的な言語論の構築を意識していたわけではなく、あくまで和歌の注釈や制作のヒントのためであった。国語学の出発点が、内省や思惟といった形而上学的なアプローチではなく、詩的な文芸作品の分析や解釈という手法にあったことは、国語学のあり方に大きな影響を与えた。

　江戸の国語学者の中で影響力を持ったのは、富士谷成章と鈴木朖である。富士谷は『かざし抄』や『あゆひ抄』の著者として知られるが、日本語の本質と関係してくるのはその品詞分類方法である。日本語全体を視野に入れた品詞の四区分を装束に喩えて分類を試みたもので、その要素には、名詞を指す名、副

詞、接続詞、接頭語、感動詞を指す挿頭(かざし)、動詞を及び形容詞を指す装(よそひ)、そして、助詞、助動詞、接尾語の総称としての脚結(あゆひ)がある。

この中でも、富士谷が特に力を入れたのは「あゆひ」である。中田・竹岡（1960）の研究に基づいて富士谷の言語観を理解すると、それはおよそ次のようなものであったと言える。言語の型は各個人の言語表現を制約するものであるが、言語を表現と理解という側面から捉える時最も重要な点は、社会的な制約を受ける単語と文法が、その個人においてどのように具体的に実現されるかということである。富士谷は言語の抽象的な側面を幽と呼び、具体的に個人によって実現される姿を顕と呼んだ。そしてこの幽と主体性・主観性を表現する顕との関係を重視したのである。

富士谷の、個人が表現として実現する言語というイメージには、発言の意図、相手、場面、素材、個人の特殊性、など諸種の要素が関わっている。言語には制約としての幽と、言語の主体としての話者の創造性を表現する顕とが融合している。そしてこの顕こそが、空白の話者を具体的な存在とする原動力なのだと考えることができる。筆者は既に多くの著書でこの観点について触れてきたが、ここで具体例をあげておこう。現代の日本語で、認識と了解の過程では「花が咲く」という命題を表現する場合でも、それが言語表現として使用される際には、話者に関連した特殊性が加わって「あっ、花だ」、「咲いた！」、「花が咲いた！」、「咲くね」、「咲いたよ、花が」などのさまざまな表現となる。この表現性の差異は、話の場の状況や話者の社会言語学的条件（年齢、性別、地位など）、またジャンルの差によって生じる。それに加えて個人的な意図も影響するわけで、ここに空白の話者が豊かに演じる可能性が生まれるのである。

このような言語観は、言語の命題のみを視野に入れていたデカルト的アプローチからは生まれない。言語表現をする話者とは、「我思う」のその思い方、「我あり」のそのあり方、そしてその思いを相手にどう伝えるか・伝えないかが問題なのであるが、それは当然のことながらコギトの世界では無視された。言語学の観点からは、一般的に西洋の言語への論理的なアプローチでは、命題に焦点を当てるあまり、陳述、そしてより広義の談話分析にも応用できるモダ

リティ (modality) が視野に入らなかったのだと解釈することができる。

　富士谷の学説に影響を受け、日本語の品詞分類を試みたのは鈴木朖である。鈴木はその著『言語四種論』(1979 [1824]) で知られるが、これは富士谷の品詞分類を土台として、言語を、体の詞、形状の詞、作用の詞、テニヲハの四種に分けた考察である。体の詞、形状の詞、作用の詞（ほぼ、現代の名詞、形容（動）詞、動詞にあたる）は三種の詞として共通した特徴がある。それに対してテニヲハは異なった機能を持つとされ、その違いを次のように性格付けている。詞には物を指す機能があり、喩えて言えば玉のような器のようなものである。しかしテニヲハには指す物がなく、それが表現するのは詞に付ける「心の声」であり、喩えて言えば玉を貫く緒のようなもの、器を動かす手のようなものである、と。鈴木は日本語のテニヲハが、心の声として心を顕現するものであり、このテニヲハこそが日本語らしさであると強調した。心の声とは比喩的な表現ではあるが、言語表現を可能にする一要素としてのテニヲハの重要性を認めたことは重大である。鈴木は富士谷と同様、表現する話者の創造的な発話態度を重視し、そこに満ち溢れる心の声を大切にしていたのである。

　さらに興味深いのは、鈴木 (1979 [1824]) がその言語起源説とも言うべき『言語四種論』の最後の部分で「言語ノ根源、又四種ノ言語相生ズル次第」と題して、次のような説明をする点である。人の心の動く様子を表現するのは音声で、それがテニヲハの起源である。テニヲハは詞の骨髄精神であり、それによって万物に名前を付けるのであるが、その結果が名詞である。その名詞をテニヲハで貫き通してつなげるとそこに形容詞と動詞が生まれる。このためすべての表現を遡って見れば、それはテニヲハの声と名詞の声の二つになり、テニヲハの声は「我心ノサマヲワカチ顕ハシ」名詞の声は「万物ノ物事ヲ別チ顕ハス」(1979 [1824]: 23-24) と言うのである。つまり、鈴木は言語の根源に心の声があったこと、その心の声から名詞的な要素が生まれ、さらに形容詞、動詞などが生まれてきたと理解しているのである。ここでも鈴木が、いかに話者の心を大切にしていたかを知ることができる。

　富士谷を継いで、鈴木は日本語の真髄というようなものを言語の命題的表現ではなく、まさに心の声という主観的な心情に求めていた。江戸の国語学者が

捉えていた日本語には、少なくともコギトの我という概念では片付けられない複雑な話者の姿が想定されていた。話者は思惟することを前提として既存するのではない。話者とは、本研究で筆者が提案するように、もともとは空白であるものの、場に反応しながら言語表現を駆使し、そこに心の声を響かせつつ演出を重ね、発想・発話態度や情感を中心に表現することで、具現化するものなのである。

2.3.2 時枝文法の構想と場面

　伝統的な国語学の流れを汲んで、現代日本の言語理論を完成させたのは時枝誠記であり、その理論の核心と言えるのは言語過程説である。この枠組みに基づいて時枝（1941, 1950）は、言語表現に不可欠な場面における主体と客体の関係を、主体が客体的事実を認定することで成立すると理解した。具体的には、言語では客体的事実は詞によって、主体的認定の過程は辞によって表現されるとした。ここで重要なのは、言語を意味のある言語表現とするものは、あくまで外界の客体ではなく、それを把握する主体であり、その陳述行為であると理解した点である。

　時枝（1941）は言語の存在条件として、主体・場面・素材の三要素を紹介する。時枝は「抽象された言語の分析をなす前に、具体的な言語経験が如何なる条件の下に存在するかを観察し、そこから言動の本質的領域を決定して行くといふ手続きを忘れてはならないと思ふ」（1941: 39）と前置きして、言語的できごとの存在条件をあげる。そして、言語は誰（主体）かが、誰（場面）かに、何物（素材）かについて語ることによって成立するものであり、その三者は三角形の三つの頂点に位置し相互に固い関係を保っていると言う。

　主体は「言語における話手であって、言語的表現行為の行為者」（1941: 41）である。今、例えば「私は読んだ」という表現の「私」は、「猫が鼠を食ふ」という時の「猫」と同じように主体そのものではなく、主体が客体化され素材化されたものである。主体は絶対に表現の素材となることはないのであり、主体とは言語の行為者であると時枝は説明する。場面はまさに主体や素材とともに、具体的な言語経験の存在条件として時枝の言語論の基盤を形成する。時枝

の場面とは、単なる場所ではなく「場所を充たす事物情景と相通ずるものである」が、それは「同時に、これら事物情景に志向する主体の態度、気分、感情をも含むもの」（時枝1941: 45）とされる。素材は「言語によって理解せられる表象、概念、事物」であり、「言語の構成要素と考えられているもの」（1941: 50-51）と定義付けられている。

時枝の言語過程説は伝統的な国語学、とくに鈴木（1979［1824］）の『言語四種論』と、その述語的世界の支配という観点において結び付く。鈴木はテニヲハが心の声を表すとしていた。時枝の辞はこのテニヲハに当たるのだが、辞によって表現されるのは話者それ自体であって、素材ではないことを強調している。時枝は日本語表現を、詞を辞が包みかつ統一するという形で分析し、これを入子構造の形式によって示すのだが、この構造でもより重要なのは詞ではなく辞である。時枝文法の構想で中心的存在になったのは、命題に支えられたデカルト的我ではなく、述語・陳述・辞と関連付けられる話者であった。時枝の主体は、筆者が論じる空白の話者、特に言語の辞的な要素が間接的にその存在を意識させる潜在的な存在としての話者、とつながっているのである。

時枝の「場面」には、西田哲学の「場所」の概念と通底するものがある。特に注目に値するのは、時枝の場面に事物や情景を志向する主体の態度に加えて、気分や感情が含まれている点である。時枝は場面を「純客体的世界でもなく、又純主観的な志向作用でもなく、いはば主客の融合した世界である」（1941: 44）と性格付ける。時枝の場面とは、場面を満たす事物情景とそれに志向する主体の感情とを含む主客の融合した世界なのである。そして時枝が「場面の存在といふことは、いはば我々が生きているといふことに外ならないのである」（1941: 45）とも言っているように、場面に人間存在のありかを求めてさえいるのである。

さらに辞で詞を包むという時枝の理解は、西田の述語世界と呼応する。主体は辞の働きに関わっているのであるから文法上の主語はあまり重要でないとする時枝の立場は、超越的述語面を基体として我を意識するという西田の立場と共鳴するのである。結局時枝は客体は主体によって、つまり場における話者の辞的な陳述によって可能になると強調したのであり、それはまた西田が我とい

うものが述語によって、つまり円や場所によって決定されると言っているのと符合する。

筆者は、日本の哲学と国語学の伝統である場所と場面を継承し、空白の場とそこに存在する空白の話者という概念を提唱する。そして、本研究の分析と考察を通して、話者は潜在的であると同時に、豊かな表現を通して具体的に演出する者であるという把握の仕方で、日本語の本質を論じることにする。

2.4　間主観性と話者

日本語の本質を考える上で見過ごせない概念として、主観性と間主観性がある。前項で触れた日本人の場における我の意識と、陳述を重んじる日本語の特徴は、特に間主観性に直接関係するため、ここで概観しておきたい。

2.4.1　間主観性と場

言語学の分野で、主観性と間主観性の研究に影響を与えたのは、Traugott (2003) である。特に注目に値するのは、間主観性という現象と社会や文化の関係、特にその歴史的側面について考察している点である。主観性・間主観性は時を経ると主観化・間主観化という現象を生み出すとし、それを次のように定義している。まず、主観化（subjectification）は「時間が経過するに従って、コミュニケーションの世界によって制約を受ける話者の視点や態度が、次第にコード化されるもので、言語の出来事の現実世界的な状況は、余り重視しないメカニズム」(2003: 126) である。[注2] 次に間主観化（intersubjectification）は「意味がより相手に焦点を当てるようになるもので、それは時間の経過とともに、話者が自分か相手または両者に焦点を当て、その含意を意味的にも社会的にもコード化するシステム」(2003: 129-130) である。[注3] そして間主観化は、歴史的に主観化より後に見られるものだとしている。

言語において、より情報的で客観的な性質のものから、次第に話者と相手への考慮にシフトしそれがコード化するという現象は、日本語に多く観察される。Onodera and Suzuki (2007) の報告に代表されるように、日本語ではむし

ろ文法化（grammaticalization）とつながった形で、間主観化が長く広く実施されてきたと考えられる。

　筆者も多くの論文や著書を通して、主観性や間主観性を表す日本語表現について分析してきた。筆者は Maynard（1997a）で、特に間主観的な要素が文化的・社会的契機に支えられることを強調し、日本語とは相手との複雑な関係に支えられ、感情に満ちたパーソナルな自分を、多くの陳述・モダリティ表現によって伝える言語であることを論じた。

　間主観化のプロセスの基盤となるのは、発話する話者が相手との関係を解釈するコミュニケーションの場である。言語の主観性と間主観性という概念は場から独立した我ではなく、相手を含む場に敏感な話者の姿を前景化する。日本語における主観性と間主観性が重要であることは明らかなのだが、それ以上にそれらが場に依存しているという事実を重視したい。

　ここで間主観性と日本語表現の関係について、文学に観察される体言止めと呼ばれる現象を取り上げたい。この現象においても、場の重要性が明らかになる。中村（1991）は、文学作品で印象的な体言止めを使う作家として太宰治を挙げ、『富嶽百景』の「娘さんは、興奮して頬をまっかにしていた。だまって空を指さした。見ると、雪。はっと思った。富士に雪が降ったのだ。」という部分を例示する。中村（1991）はこの「見ると、雪」という表現は「見ると、雪である」の述語を省略したものと考えられ、はっと打たれたその瞬間の衝撃を「感動の〈体言止め〉でみごとに捉えている」（1991: 216）と評している。

　さらに、『人間失格』に出てくる「それからの日々の、自分の不安と恐怖。」などは、後にどんな言葉が続くのかはっきりせず、この場合は述語の省略というよりも、ただ、黙って名詞を投げだした感じである、と指摘する。中村はこれを「名詞提示」として、単なる体言止めと区別するのだが、この用法は必ずしも叙情的空間を抱えこむわけではなく、むしろ乾いたタッチになることもあると説明している。

　中村（1991）の言う「乾いたタッチ」とは、話者の感情を詳しく説明せず、ただ概念として投げ出すことと関係しているように思える。ここでは、話者はある情報をその感動の対象として談話の場に投げ出すのである。述部を伴わな

い文の終わり方は、その感動の対象を場の中で解釈することを強いる。感動の対象とは、それを同じ目で見ることで共に経験し、話者と相手が感動的に同調する対象であり、それは付託効果を呼び起こす。付託とは、感情をそのまま描写する代わりに、感情の対象を提示してそれに感情を託すという意味である(尼ケ崎 1988)。このような状況下では、言語はしばしば話者と相手が近寄った視点からある現象を一緒に見つめるための、間接的な手段として働く。話者が相手に期待することは、その現象を場における共通の位置から、共通の「見え」として見つめる共感者である。こうして空白の場は、間主観的な交流を通してより具体的なものとなるのである。

日本語の間主観性はこのように間接的であり、表層化しないまま表現されることも多い。尾上(1999a)は日本語の主観性について、それが「心に浮かんだ内容だけを、どういう趣旨で浮かべたかを言わずに放り出して聞き手にゆだねる」性格のものであり、「叫ぶ自己をさらけ出して、叫んだ気持ちは相手に想像してもらう」(1999a: 105)意図で使われると述べている。心に浮かんた内容だけを、その場にいる聞き手に委ねるとは、まさに付託的な表現の技法である。主観性の表現には、命題のみに基づいた描写では満足できない叫ぶ自己が存在するのである。そしてその声は、場に動機付けられ、潜在的な、しかし重要な話者の存在なくしては実現しない。間主観的な言語操作は、空白の場における空白の話者の演出を可能にするリソースを提供するのである。

2.4.2 主観的・間主観的表現と潜在的な話者

日本語には間主観性を反映した語彙、文法、語用論的現象があり、数多くの研究がなされてきた(時枝 1941; Iwasaki 1993; 尾上 1999a; 池上 2006, 2011; 澤田 2011; 本田 2011)。筆者も日本語の文法を紹介する拙著で、間主観的な現象を取り上げてきた(Maynard 1990a, 2009, 2011)。以下簡単に、話者を指標する表現、日本語の受身表現、授受表現、そしてある種の形容詞と感受表現を、間主観性という視点から考えておこう。これらは、第2部で詳しく論じるように、空白の場における潜在的な話者を具現化させる働きがあり、日本語に重要な意味と表現性をもたらすものである。

日本語では情報は表層化しないが、話者の視点や態度を汲み取ることが求められる。例えば「あの人、好きよ」という表現は、あるタイプの話者を指標する。まず主語（例えば「私」）も述語動詞（例えば「好きなんです」）も表層化しないままになっている。そうであっても、この表現が使われるコンテクストや、話者の視点や態度を伝える言語表現、つまり感情が込められた指示表現「あの人」（メイナード 2006）と、終助詞「よ」の機能（メイナード 2001a）から、話者が誰であるかをある程度イメージすることができる。

　日本語の受身表現には、不利益とか害が及んだというような主体的な意味が含まれている。「雨に降られちゃってさ」というような自動詞の受身表現があり、話者の主観が間接的に表現される。「ほめられちゃった」というような有益な場合の表現も可能だが、いずれにしても主観的な感情を伝えるために使われることが多い。しかも主観的と言っても、相手にどう受け取ってもらいたいかという間主観性を意識した表現でもある。

　間主観性が反映される現象は授受動詞にも観察される。「友達のお兄さんに英語を教えてもらった」という表現は可能だが、「友達のお兄さんが英語を教えた」という中立的な表現は、話者が受益者である場合は不自然となる。「やる」、「もらう」などの授受関係を反映する表現や「てくる」、「ていく」など方向性を含意する表現は、自分と相手との関係や自分の立ち位置を間接的に知らせる。そして極め付きは、尊敬語や謙譲語という上下関係や人間関係の親密度と距離感を指標する表現が、豊富にあることである。しかも、相手を考慮したこれらの表現の使い分けが必須で、話者の主観性と間主観性を避けて通れない表現が多くある点に日本語の特徴がある。

　一方、自分の経験と第三者の経験には異なる形容詞が使われることも、主観性への意識に動機付けられている。日本語の形容詞は、わがこと性形容詞とひとごと性形容詞（渡辺 1991）、または感情形容詞と属性形容詞（国立国語研究所 1972）とに分けられ、その使用には制限がある。「あの男は嬉しい」という表現より、「あの男は嬉しがっている」とか「あの男は嬉しそうだ」という方が自然である。話者は他者の感情を直接体験することができないため、わがこと性形容詞・感情形容詞の「私は嬉しい」は可能であるが、「あの男は嬉しい」

ではなく、あくまでも話者の目に映る状況として捉えなければならない。

また「海が見える」というような話者が表層化せずゼロ化する表現は、話者がある場において感受した経験を中心に表現したもので、日本語では自然だが英語に翻訳すると不自然な構造になってしまう。日本語では自分が直接感受し関係する世界と、そうでない世界の区分けをし、前者を基盤とする表現が自然となるような文法が構築されているのである。

裏返して言えば、日本語は言語行為の主体としての話者のあり方を、余儀なく指標せざるを得ない言語である。話者が表層化せず直接意味を伝えないとしても、言語行為それ自体が間接的に話者の表現意図を伝える（というより伝えざるを得ない）のである。そして結果的には、日本語表現の様々な手法が、空白の話者の存在を意識させ、その様相を豊かに提示する機能を果たすのである。

2.5　パトスのレトリック

2.5.1　パトスのレトリックの特徴

本研究のテーマは日本語の本質を明らかにすることにあるのだが、ここでパトスのレトリックに触れておきたい。パトスのレトリックは、空白の話者を具現化する表現手段として機能するからである。日本語には、その内部にいろいろな矛盾を抱えながらも、確認できる傾向がある。それは筆者が『談話分析の可能性』(1997)、『情意の言語学』(2000)、そして、*Linguistic Emotivity* (2002) で提唱したパトスのレトリックである。パトスのレトリックとは、日本語の文章や談話現象の全般に認められるレトリックの技法である。ただし、ジャンルによってはその技法は限られたものとなる。また、ある表現が頻繁に使われるタイプの文章と、そうでない場合とがある。日本語の文章は常に変動性を示すのであるが、そうであってもその根底に、パトスのレトリックと呼べる次のような傾向があることは否定できない。

まずパトスのレトリックでは、言語自体によるコミュニケーションと同時に、言語以外のコミュニケーションを重視する。これは、言葉による伝達に限界があるとされ、むしろ言葉にしなくても心が通じ合うのを良しとする傾向が

あることによっても分かる。日本語ではコミュニケーションの場で言語の占める地位が、例えば英語などと比較した場合、低いことがよく指摘される。日本語文化では要するに言語の有効性をあまり信じず、言葉は心を伝えるための補足的な機能を果たすものと考えられることが多い。パトスのレトリックに使われる文では、主語・述語よりトピック・コメントの関係が重視される傾向があり、「は」などによってその関係が鮮明に表示されることが多い。話者は、このトピック・コメント軸のコメントを発信する者として捉えられる。パトスのレトリックを支える文は、仕手が何かをするというより、何かの出来事が起きてある状態になるという捉え方をする。[注4] 言語は情報を伝えるものではあるが、それと同時に話者の気持ちを伝える手段であり、後者が比較的重要視される。テクストの全体構成では、その気持ちは談話の各単位の末部に出てくることが多く、それは論理的な説得というより、むしろ共感を目的とすることが多い。

　パトスのレトリックの言語表現は、それが実際に使用される場における各種の影響を受け（また同時に影響を与え）、それぞれにふさわしいスタイルで実現される。そして、相手に向けて表現を調節したり、その場によって表現したり・しなかったりするといった発想・発話態度の操作をする。最終的には、パトスのレトリックでは、言語の創造的な表現を通して相手と共感することで、情報や情意を分かち合うことを目的とする。

　パトスのレトリックを支える具体的な言語操作としては、例えば筆者が『談話分析の可能性』で扱った幾つかの現象がある。名詞化のプロセスは出来事を概念として把握することであり、間接引用のプロセスは「誰か」が「言う」（と想定される）その声を、言語のイメージを媒介に、概念として引用の従属節の中に捉えることである。名詞化と引用節はともに区切るという分離作用と同時に、それについて結ぶというトピックとコメントの結合作用を可能にする。出来事を概念として捉えることが、それについてコメントすることを促すことになるからである。

　さらに、筆者が『情意の言語学』で考察した談話現象にも、類似した特徴が見られ、パトスのレトリックを支えていることが分かる。呼びかけ、感嘆名詞句、情意の「だ」と「じゃない」、疑問表現、特に修辞疑問文、そして「何」

表現、に共通して観察されたことであるが、これらはすべてトピックを時には付託的に提示し、それに話者の発話態度をコメント的に伝える形態となっている。呼びかけと感嘆名詞句は、感動の対象を一つの概念として投げ出す手段であり、「だ」と「じゃない」は、単なる叙述表現ではなく、表現する話者の感情をも含んだコメント表現であり、修辞疑問文と「何」表現は、相手に返答を期待することのない話者の情感や情緒を含むコメントである。

2.5.2 ロゴスのレトリックとの比較

筆者はパトスのレトリックを、ロゴスのレトリックと対照しながら提案してきた（メイナード 1997）。[注5] ここでは、参考までに両者を比較してその特徴を列記しておこう。本研究では、起点言語である日本語と翻訳テクストとしての英語の比較対照を試みるのだが、それぞれをパトス的な言語とロゴス的な言語として全体的に捉えることが、分析のヒントとなり得るからである。

パトスのレトリック	ロゴスのレトリック
言語は余り重要でない・補足性	言語の重要性・中心性
言語による伝達には限界がある	言語の意味伝達能力を信じる
トピック・コメントが重要	主・述関係が基本軸
言語主体と言語に不可欠な「場」	テクストに付随するコンテクスト
命題を包む係りと結びの表現効果が豊富	命題構成が重要
主体はコメントの発信元	主体は命題に現象をはめこむ役目
「なる」的な文構成	「する」的な文構成
出来事に対するコメントが大切	仕手がする行動が重要
終わりで「結ぶ」	テクスト冒頭で論点を示す
エッセー的・詩的なテクスト構成	論理的なテクスト構成
自分の経験を中心とした記述が多い	客観的な記述を良しとする
共感を目的とする	説得を目的とする

パトスのレトリックと日本語の文章や談話現象に関連して、ここで誤解のな

いように筆者の立場を説明しておく必要があるかもしれない。筆者はパトスのレトリックという概念で日本語の表現性を捉えているが、だからと言って、パトスのレトリックが日本語だけに見られる現象であると主張しているわけではない。どの言語にも当然、パトス的なレトリックがいろいろな形で観察できるものと思う。また、先に触れたように、パトスのレトリックは、あらゆる日本語表現にあてはまるものでもない。その傾向が日本語のある種の文章や談話現象に確かに認められるとしても、ますます多様化している日本語のジャンルに同等に認められるわけではない。命題の情報を中心とした法律関係の文章や、マニュアルの日本語には、当然のことながら、パトスのレトリックの特徴をあまり観察することはできないだろう。つまりジャンルによって、または表現目的によって、ロゴス的なレトリックとパトス的なレトリックを選択する可能性がある。なお、同一言語でも通時的には、言語文化やレトリックに変動性があることも充分考えられる。筆者は以上の点を考慮した上で、翻訳テクスト分析を進めていくのだが、第2部の分析を通して英語などと比較対照分析した結果、日本語は確かにパトス的なレトリックを好むことが確認できる。

2.5.3　レトリック的な話者

　空白の話者がどう具現化されるかを理解するためには、言語の表現性を重視して、レトリックの概念を応用するアプローチが必要となる。従来言語学者は概してレトリックを重視せず、どちらかというと避けて通ってきたという歴史がある。その理由は、西洋の言語学が命題中心の分析に焦点を当ててきたからである。この動向に反して、筆者はメイナード（2000, 2004）やMaynard（2002）などで、随時、言語の現象をレトリック的に理解することの重要性を説いてきた。それは、日本語を談話レベルの発想・発話態度、つまり談話のモダリティ（Discourse Modality）を通して捉えること（Maynard 1993）であり、パトスのレトリックという軸で捉えること（メイナード1997, 2000, Maynard 2002）であった。レトリックの重要性は具体的な言語表現の綾のみならず、言語を人間の表現行為と見る見方、つまり、レトリック的に見るという意味で重要である。

ここでモダリティという用語とその概念について、筆者のアプローチを明らかにしておく必要があるだろう。「モダリティ」が研究者によって異なった意味で使われてきたという経緯があるからである（守屋 2012; ナロック 2014）。モダリティは英語に関連して用いられると、命題内容と直結し、'may'、'can'、'must'、'should' などの助動詞の様相とされることが多い。しかし、日本語学で用いられるモダリティは、伝統的な陳述や時枝（1941, 1950）の辞と関連し、例えば仁田（1989）の定義にあるように「言表事態や発話伝達のあり方をめぐっての発話時における話し手の心的態度の言語表現」（1989: 34）とされる。筆者はこの定義を広義に解釈し、モダリティを、命題に関して話者の発想・発話態度や感情・情緒を含む情意を性格付け、それは文、及び、談話レベルも含める広い範囲の言語操作によって実現されると考える。ただし、命題内容モダリティと広義の発話態度モダリティは連続している（湯本 2004）のであり、筆者の言うモダリティと談話のモダリティにおいても、どの現象を強調するかによって使い分けているに過ぎないことも確認しておきたい。

　さて本題に戻り、レトリックと話者の関係を理解するために、言語をレトリック的に見ることの重要性を説いた三木清の思想に触れておきたい。三木は言語について多くの論文や著書を残しているが、代表的なものに「解釈学と修辞学」（1967a）、『構想力の論理』（1967b）そして「レトリックの精神」（1967c）がある。三木はロゴスに対し新しいパトスの重要性を唱えたことで知られている。新しいパトスとは、既成のロゴスによっては決して救済され得ないものなのだが、それはロゴスを含みロゴスを超えたパトス観である。終戦を迎えようとしていた日本で、三木はロゴスとパトスの統一を唱えていた。特に三木が1945年、死の直前まで執筆し続けた『構想力の論理』（1967b）に重要な思想が隠されている。構想力は、もともとカントが悟性と感性を総合する能力として設定したものであるが、それに着想し、構想力を人間において知的なものと情的なもの、つまり、三木の言うロゴスとパトスを統一する根源的な力と考えたのである。

　ここで「解釈学と修辞学」から三木の言葉を引用しよう。

我々の言葉はすべて修辞学的である、言い換えれば技術的である。言葉は本来技術的なものである故に表現的なのである。修辞学は意識的に用いられるのみでなく、日常の言葉も無意識的にせよつねに何等か修辞学的である。言葉は人間の本質に属すると云われるが、そのことは表現性が人間存在の根本規定であること、そして人間存在の表現性はその技術性と一つのものであることを意味するのでなければならぬ。(1967a: 143)

　私たちは、レトリック的な表現の主体を無視することなく、人間を考えていかなければならない。そのためにも、言語をレトリック的に深く理解する必要があるのである。三木にとっては、レトリック的に表現することがレトリック的に考えることにつながるのであり、言語行為というものがレトリックの精神を反映するものであればこそ、それは感情を含んだしごく人間的な行為として理解されたのである。三木はさらに「修辞学は心理と論理との統一として、言い換えれば主観的なものと客観的なものとの統一として技術に属すると云うことができる」(1967a: 144) と述べ、彼のテーマであった、レトリックによる主客の統一に思いを馳せている。単なる感情に流されるパトスでなく、抽象的な論理で縛るロゴスでもなく、パトスを考慮したロゴス、ロゴス的なものを基盤と認めるパトス、というような構想力の可能性を考えていたようである。
　ちなみに、三木の思索が日本語を通してなされたという点は興味深い。日本語はまさに、私たちが思想を形成する時のリソースであり武器であるということを再認識させられる。このような視点を可能にする日本語の本質を明らかにすることは、いつの時代にあっても有意義なものであると思う。同時に本研究に関して言えば、私たちは翻訳テクストをレトリック的に考察することを忘れてはならない。そして、翻訳テクスト分析が映し出す日本語の表現性は、あくまで命題的情報を超えた辞、陳述、モダリティといったレトリック的な性格として理解できる。

2.6 空白の場と空白の話者

2.6.1 空白の場の意味付け

筆者は本研究で空白の場が次第に満たされていくというイメージを用いるのだが、それでは空白の場はどのように設定され、そこでどのような意味が生まれるのかという疑問が生まれる。その答えは、筆者が提唱した場交渉論(メイナード 2000, Maynard 2002)の、場の意味付けに見ることができる。場交渉論では、談話の意味は「場」つまり、そこでコミュニケーションの参加者が相互交渉しながら言語行為を遂行するスペースで成就されるものと考える。具体的には、認知の場、表現の場、相互行為の場のそれぞれの場に、事物・主体・相手の三要素を認め、それらの相互関係を解釈するものと理解できる。

言語記号の意味概念として、意味の可能性を持った「可能意」、交渉されて具現化する情報と情意、さらに情報と情意の統合された「交渉意」を認める。交渉意は認知の場、表現の場、相互行為の場という三種の場の交差する場、つまりトピカの場に存在する。場交渉論では、三種の場に関連した六つの機能を認める。認知の場と関連して、固体認知と命題構成の機能、表現の場と関連して、情的態度の表明と対他的態度の伝達の機能、相互行為の場と関連して参加行為の管理と共話行為の調整である。

場交渉論の場は、そこでコミュニケーションの参加者が相互交渉しながら、言語行為を遂行するスペースである。それは西田(1949a)の述語的統一としての場所であり、中村(1993)の存在根拠としての場所である。その場は可能性に満ちた自由な場であるが、そこに、認知、表現、相互行為という三種の情報が投射され、それによって意味のありかを提供するトピカの場が照らされる。意味が生まれるトピカの場は、常に変化しつつある交渉の場として浮かび上がり、意味付けへのヒントを提供しながら、意味解釈の土壌を提供する。三種の場への投射は、言語の記号やストラテジーによって規定されるものであるが、ストラテジーには当然、命題情報を中心に伝えるものだけでなく、話者の意図、情的態度の表現も含まれる。

解釈の心理的なプロセスには、おもに会話における意味の交渉のための「感

応的同調」(市川 1975)、文学作品の解釈を可能にする「見え先行方略」と「なる視点」(宮崎・上野 1985)、そしてビジュアル情報を伴う作品解釈のための emotive focus (Carroll 1997, 1998) などが関係している。文学・文芸作品の意味解釈には、ある場をどのような「見え」として捉え、それに関連する意味をどのような「なる視点」から理解するべきかを察知する必要があるのだが、それを知らせるのが広義の言語表現である。表記、語彙、文法、談話構造、発話のストラテジーなど、ありとあらゆる要素がその場に投入され、できごとをどのような視点からどのような関係の中に見るか、そしてどのような場の重なりに見るかという情報を指定する役目を果たす。もともとは空白であった場が、意味付けというプロセスを可能にすることで、意味解釈と相互作用を繰り返し続けるスペースとなり、そこに言語の意味と場が同時に相互交渉的に特徴付けられ具現化するのである。

2.6.2　空白の話者の存在感

　空白の話者に関連して、ここで筆者の研究を含む先行研究をふり返っておきたい。もともと空白である話者がどのように具体的な存在となるのか、そしてどのように変化しながら複数のイメージを持つ自分を演出するのか、という問い掛けにヒントを与えてくれる。

　筆者はメイナード (2000) をはじめとする一連の研究書で、日本語から浮かび上がる話者を、従来のデカルト主義が擁護する思惟に基づいた孤立した我ではなく、語る主体・感じる主体として捉えてきた。それはコギトの主体や現象学的な超越論的自我ではなく、言語の出来事に参加する行為の主体としての話者である。場を重視した筆者の言語論では、話者は命題を提示する個としてではなく、言語表現の陳述・モダリティを操作する表現者として存在する。話者の存在は多くの場合、各種の言語操作を通して具現化する。しかし、表層化しなくても、敬語や終助詞で誰が言っている言葉か一目瞭然の日本語は、潜在する話者が強く感じられる言語なのである。

　話者はトピック・コメントという軸に基づいてコメントする主体であり、文の叙述を超えて談話のモダリティを操作し、バリエーションを駆使して自分を

演出する者である。そして表現の主としての話者は、根本的には語る自分を随時具体的に提示するという言語操作を引き受けているのである。そして多くの研究で報告してきたように (Maynard 1993, メイナード 1997, 2000, 2004など)、日本語表現では話者の存在は表層化されない時も、潜在的な話者を指標するストラテジーによって提示され続ける。

　話者とは、言語を使ってコミュニケーションに参加する者のことであり、具体的には、話し手や書き手である。ただし、この話し手や書き手は独立して孤立した存在ではなく、常に相手に依存している。話し手や書き手は、聞き手や読み手という相手との相互関係で規定されるものであり、また実際のコミュニケーションでは話者は相手としても参加する。それは他者である相手と相互交換的、相互主観的関係にあって、今実現されつつある存在である。筆者は、話者という表現を、作者、翻訳者、語り手、登場人物など、言語表現を実践する当事者すべてを指して使う。本研究で分析する文芸作品はもともと作者によって創られたものであるが、作品の中では、語り手と登場人物が思索し発話するわけで、それぞれの立場に焦点を当て、話者の行為として捉える。なお、特に語り手としての機能を強調する時は、「語り手としての話者」という表現を使う。

　筆者はかつて、日本文化における話者について、幾つかの立場を紹介したことがある。例えば、我を「汝の汝」として位置付けた森 (1979) のアプローチがある。また、筆者自身の立場として relationality（相互関係性）という概念を提唱したこともある (Maynard 1997a)。日本人が経験する相互関係は、社会から自分へという方向性を持ち、社会との相互関係性に特徴があることを論じた。いずれにしても、コギトの我とは違い、相手との関連性で捉えた自分、そして、言語行動に参加し演出する話者という考え方を明らかにした。

　言語の主体としての話者は、世界とのつながりの中で意味や価値を獲得する生身の存在である。人間は身体を生きている。言語表現をしたりそれを受け取ったりするのも、話者としての身体なのである。そして話者とは、もともと個としてあるのではなく、根本的には可能性を秘めた空白として存在する。その話者は、本書で提唱するように、随時複雑な状況や心理に翻弄されながら、

演出され続ける存在に他ならないのである。

　ここで、話者はどのような姿を見せるのか、という問い掛けをするべきであろう。筆者が理解する話者の概念は、メイナード（2017）で詳しく論じたように、複合的な姿を見せる。話者は一時的なイメージを繰り返したり、幾つかのキャラを重ねたり、異なる声を響かせたりしながら、その姿を変化させ続ける。その複数のイメージはそのまま失われるわけではなく、話者の体験として記憶され、話者の内面に沈んでいく。だからと言って、コギトのような超越した唯一の我がもともと存在するのではなく、また、重層的な話者の中に明確な中心というようなものが存在するわけでもない。話者とは、もともと同一的な存在として実感されるのではなく、随時、言語表現を通して演出されるからである。この話者のイメージは、脱アイデンティティ（上野 2005）や、分人（平野 2012）などの捉え方と矛盾しない。空白の場に登場する話者のアイデンティティは、複合的で可塑性を備えているのであり、話者とは、しばしば矛盾を含んだ複雑で重層的な存在なのである。

注1　原文は次のようになっている。

　　But I had the persuasion that there was absolutely nothing in the world, that there was no sky and no earth, neither minds nor bodies, was I not, therefore, at the same time, persuaded that I did not exist? Far from it. I assuredly existed, since I was persuaded. (...) Doubtless, then, I exist, since I am deceived; and, let him deceive me as he may, he can never bring it about that I am nothing, so long as I shall be conscious that I am something. So that it must be maintained, all things being maturely and carefully considered, that this proposition (pronunciatum) I am, I exist, is necessarily true each time it is expressed by me, or conceived in my mind. (Descartes 2001 [1901])

注2　原文は次のようになっている。

　　mechanism whereby meanings come over time to encode or externalize the SP/W's perspectives and attitudes as constrained by the communicative world of the speech event, rather than by the so-called "real-world" characteristics of the event or situation referred to (Traugott 2003: 126)

注3　原文は次のようになっている。

　a mechanism whereby meanings become more centered on the addressee. In this view intersubjectification is the semasiological process whereby meanings come over time to encode or externalize implicatures regarding SP/W's attention to the "self" of AD/R in both an epistemic and social sense（Traugott 2003: 129-130）

注4　これに関しては池上（1981）及び Ikegami（1991）を参照されたい。

注5　ロゴスのレトリックとの比較については、拙著『談話分析の可能性』（1997）の第11章、及び、『情意の言語学』（2000）の第14章と第16章を参照されたい。

第3章
翻訳と意味の差異性

　本書で採用する翻訳テクスト分析という手法には、当然のことながら翻訳という行為が関わってくる。本章では、翻訳自体について論じられてきた異なる立場を、海外でなされてきた広義の翻訳研究の分野を中心に概観しておきたい。それが、翻訳文というデータの特質と、その問題点を理解するヒントとなると思われるからである。翻訳研究では、翻訳という行為の難しさとそのプロセスにおける複雑性が論じられてきたが、それは異言語間の意味と表現性の深みを乗り越えることが、いかに困難であるかを物語るものである。

3.1　翻訳と言語における意味のずれ

　翻訳という行為は言うまでもなく言語表現の操作であるが、ただそれだけでなく、より広いコミュニケーションの実践をも意味する。まず、翻訳行為について直接コメントしている Ricoeur の考えを追ってみたい。それを通して、翻訳とは何なのか、そして翻訳と言語はどういう関係にあるのか、という疑問に答えることができると思う。ところで、今、筆者は Ricoeur がフランス語で書いたものを英語の翻訳で読み、さらに日本語で論じるというプロセスを経ているが、それ自体が何重にも及ぶ翻訳行為を前提としている。Ricoeur に限らず、海外の文献を理解する過程には、翻訳の問題が複雑に絡んでいることを、認識しておかなければならない。

　Ricoeur が直接翻訳について論じているのは、1997年から1999年にかけてパリで発表された三つのエッセイ（Ricoeur 2006）を通してである。Translation as Challenge and Source of Happiness、The Paradigm of Translation そして On Paradox of Translation というタイトルからもその内容を知ることができるのだが、以下、Ricoeur の翻訳観をまとめてみたい。

　まず、翻訳の難しさについてである。翻訳という行為には、必ず翻訳不可能な側面が付きまとうものであり、原作とその翻訳の間には常に得るもの (gain) と失うもの (loss) がある。それは翻訳というプロセスが、正確さ・忠実性 (faithfulness) と裏切り・背信 (betrayal) との両方を同時に有しているものであることを意味する。特に、翻訳に関わる二つの言語の意味を照らし合わせてみるための、第三の言語というものが存在しないことを考えると、翻訳は常におよその意味を伝えるものであり、内容は近似しているものの決して同一ではない。しかし興味深いことに Ricoeur は、同一言語内でも意味のずれが存在することを指摘する。二言語間でも同一言語内でも、意味の解釈には他者性が絡んでいるという共通性がある。私たちが意味の理解に苦しむのは、そもそも言語の意味には他者性、つまり自分以外の何か、自分が知らない・理解していない何かが含まれているからである。Ricoeur は、翻訳における意味のずれは、翻訳自体に見出されるものというより、むしろ言語の本質と関係していると結論付ける。

　言語にはもともと Ricoeur が言語のもてなし (linguistic hospitality) と呼んでいる側面、つまり、異質のものを受け入れる側面がある。このため意味を伝えるためには、自分とは違う視点から物を見る相手に、理解してもらおうと努力することになる。そうであっても、意味のずれという問題を完全に解決することはできない。Ricoeur (2006) の言葉を借りよう。

> 私たちは、すべてを完全に描写することはできないのであり、私たちの手元にあるのは視座や視点であり、それは世界の一部に過ぎない。そうであればこそ、私たちは自分の伝えたいことを明らかにしようとし、それを語彙や文を通して、私たちと同じ角度から物事を見ない人に向けて、理解してもらおうと努力するのである。(Ricoeur 2006: 27 筆者訳)[注1]

Ricoeur（2006）によると、意味のずれは翻訳（translation）と解釈（interpretation）の両者において生じるのだが、そのずれが互いに作用し合い、新しい意味の創生（production of meaning）に貢献するとのことである。そしてそこに意味の革新（semantic innovation）が起こるのであり、翻訳という行為は、言語に特有な意味のずれを解消するための機会を提供してくれるのだ、と主張する。私たちはなるべく完全に意味の伝達をしようとする時、言語によってさらなる説明をすることがある。これは言語には言語によって言語を説明するという再帰的な機能があると認められているからである。Ricoeurは、私たちはこの機能を使って、言語内翻訳（intralingual translation）をしているのであり、それは言語間翻訳（interlingual translation）の場合と、根本的に違いはないとしている。

　さらにRicoeur（2006）は、本研究の立場と矛盾しない立場をとり、翻訳をテクスト全体の現象として考察する必要性を説いている。Ricoeurの言う意味には、例えば辞書で引いた時出てくる単語の置き換えだけではなく、テクスト全体、しかも、言語使用という具体的な現象が含まれる。筆者が試みるのも、翻訳という行為を広い談話現象やレトリックに拡げる研究である。

　確かに言語自体においても、伝えたい意味と選択される言語表現とが、完全に一致する保障があるわけではない。言語における表現と意味との関係はいろいろと論じられてきたが、例えば近代言語学を語る際常に登場するソシュールの場合（Saussure 1966）も、類似した立場であると理解できる。ソシュールの言うパロールの世界では、記号（signifier）とその意味とされる概念（signified）の間に、ずれがあると考えられている。抽象的な言語のシステム（ラング）では、記号と意味がコインの表裏のような関係にあるとされるが、実際に使われるパロールに関しては、そう簡単に記号と意味が結び付くわけではない。いわゆる語用論的な要素、文化的・社会的コンテクストとの関係など、意味の解釈には多くの情報が影響を与える。意味は完全に表現されるわけではなく、むしろ言語の内部でも、常に翻訳のような解釈が行われていると考えることができる。同一の言語コミュニティーの中でも、意味の伝達のために言語のあらゆるレベルの表現方法を使って、意味の差異性を調節しながら、意図する

意味の伝達を試みているのである。これは基本的に翻訳者の行為と同じである。

3.2 翻訳行為の捉え方と意味

当然のことであるが、翻訳に関して、翻訳行為とはどういう行為か、そして翻訳に携わる者はどうあるべきか、という問い掛けがなされてきた。それについて、Benjamin、Jakobson、Nida という三人の翻訳者・言語学者の見解を参考にしたい。

3.2.1 翻訳の理想

思想家・評論家・翻訳者である Benjamin（2004 [1923]）は The Task of the Translator という論文の中で、翻訳、特に、翻訳者のあり方について次のように論じている。翻訳者が行うべきことは、単に、起点テクストとしての原作の意味を、目標テクストである翻訳作品の中に生み出すことではなく、異言語との出会いを通して、目標言語を変化させることである。言語は静的なものではなく変化するものであるから、翻訳者は翻訳の過程で、純粋言語（pure language）と呼ばれる真の言語の存在を想定し、その設立に寄与することが大切だと説く。

Benjamin（2004 [1923]）は、例えば日本語や英語といった具体的な自然言語とは異なるものの、すべての言語を包括できる大いなる言語があると考えていた。純粋言語とは、各言語が共有する深みのようなものであり、同時に翻訳不可能なものでもある。それは複数の言語が相補関係にあることで、複数言語の志向を統合した合体として成立する。つまり、言語を重ね合わせることで、言語に共有される深い意味を持つ純粋言語に至ることができる、と考えたのである。具体的には、翻訳者は翻訳する時、諸言語をこの純粋言語に近付けるための翻訳とするべきであり、そのためには逐語訳が必要とされた。逐語訳を採用することで翻訳文が不自然になることが考えられるが、そこに違う言語が生まれ、それが純粋言語につながるという考え方である。

Benjamin は、翻訳という行為は、読解、理解、解釈という言語に関する営み全般と、ほぼ重ね合わせて理解することができると主張する。翻訳者は、原作における言語と世界との関係を追体験しながらなぞることによって、翻訳行為の本質に深く関わっていくという理解の仕方である。この翻訳者の役目を、次のような比喩で説明している。

　　文学と違って、翻訳は言語の森の中心に位置するわけではなく、森に向かってあくまでその外に立つ。翻訳とは、そこに足を踏み入れることなしに、自分の言葉でその自分の世界とは違う原作のこだまを響かせるものである。(Benjamin 2004 [1923]: 79-80 筆者訳)注2

　Benjamin にとって翻訳者の使命は、原作者とは距離を置いて抽象的な純粋言語を追い求めることであった。彼が抱いていた翻訳の理想とは、目標言語に発見できるものではなく、大きなスケールで諸言語の共通点を理解することであった。翻訳テクスト分析で焦点を当てる文章には、意識するかどうかに関わらず、純粋言語的な要素が含まれているものと考えられる。しかし純粋言語というシステムを創造し、それを起点言語と目標言語との比較対照のプロセスに応用することは難しい。

3.2.2 翻訳の種類

　次に、言語と詩学について論じる Jakobson が、翻訳行為をどのように理解していたかに関連して、翻訳の種類という観点を復習しておこう。Jakobson (2004 [1959]) は、On Linguistic Aspects of Translation というエッセイの中で、翻訳には三つのタイプがあると指摘する。まず言語内翻訳（intralingual translation, rewriting）と言われる行為で、それはある言語記号の意味を同一言語内の他の記号で解釈すること、次は言語間翻訳（interlingual translation, translation proper）で、ある言語の記号を他の言語の記号で解釈すること、三番目は記号間翻訳（intersemiotic translation, transmutation）で、ある言語記号を言語以外の記号で解釈することである。このように翻訳を広義に捉える

第3章 翻訳と意味の差異性

Jakobson にとって、翻訳行為は言語文化の解釈という意味を持つのであり、根本的には解釈行為と同義であると捉えることができる。

加えて Jakobson（2004［1959］）は、言語間翻訳についての難しさを論じている。まず、翻訳において伝えなければならないことと、伝えることができ、伝えるかもしれないこととの区別をする。この点を時制表現に関連して、次のように説明している。

> 異なる言語間では、根本的には、伝えなければならないことが違うのであって、伝えることができ、伝えるかもしれないことが違うわけではない。それぞれの言語の動詞の使用には、はい・いいえという決断を迫られるような問題がある。例えば、物語の中で使われるある動詞の意味が既に完了しているのか、いないのか、その動詞はその発話の時点より前か後か、などである。そのようなアスペクトの様相が必須の言語であれば、その言語の話し手も聞き手も、常にそのアスペクトを意識することになる。(Jakobson 2004 ［1959］: 141 筆者訳)[注3]

翻訳者は翻訳作業に携わる時、言語に必須の表現と、選択が許容される表現を意識しなければならないという立場である。

Jakobson はさらに翻訳者が意識しなければならない翻訳行為の困難さについて、よく知られた 'Traduttore, traditore' の例をあげる。翻訳に韻やリズムが再現されないと、その効果が失われてしまうことを明示する好例である。

> 今、伝統的な決まり文句 'Traduttore, traditore' を英語に翻訳しようとする際、英語で 'The translator is a betrayer' と訳してしまうと、イタリア語の韻が失われ、その言葉のしゃれ効果が失われてしまう。このため、英語の表現を読んだ者は、翻訳の内容は何か、どのような価値を裏切るのか、などと具体的な疑問が湧くような解釈をする。(Jakobson 2004［1959］: 143 筆者訳)[注4]

こうして Jakobson は、翻訳テクストの作成には複数の側面が絡んでいるため、翻訳には簡単には解決できない困難な事態が潜んでいると警告している。

3.2.3　翻訳手順

第三の見解は、聖書の翻訳活動に従事していた Nida のアプローチである。Nida（2004［1964］）は、より具体的に翻訳行為の手順を示し、翻訳における呼応の原理（principles of correspondence）を紹介する。まず翻訳の基礎条件として、意味が通じること、原文の精神と態度を正しく伝えること、表現が自然で簡単な言語形式であること、そして翻訳文の読み手から原文の読み手に似た反応を引き出すこと、をあげている。

Nida（2004［1964］）は現在の翻訳研究のキー・ワードである等価（equivalence）について、形式的等価（formal equivalence）とダイナミックな等価（dynamic equivalence）を提唱する。前者は言語表現が両言語間で、逐一同じものになるような翻訳、後者はその表現が生む効果が同一になるような翻訳である。Nida の言葉を借りよう。

> 形式的等価は、メッセージそのもの、その表現形式と意味内容の両方に焦点を当てる。このような翻訳では、翻訳者は、詩は詩として訳す、文は文として訳す、そして概念は概念として訳すという呼応関係が成り立つように注意する。つまり、この形式的な見方では、目標言語のメッセージが、起点言語の異なった要素や側面と、できるだけ同じになるように注意するということである。(Nida 2004［1964］: 156 筆者訳)[注5]

一方、ダイナミックな等価はその表現自体というより、次の Nida の言葉にあるように、その表現がもたらす効果が同一であることを目標としている。

> ダイナミックな関係を保つ翻訳では、目標言語のメッセージと起点言語のメッセージが呼応することより、むしろ、翻訳された表現の受け手とメッセージの関係が、起点言語の表現とその相手が受け取るメッセージとの関係

にほとんど一致するものになる。(Nida 2004［1964］: 156 筆者訳)注6

　さらに Nida（1964）は、聖書の翻訳に際しての翻訳方法について説明する。いかに彼の言う source-language と receptor-language の等価を実現するかについて、その手段をリストアップしている。それには、起点言語の理解はもちろんのこと、個人だけでなく査読委員会（review committee）での評価を参考にしながら何度も翻訳案を練り、最終原稿に至る細かな手順を追うべきだと提案している。

　以上、Benjamin、Jakobson、そして、Nida について、翻訳行為のあり方とその意義についてふり返った。翻訳者はより抽象的な純粋言語の設立を目標にするべきという Benjamin、翻訳を三つのタイプで捉え、広く深い意味での翻訳行為を提唱しながらその困難性を強調する Jakobson、そして、形式上だけでなく、目標言語における表現効果の等価性を意識した Nida の三者である。いずれも、翻訳研究という分野が認められるより早い時期に、翻訳という行為の意義を、単にある言語を他の言語に置き換えるものとして捉えるのではなく、純粋言語の設立との関係において、詩的な現象として、そして、受け手を重視したメッセージの伝達として、機能的に理解していた。

　本研究で分析する翻訳テクストは、翻訳行為の結果生み出されたものであり、それにはいろいろな思惑が絡んでいる。本項でふり返った翻訳に関する観点は、第2部の分析にあたって承知しておくべき背景である。

3.3　翻訳研究からの視点

3.3.1　翻訳研究の展開

　翻訳に関する理論やアプローチは多種多様である。しかし、本書は翻訳自体を論じるものではないので、先行研究の中から、限られたものにのみ触れることを断っておかなければならない。

　インターネットに支えられたグローバルな世界では、異言語・異文化間で物や人や情報が頻繁に移動している。その量は膨大なものとなり、そのスピード

はまさに瞬時という状況になっている。そのような状況下で翻訳へのニーズが増加し、翻訳研究という分野が近年世界的に認められるようになっている。翻訳や翻訳研究に関するシリーズや辞典など、例えば、Routledge の *Routledge Encyclopedia of Translation*（Baker and Saldanha 2009）や John Benjamins の *Handbook of Translation Studies*（Gambier and van Doorslaer 2010）が出版されていることからも、翻訳に対する学問的な関心が高まっていると言える。

　英語圏ではこの分野を translation studies と呼ぶことが多いが、日本では、翻訳学、翻訳研究、翻訳論などの表現が使われている。筆者は、原則的に「翻訳研究」という表現を用いることにする。なお、翻訳研究の translation という言葉は、日本語の翻訳という表現と違い、より深い意味を持っていることに注意するべきであろう。日本語の翻訳が二つの言語の間の交換行為とほぼ同義であるのに対して、translation は、多くの場合、社会や文化に関連したより深いレベルで捉えられている。特に translation studies と言う時の translation は、他者の言語や文化を読解・解釈し、それを自分の言語や文化に変換し再構成していく操作やプロセス全般を指す概念として、理解されている。

　翻訳に関する学問は20世紀中頃まで、起点テクストと目標テクストを比較しその言語上の特徴を分析することを意味していた。比較しながらどのような意味の等価が達成されているか、あるいは等価が認められない場合、どのようなギャップがあるのかを発見することが主な研究内容であった。言語や文化の壁を越えて等価がいかに成立するか否か、成立するならばそれはどんな条件下においてであるかを探ることが、基本的なテーマとなっていた。つまり、翻訳研究は原文とその翻訳テクストとが等しい価値を持つか持たないかを、関連する言語の規範や条件ともども、考察の対象とする分野として展開してきたのである。

　近年の翻訳研究は変化を遂げ、その代表する枠組みやアプローチとして、文化の翻訳（cultural translation）、脱構築（deconstruction）、ポストコロニアル・アプローチ（postcolonial approaches）、社会学的アプローチ（sociological approaches）などがある。後述するように、1970年代から他分野の学問の潮流に影響され、異なるアプローチが試みられてきた。また、翻訳研究に応用でき

る分野としては、対照言語学、テクスト言語学、談話分析、クリティカル談話分析、心理学、認知言語学などがあり、より開かれた分野として展開しつつある。

3.3.2 翻訳のキーワード

　本項では翻訳研究の幾つかのキーワードをふり返っておきたい。まず、基本用語である「等価」と「シフト」についてより詳しく見ておこう。

　等価とは、翻訳の起点言語と目標言語の間に等価性が認められる、または認められるはず、とする立場である。もちろん、二つの異なる言語が同一の意味を持ち、一語一語が完全に照応するというのは不可能である。特に言語の構造が大きく異なる場合は、同一語派に属する言語間の場合より難しくなる。しかし、原文の意味を翻訳文の意味と同じになるように努力する立場は認められるわけであり、不可能であるとしてもその可能性への幻想も含めて、等価という基本用語が使われる。具体的には、等価の種類には語彙の意味だけでなく、文法レベル、談話構成レベル、語用論レベルなどがある。研究者は、それぞれの訳出行為におけるさまざまな単位の等価現象を、分析の対象としているのだが、傾向としてはBaker (1992) のテクスト等価 (textual equivalence) の概念に代表されるように、次第に拡大し、談話レベルの研究に焦点が当てられるようになってきている。

　起点言語と目標言語の間に等価が認められない場合、そのギャップをシフト (shift) と呼ぶ。原則的には、形式的な対応があれば両言語の意味は等価であるとされ、逸脱した形式が使われていればシフトと意識される。シフトには、語彙レベル、品詞レベル、構文レベル、談話構造レベルなどがあり、当然のことであるが複数のレベルで観察される。例えば、原文で文法的に表現されているものが翻訳テクストで語彙によって表現される現象などのように、あるレベルから異なったレベルで翻訳される場合もあり、そこにシフトが意識される。

　等価とそれに伴うシフトに関して、翻訳研究の観点から一つの警告が発せられている。それは、等価には、翻訳の際の不平等性が含まれるという事実である。翻訳は、起点言語ではなく目標言語の母語話者によってなされる場合が多

いため、目標言語の文化やイデオロギーの影響を受けやすい。例えば、西欧語に訳す翻訳活動の場合、西欧語の影響力が強くなることが多いのである。日本文学作品が英訳される場合、多くの翻訳者がアメリカ人であることから、確かにアメリカ的な視点が優先される傾向が見られる。このような翻訳上の不平等性は、翻訳テクストの質を左右するだけでなく、当然のことながらその分析結果にも影響を与えることになる。なお、筆者は言語学で言う変換という意味の「シフト」(例えばスタイルシフト)と、翻訳研究で使われる「シフト」の混乱を避けるため、原作と翻訳テクストに関しては、シフトではなく意味と表現性の「ずれ」という表現を使うことにする。

　翻訳研究において、起点言語と目標言語の関係から新しい方向へ発展したアプローチとして、スコポス理論 (Vermeer 2004 [1989]) がある。この立場を推進する Vermeer は、ギリシャ語の skopós を紹介し、その意味が purpose や aim に当たると説明する (Reiß and Vermeer 2014)。Vermeer は、翻訳はそもそも目標言語において、もっとも効率よくその目的を果たすように成されるべきだと主張する。翻訳はその目的によって支配されている (Reiß and Vermeer 2014) という立場のもと、翻訳テクストの機能性を優先するのである。このため、起点テクストの訳出方法はその使用目的によって異なり、複数存在することになる。スコポス理論では、翻訳者は起点テクストと目標テクストの等価というより、必要に応じてどのように翻訳情報を提供するべきかを重視するのである。

　なお、スコポス理論と関連して、ローカリゼーション (localization) が知られている。ローカリゼーションとは、外国市場の要求と場所に従って、コンテンツを言語的・文化的に適合させる現象を指す。ローカリゼーションは翻訳の受容化 (domestication) とも関係している (Venuti 2008)。翻訳者が受容化方略をとった場合、起点テクストが持つ異質性は最低限に抑えられ、目標社会における読者に違和感を与えることは余りない。それに対して異質化 (foreignization) 方略をとり起点言語を重視すると、読み難い翻訳テクストが生まれる。しかし、その異質性が目標文化に新たな要素を持ち込むことで、変化をもたらす可能性もある。

いずれにしても、文学作品の翻訳の場合、スコポス理論、ローカリゼーション、そして受容化方略は、翻訳による意味のずれを生みやすく、意味の喪失が大きくなることが予測される。実際、本研究の分析が明らかにするように、受容化によって、原作者が意図する意味が失われてしまう場合もあるのであり、そこに起こる意味の差異性には無視し難いものがある。

3.3.3 翻訳とイデオロギー

既に触れたように、翻訳研究の分野では、1960年代から1970年代にかけての脱構築という知的動向の中で、より社会的なもの、より文化的なものに研究の焦点が当てられるようになった。つまり、純粋言語の設立や翻訳の等価やシフトという翻訳プロセス自体への関心から、翻訳を社会行為として理解し、それが文化やイデオロギーとどのように関わっているかを意識するようになったのである。翻訳は言語理論から文化理論として理解されるようになってきた、というのが翻訳研究の潮流である。

翻訳研究における権力・イデオロギー的転回と言われる現象は、1970年代に始まったいわゆる cultural studies の動向に反応したものとして理解できる。それまでの単語やテクスト間の分析から、翻訳を文化間の現象として考察すること、それに伴って、文化と密接に関係する政治、権力、イデオロギーといった観点から、翻訳現象を理解しようという動きが活発になった。翻訳という現象は、ヨーロッパ中心主義が他者を抑圧するメカニズムとして構築されてきたことが多く、それは言語帝国主義の一部に他ならないという批判的な立場が定着している。井上（2012）の指摘にあるように、マイノリティーの側からの発信を基調とする学問領域が拡大しつつあり、研究者の多くが、非ヨーロッパ圏の出身で、特にイスラエルの学者 Evan-Zohar と Toury が、早い時期から翻訳と目標社会の文化・文学との関係に注目してきた。

Evan-Zohar（2004［1978, 1990］）は、ポリシステム（Polysystem）の概念を導入したことで知られる。ポリシステム理論は、社会現象をシステムとみなすロシア・フォーマリズムの影響を受けていて、翻訳文学を目標社会における文学の一部と捉える。Evan-Zohar は、ある国の文学は、芸術、宗教、政治な

どのポリシステムとともに、より大きな社会文化的ポリシステムを構成すると説く。この場合の文学とは文学作品の集合体ではなく、文学作品を支配する社会的・文化的影響力をも含んだシステムとしての文学である。この文学のポリシステムにはいわゆる古典的な文学作品だけでなく、児童文学や大衆小説、翻訳文学など、従来は無視されがちであった文学的活動までも含まれる。翻訳文学がこのようなポリシステムの中で、どのように受け入れられ、そしてその機能を果たすか、他の活動に影響を及ぼすか、文学というジャンル内部での受け入れはどうか、などの点を理解することが大切とされる。つまり、Evan-Zoharは、翻訳を理解するためには、文学ポリシステムの中での翻訳文学の位置付けに注意しなければならない、と言うのである。

Evan-Zohar（2004［1978, 1990］）に影響を受けたToury（2004）は記述的翻訳研究（Descriptive Translation Studies, DTS）を提唱する。それまでの翻訳に関する議論は、ともするとどうやって翻訳するべきか、その手順や方法という実践面が中心となってきたのだが、そうではなく、翻訳されたテクストを目標社会というコンテクストを重視して理解しようとする立場である。翻訳現象は、目標文化システムにおける翻訳の位置付けと役割によって説明できるとし、具体的には規範（norm）の概念を紹介する。

翻訳規範の概念とは、ある社会における翻訳行動を観察し、そこに規則性や法則を見出そうとする姿勢である。この研究を通して、翻訳研究は個々の目標テクストを孤立したものとして捉える立場から、目標テクストを集合的に、目標文化内の文学システムの中で捉える方向に変化した。翻訳テクストが目標社会の下位システムとしてどのように機能するかを、歴史的・社会的に解明する方向へ向かったのである。翻訳者は、目標文化のある場所と時代の中で、翻訳に関わる規範に従い翻訳テクストを作成するのであるから、複数の翻訳テクストを分析すれば、翻訳行動に関する一連の法則を提案することができるはずであるというアプローチである。

本研究のテーマは目標言語における翻訳テクスト自体に関するものではなく、あくまで起点言語としての日本語の本質を探るものであるが、翻訳テクストをデータとする限り、その背景となるイデオロギーを確認することも大切で

ある。特に明治から大正にかけて日本語への翻訳過程で、西洋の言語が日本語に変化をもたらしたという事実と当時のイデオロギーとの関係は、無視できないものがある。日本語と言われる言語は、翻訳を通して外国語の影響を受けてきたのであり、それらすべてを含んだ現象として向き合う必要がある。そのためにも多くの事例を分析する研究姿勢が必須となるのである。

3.3.4　翻訳における書き換えと意味のずれ

　翻訳とイデオロギーとの関連性を、さらに具体的に性格付ける立場として、Lefevere の書き換え（再記述 rewriting）が知られている。Lefevere（2004［1984］）は、翻訳は書き換え行為の一種であり、翻訳された文学の読者は、そこに原作から翻訳に書き換えられた要素が潜んでいることを、理解しなければならないと説いた。

　書き換えの例として Lefevere（1992）は、アンネ・フランクによる『アンネの日記』をあげている。『アンネの日記』は、ユダヤ人の少女によって書かれた逃亡生活誌なのだが、その翻訳では少女のイメージに悪影響を与える文面や、ドイツに関する描写が書き換えられている。翻訳者が伝えたいと判断した内容に書き換えられ、その翻訳作品が世界的なベストセラーになっていったのである。アンネの像が翻訳者の持つステレオタイプによって変えられたのであるが、この変換をもたらしたのは翻訳者の背後にあった社会的なイデオロギーである。

　Lefevere（1992）は、翻訳とは、このような社会的圧力に影響を受ける書き換えであるという立場を貫き、翻訳という行為の中立性を否定する。翻訳が必ず社会や文化の影響を受けるものである限り、翻訳テクストの読者は、翻訳者の社会やその時代の影響を無視してはならないと注意する。何を翻訳するか、どの出版社が関わるか、というような具体的な側面のみならず、翻訳せず削除する部分、ていねいに翻訳する部分、どういう表現を使うか・避けるか、といった具体的な決断すべてが影響を受けるのである。結局翻訳とは、特定の時代の目標文化のイデオロギーや道徳的慣習を反映しているのであり、翻訳研究には自己批判的な姿勢が必要である、と Lefevere は主張する。

さらに、Lefevere（1992）は文学翻訳においては、現実性でもテクストそのものでもなく、イメージが大きな影響力を持つと主張し、次のように説明する。翻訳テクストは二つの文化にまたがるものであるため、翻訳者は他者のテクストを内包したコンテクストを理解し、他者のイメージをもう一つのコンテクストの中で構築することになる。つまり翻訳はイメージを再記述する一形式なのである。しかもそのイメージは翻訳言語で書き換えられ、再記述されるのだ、と。そして起点言語の作品が、目標言語のイデオロギー、詩学、文化的な嗜好性などと合致するように大きく操作される現象を、Lefevere は「屈折」（refraction）という表現で捉えている。書き換え・再記述の過程には必ず屈折が介在するのであるから、他者のイメージは屈折させられたイメージとして提示される。翻訳によるイメージは、常に翻訳者の介入による視点の違いによって、屈折したテクストの中に生まれるのである。

こうして Lefevere（2004［1984］）は、翻訳研究ではテクストの成り立ちだけでなく、テクストを生産し支持し保護し、あるいは反対し検閲する人間たちが関わる全システムを視野に入れて、考察するべきであると主張する。この Lefevere の立場は、翻訳批評・ポストコロニアル翻訳研究へとつながっていく。例えば、第二次世界大戦後独立した国々は英語中心の世界に置かれ、そのアイデンティティを失いかねないような状況にあることを指摘し、それが起点言語の固有性を抑圧するとする Venuti（1998）の研究がある。

翻訳研究は現在、起点テクストと目標テクストの関係から、翻訳に関連する行為や目的、そして目標社会内での翻訳テクストのあり方などに及んでいる。しかも一つの作品の起点テクストと目標テクストの関係だけでなく、複数の目標テクストに焦点を移して、それぞれの関係性を検証する姿勢が定着している。翻訳が目標言語の文化システムの中でどんな位置を占めるのか。例えば、本書で対象となる日本の文芸作品の翻訳の位置付けはどういうものか、グローバルな世界の中で日本の文芸はどのような位置にあるのか。これらについては本研究では論じないが、興味ある問い掛けであることは確かである。

翻訳テクスト分析にあたって、翻訳研究という分野に認められる流動的な動向を確認しておくことは無意味ではない。筆者は本章で概観した翻訳行為につ

いての論述を背景に、起点言語のテクストと目標言語の翻訳テクスト自体とに焦点を当てて、比較対照分析を試みていきたい。翻訳テクストをデータとすることには、確かに複雑で未解決の問題がある。しかし、本研究では、異なるジャンルから複数の翻訳者による作品を選び、さらに日本語が翻訳テクストとなる場合のデータ分析も試みる。これらの方法は、一つの翻訳作品の特殊性と問題点が分析全体に及ぼす影響を、最低限に保つための対策として有効であり、研究のデザインとしては説得力があるものと思う。

同時に私たちは第1章で論じたように、日本語と言えど、多言語からの翻訳言語を内包しているという事実を忘れてはならない。もともと言語は多重性を帯びていて、純粋の日本語などというものは存在しないのであるから。本書がテーマとする日本語の本質とは、翻訳の影響を受け変化を続けてきた現代日本語の本質であり、そこには翻訳行為に関連したイデオロギーが、複雑に絡み合っていることに留意しておきたい。

注1　原文は次のようになっている。

Now, for want of a full description, we have only points of view, perspectives, partial visions of the world. That is why we have never ceased making ourselves clear, making ourselves clear with words and sentences, making ourselves clear to others who do not see things from the same angle as we do. (Ricoeur 2006: 27)

注2　原文は次のようになっている。

Unlike a work of literature, translation does not find itself in the center of the language forest but on the outside facing the wooded ridge; it calls into it without entering, aiming at that single spot where the echo is able to give, in its own language, the reverberation of the work in the alien one. (Benjamin 2004 [1923]: 79-80)

注3　原文は次のようになっている。

Languages differ essentially in what they *must* convey and not in what they *may* convey. Each verb of a given language imperatively raises a set of specific yes-or-no questions, as for instance: is the narrated event conceived with or without reference to its completion? Is the narrated event presented as prior to the speech event or not?

Naturally, the attention of native speakers and listeners will be constantly focused on such items as are compulsory in their verbal code. (Jakobson (2004 [1959]: 141 イタリックは原文のまま)

注4　原文は次のようになっている。

If we were to translate into English the traditional formula *Traduttore, traditore* as "the translator is a betrayer," we would deprive the Italian rhyming epigram of all its paronomastic value. Hence a cognitive attitude would compel us to change this aphorism into a more explicit statement and to answer the questions: translator of what messages? betrayer of what values? (Jakobson (2004 [1959]: 143)

注5　原文は次のようになっている。

Formal equivalence focuses attention on the message itself, in both form and content. In such a translation one is concerned with such correspondences as poetry to poetry, sentence to sentence, and concept to concept. Viewed from the formal orientation, one is concerned that the message in the receptor language should match as closely as possible the different elements in the source language. (Nida 2004 [1964]: 156)

注6　原文は次のようになっている。

In such a translation one is not so concerned with matching the receptor-language message with the source-language message, but with the dynamic relationship, that the relationship between receptor and message should be substantially the same as that which existed between the original receptors and the message. (Nida 2004 [1964]: 156)

第2部

考　察

第4章
空白の場と状況の設定

　本章から第8章にかけて、日本語の作品の翻訳テクスト分析を試みる。翻訳テクストに発見できる意味と表現性のずれを通して日本語の姿を探究していくのだが、基本的にはその本質を空白の場における空白の話者という概念で捉える。空白の場がどのように具体的に設定され、そしてその場において空白の話者がどのように創造され演出されるのかを課題とする。

　本章では、まず場の設定に関して、場から話者へという求心的な方向性と、オノマトペによる場の臨場性を可能にする言語操作を観察する。そして、登場人物の設定が場に依存し、同時に場の状況を具体化する様相を考察する。空白の話者については、後続する第5章から第8章で考察していく。

4.1　求心的な表現世界

4.1.1　場から話者へ

　日本語の文章にはその文構造の影響もあり、場から話者へ、状況から行為へという方向性が認められる。そのような方向性は英訳されず、むしろ日本語とは逆の方向になることが多い。日本語表現において行為の主としての仕手より場面が中心となる傾向があることは、何人かの研究者によって指摘されてきた。中島（1987）は日本人の思考傾向として、広いところから小さいところへズームインする傾向があると述べ、大津（1993）は日本文学の作品では場面が重視され場面から仕手へと導かれる傾向があり、仕手をより広い環境の中に置くことが好まれる、と説明している。

Hinds (1986) は、日本語の状況焦点化（situation focused）と英語の人焦点化（person focused）について論じている。日本語の表現は状況に焦点を置く傾向があるのと対照的に、英語ではあくまで動作主である人に焦点が当てられる。同様に Ikegami (1988, 1991) も、日本語の焦点が出来事全体（the whole event）に当てられるのと対照的に、英語では個別の存在（individuum）に対して焦点が当てられると指摘している。また安西 (1983) は、英語では動作に注目して、因果律的に分析して概念化する傾向があるのに対し、日本語は状況全体を捉え、その状況全体と人間との関係を捉える傾向が強いとしている。

　筆者の立場は、これらの先行研究に矛盾しないものであるが、場から仕手へという視点の方向を翻訳テクスト分析を通して明らかにしたい。この現象をより明確にするためには、視点と視座の概念をヒントとすることができる。視点は、従来日本語研究でいろいろと論じられてきた。例えば大江 (1975) は視点を主観的に眺める人の位置として捉え、Kuno (1976) と Kuno and Kaburaki (1975) は視点を、どこにカメラを置いているかというカメラ・アングルと、話し手がどこに感情移入するかという共感（empathy）として捉えている。もっと根本的には、視点とは Uspensky (1973) の言う、見る人の位置である。なお、視点がどちらかと言うと心理的なものとして、広義の視点現象を意味するのと違って、Uspensky (1973) が見る人の位置という意味で使う「視座」という概念がある。本項では視座という表現を、見る人・語る人が位置する場所、及び、描写する対象物とどのような距離にあるかが、特に問われる時に使うことにする。

　本項の考察で明らかになるように、日本語では場が出発点となるため、その設定が重要であり、むしろ場の性格付けが話者の登場の条件となることが多い。外側の場から内側の話者へという求心性を帯びた焦点の移動が起こるのである。話者の視座は同じであっても、視点は外側から内側へと移動する。英語に見られる仕手を中心とした遠心的な表現が日本語に皆無なわけではないが、場から話者へという方向性が好まれるため、日本語の求心性は英語の翻訳テクストに反映され難いことになる。

4.1.2 文構造と求心性

　日本語表現には、確かに周辺的なものから中心的なものへズームインする傾向がある。身近な例で言えば、宛名書きがある。日本語では、東京都何区何の何丁目という住所表示に続いて名前が示されるが、英語では逆になる。この傾向は文の構造においても、また文章・談話のレベルでも観察される。

　まず『キッチン』から抜き出した (1a) を観察しよう。原作の語り手の視点は、雨から夜景へ、さらに窓ガラスへ、そこに映る自分へ、という方向を示している。つまり原作には場から話者へという視点の移動が認められるのである。これとは対照的に (1b) の英訳では、語り手の視点は 'I' から周りの場面に移っていく。'I' が中心となりそこから次第に外側に広がり、'glass'、'terrace window'、そして 'panorama' へと拡がっていて、確かに話者から場へという方向性を示している。日本語では、もともと空白として存在する場が、描写を通して設定され、話者が登場する場合はその場を基点として位置付けられるのである。

　　(1a)『キッチン』15-16
　　　雨におおわれた夜景が闇ににじんでゆく大きなガラス、にうつる自分と目が合う。

　　(1b) *Kitchen*, 10
　　I saw myself reflected in the glass of the large terrace window while black gloom spread over the rain-hounded night panorama.

　ところで、上記のような現象について、これは単なる日本語の語順の問題に過ぎないという見方があるかもしれない。ただ重要なのは、比較的語順が自由な日本語では、話者から始まって場に視線を移すという表現もできるのだが、それは避けて場から始まる表現方法を好んで使うという事実である。例えば、(1b) の英訳を逆翻訳してみると、「私は大きな窓ガラスに映る自分自身を見た。そのガラスには雨に覆われた夜景が闇ににじんで映っていた」という表現

が可能である。しかしそれでは、作者が表現する場に置かれた自分という視点移動が無視されてしまう。

　場から話者へという方向性は、(1a) の直前部分のテクスト (2a) とその翻訳テクスト (2b) にも観察される。原作には 'I' に照応する表現は使われていないが、(2b) では4回使われ、場面より先に 'I' が出てきて、'I' を基点として 'I' 中心の世界が描かれる。なお「何だかすごく天涯孤独な気持ちになった」が 'I feel an immense loneliness' という訳になっている点に注目したい。日本語の「なる」表現は受動的な視点を表すのだが、英訳ではあくまで私が感じるという仕手としての話者の行為として捉えられている。この現象も、仕手としての話者が中心になりがちな英語の表現性を支えていると言える。

　　(2a)『キッチン』15
　　　ソファーに戻ってすわると、熱いお茶が出た。
　　　ほとんど初めての家で、今まであまり会ったことのない人と向かいあっていたら、<u>何だかすごく天涯孤独な気持ちになった</u>。

　　(2b) *Kitchen*, 10
　　　<u>I</u> went back and sat on the sofa, and out came hot tea.
　　　Usually, the first time <u>I</u> go to a house, face to face with people <u>I</u> barely know, <u>I feel an immense loneliness</u>.

　場の描写が目的格として使われると、場から話者へという求心性が強調される。そのような例を見てみよう。(3a) では「暮れる空がはるかビルの向こうへ消えてゆくのを、つり革につかまった手にもたれかかるようにして見つめていた」と、場が前置され、それを表層化しない話者、つまり「ゼロ記号」となっている話者が見つめていたという形になっている。(3b) の英訳では 'I stood' と話者が仕手として紹介され、その仕手の行為として 'watching the darkening sky disappear beyond the distant buildings' と見つめていた内容が続く。日本語の求心的な表現とは対照的に、英語では中心から外へという遠心的

な表現として翻訳されている。

 (3a)『キッチン』52
 バスはとても混んでいた。暮れる空がはるかビルの向こうへ消えてゆくのを、つり革につかまった手にもたれかかるようにして見つめていた。

 (3b) *Kitchen*, 33
 It was packed. I stood, with my hand on the crowded strap, watching the darkening sky disappear beyond the distant buildings.

　同様に、『TUGUMI　つぐみ』に観察できる (4a) でも「浜辺の高い堤防を、つぐみと男の子が歩いてゆく」は、(4b) で 'Tsugumi and whichever boy (...) would walk out along the tall concrete embankment' と訳されている。原作ではまず浜辺の堤防という場が提示されるのだが、英訳ではやはり行為をするつぐみと男の子が文頭に置かれ、それが焦点の中心となる。また「夕空には鳥がひくく舞い飛び、波音がきらめきながら静かに寄せてくる」という部分は、原作では夕空がまず提示されるのだが、英訳では 'Birds would be swirling low under the tinted sky' となっていて、まず鳥の行為として描かれてから夕空が続く。原文の「寄せてくる」には、語り手としての話者自身への求心的な方向性が感じられ、そこに潜在的な話者の存在が感じられるのだが、英訳にはそのような存在感は認められない。ただ、興味深いことに「走り回る犬」以降の情景描写は、翻訳テクストでも原作と同じ方向性で描かれている。このように英語でも日本語的な表現は可能なのだが、英訳では仕手とその行為を文の初めの方に置き、それから遠心的な拡がりを見せる構造が好まれるのである。

 (4a)『TUGUMI　つぐみ』14
 夕方、暮れてゆく湾を見通す、浜辺の高い堤防を、つぐみと男の子が歩いてゆく。夕空には鳥がひくく舞い飛び、波音がきらめきながら静かに寄せてくる。走り回る犬しかいなくなった浜は、砂漠のように広く白く横たわり、

いくつものボートが風にさらされている。

(4b) *Goodbye Tsugumi*, 6-7
　In the evening, <u>Tsugumi and whichever boy she was messing around with at the time would walk out along the tall concrete embankment</u> that lined the beach, where they could look out over the gradually dimming bay. <u>Birds would be swirling low under the tinted sky</u> as the glittering sighs of the waves rushed quietly toward them. The beach, empty except for a single dog that was still out running around, seemed to stretch on like a desert, wide and white, and out in the water there were a few boats being tossed about by the wind.

　(5a) は『センセイの鞄』に出てくる例で、場から話者の行為へという日本語の方向性が認められるのだが、英訳では逆になっている。「センセイとわたしは、かすかに春になりかかっている空気の中を、ゆっくりと歩いてゆく」という原文の英訳 (5b) を逆翻訳すると「センセイと私はゆっくりと歩いた。かすかに春になりかかっている気配が夜の空気の中にあった」となり、場の設定は後回しになる。原文では場に焦点が当てられ、その自然の情景の中に置かれたセンセイと私というイメージが浮かぶようになっている。センセイと私はまず春になりかけている気配を感じ、その空気を共有するのである。一方、(5b) の翻訳テクストでは、センセイと私の行動がその場の風景とはむしろ別々に提示され、話者の行為の後で場が描写されるという遠心的な構図に変わってしまうのである。

(5a)『センセイの鞄』113
　センセイとわたしは、かすかに春になりかかっている空気の中を、ゆっくりと歩いてゆく。

(5b) *The Briefcase*, 72
　Sensei and I strolled along. There was a faint promise of spring in the night air.

4.1.3　場の設定を前提とする世界

　場の設定の重要性は、文の内部のみでなく前文との関係においても認められることがある。(6a) では「私と陽子ちゃんは手をつなぎ、手さぐりのように歩いていった」という表現の前に山道の様子が描かれている。そして「そんな中で」と設定された場の中での話者の行為が語られるのである。この部分の英訳 (6b) では、前文が 'we had a hard time' と仕手の行為として描かれていることもあり、'Yōko and I' が冒頭に置かれている。一方 'through this blind world' が文末に置かれ、日本語の求心的な構造は反映されないままになる。求心的な文章の構造は、話者が回りの状況を受容し、その中に自分を置くという立場を具現化したものである。それは、空白の場を次第に具現化する一つのプロセスを示すものでもある。

　(6a)『TUGUMI　つぐみ』85
　人っ子ひとりいない山道の方は、まるで洞窟のように暗く見えた。高い崖に月明かりもかげって、足元もあいまいに見えた。<u>そんな中で、私と陽子ちゃんは手をつなぎ、手さぐりのように歩いていった。</u>

　(6b)　*Goodbye Tsugumi*, 70
　There was no one else on the road that climbed the mountain, and it was as black as a cave. The high bluff that bordered the road cut off the moonlight, plunging us into shadow, and <u>we had a hard time</u> just making out the ground beneath our feet. <u>Yōko and I</u> held hands and walked on carefully <u>through this blind world</u>, as if groping our way through the dark.

　(7a) に示す描写部分では、場の情景を話者が感じるままに淡々と報告しているような印象を与える。風景をただ提示するという付託的な表現であり、私たちという受け手は表層化せず、「見える」という感受表現を通して潜在的な存在として表現される。一方 (7b) の英訳では自然の描写はされているものの、その中には 'us' と 'we' という表現で話者が登場する。しかも 'You felt'

という表現で読者に直接アピールする。英語では自然の描写であっても、あくまで登場人物や話者との関わりを表層化することが好まれるのである。原作に見られる場を中心とする表現性は、英訳ではあくまで仕手の存在と関係付けられ、どちらかと言うと遠心的な捉え方となるのである。

(7a)『TUGUMI　つぐみ』79
夜の道のそこかしこに、夏の影がひそんでいた。活気と夜気がどこか甘く、わくわくするような勢いで夜を彩っているのが、風の匂いひとつにもあふれるようだった。すれちがう人々もみな元気で、にぎわい、楽しそうに<u>見える</u>。

(7b) *Goodbye Tsugumi*, 64
Here and there along the road the shadows of summer lay hidden. There was something sweet about the night air and the energy that surrounded <u>us</u>, something that seemed to infuse the evening with an excited vigor. <u>You felt</u> as if it colored even the fragrance of the breeze. The people <u>we</u> passed were all full of spirit and very boisterous. Everyone seemed to be having a blast.

本項で考察した日本語の求心性は、すでに触れた中島（1987）のズームインや、大津（1993）の仕手を広い環境に置くことを好むという日本語表現の性格付けと矛盾しない。また Hinds（1986）と Ikegami（1988, 1991）が主張する日本語の場の中心性とも呼応する。なお、安西（1983）が、日本語には状況全体と人間の関係を捉える傾向があると指摘したことに触れたが、本項で分析した例にあるように、翻訳テクスト分析を通して比較すると、状況全体の中に登場する人間は、多くの場合受動的で潜在的なものであることが分かる。場の設定を前提とする日本語表現の世界は、求心的に話者に近付くものの、その話者は必ずしも表層化せず、具現化されつつある場の中に潜む者であることが多い。

場と話者の関係を除けば、起点言語のテクストと目標言語のテクストはその

伝える意味自体には共通点が多い。しかし、焦点の当て方とその方向性といった重要な要素は、一致しないままになる。それが作品を解釈する上でずれを生むことは否めない。日本語の空白の場とそこにおける空白の話者は、両方ともこの求心的な関係性に支えられているのである。

4.2　オノマトペと場の具現化効果

4.2.1　オノマトペの具体性と臨場感

　オノマトペは、他の品詞に比べ現実世界とのつながりが強く感じられる表現である。言語の基本的な特徴である恣意性を裏切って、文字または音と意味との間に何らかの関係があるからである。オノマトペは、感覚性と臨場感を呼び起こす力があり、それ自体で出来事や状況を具現化する効果がある。私たちはオノマトペを見たり聞いたりするだけで、すぐにどのような出来事が起こっているかをイメージすることができる。置かれた場の中の様子を提示する働きがあるため、概念的でなくむしろ直接的な表現を好む日本語の特徴（安西 1983; 片岡 2012）と矛盾しない。オノマトペは主述関係という枠組みに縛られることなく、空白の場を自由に埋めることができる表現方法を提供してくれるのである。

　オノマトペの種類としては、音を忠実に再現して文字化したもの、通常のオノマトペから音響オノマトペに変化したもの、オノマトペを描写に導入して音が呼び起こすイメージを利用するもの、などがある。さらに、オノマトペには、文末に突然現れるもの、オノマトペ以外の語句がオノマトペ化したもの、語り手がパロディー化して使うものなどがあり、その機能は多様である。

　オノマトペには、副詞として定着した慣習的なオノマトペと、臨時的なものがある。臨時的なオノマトペは形態的にはオノマトペと言えるものの、一般的にはあまり使われない種類のオノマトペを指す。田守（2002）は臨時的オノマトペについて、それが「慣習的なオノマトペの慣習的な形態を利用」したり、「慣習的なオノマトペの構成音の一部を変えたり、音位転換したり、慣習的なオノマトペの用法を拡大したり」（2002: 132）して、利用する表現であるとま

とめている。慣習的なオノマトペはほどんどが副詞として使われるため、文内の構成要素として一定の文法上の制約を受ける。しかし、臨時のオノマトペは、現実の音や動作をできるだけ忠実に再現するといった類で、文法上の制約が少ないため、一定の形態をとる必要がない。このため自由に組み合わせたり、繰り返したりすることができるという利点がある。オノマトペは、それが慣習的なものであれ、使用者が自由に創造した臨時的なものであれ、空白の場を具現化するためには欠かせない表現手段である。

　本研究の翻訳テクスト分析の対象となる作品の著者である宮沢賢治は、オノマトペを多用する作家として知られている。その作品には印象深いオノマトペが多く使われているが、筧（2001）は、オノマトペは宮沢作品の四次元・異次元の世界の表現のために効果的であると指摘する。宮沢作品のオノマトペは装飾ではなく「そうしたオノマトペ（ときとして珍奇な）を用いなければ表出できないような」(2001: 36) 世界が彼の心のなかには存在していたから、必然的に使用したのだと説明している。特に臨時的オノマトペは、作者が創造性を発揮する際に有効であり、確かに宮沢作品が生み出す独特の世界には欠かせない要素となっている。

4.2.2　慣習的オノマトペ

　まず『銀河鉄道の夜』の慣習的オノマトペである「むしゃむしゃ」と「ぴょんぴょん」を、四人の翻訳者がどのように扱っているか調べてみよう。加えて『涼宮ハルヒの憂鬱』の慣習的オノマトペの幾つかを、その英訳と比較対照したい。

　オノマトペは、翻訳テクストには照応する表現が見当たらず、動詞または副詞を用いて描写することが多い。そのような説明表現は、語り手が現場から距離を置いた視座にいることを伝える。そのため原作のような臨場感やリズム感を生む効果は感じられない。例えば、(8a) の「むしゃむしゃ」がそうである。「むしゃむしゃたべました」は、(8b) で 'devoured it hungrily'、(8c) で 'ate'、(8e) で 'munching' となっていて、(8d) のように、照応する英語表現がないものもある。英訳の中では 'devoured it hungrily' が一番近い意味を伝え

ているのだが、逆翻訳するとむしろ「むさぼった」という描写表現となり、咀嚼状況を具体的に示すイメージ効果が失われる。「むしゃむしゃ」は「勢い込んで無作法に物を食べるさま」（北原 2003: 1601）を表現していて、音象徴的にはマ行音はやわらかいものや大きいものに関係している（Hamano 1980, 田守 2001, 2002）。英訳の描写では、オノマトペが伝える音と動作を伴った情景は充分に伝わらないままとなる。

(8a) 『銀河鉄道の夜』60
　ジョバンニは窓のところからトマトの皿をとって、パンといっしょにしばらく<u>むしゃむしゃ</u>たべました。

(8b) *Night Train to the Stars*, 29
　Giovanni got the dish of tomatoes from by the window and <u>devoured it hungrily</u> with some bread.

(8c) *Night on the Galactic Railroad & Other Stories from Ihatov*, 51
　Giovanni found the plate containing the tomato dish in the kitchen and <u>ate</u> it along with his bread.

(8d) 『英語で読む銀河鉄道の夜』33
　Giovanni took himself a plate of tomatoes that was sitting by the window.

(8e) *Milky Way Railroad*, 24
Kenji took the plate of tomatoes from the windowsill and sat for a while <u>munching</u> tomatoes and bread.

(9a) に使われる「ぴょんぴょん」のパ行音は、音象徴的には、軽い破裂音や物体にあたったり破裂したり、急で爆発的な動作や出来事に関連して使われ（Hamano 1980; 田守 2001, 2002)、「ぴょんぴょん」は「身軽に繰り返しとび

はねるさま」(北原2003: 1413) を表す。英訳では (9b) で 'were hopping around on one leg'、(9d) で 'hopped about on one leg'、(9e) で 'hopping along' となっていて、(9c) には照応する表現はない。逆翻訳すると「跳ね回った」という描写になってしまい、子供たちの軽やかな動作のイメージが薄れてしまう。

(9a) 『銀河鉄道の夜』67
ジョバンニはなんとも言えずさびしくなって、いきなり走りだしました。すると耳に手をあてて、わああと言いながら片足でぴょんぴょん跳んでいた小さな子供らは、ジョバンニがおもしろくてかけるのだと思って、わあいと叫びました。

(9b) *Night Train to the Stars*, 43
Feeling unspeakably sad, Giovanni broke into a run, whereupon some little children who were hopping around on one leg with their hands over their ears, shouting, thought he was running for fun, and set up a clamor after him.

(9c) *Night on the Galactic Railroad & Other Stories from Ihatov*, 58
Feeling profoundly lonely, Giovanni broke into a run. The sight of him running excited a few small children who were playing nearby, and they gave a cheer as he passed.

(9d) 『英語で読む銀河鉄道の夜』55
Giovanni, overwhelmed by sadness, began to run out of the blue, as all the little children, who thought that Giovanni was just running for the fun of it, hopped about on one leg, screaming, yelling and hooting with their hands over their ears.

(9e) *Milky Way Railroad*, 37
Kenji felt a loneliness beyond words, and suddenly began to run. A crowd of

little children, hopping along and shouting with their hands to their ears, stared after the running boy and shouted all the louder.

　オノマトペが翻訳テクストで動詞や副詞を用いた描写表現になるという現象は、他の作品にも多く観察される。『涼宮ハルヒの憂鬱』とその英訳も例外ではない。(10a)で使われる「パチパチ」に関しては、「しきりにまばたきをするさま」(北原 2003: 1330) という記載があるが、それは「物を繰り返して打ち合わせる音を表す」(北原 2003: 1330) という基本的な意味を含んでいる。(10b)の英訳は 'furiously blinked my eyes' となっていて、逆翻訳すると「激しくまばたきをした」というような意味になる。やはりここでもオノマトペが醸し出す音効果は、薄められたままになる。

　　(10a)『涼宮ハルヒの憂鬱』71
　　　目をパチパチさせている俺を朝比奈さんは怪訝な顔で見上げ、いかなる理屈か、頬を赤らめた。

　　(10b)　*The Melancholy of Haruhi Suzumiya,* 45
　　　As I furiously blinked my eyes at her, Asahina looked up at me dubiously, and after applying some kind of twisted logic, she blushed.

　(11a) の「ぴょこぴょこ」は小刻みに跳ねるさまを表現し、その音象徴の一つにはかわいらしさがある (田守 2001, 2002)。朝比奈のかわいらしさは、オノマトペによって具体化されるのだが、(11b) の英訳は 'bounce up and down' で、その様子は 'quite charming' であるという描写に終わっている。

　　(11a)『涼宮ハルヒの憂鬱』139
　　　白いノースリーブワンピースに水色のカーディガンを羽織った朝比奈さんはバレッタで後ろの髪をまとめていて、歩くたびに髪がぴょこぴょこ揺れるのがとてつもなく可愛い。

(11b) *The Melancholy of Haruhi Suzumiya*, 91
　Asahina was dressed in a white sleeveless one-piece dress with a light blue cardigan over it. Her hair was gathered in the back by a barrette, and the way it made her hair <u>bounce up and down</u> as she walked was <u>quite charming</u>.

　(12a) では「もしゃもしゃ」が使われるが、その英訳ではオノマトペの効果が全く無視されているような印象を受ける。(12b) の 'gulping down' という表現はあくまで飲み込んだという描写であり、頬張って口の中で噛んでいるイメージに欠ける。「もしゃもしゃ」は (8a) の「むしゃむしゃ」と似ているものの、「むしゃむしゃ」より臨時的な表現であり、そこに話者の創造性も感じられるのだが、そのような効果は翻訳テクストでは全く無視されたままとなる。

(12a)『涼宮ハルヒの憂鬱』18
　あっさり答えて谷口は白飯を<u>もしゃもしゃ</u>と頬張った。

(12b) *The Melancholy of Haruhi Suzumiya*, 11
　With that offhand response, Taniguchi began <u>gulping down</u> his white rice.

4.2.3　臨時的オノマトペ

　臨時的オノマトペの例として『銀河鉄道の夜』の「ギーギーフーギーギーフー」に焦点を当てよう。その創造的な面白さは宮沢作品を読む際の楽しみでもあるのだが、英訳では充分表現されない。音象徴に関連して、Hamano (1980)、田守・スコウラップ (1999)、田守 (2001, 2002)、石黒 (2006)、及び、田嶋 (2006) をまとめると、「ギーギーフーギーギーフー」の「ギ」は乾いた硬さ、硬い表面との接触を、そして「フ」は抵抗感のなさを示していると性格付けることができる。

　(13a) の英訳に使われている 'Whoosh' と 'woosh' は、「ヒュー」、「シャー」などの音を示し、何かがスムーズに大きく動く様子を示す。宇宙か

ら彗星がやって来る様子を表現するオノマトペの翻訳としては、誤解を招きかねない。原作の彗星はスムーズでなく何かぎこちない感じがして、固い表面と何かが接触しているようなのだが、そのような特別な意味は伝えられない。なお、(13b) の英訳は 'whoosh' ではなく、'came along blowing and wheezing' となっていて、むしろ原作に近い状況説明を提供している。また 'whoosh' という表現は、「ギーギーフーギーギーフー」が与える、新しく作り出され、しかも通常耳にしない音であるという印象を与えることはない。原作が伝える遊びの感覚は失われ、宮沢作品の独特の世界は失われがちになる。

(13a) 『銀河鉄道の夜』115
「それから彗星が、ギーギーフーギーギーフーて言って来たねえ」

(13b) *Night Train to the Stars*, 143
"Then a shooting star came along blowing and wheezing――"

(13c) *Night on the Galactic Railroad & Other Stories from Ihatov*, 100
"――and then a comet came buzing past them! Whoosh――"

(13d) 『英語で読む銀河鉄道の夜』199
'And the comet came whooshing by. Whoosh! Whoosh!'

(13e) *Milky Way Railroad*, 109
"And along came a shooting star—woosh! woosh!"

4.2.4 「ちらちら」と作品全体の結束性

本項ではオノマトペが、作品の中で意味の連鎖を実現する指標となることを論じたい。ここで言う意味の連鎖とは、オノマトペの繰り返しによる結束性という概念で理解することができる。結束性とは、もともと文章における意味の関連性に関して用いられた概念であり、結束性（cohesion）は、言語形式自体

がテクスト内で、文と文のつながりを目に見える形で表現している場合を指す（Halliday and Hasan 1976）。これに対して、結束性としばしば比較される一貫性（coherence）は、意味を理解する際に前提となる知識、情報、意図などの解釈上のつながりを指す。言語表現の機能を考察するためには、前者の結束性が大事である。結束性は、代替、省略、類似語などの形式、外界の事物との関係を示す指示表現、意味上の関係を示す接続表現など、具体的な言語表現の機能として理解できるからである。なお日本語の結束性は、繰り返しや類似語の連鎖を通して示されることが多い（Maynard 1998a）。

日本語の文章では、一つのオノマトペが何回も繰り返されることで結束性がもたらされ、それが作品全体のイメージ作りに役立つことがある。『銀河鉄道の夜』には「ちらちら」というオノマトペが9回登場し、異なったコンテクストで使われている。その繰り返しは、意味の連鎖と形式の類似性という二重の意味で結束性をもたらすのだが、英訳ではそれぞれ異なった描写表現となっていて原作のような効果はない。

「ちらちら」には、小さくて軽いものがひるがえりながら落ちるさま、小さな光がかすかに明滅したり小刻みにゆれ動くさま、物が見えたり隠れたりするさま、断続的にすばやく視線を走らせるさま、そして、うわさなどが時々少しずつ聞こえてくるさま、などの意味がある（北原 2003）。以下、原作の「ちらちら」が使われる文と、*Night Train to the Stars* の翻訳テクストの中で呼応する文を幾つか例示しよう。

(14a)『銀河鉄道の夜』69
（略）青い琴の星が三つにも四つにもなってちらちらまたたき（略）

(14b) *Night Train to the Stars*, 47
(...) the blue Lyra constellation became three, or even four, and twinkled bluish (...)

(15a)『銀河鉄道の夜』73

(略) そのきれいな水は、ガラスよりも水素よりもすきとおって、ときどき目のかげんか、<u>ちらちら</u>紫いろのこまかな波をたてたり、(略)

(15b) *Night Train to the Stars*, 55

(...) the water was there, clearer than crystal, clearer than hydrogen, silently flowing along occasionally—or was it just his eyes?—it <u>set up tiny purple ripples or glinted</u> (...)

(16a) 『銀河鉄道の夜』93

(略) その鳥捕りの時々たいしたもんだというように、<u>ちらちら</u>こっちを見ているのがぼんやりわかりました。

(16b) *Night Train to the Stars*, 97

(...) the bird-catcher <u>snatching admiring glances</u> at him from time to time.

(17a) 『銀河鉄道の夜』122

(略) 黄金の円光をもった電気リスがかわいい顔をその中から<u>ちらちら</u>のぞかしているだけでした。

(17b) *Night Train to the Stars*, 155

(...) with the tiny face of an electric squirrel, with its aura of light, <u>peering out</u> from their midst.

次は、作品中のすべての「ちらちら」と *Night Train to the Stars* の中で呼応する表現を、ページ数と共にリストしたものである。「ちらちら」は、小さな点が明滅する様子と、ものが見えたり隠れたりする様子という二つの意味で使われていることが分かる。

69　<u>ちらちら</u>またたき　　　　　47　twinkled bluish

第4章 空白の場と状況の設定　103

73	ちらちら紫いろのこまかな波をたてたり	55	set up tiny purple ripples or glinted
73	三角標もちらちらゆれたり	57	fluttered and flickered
79	ちらちらと燃えるように見えた	69	sparkled beautifully, as though all afire
93	ちらちらこっちを見ているのが	97	snatching admiring glances
113	ちらちら光ってながれているのでした	139	sparkling from time to time
116	ちらちら針のように赤く光りました	143	gleamed from time to time as red pinpoints of light
122	その中からちらちらのぞかしている	155	peering out
133	ちらちら小さな波をたてて流れている	173	setting up glittering ripples as they flowed

　英訳では光の様子を'twinkled'、'glinted'、'flickered'、'sparkled'、'gleamed'、'glittering'という動詞で表現している。これらはいずれも描写であり、原作にあるようなその場で小さな光がかすかに明滅したり、小さな光が小刻みにゆれ動く具体的なイメージを思い起こさせることはない。

　また、物が見えたり隠れたりするさまを表現する「ちらちらこっちを見ている」と「ちらちらのぞかしている」については、英訳では'snatching admiring glances'と'peering out'が使われているが、具体的に照応する表現はない。そこには表現上の差異性が確かに感じられる。原作では「ちらちら」の持つ異なった二つの意味を利用することで、形式上の類似性による連鎖効果を生み出している。英訳には原作で見られるような「ちらちら」という表現による臨場感が感じられないばかりか、繰り返し表現による結束性も実現されないままになってしまうのである。

　『銀河鉄道の夜』におけるオノマトペが四人の翻訳者に一様に反映されないことは、日本語と英語の表現の違いによることはもちろんだが、翻訳研究で言

うシフトにまつわる不平等性という概念を思い起こさせる。観察される意味と表現性の違いが、起点テクストと目標テクストとの力関係によって左右されている側面があることを認めないわけにはいかない。英語においてもオノマトペ的表現が不可能ではないものの、翻訳テクストでは無視され使われない傾向があるのである。英語のオノマトペは子供っぽいという印象を与えるものとして、避けられるのかもしれないが、作品の中で生かされるような工夫ができるのではないだろうか。特に慣習的オノマトペの具体性や臨場性と、臨時的オノマトペの創造性、同一のオノマトペを利用した結束性、などの表現性が無視されるのは残念である。英訳された作品には、宮沢作品を宮沢作品ならしめるオノマトペの世界が再現されず、日本語と英語の力関係が原因なのか、あるいはそのずれの重要性が意識されないからか、いずれにしても充分な配慮がなされないように思われる。

4.2.5 「ドシン」が呼び起こす場と文学性

『取り替え子（チェンジリング）』では、「ドシン」というオノマトペが特殊な位置を占める。それは義兄の吾良が主人公の古義人に送ってきたテープの中で、飛び降り自殺したその時の音だからである。その重要性は、「ドシン」の字体がゴシック体になっていて、他のテクストから逸脱していることでも知ることができる。そのアイコン的なビジュアル・サインとしての文字が、吾良の体の重さとその行為の意味の重みを象徴しているのである。

「どしん（と）」は副詞としても機能し、北原（2003）には「重い物が勢いよく落ちたり、激しい勢いでぶつかったりするさま。また、その音を表す語」(2003: 1179) という記載がある。しかし原作では名詞として使われる場合もあり、そこには空白の場の中の具体的な事態を、オノマトペ一語で捉える効果が観察できる。原作の読者は「ドシン」という表現を見る瞬間に、地上にたたきつけられる吾良をイメージすることになる。英訳では括弧内で説明を加えたり、形容詞で 'thud' についての情報を追加するという描写に終わっている。英語の 'thud' には確かに物の落ちる音が感じられるのだが、描写表現であることは拭い切れないのであり、インパクトが弱くなるばかりか、他の部分から

逸脱することによる卓越性も感じられないままとなる。浜野（2015）はオノマトペの語尾の鼻音「ん」の音象徴について、CVCV（子音と母音の繰り返し）タイプとされる「どしん」の「ん」は、「余剰エネルギーによる反動、ないしは運動の余波という意味」（2015: 40）のものが多く「より抽象的な、運動の余波、反動という意味領域を受け持っている」（2015: 41）と指摘する。このような深い意味を持つ音象徴は、描写になると失われてしまうため、『取り替え子（チェンジリング）』の中で「ドシン」の持つインパクトは、英訳には再現されないのである。

　この作品の中で「ドシン」は5回使われるのだが、以下例を三つあげておこう。(18a) は初めて「ドシン」が使われる場面である。ここではまさに録音されたテープの音がそのままオノマトペで表現される。(19a) は「ドシンへとおもむいた」という表現で、オノマトペが、自殺という事件全体を瞬時に思い浮かべさせる機能を果たしている。(20a) の「ドシン」は、自殺行為を吾良の視点から捉えたものである。いずれにしても、オノマトペには擬音語というだけでなく、それが臨場感を伴った事件の全体像を瞬時にイメージさせ、空白の場を性格付ける力がある。

　　(18a)『取り替え子（チェンジリング）』9
　　――……そういうことだ、おれは向こう側に移行する、といった後、**ドシン**という大きい音が響いた。

　　(18b) *The Changeling*, 3
　"So anyway, that's it for today—I'm going to head over to the Other Side now," when Kogito heard a loud thud.

　　(19a)『取り替え子（チェンジリング）』28
　こうしたズレはこのところのたまさかの出会いにもあったのであって、吾良は結局、古義人の頼り甲斐のなさに断念を抱いて、**ドシンへとおもむいた**のではなかっただろうか？

(19b) *The Changeling*, 31
Kogito had sensed a similar kind of divergence in their infrequent encounters during recent years. Could that be the reason why Goro had ultimately despaired of Kogito's dependability and had decided to head off into <u>the realm of the Terrible Thud</u>, alone?

(20a) 『取り替え子（チェンジリング）』29-30
<u>ドシン</u>の前に当の詩句を吾良も思い出したとすれば、それはどういう見通しにおいてのことだったろうか？

(20b) *The Changeling*, 33
And if Goro happened to be pondering that passage just <u>before he took the final leap into space</u>, what vision of his own future did he see in those words?

次は、作品の中に使われる「ドシン」とその英訳を、ページ数とともに列記したものである。

9	<u>ドシン</u>という大きい音	3	a loud thud
15	<u>ドシン</u>とその後の	12	the thud
28	<u>ドシン</u>へとおもむいた	31	the realm of the Terrible Thud
29	<u>ドシン</u>の前に	33	before he took the final leap into space
36	<u>ドシン</u>の出来事を	42	the Terrible Thud (his private shorthand for Goro's baffling suicide)

「ドシン」はオノマトペではあるが、イメージを呼び起こす効果があることを利用して、名詞として使われることに注目したい。英訳では「ドシンの前に」が 'before he took the final leap into space' となっていて、全く異なった表現が使われたり、'the Terrible Thud (his private shorthand for Goro's baffling suicide)' という説明を伴った大文字表記になったりしている。いずれにして

も、原作におけるゴシック体の「ドシン」が読者に与えるショックは、強く感じられない。翻訳テクストで表現され難いオノマトペは、日本語の本質を語る上で無視できない現象である。原作には、「ドシン」という音が、確かに聞こえてくるような効果があるのである。加えて「ドシン」の繰り返しによる強調や、作品全体にわたる結束性も充分実現されないままとなる。

4.3 登場人物の設定と場

　本項では物語の登場人物が、どのように場に動機付けられながら設定されるかを検証する。そして、原作の語り手が駆使する操作が、英訳でどう表現されるかについて観察したい。日本語の作品では登場人物の設定には、幾つかのオプションがあり、それは話者が場をどのように捉えるかによって決められる。以下、『銀河鉄道の夜』に焦点を当て、英訳では日本語とは異なった固有名詞の選択や指示方法などが使われ、そこに表現性のずれが生じることを確認する。

4.3.1　ジョバンニとKenji

　『銀河鉄道の夜』の主人公はジョバンニであるが、Sigrist and Stroud（1996）による *Milky Way Railroad* では、そのジョバンニをKenjiとして登場させている。カムパネルラはMinoru、そしてザネリはAkiraという日本的な名前に変更されている。原作の登場人物の名前を意図的に変えたもので、この決断について訳者は次のように説明する。宮沢は登場人物にイタリア語の名前を付けているが、この名前で別に世界的なアピールを求めていたわけではない。そして、日本の物語を英語で読む読者がイタリア語の名前に困惑しないように、つまり、混乱を招くことのないように、日本的な名前に変更した、と。[注1]

　この訳者の立場は、原作を充分尊重していないように思える。ジョバンニとカムパネルラという名前は、『銀河鉄道の夜』が醸しだす日本でない物語設定にふさわしいものであり、その選択は場の性格付けと密接な関係にある。作品の世界を考慮すると、日本語の名前はむしろ不自然なのである。登場人物の名

前は原作者が吟味の上選んだものであり、やはり翻訳者による変更は行き過ぎと言わざるをえない。

　この現象には、翻訳論で言う異質化（foreignization）と受容化（domestication）が複雑に絡んでいる（Venuti 2004［1989］）。翻訳者が受容化して翻訳すると、起点テクストが持つ異質性が尊重されなくなる傾向がある。逆に、翻訳者が起点文化の価値観に合わせて異質化して翻訳すると、目標テクストの規範や価値観とは相容れないものになる。翻訳には、常に受容化と異質化のプロセスが交錯するのであり、その妥協点を見つけるのは困難である。しかしジョバンニをKenjiとする決断には、やはり問題がある。それは受容化を示しているようであるが、原作に見られる創造性が無視され、結果的には、一種のオリエンタリズム（Said 1978）に動機付けられた偏見であると言わざるを得ない。しかも、主人公の名前が原作者の名前と同じになっているのは、それこそ混乱を招くものであり、理解し難いものがある。

　(21a) では、ジョバンニの代わりに 'Kenji' が主格と呼格として繰り返されるのだが、翻訳テクストが作り出す世界の不自然さが明らかになる。ここで登場するラッコの上着のみやげは、日本的なコンテクストでは考え難いものであり、物語の場の設定とされる外国の雰囲気を保つためには、'Kenji' はやはり不適切なのである。

　　(21a)『銀河鉄道の夜』66-67
　　「川へ行くの。」ジョバンニが言おうとして、少しのどがつまったように思ったとき、
　　「ジョバンニ、ラッコの上着が来るよ。」さっきのザネリがまた叫びました。
　　「ジョバンニ、ラッコの上着が来るよ。」すぐみんなが、続いて叫びました。
　　ジョバンニはまっかになって、もう歩いているかもわからず、急いで行きすぎようとしましたら、そのなかにカムパネルラがいたのです。

　　(21b)　*Milky Way Railroad*, 35-36
　　"Going to the river?" Kenji started to say with, he thought, a catch in his throat,

when...

"Here comes the otter coat, Kenji!" First Akira shouted. Then they all joined in. "The otter coat's on the way, Kenji!" they shouted over and over.

Kenji flushed crimson and no longer knowing whether he was walking or not, rushed blindly past. Then he noticed Minoru was with them.

4.3.2　ジョバンニの指示表現

　ここでは『銀河鉄道の夜』で、ジョバンニが四人の翻訳者によってどう表現されているか調べてみたい。第一部の「午後の授業」にはジョバンニの行動があまり描写されていないので、第二部の「活版所」を調べることにした。原作の文の数は17で、ジョバンニが11回使われるのみで、いわゆる人称代名詞使用は見られない。英訳では、*Night Train to the Stars* では Jiovanni が10回、人称代名詞が17回、*Night on the Galactic Railroad & Other Stories from Ihatov* では Jiovanni が13回、人称代名詞が13回、『英語で読む銀河鉄道の夜』では Jiovanni が8回、人称代名詞が17回、*Milky Way Railroad* では Kenji が9回、人称代名詞が15回使われていて、総計すると固有名詞が40回（一作品の平均は10回）、人称代名詞が62回（一作品の平均は15.5回）となっている。原作と英訳のジョバンニの指示表現には、特に人称代名詞の使用・非使用に差が認められる。

　翻訳テクストでは、人称代名詞による繰り返しによって、ジョバンニの存在がより鮮明に規定され、物語の場に組み込まれる。原作ではジョバンニは、人称代名詞の繰り返しとして表層化することなく、潜在的なトピックとして維持され続ける。なお、原文に見られるジョバンニの潜在的な存在は、裏返せば場への依存度の高さを示している。日本語と英語における登場人物の設定の差は、間接的にではあるが場の性格付けの違いを表していると言える。

　この現象を確認するために、(22b) の英訳を観察しておこう。原作ではジョバンニは表層化せずゼロ記号のままであるが、英訳には、'he' が3回、'his' と 'him' が1回ずつ使われている。ここでも表層化した指示表現が繰り返されることで、語りの視点がより強く示されることになり、原作のような潜在性を感じさせる設定に欠けることになる。

(22a) 『銀河鉄道の夜』58
それから、元気よく口笛を吹きながらパン屋へ寄ってパンの塊を一つと角砂糖を一袋買いますといちもくさんに走りだしました。

(22b) *Night on the Galactic Railroad & Other Stories from Ihatov*, 50
<u>He</u> whistled a cheerful tune all the way to the bakery, where <u>he</u> bought a large loaf of bread and a bag of sugar cubes. Then <u>he</u> ran home as fast as <u>his</u> legs would take <u>him</u>.

4.3.3　主人公の提示方法と場

　登場人物の指示表現の操作として、『"文学少女"』シリーズの主人公である井上心葉の場合を見てみよう。心葉は、「心葉くん」、「井上」、「心葉先輩」、「コノハ」、「お兄ちゃん」と呼ばれる。日本語では、空白の場に登場する者をいろいろな表現で表すことができ、それを通して語り手や登場人物の異なった視点や発想・発話態度が表現される。同時に異なる表現が空白の場のあり方を間接的に伝えることにもなる。心葉はむしろ空白の場における空白の話者のままであり、場の一部である周囲の者からの呼称によって具現化するのである。『"文学少女"と死にたがりの道化(ピエロ)』では、(23a) から (26a) に見るように、遠子からは「心葉くん」、一年生の竹田からは「心葉先輩」、図書委員の琴吹からは「井上」、級友の男子生徒や芥川からも「井上」、母と妹からは「お兄ちゃん」と呼ばれる。英訳では、原作の「井上」は 'Inoue'、それ以外は 'Konoha' となっている。Konoha は個として確立され、その前提のもと物語が構成されているのである。

(23a) 『"文学少女"と死にたがりの道化(ピエロ)』13
「<u>心葉くん</u>、部長命令よ。これ、お願い！」

(23b) *Book Girl and the Suicidal Mime*, 10
"Take these, <u>Kohoha</u>. This is a direct order from your president!"

(24a)『"文学少女"と知りたがりの道化(ピエロ)』21
「お願いしますねぇ、心葉先輩！」
「ええ、ばっちりよ。ねぇ、心葉くん」

(24b) *Book Girl and the Suicidal Mime*, 16
"Thank you, Konoha!"
"Sure thing. It'll be a cinch, right, Konoha?"

(25a)『"文学少女"と死にたがりの道化(ピエロ)』42
「だから、井上、代わりに払って」

(25b) *Book Girl and the Suicidal Mime*, 32
"So you have to pay for her, Inoue."

(26a)『"文学少女"と死にたがりの道化(ピエロ)』104
「お兄ちゃん、電話よ」
下でお母さんの声がした。

(26b) *Book Girl and the Suicidal Mime*, 75
"Konoha, you have a phone call."
My mom's voice sounded from downstairs.

　さらに、美羽の視点からは（27a）にあるように「コノハ」と呼ばれ、それがカタカナ表記となっている。この作品の中では他に使われない表記によって、語り手である心葉と美羽の関係が特別なものであることが示される。作品の中では美羽が心葉を思い出している時と、（27a）にあるように実際に再会するシーンで「コノハ」が使われるのだが、カタカナ表記の表現性は英訳には反映されないままとなる。

(27a) 『"文学少女"と慟哭の巡礼者(パルミエーレ)』56

硝子でできた鈴のような可憐な声が、あの頃と同じように、ぼくの名前を呼んだ。

「コノハ」

美羽はきらきら光る目で、嬉しそうにぼくを見つめていた。
唇が優しく、やわらかくほころぶ。
「やっと、会いに来てくれたのね、コノハ」

(27b) *Book Girl and the Wayfarer's Lamentation*, 43-44

A lovely voice like a bell made of glass called my name exactly the way she used to.

"Konoha."

Miu looked at me joyously, her eyes sparkling.

Her lips curved into a gentle, indulgent smile.

"You finally came to see me, huh, Konoha?"

日本語では英訳で使われる'Konoha'と'Inoue'だけでなく、バリエーション豊かな表現が使われている。場や相手によってその表現が選ばれたり、登場人物の心情を伝える表現が使われたりしているのであり、話者は根本的には可塑性を備えた空白の存在であることが分かる。この原作と翻訳テクストの表現性の差を通して場が話者を設定し、その設定によって同時に空白の場が具現化するという日本語の姿が浮き彫りになるのである。

4.3.4 「二人」の情意と結束性

『銀河鉄道の夜』では、ジョバンニとカムパネルラの二人を指示する際、「二人」という普通名詞が使われる。日本語の「二人」という表現には、一人でもなく三人でもなく、二人だけ、という意味が込められている。物語のテーマの

一つである少年の友情を、象徴的に表現するものであり、それは特別な情意を含んでいる。この特別な意味は、物語という場の中で前景化し作品全体の結束性を促し、より鮮明なメッセージを伝えることになる。原作では「二人は」、「二人で」、「二人も」、「二人が」、「二人の」、「二人に」など異なったコンテクストで「二人」が26回使われ、物語全体で特別な位置を占め続ける。

「二人」に照応する表現が、翻訳テクストの『英語で読む銀河鉄道の夜』でどのようになっているか見てみよう。英訳では文の構造によっていろいろな表現が考えられるのだが、日本語の「二人」に照応する語彙に絞ると、'the boys' が7回、'they (them)' が6回、'the two boys' が4回、'Giovanni and Campanella' が3回、'we' が2回、ゼロ記号が2回、'both boys' と 'the two' が1回ずつ使われている。英訳では、談話上情報確認が必要となる段落の冒頭などで、'Giovanni and Campanella' が3回使われる。原作ではあくまで「二人」という表現になっているところで、である。英訳では 'the boys' と 'they (them)' の頻度が高く、二人という概念を伝える 'the two boys'、'both boys'、'the two' は6回使われているのみである。これは、英語では繰り返しを避けて、異なる表現を使うことが好まれる傾向があることに起因するとも考えられる。

しかしいずれにしても、原作の「二人」はあくまで普通名詞で、その意味はむしろ漠然としているのに対し、英訳では固有名詞や代名詞で具体的な指示がなされる。原作の「二人」という表現の特別な意味は、物語の場の中で生きてくるのであり、その設定の仕方が、間接的に場を前景化するのである。しかし、結局英訳では、原作で繰り返される「二人」の持つ象徴的な意味と結束性は弱められ、物語の場を特徴付ける機能は失われる。

(28a) は「二人」が (28b) で 'the boys' 及び 'they' と訳されている例である。原作では仕手は「二人」に続いてゼロ記号、つまり潜在的な存在であり続けるのだが、英訳では名詞と代名詞によって表層化する。

(28a)『銀河鉄道の夜』82
二人は、その白い岩の上を、一生けん命汽車におくれないように走りまし

た。そしてほんとうに、風のように走れたのです。息も切れずひざもあつくなりませんでした。

(28b)『英語で読む銀河鉄道の夜』103

　As for the boys, they ran for their lives back over the white rock so as not to miss the train. They found themselves running just like the wind without skipping a single breath or getting hot sore knees.

なお、(29a)のように「二人きり」という意味が強調される場合、(29b)では 'we're alone' という表現が選ばれているが、やはり「二人」による物語の場における特別な意味と結束性は実現されないままとなっている。

(29a)『銀河鉄道の夜』123
ジョバンニはああと深く息をしました。
「カムパネルラ、また僕たち二人きりになったねえ、どこまでもどこまでもいっしょに行こう。」

(29b)『英語で読む銀河鉄道の夜』219
'Campanella,' said Giovanni, sighing deeply, 'we're alone again. Let's stay together till the ends of the earth, okay?'

4.4　おわりに

　本章では空白の場がどのようにして設定されるかを、原作とその翻訳を比較対照することで理解した。日本語では、場から仕手へという求心的な方向性が好まれるのに対して、英訳では仕手が中心となり仕手から場へという方向性が確認された。日本語の本質として場の重要性があげられるが、その場は可塑的であり、仕手の行為のコンテクストを提供することで具現化してくる。文のレベルでも文章のレベルでも、場から始まる世界観が観察できた。

第4章 空白の場と状況の設定

　オノマトペには、空白の場における出来事や事態を具現化する力がある。そのイメージはオノマトペの繰り返しによって何度も再現され、あたかも話者と読者がその事態を共に体験するような臨場感を提供する。オノマトペは、空白の場を具体的な場にする機能を果たしているのであるが、このような効果は翻訳テクストでは実現されず、基本的に三人称視点の描写表現になっている。『銀河鉄道の夜』に登場する「ちらちら」は、その複数の意味を利用した結束性を実現し、『取り替え子（チェンジリング）』の「ドシン」は、オノマトペを名詞のように事態全体を包む表現として利用したもので、作品全体に簡潔で強いインパクトを与えている。オノマトペは日本語には不可欠な表現手段であるが、それが英訳され難いことと比較すると、このような場の設定が可能であること自体が日本語の特徴として浮かび上がってくる。

　翻訳テクストで登場人物をどう提示するかは重要な課題なのだが、その選択には日本語との差異性が明確に示される。英語に見られる、話者を前提とした出来事の描き方は、固有名詞と頻繁に用いられる代名詞によって明示され、日本語世界における潜在的な話者の存在を味わうことができない。日本語では登場人物は、あくまで次第に具体化しつつある場における潜在的な存在であり、しかし自由に変化する者でもある。『"文学少女"と死にたがりの道化(ピエロ)』に見たように、随時設定される登場人物の多様な呼称は、その場に反応するものの、基本的には話者の自由な決断にまかされているのであって、登場人物自身は空白のまま存在すると言える。『銀河鉄道の夜』に観察されるように、「二人」というような普通名詞で表現され続ける登場人物も、個として確立したものではなく、ある場における視点を反映した「見え」を表現したものに過ぎない。そしてその隠れた話者の存在が感じられることで、場が間接的に設定されていく。

　日本語の本質の一つである空白の場は、場に依存した表現が使用されることで、間接的に意識されることになる。場はもともと設定・規定されているわけではなく、順次具体化される。それは臨場性と可塑性という特性を有しながら、空白の話者が自由に創造され、演出され続けるスペースを提供し、同時に話者の設定を通して具現化するという相互作用を続けているのである。

注1　*Milky Way Railroad*（Sigrist and Stroud 1996）には次の説明がある。

In the original story, Miyazawa gave his characters Italian names. The reason for this is still unclear, although it has been suggested that Miyazawa did it to emphasize the story's universality. In this translation, we have taken the liberty of giving the characters ordinary Japanese names. Miyazawa's "Giovanni" thus is our "Kenji," and "Campanella" is "Minoru." We trust this will eliminate any confusion caused by Japanese characters in a Japanese setting having European names. (Sigrist and Stroud 1996: 11)

第 **5** 章

空白の話者の登場：潜在性と可変性

　本章では、空白の話者がどのようなかたちで設定され、それが翻訳テクストでどのように表現されるかを考察する。日本語表現では、確立した同一的な我を基盤とする主格が表層化されることなく、あくまで潜在的な話者として存在することが多い。その話者は潜在的だけでなく、可変性を供えたものでもある。具体的には、場や状況を感受しそれを経験として表現すること、受け手視点を伝える受身表現や「てくれる」などの授受表現を使うこと、そして一人称表現が話者の複数の様相を提示すること、などの現象を検証する。これらの表現の英訳は、あくまで同一的で確立した仕手が行為するという構造になる傾向があり、そこには明らかに独立した話者が顕在化するのである。以下、これらの現象を分析・考察していきたい。

5.1　感受経験の前景化

5.1.1　状況感受の多様性
　日本語では、何かが起こっていてそれを感受するという、受け手視点の描写が中心となることが多い。例えば『銀河鉄道の夜』では、経験者として感受するジョバンニが描かれる傾向があるのだが、英訳されると 'he noticed' とか 'he could hear' となり、仕手が気付く、聞くという主体の行為として捉えられる。つまり、英語では他動詞とその目的語という構造で、仕手が状況を客体として描くことになる。原作における状況を感受し経験する潜在的な話者と、英訳の行為の仕手として表層化する話者とが、対照的な位置に置かれるのであ

る。そこで『銀河鉄道の夜』と、四人の翻訳者が選ぶ翻訳文の構造、特に他動詞を用いて原因・結果構造になる場合と比較したい。なお、英語にも経験者としてのジョバンニを描く方法はあり、日本語の表現ほど強くはないものの、そのような効果が滲み出る表現が選ばれる可能性があることにも触れたい。

まず、(1a) を見てみよう。「ザネリがやはりふりかえって見ていました」はあくまでザネリについての描写なのだが、英訳は Giovanni (Kenji) の視点からザネリを捉えた形になっている。(1b) から (1e) のすべての翻訳テクストに英語の他動詞 'saw' が使われ、ジョバンニの行為として描かれる。一例として、(1b) の 'As he went around the corner, he looked back and saw Zanelli looking back too' を逆翻訳すると「彼はかどを曲った時ふりかえり、ザネリもふりかえって見ているのを見た」というような表現になる。あくまで仕手としてのジョバンニの視点から、状況が捉えられている。

(1a)『銀河鉄道の夜』67
町かどを曲るとき、ふりかえって見ましたら、<u>ザネリがやはりふりかえって見ていました</u>。

(1b) *Night Train to the Stars*, 43
<u>As he went around the corner, he looked back and saw Zanelli looking back too.</u>

(1c) *Night on the Galactic Railroad & Other Stories from Ihatov*, 58
Giovanni paused to look behind him and <u>saw</u> that while Zanelli was still staring in his direction, Campanella already had his eyes set on the bridge they were about to cross.

(1d)『英語で読む銀河鉄道の夜』55
He turned the corner, looking back at them and <u>saw</u> Zanelli looking back too.

(1e) *Milky Way Railroad*, 37

第5章　空白の話者の登場：潜在性と可変性

They all began to whistle behind his back and then, as Kenji looked behind at the next corner, he <u>saw</u> that Akira had turned around.

次に、(2a) の原作の文の構造を考えてみよう。あくまで「七八人」が仕手であり「は」を伴ってトピックとなっているのだが、英訳ではジョバンニが気付いたという表現が使われる。だだし、(2d) の英訳では、原文に近い構造になっていることに注目したい。英語の構文で、状況を感受する話者の視点を描くことが、全く不可能というわけではないのだが、より簡潔に情報を伝えようとすると、(2b) の 'he found'、(2c) の 'he noticed'、(2e) の 'Kenji found' という構造が選ばれる。どちらがより好まれるか、または読みやすいか、ということによる決断がなされるものと思われる。

(2a)『銀河鉄道の夜』57
　ジョバンニが学校の門を出るとき、同じ組の<u>七八人</u>は家へ帰らず、カムパネルラをまん中にして校庭のすみの桜の木のところに集まっていました。

(2b) *Night Train to the Stars*, 23
As Giovanni was going out of the school gate <u>he found</u> that seven or eight of his classmates had not gone straight home but were gathered in a group around Campanella near an ornamental cherry tree at the edge of the school yard.

(2c) *Night on the Galactic Railroad & Other Stories from Ihatov*, 48
As Giovanni was passing through the school gates, <u>he noticed</u> a group of seven or eight boys standing under a cherry blossom tree in the school yard. In the center of the group was Campanella.

(2d)『英語で読む銀河鉄道の夜』23
　As Giovanni was walking out the school gate, seven or eight children from his class were gathered in the yard, forming a circle around Campanella by the cherry

blossom tree in the corner.

(2e) *Milky Way Railroad*, 19
As he went out the schoolhouse gate, Kenji found seven or eight of his classmates who, instead of going home, had gathered around Minoru by the cherry tree in the corner of the school garden.

　(3a)にも、状況が話者に反応を起こさせる日本語表現と、最初から話者がその事態を直接経験するという英語表現との違いが見られる。「お仕事がひどかったろう」は仕事についての描写であり、ジョバンニは潜在的な存在である。四人の翻訳者のすべてがジョバンニに向けて'you'を使っていて、あくまでジョバンニが仕手として経験するかたちで捉えられる。例えば(3d)では'you must have worked so hard today'となっていて、ジョバンニは潜在的な存在ではない。

(3a)『銀河鉄道の夜』59
「ああ、ジョバンニ、お仕事がひどかったろう。」

(3b) *Night Train to the Stars*, 27
"Is it you, Giovanni? I'm sure you must be awfully tired from your work."

(3c) *Night on the Galactic Railroad & Other Stories from Ihatov*, 50
"Have you just returned from work? You must be exhausted."

(3d)『英語で読む銀河鉄道の夜』29
'Oh Giovanni, you must have worked so hard today.'

(3e) *Milky Way Railroad*, 24
"Ah—Kenji, you must have had a rough day."

潜在的な話者という現象は、日本語の「いる」と「ある」に関しても指摘できる。周知のように、日本語の「いる」や「ある」は、英語では have 動詞で翻訳されることが多い。そのような例として (4a) の「ザウエルという犬がいるよ」があるが、四人の英訳では 'have' と 'have got' と翻訳されている。この現象も、日本語が状況として捉えるのを好むのに対して、英語では目的語を伴った他動詞表現として表現される傾向があることを示している。なお (4e) の英訳では読者を考慮してのことか、犬を示す名詞でもある 'Pooch' が典型的な名前として選ばれたようなのだが、不自然感が残るのは否めない。

(4a) 『銀河鉄道の夜』61
　「ザウエルという犬がいるよ。」

(4b) *Night Train to the Stars*, 31
　"They've got a dog called Sauer."

(4c) *Night on the Galactic Railroad & Other Stories from Ihatov*, 53
　"They have a dog called Sauer, who's got a tail like a broom."

(4d) 『英語で読む銀河鉄道の夜』37
　'They've got a dog named Sauer and he's got a tail just like a broom.'

(4e) *Milky Way Railroad*, 27
　"They have a dog called Pooch."

語り手が語る態度を示す時、それが英訳では他動詞を伴うことがある。(5a) の「やすんでいたのでした」という説明が、(5b) と (5e) では 'Giovanni (...) found' と 'he found' という表現になっている。(5c) では 'to see' という他動詞が使われ、やはりジョバンニが仕手となっている。(5d) は 'his mother' が仕手になった状況説明で、原作と似た構造になっている。英語でも

このような表現は不可能ではないのだが、好まれる文型ではなく、他の表現が選ばれる傾向がある。

(5a) 『銀河鉄道の夜』50
　ジョバンニは玄関を上がって行きますと、ジョバンニのおっかさんがすぐ入り口の室に白い布をかぶって<u>やすんでいたのでした</u>。

(5b) *Night Train to the Stars*, 27
　<u>Giovanni</u> stepped up indoors and <u>found</u> his mother in the room immediately inside, lying with a white sheet over her.

(5c) *Night on the Galactic Railroad & Other Stories from Ihatov*, 50-51
　Giovanni's mother's room was the one closest to the entranceway. He went inside <u>to see</u> her resting, covered in a white sheet.

(5d) 『英語で読む銀河鉄道の夜』29
　Giovanni stepped up from the entryway onto the floor. <u>His mother</u> was resting in the front room with a white cloth over her face.

(5e) *Milky Way Railroad*, 23-24
　When Kenji came in, <u>he found</u> his mother resting in the front room with a white cloth wrapped around her head.

　原作に見られる話者が状況を感受するという捉え方が、仕手の行為として英訳される例は、他の作品にもしばしば見られる。『真夏の方程式』では、主人公である恭平の経験が受動的に語られる。この作品では、経験者の視点が余韻を残す場の状況や風景の描写を通して表現され、しばしば付託的な効果を生み出す。話者は潜在的な存在のままであるが、そこには状況を受け止める者の存在感がある。(6a)の「水平線の上には、ソフトクリームのような雲が浮かん

でいる」は、恭平の目に映った風景を付託的に提示したものである。そのような効果は (6b) の英訳では 'Just about the horizon he saw billowing clouds, white like ice cream' となっていて、あくまで恭平が見たという形になっている。

(6a)『真夏の方程式』413
　窓の外を流れる景色に目をやった。海面が光っていた。<u>水平線の上には、ソフトクリームのような雲が浮かんでいる</u>。

(6b) *A Midsummer's Equation*, 358
　Kyohei looked out the window and watched the scenery going by. The ocean sparkled in the sunlight. <u>Just about the horizon he saw billowing clouds, white like ice cream</u>.

　同様に、(7a) の「そばに人の立つ気配がした」という日本語の表現は、あくまである状況が提示されるのみである。(7b) の英訳では、'Kyohei slurped at his drink, becoming aware of someone standing next to him' と、恭平が気付いたとなっているが、そのような仕手の登場は原文にはない。ここでもやはり、話者の潜在性は失われ仕手が前景化してしまうのである。

(7a)『真夏の方程式』307
　ジュースを飲んでいたら、<u>そばに人の立つ気配がした</u>。顔を上げると、湯川が立っていた。
「あっ、博士」

(7b) *A Midsummer's Equation*, 266
　<u>Kyohei slurped at his drink, becoming aware of someone standing next to him</u>. He looked up. "Hey, Professor!"

5.1.2 知覚表現と潜在的な話者

　日本語の表現では、何かの経験をするものの、その行為の影響を受ける話者は表層化しないことが多い。特に、「見える」、「分かる」、「聞こえる」は、話者の知覚経験を捉えるのだが、英訳では仕手が中心の構造になる。ここにも日本語表現における、状況を知覚する話者の潜在性が確認できる。『真夏の方程式』には恭平の知覚表現が多く使われるので、幾つか例を見てみよう。

　(8a) の「見えた」は (8b) では 'he spotted' と、恭平を仕手とする他動詞で翻訳されている。

(8a) 『真夏の方程式』80

　喉が渇いたので自動販売機でコーラを買った。飲みながら、どうしようかと考えていたら、湯川が歩いてくるのが見えた。上着を脱ぎ、肩にかけている。

(8b) *A Midsummer's Equation*, 68-69

　Kyohei bought a cola from a vending machine and sipped it, considering his next move, when he spotted Yukawa walking down the road. He had his jacket slung over his shoulder.

　同様に (9a) の知覚表現の「わかった」という表現は (9b) の英訳では 'he finally understood' と仕手が示され、他動詞を使って翻訳されている。興味深いことに (10a) の「わかった」は (10b) のように、仕手と他動詞という構造には英訳されていない。この部分の英訳は 'The water was perfectly clear, and light from the sun above refracted in a hundred different angles, each creating a different color' となっていて 'the water' と 'light' が主格に置かれ、その両方が 'create' という他動詞表現につながる。原作同様、恭平は全く登場していない。ただし、日本語の「わかった」には話者の潜在的な存在が強く感じられるのだが、英訳にはそのような効果は認められず、基本的に単なる自然描写であるという表現性のずれは解消されない。

(9a)『真夏の方程式』412

　恭平は湯川の顔を見返しながら深呼吸した。胸の中に明かりが点ったような気がした。数日前から恭平の心にのしかかっていた重しが、すっと消えるのを感じた。湯川と何を話したかったのか、今ようやくわかった。まさにこういう言葉をかけてほしかったのだ。

(9b) *A Midsummer's Equation*, 357

　Kyohei looked up at Yukawa and took a deep breath. It felt like a little light had flickered back on his chest. The weight he had felt pressing down on him for the last several days lifted. Now he finally understood why he'd needed to talk to Yukawa so much. It was because he wanted to hear this.

(10a)『真夏の方程式』104
赤、青、緑。まるで巨大なステンドグラスが沈められているようだ。海の水は澄み切っており、光の角度によって色合いが変化するのもわかった。

(10b) *A Midsummer's Equation*, 90
On his screen he could see a glimmering undersea world of reds, blues, and greens. The seafloor looked like a massive stained glass window. The water was perfectly clear, and light from the sun above refracted in a hundred different angles, each creating a different color.

　次に「聞こえて来るのでした」が『銀河鉄道の夜』の翻訳テクストでどのように表現されるか、観察してみたい。(11a) の「聞こえて来るのでした」は、三人の翻訳者が (11c)、(11d)、(11e) で 'he could faintly pick up'、'He could faintly hear'、'Very faintly he could hear' という表現を選んでいる。逆翻訳すると「彼は聞くことができた」というあくまでジョバンニが仕手として登場する。日本語では知覚表現が使われ潜在的な話者の存在が感じられるのに対して、英訳では仕手の行為として描かれる。ただし、(11b) の訳では 'and the faint sounds of children (...) reached him' という日本語に近い構造になっている。同一翻訳者による前出の (5b) の仕手中心の英訳と比較すると、ある翻訳者が常に日本語表現に近い翻訳表現を選ぶというより、英文の構造を原文に沿うものにするかどうかという決断をする際に、全体としてのバランスを保っているような印象を受ける。

(11a) 『銀河鉄道の夜』68-69
　町の灯は、暗の中をまるで海の底のお宮のけしきのようにともり、子供らの歌う声や口笛、きれぎれの叫び声もかすかに<u>聞こえて来るのでした</u>。

(11b) *Night Train to the Stars*, 45
The lights of the town below burned in the darkness, for all the world like some fairy palace beneath the sea, <u>and the faint sounds of children</u> singing and whistling, and broken cries, <u>reached him</u> from below.

(11c) *Night on the Galactic Railroad & Other Stories from Ihatov*, 59
The lights of the town below seemed to Giovanni like those of an undersea palace. Even from way up on the hilltop, <u>he could faintly pick up</u> the sounds of children singing.

(11d) 『英語で読む銀河鉄道の夜』61
The lights of the town below were burning through the darkness as if the town itself were a miniature shrine at the bottom of the sea. <u>He could faintly hear</u> snatches of children's screams and bits of whistles and songs.

(11e) *Milky Way Railroad*, 40
The lights of the town shone up from below like the view of some shrine on the ocean floor. <u>Very faintly he could hear</u> the whistling and singing of the children, and occasionally a faraway cry.

5.2 受け手視点の文構造

5.2.1 受身の情意

　話者が潜在的であることは、日本語の受身表現が間接的に伝える情的な意味に支えられている。情的な意味は英語の受身ではそれほど強く表現されないため、原作と翻訳テクストにおける意味のずれは解消できない。受身表現の「れる・られる」に関しては、その文法的側面から他動詞を用いた受身文（直接受身）と、迷惑の受身、また被害受身（谷口 2015）と呼ばれる自動詞の受身文（間接受身）とに分けて説明されることが多い。しかし、いずれの場合もその根本的な意味は「被影響」（尾上 1999b: 89）という言葉で捉えることができる。尾上は各種の受身に共通する意味的な機能は「他者の行為や変化〈典型的には意志と他者の力の発動〉の結果、あるものが自らの意志とは関係なく『いやおうなく』ある立場に立つことになるという事態把握」（1999b: 88）とすることであるとしている。そして「〈受身〉とは、〈ある人格の行為の結果発生した〉一つの事態の影響を、被影響者に視点を置いて（＝主語として）語る用法である」（尾上 2003: 35）とまとめている。坪井（2002）も同様に、受身文は行為によって生じる広義の変化が現れるものを主語として提示し、その行為によって生じた変化を語ることがその本来の機能であるとしている。

　受身表現の使用効果については、一般的に次のように理解されている。工藤（1990）は、受動文には変化主としての受け手の前面化、行為者の背景化、変化・結果の前面化という機能があり、それは能動文の動作主のテーマ化、受手の背景化、動作の前面化という効果と対照的なものであるとする。また、坂原（2003）は、受身表現の機能として、動作主から非動作主への主題の移動、動作主の格下げ、そして他動性の減少をあげている。筆者はメイナード（2004, 2005a）で、受身表現を談話におけるレトリック効果という視点から捉え、それには結果描写、情意表現、そしてメタ言語表現という三種の談話上の効果があることを指摘した。

　英語の受身は、他動詞の目的格が主格に移動し、原則的に仕手は 'by' によって示され得る。このため、能動態の文は他動詞を含み、原則として目的格

には行為の受け手となる対象物が置かれる。同時に目的格を前面に出して、例えば、'Dinner is served at 7:00.' というような仕手を示さない表現として使われる。また、英語では、例えば 'His mother was killed in an automobile accident.' というような間接的な婉曲表現として使われることがある。しかし、日本語の受身表現が伝えるパーソナルな人間関係や、それに伴う迷惑感は伝わり難い。英語の受身表現は、誰・何に起こった状況かという描写上の選択であり、日本語に見られるような、受け手が何らかの感情的な反応を示すという意味合いは少ない。

　日本語の自動詞表現の「雨が降る」は、迷惑の受身として「雨に降られた」ということが可能であるが、英語では 'I was rained on' というような特殊な表現になってしまう。日本語では、雨が降ったことに影響を受けて残念だったという感情を伝えるために、受身が使われているのである。「今日、先生にありがとうって言われたんだよ」というように、むしろ受益関係を示す場合もあるが、いずれにしても感情が込められることが多い。日本語の受身表現が英語の受身文に訳される場合もあるが、特に情感を伴う場合はその意味は充分に反映されないことが多い。

　本項では、情意表現の受身、つまり、ある行為の結果発生する事態を、影響を受ける側の視点から語る表現性に焦点を当てる。影響を受ける側が情的に反応する様子を表現するもので、この場合特に行為者からの影響が避け難いものとして捉えられるのだが、その意味は英訳ではどのように表現されるのか・されないのかについて、比較してみたい。

　『涼宮ハルヒの憂鬱』から幾つか例を抜き出してみよう。主人公で語り手のキョンが、ハルヒの行為の受け手として、その感情的な反応が受身表現で示される。しかし、英訳には反映されず能動態が使われることが多い。(12a) の「両手まで合わされた」の部分は (12b) では 'She even clapped her hands together'、(13a) の「言われてもな」は (13b) では 'Easy for you to say' となっている。日本語の受動態と呼応する能動態は「両手を合わす」と「言う」で、自動詞的な表現であり、キョンは他動詞の直接目的格として存在するわけではない。英語では受身表現にすることは難しく、両手を合わす人と、言う人

とが両者とも仕手として前面に出てきている。

(12a)『涼宮ハルヒの憂鬱』40
「お願い」
<u>両手まで合わされた</u>。俺は「ああ」とか「うう」とか呻き、それを肯定の意思表示と取ったのか、朝倉は黄色いチューリップみたいな笑顔を投げかけて、また女子の輪の中へ戻って行った。

(12b) *The Melancholy of Haruhi Suzumiya,* 25
"Pretty please?"
<u>She even clasped her hands together</u>. I could only stammer grunts in the form of "ah" and "uh" which she apparently took to mean my consent. And with a smile like a yellow tulip in our direction, she returned to the cluster of girls.

(13a)『涼宮ハルヒの憂鬱』40
「その調子で涼宮さんをクラスに溶け込めるようにしてあげてね。せっかく一緒のクラスになったんだから、みんな仲良くしていきたいじゃない？　よろしくね」
よろしくね、と<u>言われてもな</u>。

(13b) *The Melancholy of Haruhi Suzumiya,* 25
"Keep up whatever you're doing to make Suzumiya open up to the class. We were fortunate enough to be put into the same class, so we should all be friends, right? I'm counting on you."
Counting on me huh? <u>Easy for you to say</u>.

同様に、(14a) の「命令された俺」は (14b) で 'After ordering us to follow her' と、ハルヒが仕手となる行為の描写となっている。命令されたくない、命令されるべきではない、というキョンの気持ちは伝わらないままとなる。

(14a)『涼宮ハルヒの憂鬱』70

　ついてきなさい、と命令された俺と朝比奈さんを引き連れてハルヒが向かった先は、二軒隣のコンピュータ研究部だった。

(14b) *The Melancholy of Haruhi Suzumiya*, 45

　<u>After ordering us to follow her</u>, Haruhi led Asahina and me to our destination, the Computer Research Society two doors down.

　『銀河鉄道の夜』に観察される（15a）は、受身と「なる」表現を伴い、受け手視点を強調する文である。「いたちに見つかって食べられそうになった」の英訳は、（15b）と（15e）ではいたちが仕手となり、（15c）と（15d）ではさそりが受け手となる受動態になっている。「とうといたちに押さえられそうになった」の英訳も、（15b）と（15e）ではいたちが仕手、（15d）ではさそりが受け手、（15c）ではさそりの反応が 'he ran but could not escape it' といたちの行為に影響を受けた結果として捉えられている。英訳では、いたちが仕手として登場する場合と、さそりが受身的に捉えられる場合が観察できるのだが、原作に見られるような常に被害者であるさそりの視点は、充分反映されないままとなる。

(15a)『銀河鉄道の夜』117

　するとある日、<u>いたちに見つかって食べられそうになったんですって</u>。さそりは一生けん命逃げて逃げたけれど、<u>とうといたちに押さえられそうになったわ</u>。

(15b) *Night Train to the Stars*, 145

　"One day a weasel found it and was about to eat it. So the scorpion ran and ran for all it was worth. In the end, the weasel was just about to leap on it, (…)"

(15c) *Night on the Galactic Railroad & Other Stories from Ihatov*, 101

"Then one day he found himself cornered by a weasel. Fearing for his life, he ran but could not escape it."

(15d)『英語で読む銀河鉄道の夜』203
'Then one day he was caught by a weasel and it looked like he was going to be eaten all up himself. He tried to get away with all his might and he was about to be pinned down by the weasel (...).'

(15e) *Milky Way Railroad*, 112
"Then one day a weasel found the scorpion and was about to eat him up. The scorpion ran away as fast as he could, but finally the weasel seemed to have him cornered."

5.2.2 「てくれる」と他者とのつながり

『真夏の方程式』の語り部分には、主人公である恭平が受け手として表現され、ある状況が恭平の感受する経験として語られることで、恭平と他者との授受関係が示される部分がある。恭平の心内モノローグや心内会話はもちろんのこと、語りの文構造にも登場人物の視点が滲み出ることがあり、三人称小説ではあるが、むしろ一人称として恭平の視点から語られている。授受表現の一つである「てくれる」は、そのような視点を伝えるのだが、英訳には呼応する表現はない。(16a) の「節子が皿に切った梨を載せて、運んできてくれた」の英訳（16b）は 'arrived with a tray of cut pears' となっていて、恭平の受益者としての感謝の気持ちは表現されないままとなる。

(16a)『真夏の方程式』157
　テレビでは芸人たちが危険なゲームに挑戦するというバラエティ番組をやっていた。さほど見たくもなかったが、恭平は体育座りをし、楽しんでいるふりを装った。すると節子が皿に切った梨を載せて、運んできてくれた。座卓の上に置き、はいどうぞ、という。

(16b) *A Midsummer's Equation*, 140
A game show was on TV, with celebrities trying to complete various hazardous challenges to the laughter of a studio audience. Kyohei wasn't particularly interested in it, but he sat with his arms resting on his knees and pretended to enjoy the show. Aunt Setsuko <u>arrived with a tray of cut pears</u>, which she placed on the low table beside him, "Dig in," she said.

　(17a) と (18a) には「説明はしてくれない」と「説明してくれる」のコントラストが観察できる。原作と英訳、その逆翻訳を比較すると、(17a) の「詳しい説明はしてくれない」は (17b) の英訳では 'Yukawa wouldn't explain anything to him' であり、その逆翻訳は「湯川は彼に何も説明しようとしない」というようになる。(18a) の「丁寧に説明してくれる」は (18b) の英訳では 'Yukawa was going out of his way to make everything clear' となり、その逆翻訳は「湯川は全てをはっきりさせるためにいつもより努力した」となる。英訳の表現は、湯川が仕手となり湯川の行為を描写するかたちとなっている。原作の授受表現を通して伝えられる恭平の気持ちではなく、あくまで湯川の行為が前景化されるのである。ここにも、日本語の受け手視点の文構造とは対照的に、英訳では語り手としての話者が仕手を重視する傾向があることが観察できる。

(17a)『真夏の方程式』102
それなのにこんなに真剣に、その願いを叶えようとしてくれている。そのくせ<u>詳しい説明はしてくれない</u>。黙って見ていればわかるとばかりに黙々と作業を進めてしまう。

(17b) *A Midsummer's Equation*, 88-89
(...) but it wasn't like he'd asked anyone to go to such lengths. Lengths he didn't even understand, because <u>Yukawa wouldn't explain anything to him</u>. All he could do was watch in silence as they performed one test launch after another.

(18a) 『真夏の方程式』267
　湯川は<u>丁寧に説明してくれる</u>が、恭平の頭の中には全く別の映像が浮かびつつあった。

(18b) *A Midsummer's Equation*, 231
　<u>Yukawa was going out of his way to make everything clear</u>, but to no avail. Kyohei's mind was off in a different place.

　次に、「てくれる」が視点の融合を促す場合について考察したい。『R.P.G.』で、石津刑事に取り調べを受けている春恵の様子を描写したものである。(19a) の「涙をよく吸い取ってくれる」は (19b) で 'It dutifully absorbed her tears' と訳されていて、あくまで三人称の視点が維持されている。しかし、原作では、この「てくれる」は授受表現であり、受け手が意識されるため一人称よりの表現となる。そこに表現される受け手視点は、春恵の視点とも、その場にいる石津の視点とも、または語り手の視点とも解釈できる。「てくれる」は場における人間関係だけでなく、場の状況をどの位置からどのような距離感を持って語るか、という視座をも思い起こさせるのである。そのような複雑に重複する視点を反映することができる日本語は、空白の話者の設定にふさわしい言語なのである。

(19a) 『R.P.G.』65
　春恵は小さなハンドバッグを開けると、ハンカチを取り出して目を拭った。洗濯を繰り返し、色あせたハンカチだった。<u>涙をよく吸い取ってくれる</u>。

(19b) *Shadow Family*, 49
Harue opened her small handbag, took out a handkerchief and dabbed her eyes. The handkerchief was faded from many washings. <u>It dutifully absorbed her tears</u>.

5.3 一人称表現の可変性

5.3.1 複数の話者提示

　空白の話者はその一人称表現によって設定されるのだが、その表現はバリエーションに満ちている。筆者は言語の主体である話者と、物語の表現に使われる一人称表現に関して、話者の分裂という概念を応用して論じたことがある (Maynard 2007)。そのヒントとなる研究として、英語の一人称に関する先行研究に言及しておくべきであろう。Lakoff (1996) が split self という表現を使って、認知意味論的アプローチから論じた際使用した概念である。Lakoff は英語の再帰代名詞の使用について、従来の統語的なアプローチでは充分説明できないことを明らかにする。つまり、英語では同一人物に言及している場合は、再帰代名詞が必要になるが、(20) と (21) のような場合は代名詞 (me) でも再帰代名詞 (myself) でも、正しい表現として使うことができるという事実である。

(20) If I were you, I'd hate me.
(21) If I were you, I'd hate myself

　ここで Lakoff は、(20) と (21) が可能な理由は、誰の視座から見たどの自己を指すかによるのであって、この場合自己が分裂して理解されているとしている。ただ、ここで異なった一人称表現が使われるその動機や効果については、考察されていない。

　この分裂する自己という概念を日本語の一人称表現に応用して、次のように考えることができる。ただし、日本語の場合は英語のように 'I' と 'me/myself' を主体と客体として分裂するわけではなく、私の中に自分が存在するというかたちの分け方であり、むしろ主客同一（より正確には主体がその中に客体を内包する）と考えることができる。

(22) 私が嫌いだ。

(23)　自分が嫌いだ。
(24)　私は私が嫌いだ。
(25)　私は自分が嫌いだ。
(26)　自分は私が嫌いだ。
(27)　自分は自分が嫌いだ。

　まず、言語表現をする話者は、(22) と (23) では表現されずゼロ記号となる。話者は想定されているので、あえて言及する必要はなく、客体的な「私」と内面的な「自分」が嫌いな対象となる。話者が客体として前景化すると、(24) と (25) のように「私」が表層化し、客体的な対象と内面的な対象によって「私が」と「自分が」が選ばれる。(26) と (27) は、内面的な自分が前景化して、「自分は」と表現される場合で、それぞれ嫌いの対象を客体的に捉えた場合と、内面的に捉えた場合である。(27) は不自然な感じがしないでもないが、その使用が全く不可能というわけでもないと思える。

　(22) から (27) の例文に観察できる「私」と「自分」の使用から、客体的話者と内面的話者という概念を導き出すことができ、両者を次のように捉えることができる。客体的話者は、話者を客体として外側に見ているため、話者から距離のある概念となり、外から見られることを意識する。一方、内面的話者は、内省的な自分を内側に見ているわけで、話者に近い概念となり、外側からの視線を強く意識するわけではない。「私」が使用されるのは、私を対象として捉えたり誰かと比較対照する時、話者の声を強調し話者自身の声であることを明確にするため、そして、テクストの構造を維持するための結束性を保つ時である。日本語の一人称では、ゼロ記号、及び、「私」と「自分」の使用・非使用によって話者が分裂し、複数の自己が表現されると言える。以上の論点を考慮すると、日本語の一人称表現を次のように理解することができる (Maynard 2007)。

　1．話者は、前景化する必要がなければ表層化せずゼロ記号となる。
　2．客体的話者には「私」およびそれに類する表現が使われる。

3．内面的話者には「自分」が使われる。
4．小説における一人称のゼロ記号は、コンテクストからあえて言及する必要がない場合、また、トピックとして設定されていて提示する必要がない場合が多い。
5．小説の中で客体的話者を表層化して「私」などとするのは、コントラスト効果のため明示する必要がある時、私的な立場であることを明示するため、トピック構造の維持のため、などのことが多い。

なお、中村（1991）は、小説において最初から「私」という表現を使うことについて、それがサプライズ効果を薄めてしまうと指摘している。確かに、誰の視点から語られるのか最初からはっきりさせない方が、作品への興味を誘う場合がある。英語では 'I' を避ける表現を選ぶことはできても、やはり文法上の制限があるため、日本語のように自由に一人称を回避することは困難である。

日本語の一人称で忘れてならないのは、英語の 'I' と翻訳される表現が、社会的なコンテクストや話者の好みや表現意図によって、「私（わたくし・わたし）」、「あたし」、「俺」、「僕」などのバリエーションの中から選ばれるという事実である。話者は一人称表現の選択に迫られるのだが、自分を指し示す言葉は、まさに自分を定義する表現であるだけに微妙なものがある。その選択は自分の意志だけによるのではなく、通常、相手が誰であるか、自分がどのような状況にあるかを考慮に入れて決められる。実際問題として「僕」と「俺」の選択には、翻訳テクストには反映され難い視点が感じられる。次にそのような例を見よう。

（28a）と（29a）は『R.P.G.』で、稔が武上刑事の質問に答える場面の発話である。まず、（28a）では若者言葉に特徴付けられるスタイルで「僕」が選ばれる。（28a）の「そうです」に見られるデス・マス体は、（29a）で明らかにシフトする。語り手としての話者が傍点付きのメタ言語表現で「僕」が「俺」に変わったことを指摘しているように、これは意図的な変換である。このスタイルシフトの状況を、（29b）では、'His tone had changed, and he sounded more defiant' という表現で、口調が変わり反抗的な態度になったと説明しているが、それではやはり原作にあるような、一人称の選択自体によって場の雰囲気が瞬時に変わる効果は、期待できない。原作の一人称表現によってもたらされる発話態度や人間関係は、英訳ではおもに描写で表現されることになる。

(28a)『R.P.G.』104
「<u>そうです</u>。てゆうか、<u>僕</u>は実家のそばにアパート借りてるっていうか、借りてもらってるっていうか」

(28b) *Shadow Family*, 76
"More or less. I'm renting an apartment near them, or I guess they're renting it for me."

(29a)『R.P.G.』115
「でもさ、刑事さん」
「うん」
「やっぱりヘンだよ。なんでそんなことが事件に関係あるの？　容疑者は別にいるんだろ？　<u>俺</u>もカズミも関係ないよ」
　<u>僕が俺に変わった。</u>

(29b) *Shadow Family*, 82
"Say, Officer?"
"What?"
"This is weird. What the hell has my involvement got to do with anything? You have your suspect. 'Kazumi' and I had nothing to do with the murder." <u>His tone had changed, and he sounded more defiant.</u>

5.3.2　話者の潜在化：ゼロ記号と「私」

本項では、一人称小説である『キッチン』とその英訳に焦点を当てて、「私

がゼロ記号になる場合と、「私」が表層化する場合を考察したい。まず、原作でゼロ記号になっている部分を見てみよう。(30a) には「私」も「自分」も一度も使われていない。(30b) の英訳では文法上の必要性により、その省略はなされないまま 'I' が9回出てくる。物語のこの部分は「彼」を中心に進められ、状況を説明しているのであって、語り手である主人公についての言及はない。このため日本語では「私」の非使用が可能となる。日本語では後続する (31a) などのように、ゼロ記号の場合と「私」が表層化する場合とのコントラストが生まれるのだが、その効果は英語には反映されないままとなる。なお、「ぬれて光る小路が虹色にうつる中を、ぱしゃぱしゃ歩いていった」は、原作では求心的であるが、英訳では遠心的な表現になっていて、その比較対照ができる。

(30a)『キッチン』12

彼は、長い手足を持った、きれいな顔だちの青年だった。素性は何も知らなかったが、よく、ものすごく熱心に花屋で働いているのを見かけた気もする。ほんの少し知った後でも彼のその、どうしてか〝冷たい〟印象は変わらなかった。ふるまいや口調がどんなにやさしくても彼は、ひとりで生きている感じがした。つまり彼はその程度の知り合いに過ぎない、赤の他人だったのだ。

夜は雨だった。しとしとと、あたたかい雨が街を包む煙った春の夜を、地図を持って歩いていった。

田辺家のあるそのマンションは、うちからちょうど中央公園をはさんだ反対側にあった。公園を抜けていくと、夜の緑の匂いでむせかえるようだった。<u>ぬれて光る小路が虹色にうつる中を、ぱしゃぱしゃ歩いていった。</u>

(30b) *Kitchen*, 8

He was a long-limbed, young man with pretty features. I didn't know anything more about him, but I might have seen him hard at work in the flower shop. Even after I got to know him a little I still had an impression of aloofness. No matter how nice his manner and expression, he seemed like a loner. I barely knew him, really.

It was raining that hazy spring night. A gentle, warm rain enveloped the neighborhood as I walked with directions in hand.

My apartment building and the one where the Tanabes lived were separated by Chuo Park. As I crossed through, I was inundated with the green smell of the night. I walked, sloshing down the shiny wet path that glittered with the colors of the rainbow.

興味深いことに『キッチン』では、(31a) に示すように作品の冒頭で「私」が使用されている。この使用はサプライズ効果（中村 1991）を目的とせず、「私」についての複雑な思いが語られることを予測させる。

(31a)『キッチン』6
私がこの世でいちばん好きな場所は台所だと思う。
どこのでも、どんなのでも、それが台所であれば食事をつくる場所であれば私はつらくない。

(31b) *Kitchen*, 3
The place I like best in this world is the kitchen. No matter where it is, no matter what kind, if it's a kitchen, it it's a place where they make food, it's fine with me.

「私」の使用効果について、さらに細かく見ていこう。(32a) には、「私」が3回登場する。ここでは語り手の自己は分裂して物語の外側に移動し、「私」から離れた視座から意識的に「私」を見つめながら語る。「私」を使わないことも可能であるが、使うことで客体的な捉え方を示し、コントラスト効果を狙うのである。最初の「私」は、語り手が経験者として対象化した話者自身を捉えた場合、二番目は語りの声を前景化するため、三番目は主に目的語としての対象化した「私」が構造上必要とされる場合である。(32b) の英訳には 'I' と 'me' が使われているのだが、既に触れたように、例えば (30a) のように原作

で「私」が避けられる場合との表現性の差が表現されない。このため、(30a) と (32a) の原作で捉えられる異なった「私」の表現性が充分伝わらないままとなる。

 (32a)『キッチン』16
 こんなに世界がぐんと広くて、闇はこんなにも暗くて、その果てしないおもしろさと淋しさに<u>私</u>は最近はじめてこの手でこの目で触れたのだ。今まで、片目をつぶって世の中を見てたんだわ、と<u>私</u>は、思う。
「どうして、<u>私</u>を呼んだんでしたっけ？」

 (32b) *Kitchen*, 10
 Suddenly, to see that the world was so large, the cosmos so black. The unbounded fascination of it, the unbounded loneliness... For the first time, these days, <u>I</u> was touching it with these hands, these eyes, <u>I</u>'ve been looking at the world half-blind, <u>I</u> thought.
 "Why did you invite <u>me</u> here?" <u>I</u> asked.

『キッチン』の語り手が「私」を使う理由の一つとして、語り手自身が描写の対象となる場合がある。そこでは話者が語り手として、ドラマチックに自分自身を描写していると言える。(33a) の「私」はむしろ普通名詞として登場し「寝てんのかなと思った」という修飾節を伴っている。「私」を思考の中に登場させると、語る話者と経験する話者が重層化し、経験する話者は対象化されて「私」として表層化する。「寝てんのかなと思ってふりむくと」と従属節を用いて表現すると、この効果は薄れる。英訳では 'Wondering if he had fallen back asleep' と、まさに従属節を使った表現になっているのである。

 (33a)『キッチン』63
 すると、反応が全くない。寝てんのかなと思った私がふりむくと、雄一はすごくびっくりした目できょとんと私を見つめていた。

(33b) *Kitchen*, 40
There was no response whatsoever. Wondering if he had fallen back asleep, I looked over, and there was Yuichi, gaping at me.

　話者の提示はレトリックの綾として機能するのだが、(34a)のように「私」が助詞「が」と共起する場合がある。英語の代名詞 'I' は、アクセントを伴う場合を除いては、一般的にその指示対象が既知情報である場合に使われるのだが、日本語では (34a)のように、新情報を伝える助詞「が」と共起することもある。「私が」という表現は、驚きを伴っているのだが、それは話者が経験者としての自分と距離を置くからであり、あたかも話者から離れた話者自身を新たに発見するような印象を与える。英訳では 'I cried out joyfully' となっていて、'I' は既知情報を想定するため、原文のような新情報を伝える驚きは充分反映されないままとなる。

(34a)『キッチン』34-35
「もしもし？　みかげか？」
　泣くほどなつかしい声が言った。
「お久しぶりね！」
　なのに元気よく私が言った。

(34b) *Kitchen*, 23
"Hello? Mikage?" The sound of his voice made me want to weep with nostalgia.
"Long time no see?" I cried out joyfully.

5.3.3　「私」と「自分」
　分裂する話者について既に概観したように、「私」は提示する機能が重視された場合、そして「自分」は内省する場合に用いられる。本項では『キッチン』で「私」と「自分」がどのように使われるかに焦点を当て、その英訳と比較対照しよう。

(35a) のように一人称の語り手としての話者が「自分」を使うと、多くの場合自省的な内面を指すことになる。主人公の「私」の内面にいる「自分」である。「身一つになりそうな私」とすると、「私」の内面ではなく、もう一人の話者が客観的に捉えられた「私」として描き出される。「身一つになりそうな自分」という表現は、経験する話者の内面的な思いを感じさせ、思考過程に内在する話者自身の描写となる。(35b) の 'now at last I won't be torn between two places' という英訳は意訳としか言いようがなく、内面的な自分という把握の仕方はされていない。

　(35a)『キッチン』51
　最後の荷物が私の両足のわきにある。<u>私は今度こそ身一つになりそうな自分</u>を思うと、泣くに泣けない妙にわくわくした気持ちになってしまった。

　(35b) *Kitchen*, 33
　I carried the last of my things in both hands. When I thought, <u>now at last I won't be torn between two places</u>, I began to feel strangely shaky, close to tears.

　(36a) は、「自分」が再帰的に話者の内面を強調する例である。「自分が自分であること」という表現で自分を強調することで、内省的な話者を提示する。(36b) の英訳では「自分」と「私」の異なった表現性は生まれない。英訳には 'myself' と 'me' が使われていて、再帰的な意味が表現されていることはいるが、原作の「自分が自分であること」を「私が私であること」としても、同じように翻訳される可能性が大きい。

　(36a)『キッチン』40
<u>自分が自分であること</u>がもの悲しくなるのだ。

　(36b) *Kitchen*, 26
Just being <u>myself</u> made <u>me</u> terribly sad.

(37a) では、ゼロ記号、「自分」、「私」という変化に富んだ表現が使われる。それを通して、対象化され比較される話者、語り手としての話者、内面的に捉えた話者、再帰的に提示される話者、などが示される。(37b) の英訳では一貫して 'I' が14回使われ、一人称表現の諸相は充分表現されないままとなる。

(37a)『キッチン』54-55

しかし、気づくとほおに涙が流れてぽろぽろと胸元に落ちているではないですか。

たまげた。

<u>自分</u>の機能がこわれたかと思った。ものすごく酔っぱらっている時みたいに、<u>自分</u>に関係ない所で、あれよあれよと涙がこぼれてくるのだ。次に<u>私</u>は恥ずかしさで真赤になっていった。それは<u>自分</u>でもわかった。あわてて<u>私</u>はバスを降りた。

行くバスの後ろ姿を見送って、<u>私</u>は思わずうす暗い路地へかけこんだ。

そして、<u>自分</u>の荷物にはさまれて、暗がりでかがんで、もうわんわん泣いた。こんなに泣いたのは生まれて初めてだった。とめどない熱い涙をこぼしながら、<u>私</u>は祖母が死んでからあんまりちゃんと泣いてなかったことを思い出した。

何が悲しいのでもなく、<u>私</u>はいろんなことにただ涙したかった気がした。

(37b) *Kitchen*, 34-35

But then, overpowered by their enormous weight, <u>I</u> found that tears were pouring down my cheeks and onto my blouse.

<u>I</u> was surprised. Am <u>I</u> losing my mind? <u>I</u> wondered. It was like being falling-down drunk: my body was independent of me. Before <u>I</u> knew it, tears were flooding out. <u>I</u> felt myself turning bright red with embarrassment and got off the bus. <u>I</u> watched it drive away, and then without thinking <u>I</u> ducked into a poorly lit alley.

Jammed between my own bags, stooped over, I sobbed. I had never cried this way in my life. As the hot tears poured out, I remembered that I had never had a proper cry over my grandmother's death. I had a feeling that I wasn't crying over any one sad thing, but rather for many.

『キッチン』における日本語の一人称表現は、話者に対する複数の視点を表現していることが分かる。このような表現効果によって、話者はその重層的な声を響かせることになるのだが、英訳ではそのような変化に富んだストラテジーを選ぶことはできない。『キッチン』では、語り手としての話者の意識が作品を解釈するための重要な情報提供をしていることを考えると、ここでの表現性のずれは軽視できない。このように複雑に変化する日本語の話者は、随時異なる表現性を伴い、その空白を埋めながらその都度具体的な存在感を実現し続けるのである。

5.3.4　三人称と一人称の間

『キッチン』が一人称小説であるのに対し、三人称小説である『取り替え子（チェンジリング）』の人称表現には、興味深い現象が認められる。しかも、観察される視点シフトは英訳され難いことから、やはり意味のずれが起きていることが確認できる。

この現象を理解する上でヒントとなるのは、再帰的に使われる「自分」と三人称表現とのコントラストである。例えば「太郎は自分の後ろに本を置いた」と「太郎は彼の後ろに本を置いた」では、話者の異なった視点が表現される。前者では太郎に視座を置いているが、後者では太郎以外のところに視座を置いている。このため、前者のように「自分」を使うと、太郎の気持ちをより近くに感じるような効果が生まれる。その分「聞き手に対する、話し手の協和志向性を表す」（佐野 1997: 64）ことになり、読者に共感を呼ぼうとする心理を感じ取ることができる。

『取り替え子（チェンジリング）』の主人公は、古義人である。あくまで語りは三人称視点なのだが、その一部で「自分」という表現が使われる。(38a)

では、「古義人」が1回、「自分」が2回使われることで、一人称的な雰囲気を醸し出す。三人称ではなく「自分」を使うことで、この部分は古義人の内省であることが表現され、語りの視点はここで三人称から一人称に移動するのである。翻訳テクスト (38b) には 'he' が4回、'his' と 'him' が1回ずつ、そして 'Kogito' が1回使われている。すべて三人称表現になっていて、原作に見られる視点移動の効果は期待できない。例えば (38a) の「ただ自分に内発するものを慈しんでいる」は 'concentrate on giving tender nurture to the things that arose spontaneously in him' となっていて、あくまで 'that arose in him' と三人称視点で表現されているのである。

(38a)『取り替え子（チェンジリング）』218-219
　この距離感。同じコースながら、かたまって走り抜けて行く若い人たちに一周遅れている実感。そのような自分が古巣の書物のなかでさらによく落着くために、先行する者たちへ追いつこうとすることをあきらめて、ただ自分に内発するものを慈しんでいる。確かに悲哀感ではあるが、静かな心地良さと見分けがたい……　古義人は黄昏の微光の中で孤立したこれからの日々を、死んでいる者のように穏やかに生きてゆけそうに感じた……

(38b) *The Changeling*, 297
　Ah, that sense of distance... He had a notion that while they were all still running on the same track, so to speak, the younger generation had banded together and taken the lead, and he was lagging a full lap behind them. Thus, in order to be able to relax once again among the books to his longtime home in Tokyo, he would give up trying to catch up with the young literati who were so far ahead and would instead concentrate on giving tender nurture to the things that arose spontaneously in him. To be sure, there was a measure of sadness there, too, but it was hard to distinguish it from an agreeably cozy feeling of quiet enjoyment. Kogito felt as though he would be able to live out the days to come, alone and marooned amid the faint glimmer of twilight, as tranquilly as someone already

dead.

　次に（39a）と（39b）の人称表現を比較してみよう。「古義人」と「自分」の使用状況を観察すると、次のようになっていることが分かる。文章の構造上中心を占めるのは古義人であり、「古義人」が3回使われていて、その度に三人称視点の世界が繰り広げられる。一方、古義人が内省する時は、一人称の「自分」が4回使われ、従属的な一人称の世界が拡がることで、内面的な話者を提示することになる。こうして語りの三人称と内省の一人称との世界を何度も移動することになる。しかし翻訳テクストでは'Kogito'または'he'、'his'、'him'という三人称代名詞が使われていて、視点は一定に保たれている。古義人は'I'としては提示されることなく、三人称としてしか扱われないのである。原作に見られるような人称操作の効果は、英訳には期待できない。

　(39a)『取り替え子（チェンジリング）』225
　<u>古義人</u>は、このひと山を鞄脇にそえておくことで、起きて来る千樫に意思は提示できる、と考えた。<u>自分</u>は吾良の呼びかけに応じることにした。それは本腰を入れて立ち向かわねばならない仕事だ、と。しかし、本当は<u>自分</u>が無経験な若者のようで、吾良の遺稿に面と向かえば、対処の仕方にビビってしまう、ということなのだ。つまり<u>自分</u>の人生とは、生きてきた経験が蓄積されないものだった、という宙ぶらりんの感情が<u>古義人</u>のうちで高まった。そのような<u>自分</u>にこれを託そうとして、ふたりにはよく通じる暗号——ランボオの手紙——を警告のように写しておいたのだ。その吾良の気持を思い、<u>古義人</u>はさらに複雑な気遅れを感じていた。

　(39b) *The Changeling*, 305-306
　<u>Kogito</u> left the huge pile of papers next to the briefcase, thinking that when Chikashi came downstairs, <u>his</u> good intensions would be immediately evident: <u>he</u> had decided to answer Goro's call to action, and leaving the papers out showed, implicitly, that <u>he</u> knew what had to be done and was ready, at long last, to do it.

Still, now that he found himself face-to-face with Goro's posthumous manuscript, he felt like an inexperienced, intimidated grrenhorn, and he had major butterflies in his stomach at the mere thought of how he was going to deal with it. As he so often did these days, he felt as if he were somehow suspended in limbo, and he was bedeviled by a nagging worry that (compared with the ultraworldly Goro) he hadn't yet accumulated a sufficiently rich store of life experiences to tackle this challenge. Surely that quote from Rimbaud's letter—the secret code that had struck such a resonant chord for both of them—had been written down as a warning from Goro as he passed the baton of his unfinished work to Kogito. Realizing Goro's intent, Kogito was seized once again by a complicated sort of stage fright, and part of him wanted very much to chicken out.

『取り替え子（チェンジリング）』は三人称小説ではあるものの、自伝的要素を多く含んでいる。古義人は著者大江健三郎自身であり、吾良は義兄の伊丹十三であると考えられている。小説の中には他にも大江の実の家族と重なる登場人物や状況が語られ、読者はそれを承知の上で読んでいる。この作品は私小説ではないものの、私生活の告白と思われる文章に満ちているのである。このような作品の性格を考えると、三人称と一人称のシフトは作品全体の語りの方法を支えるために不可欠であることが分かる。英訳ではあくまで三人称の小説となっているため、作品全体の雰囲気はかなり違ったものとなる。日本語と英語という両言語の違いが、やはり小説が創造する世界に深い影響を与えていることは明らかであり、そこに日本語の本質が映し出されるのである。

5.3.5 「俺」・ゴシック体の「俺」・「俺ら」と空白の話者

日本語とその翻訳テクストにおける一人称表現を考察する上で、『俺俺』は興味深い作品である。この作品では「俺」が複数登場し、『俺俺』というタイトルは、オレオレ詐欺を働く主人公の言葉と同時に複数の俺を指す。また「俺ら」という表現で複数の俺が登場するのだが、いずれにしても「俺」を常に繰り返して使うため、その存在を強く印象付けることになる。「俺」には英語の

人称代名詞とは異なった機能があり、むしろ普通名詞のように使われているのである。

英訳では人称代名詞、具体的には、'I'、'he'、'his'、'me'、'ME'、'a ME'、'the ME'、'MEs' などが使われる。人称代名詞が前提とする一定の既知情報に支えられた話者のイメージが維持されるため、原作における空白を埋める潜在的で、しかも複数存在する俺という表現性が失われる。そこに、言語間の埋められない差異性が認められるのである。

次の二例はそれぞれ第二章の冒頭部分と末尾部分であるが、下線の施してある「俺」と「俺」に関連した表現と、その英訳とを比較したい。(40a) の「俺」は一人称主人公語り手（永野均）を指している。ゴシック体の「**俺**」は永野均ではなく、彼の実家に住みついている本人ではない「俺」である。英訳ではゴシック体の「**俺**」は 'ME' となっている。(41a) のゴシック体の「**俺ら**」は、次第に集団となりつつある俺のグループを指していて、英訳では 'ME' とその複数 'MEs' が使われている。一方「俺たち」という表現は永野、大樹、学生という三人の「俺」を指していて、「俺ら」とは異なった意味を持つ。

(40a)『俺俺』46-47

　俺は俺の顔を見たとたん、怪訝そうな表情を一瞬浮かべ、その場で俺を凝視した。俺も凝視し返した。

　俺は勤めから帰ったばかりらしく、黒っぽい銀色のスーツ姿だった。目の下にうっすらと陰のある、くたびれた昏い顔をしている。短い髪をワックスで軽く立て、流行りのスタイルの黒ぶち眼鏡をかけ、左目の脇に泣きぼくろがあり、二重まぶたと、俺自身にはない特徴を備えていた。端的にイケメンだった。それでも俺には、そいつが**俺**であることが直感的にわかった。俺が「**俺**だ」と思うのだから、**俺**に間違いないはずだった。

　俺はすぐに気を取り直したふうで、俺に対し間合いをつめ、「帰れ、迷惑だ」と怒った声で言った。その声に体の内側をなでられたような気がして、俺は思わず震えた。録音で聞く自分の声とそっくりだったからだ。ただ、茫

漠とした俺の声より響きが明瞭だった。
「誰だおまえ」と俺は愚問を発した。愚問だと思っても言わずにはいられない。
「おまえこそ誰だ？」
「永野均に決まってる」
　俺は悲しげな眉をし、薄ら笑いを浮かべ、首を振った。

(40b)　*ME: A Novel,* 44

　The instant the ME saw me, the two of us staring at each other, his face grew suspicious.

　The ME, dressed in a dark silver suit, appeared to have just returned from work. He looked somber and tired, with faint shadows under his eyes. He had short, lightly waxed hair and wore fashionable black-framed spectacles. Slightly off to the side of his left eye was a black beauty mark—a feature that this me was lacking. All in all he was quite a hunk. And yet my gut feeling remained that this was still me. Yes, it was. There wasn't any doubt about it.

　Recovering from the initial shock, the other ME now closed in, angrily roaring:
　"Get lost! You're a total nuisance!"
　"Who are you?" I asked. I knew it was a foolish question but I felt compelled to pose it anyway.
　"I'll ask the same of you!"
　"I'm Hitoshi Nagano, of course."
　The other ME gave me a doleful look and a faint smile as he shook his head.

(41a)　『俺俺』102-103
「それってつまり、俺らのほかにも……」
「そう。俺に大樹におまえ、兄貴に生活保護申請来た人。他にももっともっと無数にいると思うんだよ、俺らって」
「均さん、だから言うまでもないんだって」

「あ、そうだな」

　俺の頭にも、何人かの顔が浮かぶ。そんな無数にいる**俺ら**と、俺はこれから次々と出会うだろう。それはみんな**俺**なのだから、**俺ら**は一〇〇パーセントわかり合える。信用していいのだ。スイッチをオンにする必要なんかない。

「明日から世界が変わるね」

「あともう三分二十八秒だ」

「じゃあ改めて乾杯だな」

「他の**俺ら**でも、今ごろこうして乾杯している連中がいるかもしれない」

「すでに昨日、乾杯を終えたやつもいるかも」

「三分は長いから、先に飲むよ」

「俺も」

「じゃあ三分のうちに飲み終わろう。それを乾杯としよう」

　俺たちは皆同じように眉間に皺を寄せ、目を閉じ、妙に大きな音でのどを鳴らしながら、ぐびぐびとあおった。

(41b) *ME: A Novel*, 92

"So does that mean there are others...?"

"Yeah. Me, Daiki, you, my brother, the guy who came to apply for welfare... And there are more, countless other MEs."

"Hitoshi-san, that's why you don't even have to say it!"

"Ah, yes indeed."

A series of faces floated up in my mind. All were ME: I wondered whether, one by one, I would meet each one of them. And if they were all ME, we would have perfect mutual understanding—100 percent. It would be safe to trust. There would be no need to push the on button.

"As of tomorrow, the world will change."

"In three minutes and twenty-eight seconds."

"Cheers!" We clinked beers.

"For all we know, there are other groups of ME, doing the very same thing right now!"

"And yesterday there may have been those who did likewise."

"Three minutes is a long time. I'm going to drink now."

"Me too."

"So let's finish our drinks and then raise a toast anyway."

We closed our eyes and chugged our beers loudly.

　ちなみに (40a) と (41a) に使われる一人称表現は、次のようである。(40a) では、「俺」が11回、ゴシック体の「俺」が 6 回で計17回、(40b) の英訳では 'I' が 5 回、'me' が 4 回、'the other ME' が 2 回、'ME' が 2 回、'my' が 1 回、計14回であった。(41a) では「俺」が 4 回、ゴシック体の「俺」が 1 回、「俺ら」が 1 回、ゴシック体の「俺ら」が 4 回、「俺たち」が 1 回、計11回、(41b) の英訳では、'I' が 3 回、'we' が 4 回、'my' が 2 回、'ME' が 2 回、'me' が 2 回、'our' が 3 回、'other MEs'、'other groups of ME' がそれぞれ 1 回ずつ、計18回となっている。原作の一人称表現と英訳の一人称代名詞は、呼応するわけではないが、全体的に原作では「俺」が一貫して使用されるのに対し、英訳では一人称ではあるもののバリエーションに富んだ形態が使われていることが分かる。原作に見られる「俺」表現の一貫した繰り返しがないため、英訳では結束性が失われる。結局、日本語の創造的な一人称表現の表現性は、英訳には充分反映されないままとなるのである。この作品のテーマが複数の、しかも重複した俺の概念であることを考えると、やはり原作における「俺」の特殊な使用とその多用は、意味深いものがある。作品全体を貫く俺のイメージが、作品の中で否定し難い効果を生んでいるのであり、それが翻訳テクストに表現されないことは超え難い表現性のずれを感じさせる。

5.4　おわりに

　本章では日本語の本質の根底に存在する空白の話者が、どのように表現され

るかを観察した。話者は潜在的であり、同一性を保つ確立した個としてではなく、むしろ流動的な存在として表現される。焦点を当てたのは、感受する話者の様子、受身と「てくれる」表現によって登場する潜在的な話者、加えて複数の流動的な一人称表現で提示される話者である。日本語は、本質的にコギトの我に基づいた話者を前景化するより、むしろ表現の陰に潜む話者を伝える言語なのである。

　状況を感受する話者は仕手としてではなく、あくまでその状況を見つめる存在であり、その英訳は多くの場合、仕手としての誰かの行為として描かれることが分かった。「お仕事がひどかったろう」という仕事についての描写が、英語では 'you' を仕手として大変な仕事をしたんだろう、という表現に変化する。このような起点言語と目標言語の表現性のずれは埋められることはない。

　日本語の受身表現は英語のそれとは異なることが、多々論議されてきた。最も根本的な特徴は、日本語の受身が、「てもらう」という授受表現と同様、人間関係とその感情的な反応を含意していることである。自動詞の受身に代表されるような迷惑感や受益感は、英訳されることのないまま、第三者的視点が維持される。一人称表現では、コンテクストと話者の判断によって「僕」と「俺」を含む複数の表現が選ばれるのみならず、ゼロ記号、「私」、「自分」という豊かな操作を通して、可変的な空白の話者の具体的な設定が可能になる。日本語の「俺」、「俺ら」、「俺たち」表現は異なる複数の登場人物に関連して使われるのだが、その英訳には複数の一人称代名詞が使われ、「俺」の繰り返しによる重複性と結束性は失われる。

　本章で観察した翻訳上の意味のずれの原因は、結局、日本語にとっての話者のあり方、特に、もともとは空白の話者であるという事実につながっている。潜在的で変化する話者は、デカルト的我とは異なった世界に生まれ育まれるのである。後続する章で、さらに空白の話者がどのように設定されるのかを、翻訳テクストと対照しながら分析していきたい。

第6章
トピック・コメント軸：コメントを提示する話者

6.1　トピック・コメント軸

　言語表現を通じて空白の話者を設定する際、日本語ではトピック・コメントという軸が基本的なものとなる。コギトの確立した同一性を帯びる我としての話者は、主語と述語という命題関係に支えられている。一方空白の話者は陳述する者として登場するのだが、その基本となるのがトピック・コメントという関係である。本章ではトピック・コメントがステージング効果を生み、それが翻訳テクストには反映され難いことを論じ、続いてトピックを提供する名詞化現象を考察する。さらに、ノダ文とノデアル文という文型に焦点を当て、状況をトピックとして確認し、納得しながらコメントで陳述するという話者の表現方法を考察する。

　本章で観察する広義のトピック・コメント関係は、日本語の根底を支えながら、多くの現象につながっているのであるが、翻訳テクストには充分反映されないままとなる。やはり翻訳による意味と表現性のずれは否定し難いものであり、そこに日本語の特徴が認められるのである。

6.1.1　トピック・コメントと「は」

　筆者はトピックを指標するマーカー、特に「は」に関し、日本語の談話レベルの研究を通して、その軸となるトピック・コメントの重要性について論じてきた (Maynard 1980, 1982, 1987, 1990a, 1994, 1997a, 1997b, 1998a, 2001a, 2009, メイナード 1993, 1997, 2000, 2004 など)。トピックとコメントは言語の

根本的な構造に関わるものであり、日本語を支える軸を提供する。トピックとコメントは、コミュニケーションの場における情報提示の順序を理解するための概念であり、テーマ（提題 theme）・レーマ（題述 rheme）とも呼ばれる。テーマ・レーマは、プラーグ学派の中心思想であり、Firbas (1964) は次のように説明する。テーマは、既知のまたは少なくともそのコンテクストから知ることのできる情報であり、談話の起点となる要素である。一方、レーマは伝えるべき新情報を含んだ要素で、当事者の知識を豊かにする情報である。そして、通常、テーマが先に提示されそれにレーマが続く、と。さらに Firbas (1964) は、思考の順序と言語表現に現れる語順との関係を、伝達推進力 (Communicative Dynamism) という概念を用いて説明し、テーマは文中で最も低い伝達推進力をもつ要素であるとした。

　言語を正しく理解するためには、形式的な文法構造がもたらす命題関係の意味とともに、発話としてのコミュニケーション上の機能を体系的に把握する必要がある。情報の出発点であるトピックと、情報の中心であるコメントの要素が伝達推進力を支えるのだが、国語学で「提題」と呼ばれ、岸本 (2016) が「話題化」と呼んでいるトピック提示の現象は、日本語において重要な機能を果たす。

　もっとも英語にもトピックを示す表現がないわけではないのであって、This book, I will never read. のように文頭に倒置することで類似した効果をもたらすことができる。しかし英語には as for というような、特殊な表現以外に多用されるトピックマーカーはなく、文頭位置の使用には制限があり、日本語のようなトピック提示は難しい。また日本語のように「が」やゼロ記号とのコントラスト効果を生んだり、後述するステージング効果をもたらしたりすることは困難であり、制限されたものとなってしまう。

　筆者は Maynard (1980) でプラーグ学派の概念を出発点として、日本語の談話における「は」の機能を論じた。その際、またその後の研究でも（メイナード 1993 など）トピックを次のように理解した。トピックとは、句または命題の形で表現される枠組みであり、その枠組みにコメントとしての情報が関係付けられるもの、またはその枠組み内にコメントが提供する命題が当てはま

るものを指して言う。そして、トピックは旧情報から新情報へという情報の流れの出発点を提示し、後続するコメントと共に、談話にトピック・コメントを軸とする結束性を与える機能を果たす、と性格付けた。

なお、この捉え方は、トピック・コメントを広義に解釈したものであり、それには、「は」などを伴うトピックに陳述部分でコメントする「XはYだ」という、いわゆる判断文が含まれる。それだけではなく、談話レベルでもトピックについて複数の文でコメントする場合があり、それもトピック・コメントの枠組みで捉えることができる。トピック・コメントの関係は、命題内の主述関係に支えられた情報をも含みながら、より広範囲の、話者の発想・発話態度を表現する技法として機能するのであり、日本語表現の基軸として無視できない現象である。

6.1.2 トピック・コメント的世界

トピック・コメントは、言語の複数のレベルで日本語の表現性を支え、日本語的な世界を創り出す。例えば、次のようにトピックとコメントが提示する情報の特質を利用する場合がある。一般的に、トピックは古い情報（既知情報）であることが多いため、物語のシーンにおいては、まず新しい情報（未知情報）が紹介される。後続する情報は既知情報と扱われてトピックとなることが多い。このため、まず「が」で紹介された人物が、その後は「は」を伴って登場するという具合になる。一度トピックとして設定されると、ゼロ記号のまま潜在的なトピックとして提示され続けることもある。ただし、既知情報でも、必ずしもトピック化されない場合があることに注意したい。「は」を避けて「が」を続けて使うことで、語り手はある出来事を驚きと共に、そのまま直感的に導入することもあるのである。

場に影響され規定される話者の言語表現は、命題を包む情的なアピールを重視する。トピック・コメント軸はそのような表現を可能にするのだが、特に大切なのはコメントの存在である。日本語では、文末に話者の陳述・モダリティを伝える表現が集中していることにも見てとれるように、コメントに話者の発想・発話態度が表現されるからである。対人関係を調整する終助詞が豊富に使

用され、また各種のポライトネス表現がコード化され、文末で調整される。このような傾向は、話者のコメントがいかに重要であるかを示している。そして文末にコメント部分が現れるのと同様の現象が、談話レベルでも観察され、例えば新聞コラムの段落が非コメント文からコメント文への流れで構成される（メイナード 2004）ことや、話者のコメントが談話の単位の末尾に出てくる構造になっていることに注目したい。日本語の軸は、まさに、このトピック・コメント関係であり、それは複数のレベルで重複して実現されることで、特徴的な言語世界を創造するのである。

　日本語の構造を支えるトピック・コメントの軸は、背後に潜在する話者のあり方をも規定する。トピック・コメントという関係を実現する話者は、仕手の行動を命題として構成し、それを陳述表現で包んでそれについて伝える者であり、陳述・モダリティの発信元として存在する。言語を用いて相手に思いを伝える時、当たり前のことであるが、私たちは外界の事実をそのまま伝えるのではなく、それを把握する心を伝えなければならない。主語・述語という命題に捉えられた、どちらかと言うと客体的な描写を、さらに包み込む話者の語りの表情を伝えなければならない。このような状況下では、言語はしばしば、話者と相手が近寄った視点からある現象を一緒に見つめ、その「見え」を共有する間接的な手段として働く。そしてこの場合の話者は、具体的に自分を表現するとは限らず、表層化しないままその存在を暗示する潜在的なかたちで表現されることが多い。日本語の空白の話者はこうした間接的な方法で、その態度を表現するのであり、それを常に可能にする根源的な力としてトピック・コメントの軸がある。

　さらにトピック・コメント軸がもたらす効果として、付託的要素が創り出す表現世界がある。付託の綾は、もともとは和歌の表現手法であり、読んで字のごとし、心に思うことを見るもの聞くものに託して表現するという意味である。和歌は思いをそのまま直接叙述するものではなく、花鳥風月その他の事象を引き合いに出して、語るものであるという伝統がある。日本語の話者は、感情表現に概念化した語彙を使うことを避け、むしろ何か他のものを談話の世界に持ち込んで、それに焦点を当てて話者の「見え」を表現することで、相手も

共に経験してくれるだろうことを期待する。ある場の中に感情の対象を投げ出し、それを共に見つめることで経験する共感を喚起することを好む。日本語の表現ではこのような美的な感性が、個人レベルの主観的な発話を超えて、社会的な慣習として認識されている。付託は個人の創造力によるものではあるが、日本語文化で承認され奨励される感性であり、それが文化的な価値となり、伝統となっているのである。付託という表現の技法は、何かをトピックとして投げ出し、それについてのコメントは言葉にすることはなくとも、共有することができるという意味で、トピック・コメント軸に支えられていると言える。

なお、第2章で概観した鈴木（1979［1824］）のテニヲハや時枝（1941）の辞は、あくまで語彙単位として理解されているのだが、筆者は心の声や陳述という概念は談話レベルでも観察でき、言語のバリエーションを含む多くの現象に応用できるものと考えてきた。この流れの中で、筆者はかつて日本語の談話のモダリティについて論述したことがある（Maynard 1993）。日本語の表現性をディスコース・モダリティという概念で捉え、それに情報の質（information qualification）、発話態度の表示（speech act declaration and qualification）、参加規制（participatory control）、対人的アピール（interactional appeal）という四つの範疇があることを提案した。トピック・コメントのコメント文に使われる言語表現は、程度の差こそあれこれらの範疇の幾つかに属し、全体としてディスコース・モダリティを表現していると理解することができる。具体的には、接続表現の「だから」と「だって」、陳述副詞の「やっぱり」と「どうせ」、ダ体とデス・マス体、終助詞の「よ」と「ね」、「という＋名詞」表現などのディスコース・モダリティの指標（discourse modality indicators）を考察した。日本語では、主述関係に規定される命題というより、トピック・コメント的な話者の陳述が大切であり、しかも談話レベルの陳述を操作する潜在的な話者が、重要な機能を果たすのである。

こうして、日本語の話者は空白の場を埋めるため、空白の自分をその感情や態度を通して表現する。そこには命題を包み込み、情報をあたかも付託のように提示する話者を巡る伝達推進力が隠されている。これらの操作の根底にあるトピック・コメントの軸は、本書で比較対照する英語を中心とする西欧の言語

との根本的な違いを生む要因でもある。

6.1.3　シーンにおけるトピック構造

　トピックを提示する助詞は「は」だけではないのだが、ここでは比較対照のため、特に「は」の使用に焦点を当てることにする。トピック提示は、物語のシーンの中で特に登場人物に関連してなされる。そこで、小説の中で主要登場人物がどのように提示されるか、そして、それが翻訳テクストではどのように扱われるのを観察していこう。

　『センセイの鞄』からとった（1a）は、物語の中で典型的と言える情報提示の順序に従っている。新情報から旧情報へという流れが、「センセイが」、「センセイは」、「センセイは」という登場人物の提示方法に示される。(1b) の英訳では、呼応する表現として全て'Sensei' が使われているが、原文のような言語操作による伝達推進構造は保たれていない。なお、英訳には'teacher' ではなく'Sensei' がそのまま使われ、文頭でなくても常に大文字になっている。これは「センセイ」が特別な人であることを伝えるためと思われる。ただ原作では常に昔先生だった人という意識がつきまとうのだが、'Sensei' にはその複雑な思いは感じられない。

　　(1a)『センセイの鞄』257
　　　呼び出し音が六回鳴ってから、センセイが出た。出たといっても、沈黙のままだ。最初の十秒ほど、センセイは黙っていた。声が届くのに微妙なずれがあるからという理由で、センセイは携帯電話を嫌っていたのだ。

　　(1b) *The Briefcase*, 168
　　Sensei picked up after six rings. He picked up, but there was only silence. Sensei didn't say anything for the first ten seconds or more. Sensei hated mobile phones, citing the subtle lag after your voice went through as his reason.

　(2a) には、「わたし」の反応に答える「センセイ」が描かれる。「わたしが

聞くと」という従属節で、わたしの行為が「が」で提示され、それに答えるセンセイは「は」で示される。従属節内の情報に反応してトピックが提示されるという、語りの視点が伝えられる。「わたしが」と「センセイは」という選択で、トピックでない情報とトピックとしての情報という性格付けがなされている。しかし、(2b) の英訳では「わたしが」には 'I' が、「センセイは」には 'Sensei' が使われていて、「わたしが聞くと」と「わたしが確かめると」と関係付けられる表現は、両方とも従属節ではなく、文末に 'I asked' を置く方法で翻訳されている。英語の 'I' はアクセントを伴わない限り、既知情報が想定されるため、トピックでない「わたしが」の表現性が充分伝わらない。'I asked' を逆翻訳すると「わたしが聞いた」と「わたしは聞いた」の両方が可能である。このことによっても明らかなように、日本語では従属節内のトピックではない情報とトピックとしての情報の選択が、「が」と「は」によってなされるのだが、英語ではそのような語り手の決断は反映されないため、原作のトピック・コメント軸がもたらす効果は反映されないままとなる。

(2a) 『センセイの鞄』113

そのピアス、どうするんですか。わたしが聞くと、センセイはしばらく考えていた。
「簞笥に、しまっておきましょう。ときどき出して、たのしみます」やがてセンセイは答えた。
汽車土瓶のしまってある簞笥ですね。わたしが確かめると、センセイは重々しく頷いた。
「そうです、記念の品がしまってある簞笥です」

(2b) *The Briefcase*, 72

What are you going to do with that earring? I asked.
Sensei thought for a moment before answering. "I think I'll keep it in my bureau. I'll take it out sometimes for amusement."
In the bureau where you keep the railway teapots? I asked.

Sensei nodded gravely. "That's correct. In the bureau where I keep commemorative items."

6.1.4　ステージング操作と語りの方策

　筆者は Maynard（1980, 1981, 1982, 1990a, 1997a, 2009 など）で、日本語の談話における「は」の機能を論じた。その際、またその後の研究でも（メイナード 1993, 1997, 2000, 2004など）、トピックを広義に談話レベルで捉えることの重要性を主張し、それをステージング操作と名付けた。筆者の談話におけるステージング操作の定義を紹介する前に、文章における「は」の使用に関する先行研究の幾つかに、触れておくべきであろう。

　永野（1986）は文章論の中で主語連鎖図を用いて、主語の連鎖のタイプが文章のどの部分に出てくるか、文章全体にどのように分布しているかなどを明示した。林（1987, 1992）は、文章を作る行為を構話活動と呼び、構話活動の際、表現者が文章に託す気持ちを「構話姿勢」と名付ける。構話助詞には「は」だけでなく「こそ」や「も」のような係助詞や、「ばかり」、「だけ」、「ほど」などの副助詞も含まれる。林は「は」のついた語句を抜き出して、それらが、文章全体の構成にどのように貢献しているかを、文章の概念図で図式化して説明する。この他にも日本語のトピック構造を研究したものに、Hinds（1984）の物語と会話におけるトピック維持（topic maintenance）の研究がある。

　これらの先行研究を踏まえて、筆者はトピック構造を具体的に考察していく上で大切な概念として、ステージング操作がもたらすステージング効果を提唱した（Maynard 1980, 1981, メイナード 1997, 2004）。筆者は Maynard（1980）で、行動の仕手がトピック化されるか・されないかに焦点を当てた。そして、その選択は、従来の通説である未知情報・既知情報という情報の質の差では、充分に説明することが出来ないことを指摘した。「は」には提題の機能があるので、それをトピック化（主題化、thematization）と呼び、一方「が」やその他の格助詞が表層化して出てくる場合は、提題の機能を兼務しているわけではないので、それらを非トピック化（非主題化、non-thematization）と呼んだ。

そして、このトピック化と非トピック化の二つの描写の違いを、ステージング (staging) の違いと捉えたわけである。

　ステージング操作は、具体的には登場人物の登場の仕方が、継続しているか、瞬時のものであるかに関係している。トピック化された登場人物は、継続してステージ上に留まり話の展開の軸となる。一方、トピック化されない登場人物は、脇役として必要に応じてステージに登場するという違いがある。加えて、描写の仕方において、例えば語りの視点にも違いが見られる。物語では語り手が誰と一番近い位置に立つのか、誰に共感して誰の視点から描写するのかが重要であり、それが物語の解釈のために不可欠の情報を提供する。読者は、トピック化された登場人物に近い距離から事件を見る傾向があり、またそれなりに共感を覚えることになる。非トピック化された登場人物の行動は、トピック化された人物の視点から描写されることが多いことから、間接的に解釈される。ステージング操作は最終的には語り手としての話者の視点を伝え、共感の対象を提示し、語りの構造プランを伝えるストラテジーとして機能する。

　ここで、ステージング操作が影響を及ぼすのは、物事の描写の仕方そのものにも関係していることを確認しておきたい。永野 (1986) の研究にもあるように、具体的には、現象文と判断文の概念が関係してくる。三尾 (1948) は、現象文には通常「が」が使われ、それは外界の事象を直感的に捉えた表現であり、一方、判断文には「は」が使われ、それは外界の事象を判断的に捉えていると説明している。物語の登場人物がトピック化される時、その人物が登場する事件は判断に基づいていて、既に話の場において一度認識された情報（または認識されたと想定して、その効果を狙って提供する内容）である。しかし、「が」が使われた登場人物の事件は、それが新しい情報（またはあたかも新しい情報として今眼前で起こりつつある現象）として描写される。このため「が」で登場人物の行動が表現された場合は、生き生きとしたドラマチックな効果を生む。判断の過程を経ないでそのまま描写することで、ある瞬間、事件そのものにスポット・ライトが当てられるとイメージすることができる。ステージング操作を通して以上のような表現効果が考察できるのだが、それはトピック・コメントという力学が、日本語の表現性にいかに密接に関わっている

かを示している。

　『TUGUMI　つぐみ』からとった (3a) では、登場人物であるつぐみが「が」と「は」を伴って登場するのだが、どちらを使うかという判断は未知情報と既知情報だけではなく、話者の捉え方によってなされる。「つぐみがふいに言った」は驚きを表現する。第二段落では、従属節の中で「つぐみが」となり、続いて従属節の中でありながらトピック化して「つぐみは」と提示されている。最終段落の「つぐみが」は新しい情報に対して驚きを表現し、「つぐみは」でトピックとなる。翻訳テクストでは、'Tsugumi' と代名詞の 'she' と 'her' が使われているが、原作のステージング効果は期待できない。その理由は、例えば、「つぐみがふいに言った」と「つぐみが言った」が 'Suddenly she spoke' と 'said Tsugumi' と英訳されていて、翻訳テクストの 'Tsugumi' と人称代名詞の選択が、原作の「が」の使用と照応しないからである。

　ここで「つぐみ」と語り手である「私」との関係に注目してみよう。「私はつぐみの目線を追ってみた」、「私はあわててそこら辺にいる子にたずねてみた」、「私は気づいた」のように「私は」という提示方法で明らかになるように、ステージ上には常に私が存在し、話は私を中心に展開する。つぐみの状況は私の視点から描写され、「つぐみがふいに言った」と「つぐみが言った」とが非トピック化されているため、ステージに随時登場する人物として捉えられている。今、ステージング操作を意図的に変換して「つぐみがふいに言った」を「つぐみはふいに言った」に、「つぐみが言った」を「つぐみは言った」にしてみよう。すると、私とつぐみの両者が同時にステージに登場するイメージが浮かぶ。英訳にはこのようなステージング操作の効果は反映されず、操作前の英訳と同一になるものと思われる。

　　(3a) 『TUGUMI　つぐみ』156
　「あたしがどれほど健康か、もっと見せてやろうか」
　　と、つぐみがふいに言った。ほとんど抑揚のない声だったが、力がこもっていた。私はつぐみの目線を追ってみた。そこには青ざめた顔をした女の子が立っていた。つぐみと同じクラスの、つぐみと最高に仲の悪い女の子だっ

た。

　何があったの、と私はあわててそこら辺にいる子にたずねてみた。その子は、よくわからないが、つぐみがマラソン選手に選ばれたのを辞退した代わりに彼女が選ばれてしまい、それがくやしくて昼休みにつぐみを廊下に呼び出して何か皮肉なことを言ったらしい、と言った。そしてつぐみは黙って椅子を振り上げ、ガラスを叩き割ったというのだ。
「さっき言ったことをもういっぺん、言ってみな」
　つぐみが言った。相手の子は答えられず、周囲は固唾を飲んだ。誰ひとり、教師を呼びに行きさえしなかった。自分で割ったガラスでちょっと切ったのか、くるぶしに血がついていたが、つぐみはそんなことは気にもせずにただまっすぐ、相手を見ていた。本当にこわい瞳をしていることに私は気づいた。

(3b) *Goodbye Tsugumi*, 128-129

　Suddenly she spoke. "Did that prove how strong I am, huh? Or, do you want me to do some more?" Her tone was almost entirely flat, but you could sense how much strength she was putting into her words. I followed her gaze to a girl standing nearby, her face dreadfully pale. They were in the same class. She was Tsugumi's worst enemy.

　Turning to a girl who was standing nearby, I hurriedly questioned her about what had happened. She said she wasn't quite sure but that Tsugumi had been chosen to represent the class in some marathon, and when she said she couldn't run, this other girl had been selected to run in her place. The other girl was really annoyed about being chosen after Tsugumi, and the rumor was that she'd asked Tsugumi to step out into the hall during recess and then made some sort of sarcastic comment. At which point, without saying a word, Tsugumi had picked up a nearby chair and hurled it into the glass. That was the story.

　"Try repeating what you said earlier!" said Tsugumi.

　The girl couldn't reply. All around me people were holding their breath, gulping nervously. No one even went to get a teacher. Tsugumi seemed to have cut herself slightly when she broke the glass—there was a little blood on her ankle—but she didn't seem to care. She kept gazing straight at the girl. And then I noticed how terrifying the look in her eyes was. The fear you felt looking into them wasn't like the feeling that came over us when we saw the tough guys at school, it was like she was insane.

『センセイの鞄』から抜き出した (4a) のステージング操作は、私がトピックとなり続ける一方、センセイはトピックとなったりならなかったりする。「センセイと酒を飲んでいた」にはゼロ記号の私の潜在的な存在が感じられ、ステージ上には、センセイの行為を受け止める私が留まっている。一方センセイは異なった視点から捉えられていて「センセイは首を横に振った」は 'he shook his head'、「センセイがつぶやいた」は 'Sensei murmured'、「センセイはつづけた」は 'Sensei continued'、そして「センセイは答えた」は 'Sensei said in reply' と訳されている。(4b) の英訳の 'he' と 'Sensei' の使用を観察すると、「センセイは」は 'he' と 'Sensei'、「センセイが」は 'Sensei' となっている。英訳の一つの方策として、「センセイが」を 'Sensei' とし、「センセイは」を 'he' とする区別のつけ方も可能ではあるが、そのような表現はされていない。

なお、この部分では語り手としての話者はゼロ記号となっているのだが、あくまでセンセイについての語りであり、話者は潜在的なままである。このため、原作では話者の指示表現はなく、「センセイは」と「センセイが」のコントラストがより鮮明になる。英訳ではやはり文の構造上、'I' が頻繁に使われ、センセイに関しても 'he' と 'his' が使われるため、原作のようなコントラスト効果は薄れてしまう。結局 (4b) の英訳では、原作の「センセイが」と「センセイは」による効果の違いが伝わらず、ステージング操作が無視されていることが分かる。実際、英語を逆翻訳すると、「が」も「は」も使用可能であり、その選択の動機は英語には表層化しないことが分かる。なお、「センセイは」をすべて「センセイが」に変換すると、センセイが随時ステージ上に登

第6章　トピック・コメント軸：コメントを提示する話者

場し、その行為が新しく注意を引くべき情報と捉えられるわけで、確かに異なったステージング効果が生まれるのである。しかし、英訳ではトピック化と非トピック化の区別が明らかにされないため、日本語のステージング操作の表現性を伝えることは難しい。結局、原作と翻訳テクストの意味は類似していても、情報がどのような視座からどのような視点効果を目的として選ばれるのかが、反映されない。この状況から、トピック・コメントが日本語の本質と深くつながっていることが分かるのである。

(4a)『センセイの鞄』210
「センセイ、暑くありませんか」聞くと、センセイは首を横に振った。
　ここは、どこだろう、と思った。センセイと酒を飲んでいた。空けた徳利を何本めまで数えたか、覚えていない。
「アサリですね」水平線から干潟へと視線を移しながら、センセイがつぶやいた。干潟で、多くの人たちが潮干狩りをしている。
「季節はずれなのに、ここいらではまだ採れるんでしょうかね」センセイはつづけた。
「センセイ、ここはどこですか」と聞くと、
「また、来てしまったね」とだけ、センセイは答えた。

(4b) *The Briefcase*, 137
"Sensei, aren't you hot?" I asked, but he shook his head.
I wondered where we were. Was this a dream? I had been drinking with Sensei. I had lost count of how many empty sake bottles there had been.
"Must be littleneck clams," Sensei murmured, shifting his gaze from the horizon to the tidal flat. There were lots of people gathering shellfish in the shallows.
"They're out of season, but I wonder if you can still find them around here," Sensei continued.
"Sensei, where are we?" I asked.

"We're back again," was all Sensei said in reply.

　(5a) にはわたしとセンセイが登場するが、両方とも「が」が使われていてトピック提示はされていない。これは非トピック化のステージング操作である。このような操作に関しては、英訳では他の部分と同様、'I' と 'Sensei' の使用となっていて原作の表現効果は期待できない。実際、この例でも英訳を逆翻訳してみると、従属節の構造が避けられていることもあり、「わたしは言った」、「センセイは頷いた」、「センセイは言った」、「私は頷いた」という「は」を使った提示の仕方も可能であり、英訳でステージング効果を生み出すのは簡単ではないことが分かる。

　　(5a)『センセイの鞄』198
　　「静かですね」わたしが言うと、センセイが頷く。
　　「静かですね」しばらくしてセンセイが言い、今度はわたしが頷く。

　　(5b) *The Briefcase*, 128
　　"It's so quiet," I said, and Sensei nodded.
　　A little while later, Sensei said, "It's very quiet," and this time I nodded.

　なお、英語における未知情報と既知情報の区別は、冠詞と定冠詞、また固有名詞と代名詞の選択、加えてアクセントなどで表現される。ただ、日本語のようなトピック提示や談話におけるステージング操作の表現性を、英語で再現することは難しいばかりか、日本語のような操作を比較的自由に自然に多用することもできないため、やはりそこに差異性が生じることは否めない。

6.2　名詞句と情報のパッケージ

6.2.1　名詞化と情報ユニット

　日本語表現では「こと」と「の」を用いて名詞句が形成され、文中で名詞句

第6章　トピック・コメント軸：コメントを提示する話者　167

として機能したり、文末で「ことだ」、「のだ」のように使われる。また「あの人のこと」というようなぼかし効果を生む用法もある。この名詞化現象は、出来事を包み込むことで一つのまとまった情報ユニットとするパッケージ機能があり、そのような話者の視点を間接的に伝えることになる。パッケージ操作には、話者が語り手として出来事全体をある距離から見つめ、それを一つの状況的概念として察知する姿勢が込められている。出来事をそのまま現象文的に捉えるのではなく、全体を包括する概念として見直し、それについての思いを表現するのである。

　なお、日本語表現に「こと」が多用される現象について、小野寺（2017）は歴史的な分析をしている。まず、「こと」は、名詞、名詞化する形式名詞、感動を表す終助詞、間接的命令を表す終助詞として機能すると指摘する。そして言い切らない発話末に「こと」が終助詞として使用される傾向について、それが言語の主観化から間主観化への変化を示すと論じている。この現象は、「こと」で名詞化した概念をそのまま提示し、相手にその解釈を委ねるという付託的なトピック・コメント軸に支えられていると理解することもできる。

　「こと」と「の」を通してパッケージ化することは、情報を一つの概念として提示し、それについてコメントで結ぶという情報提示の仕方を促す。ものごとをまとめて結ぶというトピック・コメント的な表現は、焦点化のストラテジーとして使われるのだが、英訳ではそのような手法は避けられることが多く、名詞句の持つ談話構成上の機能やその表現性は、充分伝わらない。本項では「こと」と「の」が文中に用いられる場合を、後続する項ではノダ文とノデアル文を考察していく。

　名詞句が翻訳テクストにどのように表現されるかについては、幾つかの可能性がある。例えば、(6a) は『銀河鉄道の夜』からとったもので、形式名詞としての「の」が「ジョバンニが勢いよく帰って来た」を名詞化し、後続する部分で家の様子が描かれる。(6b) の英訳は 'the house that'、(6d) は 'the little house that'、(6e) は 'the place where' となっていて、三人が日本語の名詞句構造と似た効果をもたらす修飾節を伴っている。これらの表現では文頭の名詞句がトピックとして提示され、後続する情報の枠組みを提供する。興味深いの

は (6c) の 'Giovanni arrived at his small house, which was located on a back street' という訳で、仕手としてのジョバンニの行動が前景化されている。この文構造は、原作の語りの口調とは対照的である。英語でもパッケージ化することは可能なのだが、後続する分析で明らかになるように、日本語のように頻繁に選択されることはない。

(6a) 『銀河鉄道の夜』59
　ジョバンニが勢いよく帰って来たのは、あの裏町の小さな家でした。

(6b) *Night Train to the Stars*, 27
　The house that Giovanni came home to so cheerfully was one of a row of small houses in a back street.

(6c) *Night on the Galactic Railroad & Other Stories from Ihatov*, 50
　Giovanni arrived at his small house, which was located on a back street.

(6d) 『英語で読む銀河鉄道の夜』29
　The little house that Giovanni came home to in such high spirits was the left one in a row of three located off a back street.

(6e) *Milky Way Railroad*, 23
　The place where Kenji was rushing so eagerly was a little house on a side street.

『取り替え子（チェンジリング）』では回想的な語りの部分で、名詞句と名詞述語文が組み合わされ、情報のパッケージ化がなされることが多い。名詞化表現がないものとは表現性が違うのだが、翻訳ではパッケージ効果が充分反映されない。(7a) の「しかし古義人は、救急病院で診断書をとっておくようなことを、あのカメラマンに対して対抗手段にすることに、過剰なものを感じたのだ」という部分には「こと」名詞句が2回使われている。(7b) の英訳は

'rushing to the nearest emergency room' と 'getting the paperwork to prove' で、'rushing' と 'getting' という動詞 ing 形になっている。原作の名詞化には、「救急病院で診断書をとっておくような」が「こと」を修飾するという状況の説明があり、パッケージ化されるのだが、翻訳には状況を概念化する力は余り感じられない。日本語の情報のパッケージ化は、むしろ英語の 'that' 節や関係代名詞を使用して説明を加える表現効果に似ているのだが、そのような表現は使われていない。(7b) の英訳には回想的な語り効果は、生かされないままとなる。なお (7a) ではノダ文が使われていることが、後述するように、名詞化効果を助長している。

(7a)『取り替え子（チェンジリング）』19
しかし古義人は、救急病院で診断書をとっておくようなことを、あのカメラマンに対して対抗手段にすることに、過剰なものを感じたのだ——つまり、この十数時間自分たちを囲んで来たマスコミの人々に対して不均衡なそれを——。

(7b) *The Changeling*, 19
Even so, he felt that rushing to the nearest emergency room and getting the paperwork to prove that he had been injured, as a way of punishing that arrogant cameraman, would have been an overreaction. Besides, the cameraman was just the inadvertent point man for that seething mass of journalists, with their insatiable collective appetite for tragedy and scandal.

(8a) には「あらためて古義人が吾良の死の痛ましさ、酷たらしさに打ちのめされたの」と「古義人の前に吾良が姿を現わすこと」に、「の」と「こと」による名詞化表現が使われている。この部分に相当する英訳は、文構成などが異なっていて、呼応する表現は見当たらない。原文の文頭に位置する「の」で名詞化されたトピックは、英語では別の文として訳されている。一方「こと」による名詞句は 'During the past ten years or so, Kogito hadn't seen much of

Goro'というKogitoを主格とした構造になっていて、名詞化されていない。原作では、語り手が情報をまとめて概念化する発想態度が表現され、そこに状況をパッケージ化して回想するような雰囲気が醸し出される。英訳では翻訳者の解釈による文構造と文章構成が使われていて、原作の雰囲気は反映されず、むしろ明瞭な説明を提供しているという印象を受ける。(8a)に使われている「ことだった」と「のだ」表現も、さらに回想的に説明する雰囲気を助長していると言える。

(8a)『取り替え子（チェンジリング）』21
<u>あらためて古義人が吾良の死の痛ましさ、酷たらしさに打ちのめされたの</u>は、次のように考えての<u>ことだった</u>。<u>古義人の前に吾良が姿を現わすこと</u>の少なくなった——すなわち映画監督としての成功が、その時間を奪ってしまった——この十数年、吾良はこうした言葉のなかで生きていた<u>のだ</u>。

(8b) *The Changeling*, 21-22
There was another aspect of Goro's wretched, tragic death that tormented Kogito. <u>During the past ten years or so, Kogito hadn't seen much of Goro</u>—that is to say, Goro's tremendous success as a director had stolen the time they might otherwise have spent together—but he knew that Goro had been living in the world of shallow, incomprehensible blather of the sort he'd heard on all those TV programs.

6.2.2　名詞句とコメント

本項では、「の」による名詞化が「XのはYだ」という名詞述語文に使われる表現の、特に談話上の効果を観察し、その英訳と比較したい。まず、簡単に名詞述語文を理解するため、その機能についての研究をふり返っておこう。

佐治 (1991) は、名詞述語と形容詞述語は両方とも「属性、状態、ともに時の流れを超越した、あるいは無視した形で持続的なものとして述べる」ものであり、一方動詞述語は「時間の流れの中での、存在、動き、変化を述べるも

の」(1991: 30) であると性格付けている。このような文の型と表現性の関係については、伝統的な文法でも論じられてきた。佐久間（1967）は、「いいたて文」というカテゴリーを設け、その中に動詞文にあたる「物語り文」と名詞文にあたる「品さだめ文」を置いた。そして名詞述語文は、後者の品さだめ文にあたるとした。

　筆者は、メイナード（2000）で、動詞文と名詞述語文の基本的な差を次のようにまとめた。動詞文では、動作が時間軸に沿って順に遂行され、時間の経過を暗示する行為として捉えられる。一方「だ」を使う名詞述語文では、話者が経験する出来事をそのまま動作の連続として捉えることをせず、状態として把握する。このような「だ」は、現象を状態として認知し、それについてコメントする場合に使われる傾向があり、それがいわゆる名詞述語文使用の根本的な動機になっている、と。なお、名詞述語文のうち「AはBだ」と「AがBだ」はコピュラ文と呼ばれるが、その機能は記述文と同定文によって異なることが指摘されている（砂川 1996, 2002）。記述文は「私は学生だ」というように、ある状況においてトピックが選ばれ、そのトピックについて一般的な記述をする。同定文は「今日の当番は私だ」というように、談話上の重要な情報をトピックとして文の前方に置き、それについてコメントするというかたちで情報を提供するもので、談話の前後関係をつなげる機能を果たす。後続する名詞句を伴う名詞述語文の例は、この同定文と同様の機能を果たし、特に談話レベルで、語り方の操作として結束性を実現することになる。

　ここで『俺俺』から「の」による名詞化を伴う名詞述語文を取り出し、その英訳と比較してみよう。(9a) は小説の冒頭の文であるが、名詞化を含み名詞述語文となっている。英訳では名詞化は使われず、'I stole the cell phone' と仕手から始まる動詞文となっている。日本語で名詞化する理由は、携帯電話を盗んだということを既成の事実として概念化し、まとめてパッケージとするためである。このような語り方は英訳では避けられている。

(9a)『俺俺』5
　　携帯電話を盗んだのは、あくまでもその場のなりゆきだった。盗んで何を

するというつもりもなかった。

 (9b) *Me: A Novel,* 7
I stole the cell phone on nothing more than a spur-of-the-moment whim, without any sense of wanting to do anything with it.

 情報をパッケージ化する手法は、小説の段落構成にも役立つ。(10a) では前の段落の意味を受け継いで新しい段落の最初に「XのはYだ」という形が使われている。この部分は (10b) の英訳では二分されて両方とも動詞文になっている。逆翻訳すると「携帯が振動しはじめた」「一時間がたっていた」となり、原作の概念化してコメントするという効果は失われる。

 (10a) 『俺俺』14
俺はテレビをつけて、五分後には居眠りをしていた。
 震える携帯に起こされた<u>の</u>は、一時間ほどたってから<u>だ</u>。

 (10b) *Me: A Novel,* 15
 (...) I idly turned on the television.. Five minutes later I was dozing off. The cell phone began vibrating again. An hour had passed.

 名詞句の使用例は他の作品にも観察できる。『TUGUMI　つぐみ』と『真夏の方程式』から幾つか例を観察しよう。(11a) は小説の「春と山本家の姉妹」という章の冒頭に登場し、ある事情をパッケージ化してまとめ、それがいつだったかを語るものである。「のは」、「ことだった」という表現で、名詞化表現が繰り返され、「今年の春先のこと」にはぼかし効果もある。(11b) の英訳では 'Early this spring' が最初に来ていて、父親が仕手となる文構造となっている。英語ではこのようなパッケージ化を避けた構造が好まれるのだが、結果的に情報をストレートに提供しているのみとなる。

(11a)『TUGUMI　つぐみ』27

　父が前妻と正式に離婚して私たち姉妹を東京へ呼んだ<u>のは今年の春先のことだった</u>。

(11b) *Goodbye Tsugumi*, 17

　<u>Early this spring</u> my father and his first wife were officially divorced, and my father telephoned to tell my mother and me that we could come to Tokyo.

(12a) でも、海辺の町の雨の様子を提示してから、その雨につなげるために「東京に住んでびっくりしたのは」と名詞化してある。(12b) の英訳はやはり 'the exaggerated roar of the rain there was one of the things that surprised me most' と雨が主格となっていて、パッケージ化されていない。加えて原作では節を句にする「ことだった」を伴う名詞述語文で概念化が強調される。このような間接的な説明口調は、英語には反映されないままとなる。なお、原文の構造を英訳に生かし、主語と補語を入れ替えて、'One of the things that surprised me most was exaggerated roar of the rain there.' とすることも可能であるが、英語では少々まわりくどく、間接的な感じがすることからか、避けられている。

(12a)『TUGUMI　つぐみ』103

　海辺の町の雨は特別ひっそりと降る気がする。海が音を吸いとってしまうのだろうか。<u>東京に住んでびっくりしたのは</u>、雨がことさらざあざあ音をたてて降るような感じがする<u>ことだった</u>。

(12b) *Goodbye Tsugumi*, 84

　I get the feeling that in towns near the sea the rain falls in a more hushed, lonely way than in other places. Perhaps the ocean absorbs the sound? When I moved to Tokyo, <u>the exaggerated roar of the rain there was one of the things that surprised me most</u>.

「XのはYだ」は語りの方策として、名詞化が先行する情報をまとめ、それと後続する部分との結束性を促す目的で使われる。(13a)では恭平が二階に上がって次に意識するのは、彼に与えられた部屋であり、それが名詞句としてトピックになっている。なお、この「の」は類似した文構造である(6a)と呼応した英訳、例えば(6b)の 'The house that Giovanni came home to' や(6d)の 'The little house that Giovanni came home to' を思い起こさせる。(13b)でも 'the room he was given was enough for four' という翻訳も可能である。しかし、やはり少々まわりくどくもどかしい感じがするせいか、(13b)の英訳では 'He'd been given a room big enough for four' と恭平が主格に置かれている。

(13a)『真夏の方程式』34
恭平はエレベータで二階に上がった。彼に与えられたのは、四人までが泊まれる部屋だ。

(13b) *A Midsummer's Equation*, 29
Kyohei took the elevator to the second floor and walked down the hall to his room. He'd been given a room big enough for four.

(14a)では「その」という指示詞が使われていることでも明らかなように、最初の文と、「そのことがわかったのは、二日後の朝だった」という構造が、その結束性を強いものにしている。(14b)の英訳は 'Two days later, he saw on the morning news that she'd been killed.' であり、二日後に朝のニュースで彼女が殺されたことを知ったという構造になっている。原文の「XのはYだ」に見られる情報の提示方法は、英訳には反映されないままとなる。

(14a)『真夏の方程式』373-374
だが三宅伸子が節子の連絡先を調べたのには、じつは別の目的があった。そのことがわかったのは、二日後の朝だった。たまたまみた早朝のニュースで三宅伸子が殺害されたことを知った。

(14b) *A Midsummer's Equation*, 322
As it turned out, Nobuko had another reason for looking up Setsuko's address. <u>Two days later, he saw on the morning news that she'd been killed.</u>

　「XのはYだ」構造は、現象を状況として認知した場合に使われるため、その表現の背後に潜む話者を感じさせる。一度解釈を加えてからパッケージ化するという語りの態度が伝わるのである。空白の話者は、語りの方法を通して折々に表現性を示すことで、その存在を意識させることになるのだが、そのような情報提示を操作する語り手としての話者は英訳には感じられないままとなる。

6.3　ノダ文と非ノダ文

6.3.1　「のだ」の意味と機能

　本項のテーマであるノダ文については、多くの先行研究がある。例えば、国広（1984）、マグロイン（1984）、田野村（1990）などでは、説明、現況認知、既定性、背後の事情といった概念が「のだ」の機能を説明するために紹介された。また、野田（1997）は、名詞化の機能を持つ「の」と「だ」の組み合わせとしての表現と、一語化したムード形式としての用法とを区別している。そして野田（2012）では、モダリティを表す「のだ」について、名詞文であることがその根幹にあり、説明などの様々な意味がこの事実に関連付けられると説明している。「のだ」について確認しておかなければならないのは、「のだ」の意味範囲を示すいわゆるスコープの「のだ」と、話し手・書き手の感情や態度を示すムードの「のだ」に分けられる（小金丸 1990）ことである。翻訳に関して特に問題となるのは、ムードの「のだ」であり、本項でもそれに焦点を当てる。酒井（1998）、小金丸（1990）、庵他（2001）を参考にまとめると、ムードの「のだ」の機能には、関連付け・説明（具体的には、理由・解釈・説明情報追加、言い換え、発見・認識、先触れ・前置き）と、自己主張（具体的には、決意、命令、強い態度・強調、働きかけ、説教・認識強要）がある。

また、会話におけるノダ文について、関連性理論の談話連結語という観点から論じた近藤 (2002) がある。近藤は、「のだ」は談話の首尾一貫性を保障する談話連結形式であり、それが「導く発話が表す命題の真理条件には関与しないが、聞き手の発話理解過程を制約する手続き的意味」(2002: 244) を持っていると述べている。手続き的意味、つまり「のだ」は、聞き手にどういう解釈過程を辿るべきかを知らせるマーカーとして、機能すると指摘している。類似したアプローチに、名嶋 (2002) の語用論的アプローチがある。名嶋は、「のだ」の関係は文と文との因果関係を示すのではなく、聞き手側から見た解釈をどうするかについて指示を与えるものだとする。「のだ」は「話し手がある思考の解釈を聞き手側から見た解釈として意図的、かつ意図明示的に聞き手に対して提示する際に用いられる」(2002: 85) と結論付けている。角田 (2004) は、「のだ」表現を認識、疑問、推察、答えという思考プロセスと照らし合わせて論じている。「のだ」の談話上の大きな効果は「話し手と聞き手、あるいは書き手と読み手が発話時現在、あるいは読んでいるそのときの思考プロセス、サイクルを共有することにあると思われる」(2004: 117-118) とまとめている。また、山口 (2016) は四種類のノダ文をあげ、それらすべてに共通する機能として、ある事態・事柄についてそれが結局どういう事態・事柄と言えるかを述べる文であると結論付けている。

　筆者もノダ文について異なったアプローチをとり、幾つかの研究を発表してきた (Maynard 1996a, 1997c, 1997d, 1997e, 1999b)。例えば、日本語の「のだ」表現の使用状況を調べたことがあるが、ノダ文は、対談では25.82% (2,014文のうち520文の文末で) 使われており、日常会話でも、25.48% (1,244文に相当する発話のうち317の文末で) 使われている (Maynard 1992a) ことが分かっている。さらに、Maynard (1997c) で報告したように、エッセーのジャンルでも「のだ」表現が25.97% (1,109文のうち288文の文末で) 使われている。いずれにしても、「のだ」表現は、かなりの頻度で日本語の表現に登場するだけに、英語に翻訳する場合どのように反映されるか・されないのか、興味のある点である。

　「のだ」表現には、その根本に、情報の概念化を意味する名詞化と名詞述語

文という構造があり、筆者はその機能について次のように論じたことがある（Maynard 1992a）。

1．「の」の名詞化によって事件を客体化・概念化し、状態として捉える。
2．動詞「だ」によって話者の意見、発話の態度等を伝える。
3．ノダ文の構造はトピック・コメント構造と関連して談話の結束性を支え、コミュニケーションの場にふさわしい発話を形成する。

メイナード（1997）では、特に物語の会話部分や地の文で、語り手や登場人物などの複数の視点と関連して「のだ」表現の機能を考察した。その結果、筆者はノダ文には「の」の客体化による描写上の距離と、「だ」による話者の主観的な陳述表現、しかもこの文型を選ぶことによる命題の主観的把握が含まれていると論じた。客体化と同時に主観化という一見矛盾する二つの意味上の力学が、同時に作用しているのである。「のだ」に関連して、説明説、既知説、強調説、丁寧説などがあるが、この客体化プラス主観化プロセスを認めることで、各論に共通する動機のようなものを捉えることができる。

具体的には「のだ」は、文と文とを関係付け、談話の結束性を支える表現として機能する。相手に提示する情報が、他の部分と何らかの関連性を持っているというシグナルを送っていることでもある。この関連付けはすべて話者の論理であり、話者の経験や、推論および理解の仕方に基づいている。そのため「の」付きの陳述方法は、内面を表現する時に使用することが多い。事実をそのまま伝えたり事件を展開する文は非ノダ文で、一方話者の思考や認識プロセスを強く押し出したい時には、ノダ文で表現するように使い分けるのである。例えば小説の中で、語り手の声が時々説明調で表層化し、それが物語の流れを支える場合が考えられるが、その際はノダ文が好まれる。ノダ文と非ノダ文はその使用の場所と頻度によって、物語全体の語り口調に変化をもたらす機能を果たす。そしてこの操作は、根本的には話者の表現意図に動機付けられているのであり、そこに空白の話者が具現化し、読者にその存在感を意識させることになるのである。

6.3.2 ノダ文でコメントする効果

　ノダ文が作品にもたらす効果について、『銀河鉄道の夜』の語り部分に使われるノダ文と非ノダ文に焦点を当て、その英訳と比較対照してみよう。語り部分に使われる非ノダ文は状況を描写し、ノダ文がそれに関連した説明を提供したり、情報を追加するという関係が目立つ。非ノダ文はただそうだった、と語るのみであるのに対して、ノダ文には語り手がその事実に解釈・説明を加える語りの態度が感じられる。なお、会話の中でも「のだ」表現はしばしば使われるが、それは丁寧表現や強調表現としての効果を狙っているものが多いため、ここでは論じない。

　(15a) では、まず状況提示があり、「のです」でその時の納得を示し、「のでした」で過去にそうだったと説明する機能が見られる。「のでした」には距離感を置いて語るような印象があり、物語のあらすじの中に過去のできごとを組み入れる際に効果的に使われる。(15a) の「相談らしかったのです」は次に示すように四人の翻訳者によって異なる表現が使われている。例えば (15b) では、'It seemed'、(15c) では 'They seemed to be'、(15d) では 'They were no doubt'、(15e) では 'They seemed' となっている。いずれの英訳にも「らしい」に当たる表現はあるものの、「のです」の効果は充分反映されないままである。「いろいろしたくをしているのでした」はジョバンニの経験として翻訳するものと、単なる状況描写となるものとがある。(15b) では 'he found'、(15d) では 'He passed by' とジョバンニが仕手となり、(15c) では 'There, everyone was busy preparing'、(15e) では 'had made various preparations' と状況描写に終わっている。「のです」と「のでした」は、英訳では呼応する表現は見当たらず、表現効果は反映されないままとなる。

　(15a)『銀河鉄道の夜』57
　　ジョバンニが学校の門を出るとき、同じ組の七八人は家へ帰らず、カムパネルラをまん中にして校庭のすみの桜の木のところに集まっていました。それはこんやの星祭りに青いあかりをこしらえて、川へ流す烏瓜を取りに行く相談らしかったのです。

けれどもジョバンニは手を大きく振ってどしどし学校の門を出て来ました。すると町の家々ではこんやの銀河の祭りに、いちいの葉の玉をつるしたり、ひのきの枝にあかりをつけたり、<u>いろいろしたくをしているのでした</u>。

(15b) *Night Train to the Stars*, 23
As Giovanni was going out of the school gate he found that seven or eight of his classmates had not gone straight home but were gathered in a group around Campanella near an ornamental cherry tree at the edge of the school yard. <u>It seemed</u> they were discussing an expedition to gather the snake gourds that, with blue lights in them, would be set adrift on the river that night to celebrate the festival.

Giovanni, though, gave a vigorous wave and marched straight on out of the gate. Outside in the street, <u>he found</u> that the houses and shops were making all kinds of preparations for their night's Milky Way Festival, decorating the whole place with balls of yew needles hung from the eaves and cedar boughs with lights attached to them.

(15c) *Night on the Galactic Railroad & Other Stories from Ihatov*, 48-49
As Giovanni was passing through the school gates, he noticed a group of seven or eight boys standing under a cherry blossom tree in the school yard. In the center of the group was Campanella. <u>They seemed to be</u> talking about how they were going to sail gourds decorated with lights down the river later, as was festival tradition. Not stopping to join in, Giovanni just gave them a wave before rushing off into town.

<u>There, everyone was busy preparing</u> for the festival, hanging wreathes of yew leaves all about and placing lights on the branches of the cypress trees.

(15d) 『英語で読む銀河鉄道の夜』23
As Giovanni was walking out the school gate, seven or eight children from his

class were gathered in the yard, forming a circle around Campanella by the cherry blossom tree in the corner. <u>They were no doubt</u> meeting to discuss how to get the big snake gourds that they needed to put lights into and how to make lanterns to float down the river for the star festival that night.

　　Giovanni hurried out the gate waving his arms high in the air. <u>He passed</u> by many houses where people were busily preparing for the Milky Way Festival, hanging decorative bulbs made of yew tree needles from their eaves and fixing lanterns to the branches of white cedar trees.

　(15e)　*Milky Way Railroad*, 19–20

As he went out the schoolhouse gate, Kenji found seven or eight of his classmates who, instead of going home, had gathered around Minoru by the cherry tree in the corner of the school garden. <u>They seemed to be talking about</u> going to get the gourds which, hollowed out and fitted with candles, would be sailed down the river as part of tonight's Milky Way Festival.

　　But Kenji, with a broad wave of his hand, hurried by and went on out the school gate. Each house he passed in the town <u>had made various preparations</u> for the festival—wreaths of yew leaves were hung out, and the branches of the cypress trees were strung with lights.

　　(16a)にもノダ文が使われているが、翻訳と比較すると同様の表現性のずれが観察できる。ただ、翻訳者によってより原作に近いものもある。「天の川がしらじらと南から北へわたっているのが見え」と「天気輪の柱も見わけられたのでした」の部分がどのように訳されているかを調べてみると、(16b)では 'He could see'、(16d) の一部では 'He could make out'、(16e) では 'he saw' とジョバンニを仕手とした文構造になっている。しかし (16c) では 'was'、(16d) の一部では 'there was' が使われ、原作に近い状況の描写となっている。そうであっても、ノダ文による語り手の声が、英訳にはそれほどはっきり表現されないままとなっていることは否めない。

(16a)『銀河鉄道の夜』68
　そのまっ黒な、松や楢の林を越えると、にわかにがらんと空がひらけて、天の川がしらじらと南から北へわたっているのが見え、また頂の、天気輪の柱も見わけられたのでした。

(16b) *Night Train to the Stars*, 45
　Suddenly, beyond the dense black wood of pines and oaks, the sky yawned vast before him. He could see the Milky Way stretching whitish from south to north, and even make out the pole on the hilltop.

(16c) *Night on the Galactic Railroad & Other Stories from Ihatov*, 59
　Once Giovanni had passed through the pine and oak trees, the sky above seemed to unfurl over him, the Milky Way flowing from the south toward the north. Marking the top of the hill was a tall pillar surrounded by blooming bellflowers (...).

(16d)『英語で読む銀河鉄道の夜』59, 61
　Giovanni came out of the pitch black pine and oak wood, and all of a sudden there was a vast sky above him, with the Milky Way, soft and blurry white, streaming from north to south.
　He could make out the pillar of the weather station (...)

(16e) *Milky Way Railroad*, 40
　Going beyond the pitch black pines and oaks, he came suddenly into a clearing, and as the sky opened out above him, he saw the brilliant white Milky Way stretching from south to north. A pole marked the hill's summit under mid-heaven.

　以上考察したように、ノダ文と非ノダ文の機能上の差は、原作では明らかなのだが、英訳には反映されないままとなる。客体化し概念化した状況について

発話態度を伝え、トピック・コメント軸を支えるというノダ文がもたらす語り方は無視され、そのような表現性は伝わらないままになってしまうのである。

6.3.3　ノダ文の多用と回避

　『銀河鉄道の夜』を読んで気付くのは、語り部分に「のだ」表現が頻繁に使われることである。そこで『銀河鉄道の夜』で「のだ」表現が多用される現象を検証するために、ミステリーである『真夏の方程式』と比較してみたい。両作品とも冒頭部分で直接引用を除いた500の文が、ノダ文であるか非ノダ文であるかの分布状況を調べた。両作品とも、少年が主人公の三人称小説であり、語り口調は類似している。しかし『銀河鉄道の夜』のノダ文は97回、非ノダ文は403回、『真夏の方程式』ではノダ文は16回、非ノダ文は484回であり、その差は明らかである（$\chi^2 = 65.46, p < .01$）。『銀河鉄道の夜』では19.4%がノダ文、『真夏の方程式』では3.2%のみがノダ文となっている。

　童話的な物語である『銀河鉄道の夜』では、「の」付きの陳述方法をより多く使うことで、いったん客体化したのにもかかわらず、話者がコメントを提供して再び自分のものとして表現している。しばしば説明調の声が物語の流れを支えるのだが、そのためにノダ文が好まれる。話者の思考や認識プロセスを強く押し出すことができるノダ文は、詩的な作風の『銀河鉄道の夜』にふさわしい。一方『真夏の方程式』はミステリーであることから、事実をそのまま伝えたり事件を展開する文がより多く使われる。このため非ノダ文が多くなる。作品によってノダ文と非ノダ文の頻度が違うことは、語りのスタイルやジャンルと関連しているのだが、ノダ文と非ノダ文の混合はその使用の場所と頻度によって、物語全体の語り口調に変化をもたらすことは確かである。このような表現性の差は英語には反映され難い。

　次に、『銀河鉄道の夜』で、ノダ文が多い部分とそうでない部分を含む(17a)を見てみよう。英訳には幾つかの表現方法が確認できるのだが、ノダ文と非ノダ文を通して表現できる話者の態度を充分反映することはできない。(17a)の第一段落にはノダ文が3回使われている。「走りつづけていたのでした」、「すわっていたのです」、「光っているのでした」であるが、ここではその

英訳（17b）を調べてみたい。それぞれ、'had been clattering along'、'Yes, he was sitting'、'beamed' となっていて、ノダ文の効果は英訳にははっきり表現されていない。ただ、'Yes he was sitting' という表現には、確かに語り手の説明口調が感じられる。原作の第二段落と第三段落にはノダ文は使われていない。その英訳には仕手の行為としての動詞文がそのまま使われている。(17a) のノダ文が多い段落と皆無の段落との表現性の差は、(17b) には反映されない。

　第四段落の「それはカムパネルラだったのです」は、(17b) で 'It was Campanella' となっている。原作にはノダ文の効果として、ドラマチックに語る態度が感じられるのだが、英訳ではそのような効果は感じられない。ちなみに、他の英訳では、'It was Campanella!'（『英語で読む銀河鉄道の夜』71）と 'It was Minoru!'（*Milky Way Railroad*, 45）になっていて、ノダ文の語りの視点は直接伝わらない。ただし、'*Why, it was none other than Campanella*'（*Night on the Galactic Railroad & Other Stories from Ihatov*, 61）には強調表現とイタリック体が使われていて、原作と近い効果をもたらしている。ノダ文が多い段落は語り手が解釈・説明を加える態度を伝え、非ノダ文が多い段落は情報を提供し、ただそうだったと語るのみである。そのような段落ごとの表現性の差はやはり英訳され難いのである。

　　(17a)『銀河鉄道の夜』70-71
　　　気がついてみると、さっきから、ごとごとごとごと、ジャバンニの乗っている小さな列車が走りつづけていたのでした。ほんとうにジョバンニは、夜の軽便鉄道の、小さな黄いろの電燈のならんだ車室に、窓から外を見ながらすわっていたのです。車室の中は、青いびろうどを張った腰掛けが、まるでがらあきで、向こうのねずみいろのワニスを塗った壁には、真鍮の大きなぼたんが二つ光っているのでした。
　　　すぐ前の席に、ぬれたようにまっ黒な上着を着たせいの高い子供が、窓から頭を出して外を見ているのに気がつきました。そしてそのこどもの肩のあたりが、どうも見たことのあるような気がして、そう思うと、もうどうして

もだれだかわかりたくってたまらなくなりました。

　いきなりこっちも窓から顔を出そうとしたとき、にわかにその子供が頭を引っ込めて、こっちを見ました。

　<u>それはカムパネルラだったのです。</u>

(17b)　*Night Train to the Stars*, 51

　When he recovered, the little train that he was riding in <u>had been clattering along</u> the tracks for some time. <u>Yes, he was sitting</u> in the carriage, with its rows of small yellow lights, of a little night train, looking out of the window. Inside the carriage, the blue velvet-covered seats were mostly empty, and two large brass buttons <u>beamed</u> in the gray varnish of the opposite wall.

　In the seat directly in front of him sat a tall boy in a black, wet-looking jacket, with his head thrust out of the window watching the outside. Something about the set of the boy's shoulders was so familiar that Giovanni felt an urge to find out who it was. He was just about to stick his own head out of the window to see, when the boy drew his in and looked at Giovanni.

　<u>It was Campanella.</u>

　なお、(17a) のノダ文を、非ノダ文に変換してみることもできる。そのような変換をしてみると、文章全体の効果は変わってしまう。しかし、変換した文の英訳は、原作の文を英訳したものと変わらないことが充分考えられる。

6.4　デアル文とノデアル文

6.4.1　「だ」と「である」の比較

　従来、日本語には「だ」調と「である」調があることが指摘されてきたが、「である」がより正式な場で、しかも書き言葉で好んで使われるという性格付けがされていることが多い。例えば Martin (1975) は、「である」はどちらかと言うと正式なスタイルであり、演説や書物で使われ、「だ」はそれ以外のコ

ンテクストで使われるという説明をしている。国語学の伝統では「である」は「で」と「ある」の混合形（時枝 1950）とするのが通説である。時枝は「だ」も「ある」も指定の助動詞であり、「である」は「肯定判断が二重になったのであるから、陳述が一層念入りになったと見ることができる」（1950: 189）と述べている。

　北原（1970）は助動詞の相互承接について論じているが、「である」に関して同様の解釈をしている。北原によると、「ある」は位格で、「だ」と「ある」が一緒になって「である」という位格文を導くこと、そしてそうした位格文は「ある」の構文的機能が形容詞・形容動詞に近いものであって、「形容詞文・形容動詞文に位格の句およびその展叙と関係する統叙とが添加したような構造である」（1970: 55）としている。さらにこの論文で北原は、「助動詞相互承接の語順は、上から辿れば感情的性格の濃くなってゆく順序であり、下から辿れば論理的性格の濃くなってゆく順序であると言えるであろう」（1970: 33）という考えを明らかにする。それに従えば、「だ」と「である」の違いを承接位置の違いで捉えることもでき、つまり「である」の方がより感情的性格が濃いと言える。この場合の感情的性格とは、話者の発想・発話態度と理解できるのだが、いずれにしても「だ」と「である」には陳述の違いがあることが指摘されている。

　ところで「だ」と「である」は、自由に入れ替えができるわけではないことを確認しておきたい。具体的には、まず現象文としての表現には原則的に「である」が使えないという制限がある。意識的に判断を施さない表現には共起し難いため「あ、火事である！」は不自然であり、また、「そうである。頼まれた書類、持ってくるの忘れた」も通常使われない。さらに、「である」は「よ」や「ね」などの一部の終助詞と共起せず「今、三時であるよ」は、ステレオタイプ化された非母語話者の発話以外は使用不可である。「である」はあくまで文末の指定表現として機能するため、原則として積極的に相手に働きかける終助詞と共起することはない。また感嘆文などの話者の感情を直接表現する場合にも使えない。「何ということだ！」は自然であるが「何ということである！」は不自然になる。話者の気持ちを相手に向けて直接伝える表現では、「だ」は

使えるが「である」は共起できない。「である」は、話者がある解釈・判断・思索過程を経た後、語り手としての態度を維持しながら表現する時用いられるからである。

　一方、統語上「である」を用いなければならない場合もある。修飾節内の文では、現象文的表現を意味する「だ」ではなく、「である」を用いる必要がある。「日本人だことを忘れないように」ではなく「日本人であることを忘れないように」が使われる。同様に名詞節に準じる統語上のコンテクストでは、「だ」を用いることはできない。「日本人だにもかかわらず、敬語が使えない」ではなく「日本人であるにもかかわらず、敬語が使えない」が自然である。

　筆者は Maynard (1985a) で、物語における「だ」と「である」の機能に焦点を当て、視点の違いとして理解することができると論じたことがある。さらにメイナード (2004) では、語りの種類、及び、誰の視点・視座から語られるかに注目し、小説とノンフィクションに混用される「だ」と「である」の談話上の表現効果を明らかにした。ダ文とデアル文の差は、話者の発想・発話態度と伝える内容との関係、つまり陳述の仕方に認められる。物語では語り手としての話者が語りの世界の中にいるか外にいるかの区別が大切なわけだが、「だ」は話者が創り出す世界の内側に位置している印象を与え、「である」は外側に位置する印象を与える。「である」は、解釈・判断・思考過程を経て、念入りに語っている印象を与えるため、話者の立場が前景化される。「だ」と「である」を混用することで、視座をシフトしながら、語りのスタイルに変化をもたらすのである。

　「である」が話者の解釈を含んだ表現であることは、この表現がトピック提示の助詞を伴って用いられることでも知れる。「だ」自体には助詞が共起できないが、「ではある」、「ではあった」、「でもある」、「でもあった」のように、「である」を用いることでより豊富な表現とすることができる。「で」に先行する部分がトピックでそれに助詞が付き、さらに「ある」が陳述表現として機能すると理解することもできる。「である」表現は、「だ」では不可能な語り手の発想・発話態度を伝えているのである。

　翻訳研究の視点から「である」表現について言及している柳父 (2004) は、

「である」体は、観念的、抽象的なものを断定的に言い切るため、文章の中では大きくまとめるために使われるとしている。また、「である」調は、その強い断定の機能のため、上から目線の強い口調の演説などに使われるものの、「柔らかい言葉使いを好む民衆の日常用語としては敬遠される」(2004: 141)と説明している。「である」は確かに、話者の存在感を強く感じさせる表現なのである。「だ」と「である」とでは、否定できない表現性の違いがあるのだが、後述するように、英訳には反映されないままとなる。

6.4.2 デアル文の発話態度とコメント

　本項ではまず、名詞述語文を分析の対象とし、そこに観察されるデアル文とダ文に焦点を当てたい。続いて、形容詞文と動詞文をも分析の対象とし、そこに使われるデアル文と非デアル文（「である」が使われない文）というコントラストに焦点を当てる。具体的にデアル文の効果が英訳ではどう表現されるか・されないかを検証していこう。

　『R.P.G.』のデアル文の例として、(18a) から (21a) がある。英訳では、それぞれの述部は 'It had happened'、'It was'、'The contractor and seller was'、'the drawing showed'、となっていて、「である」表現に呼応する表現はない。例えば、(18b) の 'It had happened twenty-two days before, on the evening of April twenty-seventh' を逆翻訳すると「それは二十二日前、四月二十七日の夕方に起こった」とでもなり、デアル文の効果は反映されない。(18b) の英訳では過去完了形の描写文となっているが、日本語では「ことである」とル形となっている。同様の表現の差は、(19b) と (21b) のすべての英訳に認められる。過去形と過去完了形の翻訳文では、話者は語り手として物語の場から一定の距離を保ち淡々と事実を述べているため、その存在を強く意識させることはない。

　デアル文の表現では、話者は外側に位置し、解釈・判断・思考過程を経て念入りに語っている印象を与えるため、話者の立場が前景化される。他の英訳を逆翻訳してみても (18a) の場合と同じように「だ」でも「である」でも可能であることが分かる。例えば (21a) の「イラストはどう見てもカナリアであ

る」は、(21b) で 'but as far as he could tell, the drawing showed a canary' と英訳されているのだが、それは「イラストはどう見てもカナリアだった」と逆翻訳することができる。原作に見られる語りの様相は、英語では無視されたままとなる。日本語表現のダ文とデアル文の表現効果の差が、英語に反映されることがないという事実は、日本語話者とはそのような表現の選択に翻弄されながらも、それを駆使する存在であることを物語っている。

(18a) 『R.P.G.』12
今から二十二日前、四月二十七日夜のことである。

(18b) *Shadow Family*, 15
It had happened twenty-two days before, on the evening of April twenty-seventh.

(19a) 『R.P.G.』13
目と鼻の先である。

(19b) *Shadow Family*, 16
It was barely a stone's throw away.

(20a) 『R.P.G.』15
青いビニールシートに覆われた問題の三棟も、そうした小さな点である建築中物件のひとつで、施工主兼売主は「山田工務店」という会社である。

(20b) *Shadow Family*, 16
The three half-finished houses wrapped in blue vinyl sheeting that Officer Sahashi was about to check out corresponded to one tiny dot. The contractor and seller was Yamada Construction, (...).

(21a) 『R.P.G.』15

巣をかけるのだから野鳥のはずなのだが、イラストはどう見てもカナリアである。

(21b) *Shadow Family*, 17
If it was nesting in a tree it must be a wild bird, but as far as he could tell, the drawing showed a canary.

　(22a) は『R.P.G.』の中で、デアル文とダ文、及び、非デアル文（ダ文を除く文末で「である」が使われない文）のコントラストが観察できる部分である。「である」と「だ」の機能上の違いが比較できるのだが、英訳はすべて過去形で淡々と事実を報告しながら語るという印象を与える。第一段落のデアル文は、下島と武上の職場とそれぞれの立場を比較しながら宣言しているような効果がある。それは話者の発想・発話態度の表現であり、非デアル文より豊かな陳述機能を果たしている。
　ダ文とデアル文、及び、非デアル文は談話レベルの情報操作の方策としても使用される。ダ文と非デアル文は、デアル文の視点内で、むしろ従属的でより細かな情報を提示する機能がある。第二段落では武上のデスク担当についての説明で、最初の「デスク担当というのは、いわば"書類屋"である」という段落の中心となる情報をデアル文で宣言した後、詳しい情報が「受け持つ」と「軽くない」という非デアル文で綴られる。(22b) の英訳には「である」を用いた名詞述語文に呼応する表現は見当たらず、その効果は無視されたままとなる。

(22a)『R.P.G.』20-21
　下島規義警部は武上より四歳年下だが、警視庁捜査一課三係の長である。ここでいう「係」とは、一般の組織にあてはめるならば、「班」というくらいの意味合いだ。武上は四係の所属である。だから、日頃は、隣班の班長である下島警部とは、直接的な上下関係はない。しかも武上はデスク担当だから、今回のように面通しや取り調べの現場に立ち会うのは、実に久しぶり

のことだった。
　デスク担当というのは、いわば〝書類屋〟である。メインの仕事は、捜査本部内で必要とされる公文書の制作を一手に引き受けることだが、各種調書や写真・地図の類のファイルも作るし、録音録画媒体に記録された情報の管理も受け持つ。後方支援部隊として、ひとつの捜査本部には必ずひとつ設けられるポストだし、裏方ではあるが、役割は軽くない。

　(22b)　*Shadow Family*, 20

　Noriyoshi Shimojima, although four years Takegami's junior, was head of the Third Squad of the First Criminal Investigation Division of the Tokyo Metropolitan Police Department (MPD). Takegami belonged to the Fourth Squad, so Shimojima's leadership position did not affect him personally. Besides, Takegami was a desk man; this was his first time in donkey's years to be involved in active identification and investigation of suspects.

　Desk assignment meant in essence being a paper shuffler. Takegami's main job was churning out the various official documents that detectives needed, single-handed. He also made files of photos, maps, and assorted protocols, and handled the transcription of video and audio tapes. It was a post vital to every criminal investigation; though out of the limelight, the role he played was no minor one.

　ところで、(22a) のダ文とデアル文とを交換してみると、それぞれ効果に差が感じられる。例えば、(22a) の第一段落の名詞述語文の文末の「だ」と「である」とを入れ替えると下記のようになる。

　　下島規義警部は武上より四歳年下だが、警視庁捜査一課三係の長だ。ここでいう「係」とは、一般の組織にあてはめるならば、「班」というくらいの意味合いである。武上は四係の所属だ。だから、日頃は、隣班の班長である下島警部とは、直接的な上下関係はないのである。しかも武上はデスク担当だから、今回のように面通しや取り調べの現場に立ち会うのは、実に久し

第6章 トピック・コメント軸:コメントを提示する話者　191

ぶりのことで<u>あった</u>。

　入れ替えた文章では語り手である話者は下島をダ文で紹介し、後続する「である」で思考過程を経て念入りに説明を加えている。続けてダ文で情報を付け加え、その後「である」調に戻るという具合になる。日本語に表現されるこのような語りの表現性は、英訳には充分反映されないままとなる。ダ文とデアル文、及び、非デアル文という操作は、日本語の特徴の一つである陳述の重要性を浮き彫りにしてくれるのである。

6.4.3　「のである」と談話構造
　小説の中には「のである」という表現が目立つ作品がある。「のである」は、「の」と「である」の混合による表現で、ある用件について説明し、その内容を表明し宣言するようなドラマチックな印象を与える。「のである」の表現性は、「のだ」表現それ自体の機能と共起する「である」の機能が複合効果を出すことで実現する。「のだ」には、言語話者の存在がより強く感じられるのだが、それと「である」の混合によって上乗せ効果が生まれる。このため、「のである」は、「だ」、「である」、「のだ」、「のである」の中で、最も説明する態度が強いスタイルとなり、それが語り手の語る態度を前景化することになる。話者は、これらの名詞述語文がもたらす陳述効果を必要に応じて混用し、語る行為と語られる内容の距離の調節をしながら、語りの口調や全体的なスタイルを操作する。このような話者もまた、空白の場を埋めながら間接的に具現化する姿を感じさせる。
　なお、ここで「ある」について触れている池上の研究 (1981) に、言及しておきたい。池上は、英語やドイツ語といったゲルマン語派の言語と日本語とを比較して、その表現法の差を「する」と「なる」として具体的に指摘したが、「する」と対照的な表現として、「ある」をあげることができるとしている。そして「のである」表現は、「する」的な出来事を「ある」的な表現にする形式であると説明する。「のである」表現は、「たとえ問題となっている出来事が『スル』的なものであってもそれを包み込んで『アル』的な存在にしてしま

う」のであり、しかも「日本語ではこういう表現形式が重要な基調をなしている」(1981: 68) と述べている。

「のである」は「の」で名詞化し、そのパッケージ化された状況が「ある」(存在する) という状況を思い起こさせる。「のである」は、行為を包み込み、感受し表現する潜在的な話者がそこに存在する状況を認めるという、空白の話者の具現化と矛盾しない表現であると言える。このような言い回しが英語に反映されないのも、納得のいくものであり、そこに翻訳では伝えられない日本語の本質が発見できる。

『取り替え子 (チェンジリング)』には「のである」表現が多く使われている。特に語り手としての話者が回想しながら、登場人物の気持ちを代弁したり説明したりする時に使われることが多い。(23a) には「映し出すのである」と「セミナーが行われていたのである」というノデアル文が観察できる。この部分ではノデアル文は話者が状況を自分で納得し、内容を説明しながら表明するという態度を伝える機能がある。内容的には、まず状況を提示し、それをカメラで写すという話者の立場がノデアル文でまとめられる。続いて場の状況が細かく非ノデアル文で提示され、それはセミナーなのだと説明・表明する部分が、ノデアル文で語られる。(23b) の英訳ではすべて動詞の過去形が使われていて、話者は淡々と事実を時系列に沿って提示している。例えば「宴会というより、いわば大黄さんのセミナーが行なわれていたのである」は 'Rather than a feast or a party, the gathering was more like a seminar, with Daio at the podium' で 'was' という過去形が使われている。原作に使われる「のである」というル形の表現には、表層化されることはないものの、今語っているという話者の存在が意識されるのだが、英訳には原作に見られる話者の存在感を意識することはできない。(23b) の英訳の第二段落で 'There they were' という表現で、読者にアピールしてはいるのだが、原作のノデアル文の英訳は、「のである」が使われない他の文の陳述と変わりなく、充分反映されることはない。

(23a)『取り替え子 (チェンジリング)』138-139
天井から太い電線が傘に直接つながっている、四十ワットの電球の照し出

している六畳の部屋。それを電燈よりも高い位置から俯瞰している眺めを、古義人の記憶のカメラは<u>映し出すのである</u>。壁ぎわに寄せた卓袱台に大黄さんと古義人の食事をした食器類は片付けられていて、畳の上にじかに置いた一升瓶と茶碗五つを囲み、膝をそれに突きつけるように座っている。十七歳の少年だった古義人と、大黄さんとその仲間。もっともドブロクを飲んでいるのは大黄さんひとりで、古義人はもとより、若者たちも番茶を飲んでいる。<u>宴会というより、いわば大黄さんのセミナーが行なわれていたのである</u>。講師ひとり酒臭い息を吐く、その臭いが陰気な部屋にこもっていた……

(23b)　*The Changeling*, 181–182

　The dimly lit room was about eight and a half feet by eleven and a third feet, with a thick electric cord leading directly from the ceiling to the blown-glass globe that encased a 40-watt bulb. When Kogito recalled that scene, his memory camera seemed to be looking down from an even higher vantage point than that light fixture, like a cinematographer's crane shot. The assorted empty places, dishes, and bowls from Daio's and Kogito's dinner were stacked up on a small, low table against the wall. A giant bottle of home-brewed sake, holding nearly four pints, had been placed directly on the tatami-matted floor, surrounded by five cups, and the host and his guests were all sitting on their haunches with their knees almost touching the bottle.

　<u>There they were</u>: Kogito (the seventeen-year-old schoolboy), Daio, and his followers. Daio had already consumed a fair amount of *doburoku* all by himself, but Kogito had been drinking coarse, cheap green tea all along, as had the young acolytes. <u>Rather than a feast or a party, the gathering was more like a seminar, with Daio at the podium</u>. The lecturer alone reeked of sake, and the potent fumes filled the dismal little room.

　(24a)　では、「人物がやって来たのである」と「かれらの前に立っているのである」というノデアル文が使われるが、それは両者とも段落の末尾に位置し

ていて、内容的にまとめる役目を果たしている。第一段落ではキャンパスの様子と記念公演の状況が、ル形とタ形の動詞文とダ文で紹介され、すべて非ノデアル文となっている。それに続くかたちで登場する者が「やって来たのである」とノデアル文でまとめられる。第二段落では古義人が置かれた場の状況がル形の非ノデアル文で提示され、続いて語り手としての話者が、あえて古義人の立場を説明する態度をドラマチックにノデアル文でまとめる。

　このような語りの操作は英訳では充分生かされることはない。興味深いことに、(24b) の英訳では段落の区切り方が原作とは異なっている。第二段落で古義人がトピックとなって焦点が当てられ、人物の登場は古義人の視点から 'Kogito was approached by a stranger' と受身表現として語られる。確かに意味的に結束性と一貫性のある段落にまとまっているのだが、それは原作者の意図ではない。原作者の段落構成には、語り手の視点と態度がより強く感じられるのである。(24a) の「そこでかれはまったく無防備に、かれらの前に立っているのである」は英訳では 'Because of that, he found himself standing before them unprotected and utterly vulnerable' で 'found' という他動詞と 'himself' という再帰代名詞が使われ、あくまで過去に仕手として行為をしたこととして描かれている。やはり「のである」感は伝えられないままとなる。

　　(24a)『取り替え子（チェンジリング）』54
　　ベルリン自由大学のキャンパスは成立時の事情によって、住宅地域に散在する建物のうちにある。そのひとつの、比較文学科のホールで、顔見せのパネルディスカッションが行なわれた。大学の教職員や学生、記念講座を提供している出版社の関係者とマスコミ、さらに古義人のベルリン滞在に興味を持つ市民たちを対象に開かれたものだ。その集りがいったん解散された後で、かつて吾良がベルリンで過した日々に根ざす、しかもその後の吾良の生と死につながっていそうな情報を持つ模様の<u>人物がやって来たのである</u>。
　　考えてみればこの土地でいま独りで暮す古義人には、東京においての千樫のように他者をいったん遮蔽してくれる人間がいない以上、押しかけてくる情報提供者をあらかじめ選ぶことはできない。<u>そこでかれはまったく無防備</u>

に、かれらの前に立っているのである。

(24b) *The Changeling*, 62-63

Due to the unconventional way the campus of the Berlin Free University had come into being, its buildings were scattered around a leafy residential district. In one of those buildings—the assembly hall of the School of Comparative Culture—a meet-and-greet panel discussion took place one night, with Kogito as the primary participant. The audience included students, faculty members, people from the publishing company that was endowing the commemorative chair, and a media contingent. It was also open to local residents who were interested in Kogito's presence in Berlin.

After the formal meeting was over and most of the crowd had dispersed, <u>Kogito was approached by a stranger</u> who appeared to have some information about Goro's pvevious sojourn in Berlin—information that might have some bearing on his subsequent life, and death. When he thought about it, now that he was living alone in this foreign place, with no one to shield him from other people the way Chikashi always did in Tokyo, Kogito wasn't able to pick and choose among the potential informants who descended upon him. <u>Because of that, he found himself standing before them unprotected and utterly vulnerable.</u>

6.5　おわりに

　本章では、日本語表現の基軸であるトピック・コメントという関係を広義に解釈し、四つの現象を考察した。トピックとそれについてコメントするという情報提示の方法には、ステージング操作があることを理解した。日本語が得意とする情報のまとめ方を実現する名詞化現象は、それがトピックとして提示される場合と、名詞述語文として使われる場合がある。名詞述語文としてのノダ文とデアル文を比較し、ノデアル文の語り方について考察した。いずれの場合も、情報を概念化してまとめ、それについてコメントすることで結ぶトピッ

ク・コメント的世界の表現を可能にする手法として機能する。トピックについて陳述表現で豊かにコメントするという手法は、日本語表現のパトス的な世界を創り出している。そしてそれによって具現化する話者は、仕手として確立しているわけではなく、空白の存在をその都度演出していく可変的な存在としてある。

　英訳では、本章で分析した操作は多くの場合無視され、主体と行為という命題を基盤として、一貫性と結束性のある文を積み重ねることが多い。その結果もたらされる翻訳上の意味と表現性のずれは、情報上は確かに微妙なものであるかもしれない。しかし、そうであればこそ、情報以外、いや情報以上の意味が欠如するという事実を、理解しなければならない。翻訳作品で伝わらないままとなる意味は、日本語の話者の発想・発話態度や語り口調、そして根本的には情的態度と言える陳述的な意味、談話におけるモダリティの表現性などである。日本語の本質とつながるそれらの複雑な意味は、英訳では無視されたまま、そしてその足りない何かが意識されないままになる場合が多いのである。私たちはそのような深刻な起点テクストと翻訳テクストの意味の差異性を、注意深く観察しなければならない。そこに、英語に見出せない日本語の姿を、確認することができるからである。

第 7 章

語りのモダリティ：語り方を操作する話者

7.1　表記と語彙の操作

　本章では文芸作品の中で、空白の話者が、表記変換と語彙、時制表現、引用表現、そして、スタイルシフトを通して、語りという行為をどのように操作するかを調べる。それによって話者が具現化する様相を理解し、翻訳テクストにどのように反映されるか・されないかを検証していく。まず、表記と語彙の操作から始めるのだが、その考察の前に理論的背景として記号論、そして間ジャンル性という概念を概観しておきたい。これらのアプローチは、日本語の特徴を理解するヒントとなるばかりでなく、翻訳テクストとの比較対照のプロセスにも役立つからである。

7.1.1　記号論と間ジャンル性

　記号論ではアイコン（icon）、インデックス（index）、シンボル（symbol）という三種の記号が知られている（Peirce 1992 ［1868］）。アイコンとは、記号が現場にある対象と何らかの類似性を有している場合であり、インデックスとは、記号と対象とが存在する場や時と関連して意味付けられる場合である。シンボルとは、従来言語がそうであるとされてきたように、記号と対象との間に類似性が認められず、コンテクストによる動機付けもない場合である。そのため、記号と意味の関係があくまで恣意的なものになる。しかし、本研究で対象とする文芸作品では言語がビジュアル化されているため、アイコン的な側面を帯びてくる。例えば、文字が通常と異なるフォントで太い字体になっている場

合は、記号のインパクトと感情の強度に類似性が認められるため、アイコンとして機能する。

　日本語の表記は、漢字、ひらがな、カタカナ、数字、漢数字、アルファベット、符号などが入り混じる複雑なシステムとなっているが、表記変換が行われると、アイコンとしての言語の機能が前景化され、感情や態度を伝える。[注1] その効果は、漢字、ひらがな、カタカナがそれぞれ持つ意味を基盤としている。まず、漢字はそれが情報中心であることを伝え、ひらがなのメッセージは、従来それが助詞などに使われることからも、情緒を伴ったやさしい感じを表す。日本的なウチの感情を呼び起こすのである。一方カタカナは、外国やソトの視点を思い起こさせる。ひらがなやカタカナは表意性を低め、音の再現を強く感じさせる効果があるため、漢字と比較すると意味不明感を前面に押し出すことになる。

　慣用的な表現を変換すると、そこには逸脱性に基づいた意味が生まれる。例えば、通常カタカナ表記や漢字表記されるものをひらがなに変換した場合、情報をそのまま理解したり納得することができない態度を表すことがある。ひらがなは表意性を薄め、知識のない者にとって語彙の意味が分からない時や意味を受け入れられない時に、一番身近な表記として使われる。(1a) は『"文学少女"と死にたがりの道化(ピエロ)』から抜き出した部分であるが、「れぽーと」というカタカナからひらがなへの表記変換が、千愛の驚きと情報をそのまま受け入れられない態度を表現する。『センセイの鞄』に登場する (2a) では、センセイが言う「汽車土瓶」はツキコにとって耳慣れないものであり、「きしゃどびん」として、意味不明感を伴う問い返しに使われている。このような表現性は英訳に充分反映されることはない。

　　(1a)『"文学少女"と死にたがりの道化(ピエロ)』18
　「千愛ちゃんの恋が成就した暁には、経過をみっちりしっかり書き綴った愛のレポートを提出してほしいの」
　「え〜、れ、れぽーとですか？　千愛、作文苦手なんですけど」

(1b) *Book Girl and the Suicidal Mime*, 14
"Once your love has been achieved, we want you to turn in a full love report, thoroughly detailing how it all happened."
"Oh no, really? A report? I'm pretty awful at writing."

(2a) 『センセイの鞄』15
「汽車土瓶ですよ」センセイが、言った。
「きしゃどびん？」

(2b) *A Briefcase*. 5
"These are railway teapots," Sensei said.
"Railway teapots?"

　こうして日本語の表記はそのアイコン的機能を果たし、語り手や登場人物の発想・発話態度を示すことで、話者の存在を前景化することになる。翻訳テクストでは表記変換は不可能であり、例えば英語のフォント操作などがあることはあるが、原作に見られる効果を再現することはできない。日本語の書き言葉では、アイコンとしての機能がフルに活用されるのである。言語をシンボルとしてだけでなく、ビジュアルなものとして感知するのは、日本語文化の特徴の一つである。
　文芸作品の特徴として、ある作品に他のテクストを導入する現象がある。そこには間テクスト性や間ジャンル性の効果が認められる。間テクスト性 (intertexuality) は相互テクスト性とも訳されるが、それは引用元と引用先を関係あるテクストとして捉え、前テクストと現テクストとの間に生じる意味の関連性を指して言う。いかなる場合でも、引用する限り、場所の移動に伴う意味の拡張、縮小、省略、無視などが発生するため、引用されるテクストは変化する。
　Kristeva (1980) は、間テクスト性を「一つの、またはそれ以上の数の記号体系を、もう一つの記号体系に移動させることであり、移動・導入することで、その表現の発話および情報の価値が新しく変化すること」(1980: 15) と

捉える。注2 そして早くから Bakhtin (1981) の対話 (dialogue) や相反感情 (ambivalence) という概念に注目し、次のように述べている。

> 一つのテクスト（または語）は、少なくとももう一つのテクスト（または語）との交差（点）として読むことができる。Bakhtin の研究では、彼がダイアログと呼んだものと、アンビバレンスと呼んだ二つの軸の差が明示されていない。しかし、その一見明瞭でない立場が実は、Bakhtin が唱える文学批評論に支えられたものであり、示唆深いものがある。つまり、どのテクストもテクストはすべて引用のモザイクとして構成されていて、それはすべてもう一つのテクストの吸収であり変形である。ゆえに、間主観主義のかわりに、間テクスト性という概念を認めることができ、文学的なテクストは少なくとも二重のテクストとして読むことができる。(Kristeva 1980: 66 筆者訳)注3

Kristeva (1980) の間テクスト性の定義が、記号体系全体を対象としていることでも分かるように、間テクスト性には異なるジャンル間の交錯も含まれる。筆者は異なるジャンル間のテクストの交錯と融合を、間ジャンル性と呼んできた（メイナード 2008）。間ジャンル性とは、ジャンルとジャンルが遭遇するところで生まれる意味や表現性を指して言う。それは、ジャンルとジャンルの関係がどのようなものか、ジャンル間でどのような操作がなされるか、ジャンル間の交錯と融合によってもたらされる意味は何か、という疑問に答える際に生きてくる概念であるが、日常会話のようなディスコースから文学作品にいたるまで、言語表現のすべての現象で観察できる。例えば、本研究で分析する作品の中に、他のジャンルから引用したり他の作品に言及したりすることで、表現の相乗効果を狙う『"文学少女"』シリーズ（野村 2006, 2007）がある。創造の過程に他の文学作品を導入したシリーズであり、例えば、詩というもう一つのジャンルの作品を紹介し、それを媒介としてより深い意味を伝える効果が観察される。

なお、間ジャンル性がもたらす表現の効果としては、異なる世界の導入によ

る豊かな世界の提示、常識では考えられないようなジャンルを、あえて交錯させることで生まれるサプライズ効果、一つのジャンルで表現し難いものを導入することで生まれる相互協力表現効果、レトリックの綾の一つとしての創造性発揮、そして、言語の主体としての話者の提示、などがある（メイナード2008）。

　ここで、日本語の間ジャンル性が英訳でどのように扱われているか、一例を見ておきたい。『涼宮ハルヒの憂鬱』から抜き出した (3a) に観察される文末表現の「とさ」は、昔話のジャンルで使われるもので、作品の他の語り部分では一切使われていない。この逸脱性には、語り口調が昔話風にシフトすることで距離を置いて情報提供をする演出が感じられ、そこに語り手としての話者の存在が前景化される。(3b) の英訳には 'There you have it' という会話調で、強調しながら相手にアピールする表現が加えられていて、確かに「とさ」が醸し出す話し掛けの態度を伝えてはいるのだが、昔話との間ジャンル性は伝わらない。その結果、翻訳テクストでは、作者の創造性が失われたままになる。裏返せば、このスタイルの豊かさこそが、日本語表現の本質につながっていることを物語っていると言える。

　　(3a)　『涼宮ハルヒの憂鬱』201
　　（略）あげくの果てに長門によって砂に変えられてしまいました、とさ。

　　(3b)　*The Melancholy of Haruhi Suzumiya*, 133
　　In the end, she was turned into sand by Nagato. There you have it.

7.1.2　カタカナ表記の意味

　日本語の表記とその操作は話者の視点や態度を伝えるのだが、それは翻訳テクストに反映され難い。そのような状況の中で注目したいのは、カタカナ表記への交換である。そもそもカタカナは、外来語、一部のオノマトペ、さらに動植物名などに使われる。しかし、この慣用方法以外に、非カタカナ語にカタカナが使われる場合がある。このようなカタカナはマンガに多用されたり、いわ

ゆる昭和軽薄体に使われたりするため、ここ何十年か話題になってきた。佐竹（1984）は「ウマくてもメンドウな料理はイヤだ」のような例をあげ、その使用の動機として「話しことばをそのまま生かそうとしたり、感情・評価を強調しようとしたりするためのようである」（1984: 85）と述べている。加えて定延（2009）は、非カタカナ語のカタカナ表記が1980年代以前にも見られたことを指摘していて、林芙美子の1933年の作品『魚の序文』に見られる「たった五十銭の収入で驚くべき生活のヒヤクだ」を引用している。

通常カタカナ表記ではない言葉をカタカナにすることは、予想を裏切ることになるので、そこに隔絶性や卓越性が認められることになる。安井（2000）は、カタカナが従来外来語の表記に用いられてきたため、カタカナ語に「あるかなきかの『ハイカラ性』ともいうべき特性を付与する」ことになり、「なにかしら、しゃれた異国趣味的な雰囲気を漂わせているところがある」（2000: 118）と述べている。

なお、漢字をカタカナ表記にする動機について、中村（2010）が興味深い例をあげているので、簡単に触れておきたい。本書でも分析データとして考察する『センセイの鞄』についてで、作者の川上弘美が「センセイ」というカタカナ表記を使うことについてである。中村はここには「日本人の文字の選択の際に働く微妙な感覚」（2010: 538）が感じられるとし、次のように説明している。相手が「先生」だと自分は「生徒」となり、教師と教え子という関係になるのだが、実際には高校生の時にはあまり気にかけていなかった相手だったという事情がある。新しい関係を結ぶ相手には、カタカナ表記がふさわしいのであり、「センセイ」は教員という職業や自分の恩師といった関係の人間を指す一般的な概念ではなく、むしろ相手に対する一種の記号になっていると説明している。表記の選択には、感情的な動機が隠されていることが確認できる例である。日本語では表記をリデザインすることで、いかに深い意味を構築することができるかを示す好例である。

カタカナは、表意性を低める機能があるため意味への距離感を意識させ、その言葉の意味が不明であることを伝えることができる。石黒（2007）はそのような文字の機能を利用してカタカナを使用する動機には、音の類似性の表示、

語種の表示、他の文字の代用、声の再生、意味の希薄化、そして、文脈的統一感の形成があると指摘する。『"文学少女"と死にたがりの道化(ピエロ)』から抜き出した（4a）は、石黒（2007）があげるカタカナ表記の「声の再生」機能が観察できる例である。この部分は語り手である心葉の心内モノローグで、「スミマセン」と「ゴメンナサイ」が、カタカナ表記になっている。非表意的な表記で心内モノローグとしての発話を再現することによって、発音自体に焦点を当て、心葉の言葉が聞こえてくるような臨場感を生む効果がある。加えてカタカナ表記で他の部分から隔絶することで、注意を促すことができるため、謝罪行為が強調され、そこに強い会話性が感じられる。カタカナ表記の発話行為と他の説明部分との接点に、他の手法では得られないコントラストが生まれるのだが、（4b）に見るように英訳では 'so' がイタリック体になって強調されてはいるものの、充分反映されない。

(4a)『"文学少女"と死にたがりの道化(ピエロ)』6
　スミマセン、もう勘弁してください、出来心だったんです、あんなの文学だなんてご立派なものではないんです。授業中のノートの落書きで間違って受賞してしまって本当にゴメンナサイ。

(4b) *Book Girl and the suicidal Mime*, 5
　I'm *so* sorry, please don't get mad at me, it was just a whim, my story's not some great work of literature. They were just scribbles in my notes for class that somehow won an award.

　カタカナ表記に変換する現象は、作品の登場人物に関して、話者の異なる視点を表現するために使われることがある。『真夏の方程式』の登場人物である草薙が、翻訳テクストでどのように表現されるかを見てみよう。まず（5b）にあるように、原作にはない説明を伴って登場する。もちろん、このシリーズを読んでいる読者には「草薙」だけで充分なのだが、翻訳者は 'Tokyo Police Department' の 'Detective' と説明する必要があると感じている。これは翻訳

論で言う受容化（domestication）の一例であり、翻訳テクストがその読者に向けて理解されやすいように制作されることを物語っている。その結果、原作者が意図するお馴染みの草薙刑事の登場という効果は失われる。

(5a)『真夏の方程式』93
　報告書を書いていると、机の前に誰かが立った。草薙はパソコンのキーボードから顔を上げた。係長の間宮が見下ろしてきた。

(5b) *A Midsummer's Equation*, 81
In the homicide division of the Tokyo Police Department, Detective Shunpei Kusanagi was in the middle of laboriously typing up a report when he sensed someone standing in front of his desk. He looked up to see Division Chief Mamiya glaring down at him.

　次に（6a）の自己紹介では、すでに登場している草薙をカタカナ表記にしている。知らない人、または相手にとって知らない人、という視点を強調するために細かな配慮がなされるのだが、表記操作が難しい英訳では小説の他の部分と同様、'Kusanagi' となっていて、ここでの心理状況は反映されない。

(6a)『真夏の方程式』128
「夜分に申し訳ありません」男の声がいった。「そちらに泊まっている、湯川という人物と話がしたいのですが。私はクサナギといいます」

(6b) *A Midsummer's Equation*, 112
　"Sorry to call so late," said a man on the other end of the line. "I was hoping I could talk with one of your guests, by the name of Yukawa? Tell him it's Kusanagi."

　『R.P.G.』ではネット上の疑似家族が紹介されるのだが、その登場人物は

「カズミ」と「ミノル」とカタカナ表記され、実在の家族である「一美」と「稔」とは区別される。このような語りの視点の差は、英訳では一貫して'Kazumi'と'Minoru'となっていて反映されない。

また、(7a) のように、登場人物の口調が強調され、例えば子供っぽいことを表現するためにも、カタカナ表記が使われるのだが、このような表記変換効果は英訳には反映されない。ちなみに (7b) の 'it's really hard, isn't it?' を逆翻訳してみても、「ムズカシイね」が選ばれる可能性は低い。

(7a) 『R.P.G.』274
「そうすればよかったよね。でも、焦れったくて嫌だった。だから、父の様子を探り始めたの。だけど刑事さん、<u>ムズカシイね</u>」
また子供のような声を出して、一美は武上に向き直った。
「何が難しい？」
「人を尾けるって」

(7b) *Shadow Family*, 179
"That's what I should've done. But you know... <u>it's really hard, isn't it?</u>"
Sounding childishly plaintive again, Kazumi looked Takegami squarely in the face.
"What is?"
"Tailing someone."

7.1.3 「共感」と「キョーカン」

同一語を漢字とカタカナにすることで視点の違いを表現し、さらにそれが結束性を示す場合がある。その一例として、『"文学少女"と死にたがりの道化(ピエロ)』に使われる「"共感"」、「共感」、「キョーカン」を考察しよう。(8a) は遠子が太宰治の『人間失格』(1952) について、心葉に説明する場面で使われる。まず「"共感"」と紹介され、心葉が「共感？」と問い返す。英訳では 'sympathy' が繰り返されるだけで、原作の特別な引用意図は表現されない。

(8a)『"文学少女"と死にたがりの道化(ピエロ)』91

「この潜在的二人称が生み出す太宰の最大のマジック。それは、作者と作品への"共感"よ」
「共感？」

(8b) *Book Girl and the Suicidal Mime*, 67

"The potential second person in his narration gives rise to Dazai's greatest magic—that being the sympathy between author and reader."
"Sympathy?"

　次に、(9a) と (10a) で遠子は「共感」という言葉を使って説明し続けるのだが、興味深いことに、(9b) の翻訳では 'that sense of sympathy'、(10b) では 'related to' という異なった表現になっている。同一語が呼び起こす間テクスト性効果は弱化し、繰り返すことによる結束性も失われる。その結果、この作品における「共感」という言葉の表現性が、充分伝わらないままとなる。

(9a)『"文学少女"と死にたがりの道化(ピエロ)』92

　太宰の作品には、そんな共感を呼び起こす魔法があるのよ。

(9b) *Book Girl and the Suicidal Mime*, 68

　"There's a kind of magic in Dazai's stories that creates that sense of sympathy."

(10a)『"文学少女"と死にたがりの道化(ピエロ)』93

「片岡愁二も、『人間失格』に共感して、こんな手紙を書いたんでしょうか」

(10b) *Book Girl and the Suicidal Mime*, 68

　"Do you think Shuji related to *No Longer Human*, too, and that's why he wrote this letter?"

(11a) は、本当は『人間失格』に深い影響を受けている友達、千愛の言葉である。千愛は「キョーカン」できないと言っているのだが、本当は共感以上のものを感じていて、自分も人間失格なんだと信じている。物語が進展するにつれて明らかになってくる複雑な読みが、カタカナ表記の逸脱性を通して前景化される。(12a) は物語の後半、飛び降り自殺をしようとする千愛の手紙を読んで、心葉が千愛の言葉を思い出すシーンである。この「キョーカン」は本当は強い「共感」を持っていたはずの千愛が嘘をついて使ったと承知している心葉の視点を伝える。そして「共感」と「キョーカン」を区別することで、それぞれの意味をつなげることができ、(11a) と (12a) は、作品の100ページにわたる時空を越えて結束性を呼び起こし、文脈的統一感を形成する機能を果たしているのである。英訳では (11b) と (12b) の両方に (8b) と (9b) で「共感」の訳として使われる 'sympathy' とつながる 'I still couldn't sympathize with' が使われていて、「キョーカン」が呼び起こす特別な表現性は反映されない。

(11a)『"文学少女"と死にたがりの道化(ピエロ)』100
「『人間失格』も、五回も読み返しちゃいました。それでもやっぱり<u>キョーカン</u>なんか全然できなくて……最後は泣けてきちゃいました」

(11b) *Book Girl and the Suicidal Mime,* 73
"I read *No Longer Human* five times. But <u>I still couldn't sympathize with</u> them at all. Finally, I just started to cry."

(12a)『"文学少女"と死にたがりの道化(ピエロ)』215
――それでもやっぱり<u>キョーカン</u>なんか全然できなくて……最後は泣けてきちゃいました。

(12b) *Book Girl and the Suicidal* Mime, 153
But <u>I still couldn't sympathize with</u> them at all. Finally, I just started to cry.

カタカナ表記の逸脱性は、漢字のみで表現するのでは得られない深い読みを促す。それは決して単なる偶然の結果ではなく、作者としての話者が異なる意味の側面を捉えるために、表現効果を狙って選択した結果である。表記の違いを利用した間テクスト性の表現であり、そこには創造的に表現する話者の存在が感じられる。英訳にはこの操作の効果は期待できないわけで、その操作を通して演出され続ける空白の話者の存在感を伝えることもない。

7.1.4　類似した語彙グループの表現性

　『"文学少女"と慟哭の巡礼者(パルミエーレ)』には、類似した語彙が幾つか異なった表記で登場する。この語彙グループの意味を解釈するために、まず作品の間テクスト性と間ジャンル性の効果について説明する必要があるだろう。この作品には幾つか前テクストとなる文学作品が紹介されるのだが、その中心的な作品は宮沢賢治の『銀河鉄道の夜』である。この二作品には、幾つか共通点が見受けられる。例えば、作者としての宮沢賢治と『"文学少女"と慟哭の巡礼者』の登場人物の重なりである。作家としての宮沢賢治は心葉の中学時代のガールフレンドであった美羽が作家志望であったことと重なる。また中学生の時、心葉が井上ミウというペンネームのもとに小説を書いたことともつながる。

　『"文学少女"と慟哭の巡礼者(パルミエーレ)』には、美羽の手記が「僕」という一人称でところどころに挿入されている。最初は誰の手記かはっきりしないが、読み進むにつれて、美羽と『銀河鉄道の夜』の主人公ジョバンニの親友であるカムパネラを重ね合わせていることが分かる。つまり、二作品の登場人物が、心葉はジョバンニと、美羽はカムパネラと重なるのである。美羽がカムパネラのように男の子を装ったその手記には、心葉が理想化しすぎた美羽のイメージに、美羽自身が耐えられず息苦しく思っていたこと、そして本当は、そんな心葉を憎んでいたことが綴られる。そして遠子は宮沢賢治の世界の案内人として、『銀河鉄道の夜』を主人公のジョバンニの視点からではなく、カムパネラの視点から読み直すことを勧めるのである。これは、美羽の視点から物事を理解するように誘う『"文学少女"と慟哭の巡礼者(パルミエーレ)』のメッセージと重なる。

　『銀河鉄道の夜』では、カムパネラは、ジョバンニと銀河鉄道に乗って一

緒に旅に出る夢を見る。しかし、カムパネルラは途中で消えてしまう。現実の世界では、カムパネルラは近くの川へ行ったきり、帰って来ないという事態が起きている。カムパネルラは、ジョバンニをいじめていた少年ザネリが川で溺れそうになったのを助けて、溺死してしまうのである。この自分を犠牲にして誰かを救うというテーマは、『"文学少女"と慟哭の巡礼者』のメッセージとも無関係ではなく、そこでも二作品の意味が重なるのである。

　もう少し具体的に両作品の間テクスト性を観察しよう。ゴシック体で提示される美羽の手記には（13a）のように「本当の幸いとはなんだろう」と自問する言葉が出てくる。

（13a）『"文学少女"と慟哭の巡礼者(パルミエーレ)』251
本当の幸いとはなんだろう。
**　少なくとも、お金をたくさん持っていたり、会社で出世したり、そんな男の人と結婚したりすることではないはずだ。**

（13b）　*Book Girl and the Wayfarer's Lamentation*, 176
I wonder what true happiness is.
　I'm pretty sure, at least, that it's not having a lot of money or succeeding at work or marrying the right kind of guy.

『"文学少女"と慟哭の巡礼者(パルミエーレ)』には、「さいわい」、「幸い」、「幸せ」、「幸福」などの類似語が47回使われている。「さいわい」表現（「ほんとうのさいわい」、「幸い」、「幸(さいわい)」、「本当の幸い」を含む）は類似語の総数47回のうち22回を占める。「幸せ」は19回、「幸福」は6回使われている。それぞれの語彙は同義語ではなく、表記を含めたバリエーションで異なる心情や視点を伝えるために選択されている。

　一方、英訳では「さいわい」、「幸せ」、「幸福」の全てが、169ページに1回だけ使われる 'joyful' 以外、'happy' と 'happiness' となっていて、原作の語彙選択が無視されたままになる。英訳には原作で使われる異なった表現の意味

が反映されず、作者が意図した間テクスト性が明確に伝わらないのである。特に「さいわい」と「幸い」には、後述するように『銀河鉄道の夜』からの引用が感じられるのだが、その意味の重さは伝わらないままに終わっている。一方、後に触れるように 'happy' と 'happiness' は、他のコンテクストでも使われるため、原作における一連の語彙を使う効果が無視されてしまう。

以下、『"文学少女"と慟哭の巡礼者(パルミエーレ)』全体に使われる「さいわい」、「幸福」の類似語とその英訳を観察するために、幾つかの例をリストアップしておく。数字はページ数、表現に後続するコンテクストについては、K は心葉の語り、N は美羽が「僕」を語り手として書いたゴシック体の日記、M は美羽の会話、T は遠子の会話を指す。

4 　ほんとうのさいわいは一体何だろう。K（7 'true happiness'）

4 　ぼくの幸いは、美羽だった。K（7 'my happiness'）

4 　「そうしてその人たちが、幸せな気持ちになったらいいなぁ」M（7 'happy'）

5 　（略）幸いの意味もわからないまま、夕暮れの、やわらかな金色に染まる文芸部で、"文学少女"の、おやつの作文を書いている。K（8 'meaning of happiness'）

85 　本当の幸いとはなんだろう。N（63 'true happiness'）

86 　だって、うちの人たちは、いつも不平を言ったり、怒ったり嘆いたりしてばかりで、これっぽっちも幸福そうには見えないから。N（63 'look happy'）

86 　ならば貧しくても、愛情があれば幸福なのかというと、やっぱりそれも違うのだろう。（略）なにが、幸いなのだろう。N（63 'happy', 'happiness'）

86 　なにが幸せかなんて、きっときみは考えたこともないのだろうね。N（63 'happiness'）

216 　「二人にとっては、それが幸せだったのだろうと思いながら、もしかしたら別の方法もあったんじゃないかしら。二人とも、もっと違う幸

第7章　語りのモダリティ：語り方を操作する話者　211

せを得ることもできたんじゃないかしらって、考えてしまうのよ……」
T（153 'happy', 'form of happiness'）

　上記のリストから判明することは、『"文学少女"と慟哭の巡礼者(パルミエーレ)』に使われる「ほんとうのさいわい」に代表される表現が、特別の意味を持っているということである。この作品では「幸せ」と「幸福」が通常の語彙であるのに対し、文語調の「さいわい」は、しばしば心葉と美羽がほんとうのさいわいの意味は何かと問い続ける時使われる。
　一方、「さいわい」表現は『銀河鉄道の夜』の中では、下記に示すようにジョバンニの心内モノローグや会話の中に使われる。それは具体的には、特にさそりの言葉の中に印象的に使われ、その使用総数は7回となっている。他には「幸福」も、灯台もりややせた男の発話やジョバンニの言葉として6回登場し、幸福関係の語彙は13回使われている。例えば次のようにである。

99　　（ぼくはそのひとのさいわいのためにいったいどうしたらいいのだろう）（ジョバンニの心内モノローグ）
99　　「なにがしあわせかわからないです」（灯台もりの会話）
117-118　「（略）まことのみんなの幸いのために私のからだをおつかいください」（さそりの言葉）
123　　「けれどもほんとうのさいわいはいったい何だろう」（ジョバンニの会話）

　『"文学少女"と慟哭の巡礼者(パルミエーレ)』に観察される「幸い」と「幸福」という表現（特に「幸い」、「さいわい」）は、確かに『銀河鉄道の夜』との間テクスト性を示していると言える。心葉とジョバンニの言葉によって、間テクスト性がより強く呼び起こされるようになっているのだが、このような間テクスト性は英訳では表現できず、深い意味は無視されがちになる。
　ここで『"文学少女"と慟哭の巡礼者(パルミエーレ)』の英訳には、'happy'に関する表現が、他のコンテクストでも使われていることに注目したい。例えば次のリスト

に見るように、英訳の 'happily' は原作の「嬉しそうに」と「歓喜の」に呼応して使われる。このため英語の 'happy' と 'happily' には特別な意味は感じられず、間テクスト性を実現する「幸い」の表現性は失われ、作者の表現意図は無視されることになってしまう。

13　and she looked up and giggled at me happily　（11　嬉しそうに、エヘへと笑った）

39　**the bird would flap its wings** happily　（48　小鳥も嬉しそうに）

44　Her face filled with a radiantly happy smiles　（56　顔中にまばゆいほどの歓喜の微笑みをたたえ）

　本項の分析では、翻訳テクストには「幸い」に関連した語彙の視点が反映されず、一貫して 'happy' と 'happiness' が使われるだけでなく 'happy' が他のコンテクストでも使われるため、その特殊な意味が失われるということが分かった。『"文学少女"と慟哭の巡礼者(パルミエーレ)』と『銀河鉄道の夜』において「さいわい」表現は重要であり、視点操作や結束性そして間テクスト性の実現など、広範囲の効果をもたらしているのだが、英訳には生かされない。結果として、原作に見られる日本語の豊かな創造性が伝わらないことは、否定し難い事実なのである。

7.1.5　「雨ニモ負ケズ」を導入する効果

　『"文学少女"と慟哭の巡礼者(パルミエーレ)』には宮沢賢治の詩が引用され、間ジャンル性の効果が観察できる。「雨ニモマケズ」は、遠子が宮沢賢治について説明する部分で紹介され、それは（14a）のように宮沢の詩に使われている漢字とカタカナ表記のまま引用される。しかし、その引用方法は「雨ニモマケズ」をそのままではなく、括弧付きで区切り会話の中に織り込む形となっている。

　　（14a）『"文学少女"と慟哭の巡礼者(パルミエーレ)』340
　　「雨ニモマケズ

風ニモマケズ
雪ニモ夏ノ暑サニモマケヌ
丈夫ナカラダヲモチ
慾ハナク
決シテ瞋ラズ
イツモシヅカニワラッテヰル」

(14b) *Book Girl and the Wayfarer's Lamentation*, 236
"*Surrender not to the rain,*
Surrender not to the wind,
Nor yet to the snow nor heat of summer.
Holding fast the body sound
Without greed and
Grieving not our wrongs
Ever with a quiet smile."

　(14a)に続く(15a)は心葉の語りで、原作のカタカナ表記が漢字仮名混じりとなる。この表記変換によって詩が語りの視点に内包されることが明らかになる。「雨ニモ負ケズ」ではなく「雨に負ける」とする一種のもじり表現を通して、関連した語彙を導入することで間ジャンル性を可能にし、それだけ味わいのあるテクストとなっている。ここでは詩が、間ジャンル性に基づいた新しい視点から再構築されると同時に、それが心葉の心中で充分理解されて、彼の思想となっていることが明らかとなり、読者はそのような読み方を楽しむことができる。しかし、(15b)の英訳では(14b)の'surrender not'を受けて、「負ける」は'surrender'、「負けたくない」は'not to surrender'、「負けている」は'already losing'という表現が使われ、原作の表記操作による表現性は反映されないままとなる。

　(15a)『"文学少女"と慟哭の巡礼者(パルミエーレ)』341

切なさが、胸を強く締めつける。喉が熱く震えている。

　そんなことは、きっと不可能だ。ぼくらは簡単に、<u>雨に負けるし、風に負ける</u>。

　<u>負けたくない</u>と願うのは、勝っている人じゃない。

　それを願う時点で、ぼくらはすでに不安に揺れ、<u>負けている</u>。

(15b) *Book Girl and the Wayfarer's Lamentation*, 237

The melancholy squeezed my heart powerfully. My throat trembled and burned.

　Such a thing was surely impossible. We all <u>surrender</u> easily to the rain and to the wind.

　It isn't someone who's winning who prays <u>not to surrender</u>.

　The moment you make that wish, you're <u>already losing</u> and racked by anxiety.

物語の後半で、登場人物たちは「雨ニモマケズ」の理想とは、ほど遠い状況にあることが語られるのだが、それは (16a) で「雨に負け、風に負ける」と繰り返される。(16a) の英訳ではやはり 'surrender to the rain and surrender to the wind' となっていて、(14b) がイタリック体で提示されていることとの差は認められるものの、原作のようなもじり効果は感じられず、表記操作の表現性は失われたままになる。

(16a) 『"文学少女" と慟哭の巡礼者(パルミエーレ)』362

　遠子先輩が、澄んだ優しい目で、ぼくを、美羽を、見つめている。

　人は、<u>雨に負け、風に負ける</u>。

　闇に迷い、朝の光に晒された現実に、慟哭する。

(16b) *Book Girl and the Wayfarer's Lamentation*, 250

　Tohko was watching Miu and me with a clear, kind gaze.

People <u>surrender to the rain and surrender to the wind</u>.

They get lost in the dark and lament the truth revealed in the light of morning.

以上、表記変換を伴う間ジャンル性が詩の世界を交錯・融合させ、複数のジャンルを導入することによる相乗効果をもたらす現象を見た。それによって説明することなしに、瞬時にして異なる世界のイメージを呼び込むことができるのである。英訳では表記変換の効果は表現されず、原作の豊かな表現性は無視されてしまう。

7.2　揺れ動く時制

7.2.1　ル形とタ形の意味と機能

　日本語では、動詞のル形が現在、タ形が過去、という理解が簡単になされることがあるが、そのような理解の仕方では説明がつかない現象が多いことも、しばしば指摘されてきた。まずル形（いわゆる非過去形）について、庵他（2001）と森田（1995, 2001）を参考にしてまとめておこう。

　ル形は動詞の種類によって、まだ起きていない未来の状況として提示するか、現在として提示するかが決まる側面がある。ル形は動作を表す述語の場合は、「僕はもう帰ります」がこれからのことであるように、確定的未来を示し、状態を表す述語、形容詞、名詞述語文の場合は、未来と現在を示す。その他、ル形は、「ああ、むかむかする」、「あ、船が行く」のように、発話の瞬間の状況を描写する場合や、「誓います」、「感謝します」のように発話すること自体が行為を遂行する場合に使われる。[注4] 一般的に過去のことでも、「話し手が過去に体験したことで発話時にもその属性が残っている場合」や「過去の出来事に関する話し手の判断を表す場合」（庵他 2001: 75）はル形を使うことができる。また、過去の出来事に関しても「1192年頼朝が鎌倉幕府を開く」や「円山公園の桜散る」のように、年表や新聞の見出しに使われることもある。

　一方、タ形は過去に起きた事実を確述するために使われる。タ形が選ばれる動機について、森田（1995）は「『た』の基本のところは、やはり『確述』意識、対象（外）について間違いなくそうであるという話し手の気持ち（内）を表したもの」（1995: 307）であると性格付け、タ形の基盤には「確述」という概念があるとしている。加えて、森田（2001）は、タ形は過去や完了ではな

く、命題に対する話者の認識と確述意識の現れであることを指摘している。確述意識は、あくまで話し手の態度であって、それにはいろいろな種類がある。森田（1995, 2001）を参考にまとめると、タ形には、瞬間現象・行動の完了、確認、念押し、遂行、確述、強調、想起、発見、感覚（例えば「腹が減ったなあ」など）、予想の的中、そして、驚愕・驚嘆（例えば「こりゃ、驚いた」など）がある。ここで列挙する機能はタ形によってのみ果たされるわけではないが、ル形を使うことができる場合には、その使用と比較してタ形の機能が強調される。

　森田（1995）の「確述」という概念は、話し手・書き手の主観的な表現態度であるが、ル形とタ形を使用する動機について、異なったアプローチをする研究もある。定延（2001）は、ル形とタ形の使用は情報のアクセスポイントに依るとする。情報のアクセスポイントとは「話し手が情報にアクセスするための、時間軸上のよりどころ」（2001: 64）である。「知識を表現する場合は、命題の成立時点が選ばれ」、「体験を表現する場合は、命題情報を得るに至った体験の時点が選ばれ」、「知識の更新が表現される場合は、命題情報と入れ換えられる旧知識の登録時点が選ばれる」（2001: 70）と説明している。

　このように、話者はその情報を得た時点を考慮しながら、視点を移すことになる。話者が主観的に拠点を移動することで、また聞き手もそれに準じて移動することで、ル形とタ形の選択がなされるのである。森田（1995, 2001）のタ形が確述表現であるという立場も、定延（2001）の立場と必ずしも矛盾しない。ある出来事を確かなものとして伝えるためには、経験に基づいた知識のアクセスポイントに拠点を見いだすことが好ましい。そしてそのアクセスポイントを話者のいま・ここに置いた場合、その経験を既に経験したこととして提示することで確述性が増すからである。

　ル形とタ形の使用状況を見てきたが、談話の中でどのような機能を果たすのかについて理解しておきたい。日本語のテンスと談話との関連を研究したものに、工藤（1995）がある。工藤は、テンスはジャンルごとに異なった作用をするので、別々に考える必要があると説く。そして「はなしあい」と「かたり」とに分け、さらにノンフィクションのテンスについても報告している。話し合

いでは、テンスの基準は発話時を軸として、話し手と聞き手が位置する現状に設定される。語りでは、基本的に過去形が使われるが、この場合の過去とは現実の発話時との関係付けではない。続けて工藤は、語りではあくまで叙事詩的な時間の提示となり、ル形とタ形が用いられる場合は、語りの世界の相対的なテンス表現としてであるとしている。工藤（1995）の言う語りのテンスは、従来、物語と時制、またそのシフトとして扱われてきたものであり、それは語りの視点や視座と密接な関係に置かれる現象である。

　小玉（1998）は、日本人があるアクシデントについて語った個人的経験物語に、ル形とタ形がどのように使われるかを調べた結果、その特徴として、事の次第を語る部分（ナラティブ部分）はタ形が多く、それ以外はル形が多いこと、ただし、引用節の時制はナラティブ節にもかかわらず、ル形で現れるケースが多いこと、そして、日本語のル形には英語の歴史的現在と同様、時制を超えた話し手の評価を表す機能があること、をあげている。また、Makino and Tsutsui（1995）は、物語の時制のシフトについての法則を提案している。それは、過去の事件（多くは行為より状態であるが）であっても、もしも書き手が、それが比較的重要でなく、付随的な情報であり、物語のあらすじに直接関係ないと判断した場合は、非過去で表現できる、という法則である。そしてそのような非過去形は、読者にそこに直接いるような鮮明な感じ（effect of creating a vivid sense of immediateness）（1995: 37）を与えるとしている。

　池上（1986）は、日本語の語りに、ル形による語り手の主観的な評価が導入されやすいことを論じている。特に過去のことを語っていても、ある部分では時間の流れに従わないでル形が使われる現象をとりあげる。そして池上は、比較的自由にル形にシフトするのは、日本語の他の特徴（直接話法・間接話法・地の文の間の表現上のあいまいさなど）に支えられていると指摘する。そして日本語のル形の使用は、語り手と語られる対象という主客の対立を常にぼかす方向に働いていて、「複雑で微妙な『内的評価』の手段を語り手に提供しているように思える」（1986: 73）と述べている。

　翻訳が日本語に与えた影響について論じる柳父（2004）は、日本語のル形は翻訳の過程で作られたものだとしている。ル形は辞書に出てくる不定形であ

り、そのままでは陳述を欠如したままで、従来は、戯曲のト書きに使われるものであり、読み手にアピールするために相手に向けて使う形ではないのだと指摘している。一方、平子（1999）は、タ形について、それが話者の事態確認のために用いられるものであり、現在から過去へというような時間の経過を示唆しないと述べている。その結果日本語では現在と過去の間で飛び移ることが自由なのだと言う。

7.2.2　物語における時制の揺れ

　筆者はメイナード（2005a）で、先行研究を参考にしてル形とタ形の機能をまとめ、談話におけるテンスについて考察した。昔話のテンス、小説のテンス、ノンフィクションのテンスというそれぞれのジャンルにおけるテンスとそのシフトが、談話上の表現効果を狙って意図的に使われることを論じた。本研究の対象である物語の世界に関して言えば、全体的に語りのタ形がそのテンスを統制するものの、ル形とタ形の混用が重要な表現効果をもたらすことが分かった。物語における時制表現の揺れを理解するために、ル形とタ形が混用される部分、また作品の中でル形が集中する部分とタ形が集中する部分を分析したが、その結果、タ形は基本的に物語の時系列を重視し、ある事柄を確述するために使われ、それ以外はル形が選ばれることが分かった。例えば、話者が内面を語る告白的な部分では、語りの現場性を強調するためにル形が使われることが多い。ほとんどがタ形で語られる物語の中でル形が使われる部分は、話者が登場しあたかもその現場にいるような印象を与える。過去の枠組みであっても、ル形を混用することで話者は視点・視座のシフトを伝えることができるのである。日本語の時制表現は、あくまで主観的な判断に基づくものであり、その判断には発話の発想態度が含まれるため、よりパーソナルな意味が重要になると言える。以下、原作と英訳における時制表現を比較対照しよう。

　『R.P.G.』には、ル形とタ形の混用例が多く観察できる。そこで、『R.P.G.』の第２章に限ってその分布状況を調べてみた。第１章は短かく会話部分が多いため避けることにし、語りの時制表現が多く観察できる第２章を分析することにした。原作の文の総数84のうちル形は42回、タ形は37回、その他（述語部分

のないものを含む）は 5 回であった。英訳では現在形が 1 回、過去完了形を含む過去形が69回、その他（訳なしを含む）は14回であった。原作ではル形の頻度が高いのと対照的に、英訳では過去形が大半を占めている。なお、日本語の文末表現は、時制のバリエーションだけでなく、第 6 章で既に考察した「のだ」と「ことだ」、加えて「ものだ」で終わる文が11回、「である」で終わる文が 6 回使われている。日本語の本質の一つであるトピック・コメント軸は、確かに日本語の文章に多用されていることが観察される。

　『R.P.G.』の第 2 章の文を観察すると、日本語の時制の選択には、ある傾向が見られることが分かる。事件のなりゆきと関連した内容にはタ形が選ばれ、状況説明はル形になる傾向がある。また現在もそうである状況はル形で示し、さらにその場で発見したもの、つまり、登場人物の視点に初めて映ったものなどがル形で捉えられる。(17a) では、「ことである」、「寄せられた」、「ものだった」そして「名乗っている」と、ル形とタ形が混用されている。ル形は物語が基本的に過去のことを語っていても、その時間の流れに従わないで、語り手が読者に向けて語る行為を前景化する時に使われている。タ形は事件の報告が過去に起こったこととして、時系列に沿って並べられている。(17b) の英訳では、'It had happened'、'was filed'、'phoned the information'、'supplied her name' とすべて過去形と過去完了形で、時系列の内部に位置付けられ、過去の事実を羅列する語り方になっている。(17b) では、話者の語る行為が前景化しないままとなっていて、その存在は感じられず、結果として起点言語と目標言語のテクストでは、作品全体の語り口調に差異が生じることになる。

　　(17a)『R.P.G.』12
　　　今から二十二日前、四月二十七日夜の<u>ことである</u>。
　　　杉並区新倉町三丁目の住宅地の一角で、複数の人間が喧嘩をしているらしい、女性の悲鳴のような声も聞こえたという通報が、同区山埜町二丁目にある新山交番に<u>寄せられた</u>。これは一一〇番通報ではなく、直に新山交番の電話番号にかけられた<u>ものだった</u>。

通報者は山埜町一丁目に住む深田富子、五十二歳。その通話で自らの住所と氏名を<u>名乗っている</u>。

(17b) *Shadow Family*, 15

<u>It had happened</u> twenty-two days before, on the evening of April twenty-seventh.

Several people were quarreling loudly in a residential quarter in 3-chome Niikura, Suginami Ward, and then a woman's screams were heard; a complaint to this effect <u>was filed</u> at Niiyama Police Box in Yamano, in the same ward. The caller did not dial 110, the police emergency number, but <u>phoned the information</u> straight to the local police box.

The complaint was lodged by Tomiko Fukada (52) of 1-chome Yamano. She <u>supplied her name</u> and address at the time of the call.

話者の語りの態度と時制の関係をさらに理解するために (18a) を観察したい。まず (18a) に出てくる主節の述語動詞を、現場状況の提示、登場人物佐橋の反応、そして、佐橋の行為を描写する語りに分けてリストアップしてみよう。

現場の状況提示部分	佐橋の反応部分	語り部分
飛び散っている	人影もない	照らしていった
複数ある	異常なし	照らした
濡れている	異常なし	気づいた
	見当たらない	よくよく見た
	言ってはいられない	ひとつではなかった
	精一杯だ	思った
	なのだろう	入り込んだ

原作ではル形が、発話の瞬間の状況を描写し、過去の状況でも発話時にその

第7章　語りのモダリティ：語り方を操作する話者　　221

属性が残っていることを示すために使われる。これには状況自体を描写する場合と、話者の視点からいま・ここで感受した内容を描写する場合があるが、いずれにしても、ル形は現場の状況を臨場感を伴って表現する。一方、語りの声にはタ形が使われる。タ形は必ずしも過去や過去完了を示すのではなく、あくまで話者が命題内容を確実な認識に基づいて確述することを示す。このため、話者が物語の進展を支える事態を描写する時には、タ形を選ぶ可能性が大きくなるのである。

　原作のル形とタ形の選択は、話者と登場人物が主観的にその拠点を移動し、異なった視点や視座から描写することで決定される。語り手と語る内容を対立したものとして、常に三人称の立場から登場人物を描写するのではなく、話者は情報を内的に評価して異なった視点から提示するのである。このためル形とタ形の間を飛び越えることが可能となり、このシフトが語りの操作として異なった効果を生む。そして読者は、むしろそのようなシーンのイメージ作りや語りの雰囲気を楽しむのである。

　さて、この表現が（18b）の英訳でどうなっているかを観察すると、一貫して過去完了形か過去形になっていることに気付く。原作の時制と英訳の時制のコントラストが強く感じられるのは、例えば、「黄色い小鳥の羽根の先に、何か滴のようなものが飛び散っている」で、'As he moved the light from left to right, he noticed something on the tip of a yellow wing' という英訳になっている部分である。原作では小鳥の羽根の描写なのだが、英訳ではあくまで佐橋が仕手として経験したという三人称の視点から語られ、過去形になっている。また「滴のようなものはひとつではなかった。複数ある。黒っぽく、まだ濡れている。血痕だと、巡査長は思った」は 'There was more than one, he saw. Dark drops, still wet... blood, he thought' となっている。この場合も原作の（18a）では佐橋が発見したとタ形で表現し、その後は発見した内容をル形で提示している。（18b）の英訳では、'he saw' と 'he thought' と佐橋が登場し、彼の経験が過去の出来事として語られる。

　ちなみに、ここに観察できる文型の差は、第5章で考察したように、日本語の感受する者の潜在化と、英語の行為者の顕在化というコントラストとして理

解できる。なお、(18a) の「これも保安のためなのだろう」という表現には、「だろう」という推量表現が使われているが、英訳では事実として 'The contractors had done what they could to keep that site secure' と表現されている。この現象によっても、日本語では推量表現を通して、話者の潜在性が感じられるのに対し、英語では客観的な事実として、表現するのを好む傾向があることが確認できる。

(18a)『R.P.G.』16-17

　深田富子が何を見聞きしたにしろ、今は何の物音もせず、人影もない。佐橋巡査長は土を踏みながら、三棟のまわりをぐるりと回り、懐中電灯で照らしていった。左端の一軒、異常なし。真ん中、異常なし。右端の一軒、これも変わったところは見当たらない。
　ぐるりと懐中電灯を回して、佐橋巡査長はまたロゴの黄色い小鳥を照らした。何気なく光を左から右に動かして、そのとき気づいた。
　黄色い小鳥の羽根の先に、何か滴のようなものが飛び散っている。
　巡査長はシートに近づき、顔をくっつけるようにして、よくよく見た。
　滴のようなものはひとつではなかった。複数ある。黒っぽく、まだ濡れている。
　血痕だと、巡査長は思った。
　(略)
　が、もうそんなことを言ってはいられない。思い切ってシートをめくろうとしたが、堅く留めつけられていて、裾のところを五〇センチばかり持ち上げるのが精一杯だ。これも保安のためなのだろう。巡査長は身を屈め、土管をくぐるような感じでシートの内側に入り込んだ。

(18b) *Shadow Family*, 17-18

　Whatever Tomiko Fukada may have seen or heard minutes before, the site was now silent and deserted. Officer Sahashi walked across the dirt, circling the perimeter of the construction site with the beam of his flashlight trained on it. The house on the left end was secure. The center house, secure. The right-end house likewise showed no sign of disturbance.

　Sweeping the beam of his flashlight in a circle, he lit up the logo of the little yellow bird once again. <u>As he moved the light from left to right, he noticed something on the tip of a yellow wing.</u> Some sort of drop. He went over for a closer look. <u>There was more than one, he saw.</u> <u>Dark drops, still wet...</u> *blood*, he thought.
　(...)
　This was no time for hanging back, though. He gave the tarp a sharp yank, but it was fastened down tight; he could pull it up a foot and a half from the bottom, no more. <u>The contractors had done what they could to keep that site secure.</u> He got down and crawled under as if wriggling his way through a pipe.

　『真夏の方程式』にも、ル形とタ形の混用が多く見られる。(19a) は「自分がそうなので、草薙も注意する気はない」という表現に示されるように、草薙に近い視座から語られている。この部分では情報があたかも草薙の発見であるかのように表現され、「パジェロだ」と「いないようだ」とル形になっていて、「便乗している」というル形表現も今起こりつつある状況を語っている。「十分ほど走ったところに件の病院はあった」はタ形となっているが、これはタ形の確述の機能と関係があり、語り手が間違いなくそうであるという確認の気持ちを表したものである。続いてル形の「並んでいる」は草薙の目に入ってきた現況を即時的に描写したものであり、タ形の「内海薫がいった」は物語の時系列に沿った語り方である。(19b) の英訳では一貫して過去形と過去完了形が使われていて、このような語りの操作は伝わり難い。なお、タ形の「内海薫がいった」という表現は、内海が非トピック化されていることからも明らかなように、トピックとして機能する草薙が、あらためて経験することを、未知情報として提示している。ここでのステージング操作は、談話構造上、草薙がステージにそのまま留まるという解釈を促すのだが、英訳にはそのような効果は感じられない。

(19a)『真夏の方程式』289
　内海薫の愛車は臙脂色のパジェロだ。捜査に自分の車を使用することはなるべく避けるよう上からいわれているが、彼女はあまり意に介していないようだ。自分がそうなので、草薙も注意する気はない。それどころか、今日は助手席に便乗している。
　調布 IC を出て、十分ほど走ったところに件の病院はあった。クリーム色をした四角い建物と、灰色の細長い建物が並んでいる。灰色のほうがホスピスだと内海薫がいった。

(19b)　*A Midsummer's Equation*, 252
Utsumi drove a dark red Mitsubishi Pajero. They'd been told to avoid using personal vehicles for investigations, but this was one regulation the usually straight-laced junior detective didn't seem to mind ignoring. Kusanagi frequently ignored it himself, which was why he never said anything to her. In fact, today, she was giving him a ride.
　They got off the freeway at the Chofu exit and drove to the hospital. There were two buildings: a square cream-colored one and a longer gray one. Utsumi told him the gray one was the hospice center.

7.2.3　ル形の意味：従属性と即時性
　ル形は、談話上従属的な情報を提供することがある。この場合、後続する文はタ形で（20a）の「そのせいで」、（21a）の「それを」、（22a）の「その」などの指示表現を含む。この操作によって前文の情報は物語の時系列に導入される。ル形は発話の瞬間の状況を描写し、それを後続する文のタ形で受けて理解し納得し、説明するという語りの構造が形成される。
　（20a）の「建てられている」は「確認しづらかった」の理由を提供し、（21a）では恭平が「視線を配ってくる」ことを意識しながら、成実の「質問を続けた」という物語文に統合される。（22a）では「運ばれてきた」と「並んでいた」はタ形で、「大きな皿には牛タンが七枚載っている」はル形になってい

て、ル形部分の従属性が示される。英訳では、(20b)、(21b)、(22b) の例に観察できるように一貫して過去形になっていて、ル形とタ形の混合による表現性はそのまま伝わらないままとなる。加えて、(22a) の「大きな皿には牛タンが七枚載っている」は (22b) の英訳では後続する文と統合されていて、「載っている」という即時性は表現されていない。

(20a)『真夏の方程式』133
「このあたりのはずなんだけどな」各住居は道路から少し下がったところに<u>建てられている</u>。<u>そのせいで</u>表札が<u>確認しづらかった</u>。

(20b) *A Midsummer's Equation*, 118
"It should be around here somewhere," he muttered. The houses had been built a distance from the road, making it hard to check the names and numbers.

(21a)『真夏の方程式』180
　二人のやりとりの意味がよくわからないらしく、恭平が不思議そうな顔で<u>交互</u>に<u>視線を配ってくる</u>。それを意識しつつも成実は<u>質問を続けた</u>。

(21b) *A Midsummer's Equation* 159
　Kyohei sat looking between the two of them, a mystified look on his face. He didn't appear to be following the conversation. (...) Narumi asked, ignoring her cousin for the time being.

(22a)『真夏の方程式』169
　料理が<u>運ばれてきた</u>。<u>大きな皿には牛タンが七枚載っている</u>。その皿を囲むように、とろろの入った器、麦飯、サラダ、そしてテールスープが<u>並んでいた</u>。

(22b) *A Midsummers' Equation*, 149

Their dinner arrived. Each of them had seven pieces of cow tongue on a large tray, surrounded by a small bowl of grated yam, a bowl of boiled rice and barley, salad, and oxtail soup.

ル形が、いま・ここ的な感覚的な表現として使われる例を見よう。(23a)は、西口が成実の旅館を訪ねる場面であるが、西口がその時経験することをル形で表現している。「宿の玄関を開け、『こんにちは』と声をかけた」は三人称の語りであるが、「エアコンで冷やされた空気が心地良い」は、むしろその空気を経験している西口の感受表現と解釈できる。「心地良い」という形容詞には、日本語の感情を表す形容詞としての規制があり、三人称には共起し難いからである。このような表現には読者の共感を誘う機能があり、読者はあたかもその場にいるような気持ちにさせられるのである。夕形を使って「エアコンで冷やされた空気が心地良かった」とすると、声をかけたという事態と同じような報告になる。そしてまさにこの過去形の語り方が (23b) の英訳に見られるのである。英訳を逆翻訳すると「彼はエアコンの心地よい風に迎えられた」とでもなるのだろうか。受身の視点は反映されているものの、三人称視点の過去の描写となっている。

(23a)『真夏の方程式』48
宿の玄関を開け、「こんにちは」と声をかけた。エアコンで冷やされた空気が心地良い。

(23b) *A Midsummer's Equation,* 42
Nishiguchi slid open the front door and called in. "Hello?" He was greeted by a welcome blast of air-conditioned air.

『取り替え子(チェンジリング)』には、(24a)のようにスッポンを殺すシーンが出てくるが、その時の古義人の行動が即時的に描写され、ル形が使われている。スッポンの様子と、古義人が殺す手順に思いを巡らす様子がル形で

捉えられている。この場合の情報のアクセスポイントはその現場であり、即時的に表現される。一方、古義人の決断を語り手の視点からはっきり提示し、時系列に組み入れる際は、「頼ることにした」とタ形になっている。(24b)の英訳ではすべて過去形になっていて、話者は決められた視座に常駐している。このため、原作のような表現性のコントラストは実現されず、このシーン独特の切羽詰った感じは伝わらない。

(24a)『取り替え子（チェンジリング）』213
　しかしいまスッポンは深い木箱のなかにいる。頸に包丁を叩きおろそうとすると、その先が木箱のへりにぶつかりそうだし、腕頸はこちら側のへりに制約される。さらに、ほぼ真上から箱の底のスッポンの頸を覗き込むのは、平面図で深さを測るような心もとなさだ。
　古義人は、振りおろす包丁の速度を増大させる代りに、衝突する質量としての包丁の重さに頼ることにした。

(24b) *The Changeling*, 288
　This turtle, however, was ensconced in a deep wooden box. When Kogito tried to bring the knife down on its neck, the tip tended to run into the edge of the box, and Kogito's wrist movement was restricted by the edge of the box on the near side. Moreover, he was looking down at the turtle's neck from almost directly overhead, so it was difficult to gauge the depth of the box based on his aerial view.
　Because he was unable to increase the velocity of the knife on the downward swing, Kogito had to depend on the force of the collision between the heaviness and mass of the knife and the turtle's neck.

　原作の時制表現と英訳との間には、広範囲にわたる差異性が観察される。ここで、第3章で触れたJakobson (2004 [1959]) の時制表現についての言葉を思い起こそう。日本語と英語の時制表現のずれは、時の概念自体が不可解であるというわけではなく、時制表現の使用方法に起因している。言語によって伝

えることができる・できないという問題ではないのだが、表現しなければならない時制か、または伝える可能性がある時制かという側面があり、起点テクストと翻訳テクストの表現性には、簡単に埋められないずれが残ることになる。日本語の時制表現は、最終的には話者の主観に基づいているのであって、過去・現在・未来という時系列に沿う傾向が強い英語とは、根本的に異なっている。日本語では池上（1986）の言う内的評価が重要であり、平子（1999）が指摘するように、時間の経過より話者による事態の確認のために使われる。このようなル形とタ形とそのシフトという主観的な時の表現は、テクストの陰に潜む話者の存在を意識させ、空白の話者を具現化することになる。時という重要な概念に関しても、伝えたいことが異なるのであり、それは日本語の本質の一面を露にしていると言える。

7.3 引用と心内モノローグ

7.3.1 引用表現の機能

　日本語の引用表現、一般に話法と呼ばれる現象に関しては、助詞「と」の用法や連体修飾節を導く「という＋名詞」表現などとも絡んで、数多くの研究がなされてきた。直接話法、間接話法、中間話法などといった話法の研究や、引用表現を語用論的な観点から考察するものがある。藤田（2000）をはじめ多くの先行研究があるが、その中で主に談話上の意味や機能などを扱ったものに、鎌田（1988, 2000）、砂川（1988, 1989）、廣瀬（1988）がある。鎌田（1988）は、日本語の話法は直接話法、準直接話法、準間接話法、間接話法の四つから成ると提案する。そして直接話法では話の場の二重性が認められること、そして引用部分の表現には微妙な調整が行われることを指摘する。砂川（1988）も引用文が二重の場によって構成されることを確認し、引用句及び引用動詞の特質を検討しながら、場の二重性を詳しく論じている。そして引用句の機能は、その句が発言される場を引用文全体が発言される場において再現することであるとしている。廣瀬（1988）は、直接話法と間接話法の区別を、引用される言語表現のレベルの違いとして捉えることによって、引用表現の機能を説明す

る。つまり、直接話法は公的表現の引用で伝達の機能を持つが、間接話法は「私的表現」の引用であって、伝達ではなく思考表現の機能を持つ、と。

話法の研究で興味深いアプローチとして、「みたいな」を伴う引用 (Maynard 2005, メイナード 2005b; 加藤 2005, 2010) の研究がある。「みたいな」を用いる類似引用は、会話と描写の間の表現として機能し、そこに場の融合が認められる。英語の引用が限られた話法を提供するのに対し、日本語の引用表現は自由で多様な表現性を秘めているのである。なお、引用を聞き手を視野に入れた広いコンテクストから捉え、「と言う」、「って」、「そうだ」、「と聞く」などを含む表現をもとに分類する小野 (2016) の研究もある。

筆者も引用についての研究 (Maynard 1992b, 1995, 1997a, 1997f, 1998b, メイナード 2004, 2005b) を重ねてきたが、Maynard (1984, 1986a) で、文学作品をデータに「と」、「ことを」、「ということを」の使用について考察したことがある。この研究で、「と」引用は「こと」引用に比べて、複数の視点を同時に表現する機能を果たすと論じた。日本語ではいわゆる直接話法と、ある種の間接話法が両方とも「と」によって導かれていることからも明らかなように、視点の混合操作が割合自由に行われる。それは「と」引用の場合は「こと」、「ということ」の使用と違って、導く節が従属節にならないこと、そして「と」の及ぼす勢力範囲が文を超えるという分布上の特色によって支えられている。「と」引用には複数の視点が混在するのだが、日本語はこのように形式的には一つの文でも、複数の視点が入り乱れやすい仕組みになっているのである。また、文学作品の場合、その英訳と比較してみても、日本語では「こと」引用より「と」引用が好まれる傾向がある (Maynard 1984, 1986a)。さらに、筆者は、自己引用や想定引用 (Maynard 1995, 1996b, メイナード 2005a)、また引用現象として少女マンガにおける浮遊するモノローグ (Maynard 2016, メイナード 2017) などについても研究してきた。

なお、引用表現を理解するには、次章で触れる Bakhtin (1981) の言うテキストの「声」の多重性がヒントを提供してくれる。特に引用表現では言語行動に直接言及することができ、引用する者とされる者という少なくとも二つの声が同時に聞こえる。これらの声がどのような対話関係にあるのかを理解するこ

とが、引用表現の機能を理解するヒントとなる。

7.3.2 多様な引用方法

　文芸作品の中には、日本語が可能にする多様な引用方法が用いられる。その英訳は限られた方法になるために原作の豊かな語りの表現性が失われる傾向がある。括弧付きの直接話法、ダッシュで始まる引用、括弧などの引用マーカーがないものの直接話法と考えられる表現、間接話法、直接話法が従属節となる場合など、多くのバリエーションがある。一方、英訳では引用符付き、地の文のまま、イタリック体での提示などになる傾向がある。

　ただし、英語にも日本語に近いかたちの引用方法が全くないわけではない。安西（1983）が指摘するように、例えば川端康成の『山の音』に見られる「信吾は海の音かと疑ったがやはり山の音だった」という表現の、サイデンステッカーの英訳 'Shingo wondered if he might have heard the sound of the sea. But no—it was the mountain' という例がある。原文の「やはり山の音だった」という部分は、地の文でありながら信吾の心の中のつぶやきをも表現している。英訳に使われている 'But no' には信吾の気持ちが直接表現されていて、これは英語の描出話法（representative speech）にあたる。英語にもこのような視点のシフトを反映した表現があるのだが、日本語のように人称の間を行き来し、登場人物と語りの視点が融合したような表現は余り使われない。次に幾つか原文の引用とその英訳とを比較対照しよう。

　『R.P.G.』に出てくる (25a) には「──あんたが一美かぁ。へえー」とダッシュで始まる文がある。これは、直子が発話した過去の会話の引用であり、その発話のスタイルから直接話法であることが分かる。英訳はイタリック体となっているが、このような過去の会話でなくてもイタリック体が使われることがあり、原作の表現意図ははっきり反映されることのないままとなる。

　　(25a)『R.P.G.』276-277
　　「話し始めてすぐに、彼女は〝カズミ〟じゃないってわかった。だけど父と付き合ってる。しかもあの人、あたしのこと知ってた」

「今井直子が？」
「うん。写真を見たことがあるって。父が見せたのよ」
　——あんたが一美かぁ。へえー。
「笑ってた」うなだれたまま、一美は目を見開いた。「あたしの顔を見て、あたしを指さして、笑った」

(25b) *Shadow Family*, 180
"As soon as I talked to her, I figured out she wasn't the other Kazumi. But she was seeing my dad. And she recognized me."
"She did?"
"Yeah. She said she'd seen a photo my dad showed her."
—*So this is little Kazumi! Well, well, well!*
"She laughed at me." Head lowered, Kazumi opened her eyes. "She looked at me, and pointed, and laughed."

　(26a)では、父親の発話が「お父さんがおまえを守ってやる」と、何のマーカーもなく地の文と同じ様に提示されている。原作では誰の直接話法であるかは、語彙の選択と話のスタイルによって特徴付けられるため、そこに直接話法のような臨場感が生まれる。また「守ってやる」という授受関係を示す表現は、相手との人間関係を前景化する。この部分は、(26b)の英訳ではイタリック体になっていて地の文と区別されてはいるが、「お父さんがおまえを守ってやる」の会話性が充分生かされない。(26b)の 'I'll protect you. I'm your father.' を逆翻訳すると、「私がおまえを守る。私はおまえの父だ」となり、それは情報を提供しているのであって、原作のような親密な人間関係を感じさせる効果は失われる。英訳では日本語の引用の種類をそのまま反映させることはできず、一つの解決策としてイタリック体が使われることが多い。

(26a)『R.P.G.』280
　お父さんがおまえを守ってやる。

「バカみたい」
涙が流れる。

(26b) *Shadow Family*, 182
I'll protect you. I'm your father.
"What a bunch of crap."
Her tears were falling freely now.

　『真夏の方程式』でも、登場人物の気持ちが引用として表現されるのだが、そのために心内モノローグを含めた多様な形式が使われる。(27a)の「馬鹿にすんなよ、と思った」という表現は、思考内容を「思った」で括る間接話法になっている。しかしこの英訳は(26b)に似て、イタリック体を使用する直接話法になっていて、原作の「と思った」は反映されない。原作の異なる引用方法は、話者がそれなりの効果を期待して選んだのであるが、英訳ではその表現意図が無視されてしまう。

(27a)『真夏の方程式』6
「ああ、恭平。今、どこ？」
　間抜けなことを訊いてくる。予定を立て、切符を手配したのは自分ではなかったのか。
「電車の中」小声で答えた。車内でのマナーぐらいはわかっている。
「あ、そう。じゃあ、ちゃんと乗れたのね」
「うん」馬鹿にすんなよ、と思った。

(27b) *A Midsummer's Equation*, 4
"Kyohei? Where are you?"
　Now, that was a stupid question. She was the one who checked the schedules and bought his ticket for him.
　"On the train," he said, keeping his voice down.

"Glad you got on all right."
"Yeah." *What were you expecting?*

『TUGUMI　つぐみ』に出てくる (28a) には、括弧で括られた直接話法が文内に含まれる使用例がある。直接話法の「ここにごはんおきますよ！」と「つぐみ、恋の病なんじゃないの」が従属節として使われるため、会話は状況の一部として描写される。長い一文の中の条件節を成し、主節は「彼女は黙ったまま腕だけ出して私にプラスチックの水さしを投げつけた」である。(28b) では原作の直接話法と主節は別々の文として翻訳されていて、主節は新しい段落の冒頭に置かれている。原作の語りとは異なった談話構造になっていて、特に「と言ってみたら」を使った語り手としての話者の意図は充分伝わらないままとなってしまう。

(28a)『TUGUMI　つぐみ』100-101
さっき、昼ごはんを持っていった時、つぐみはふとんにもぐってうなっていた。そんな光景を見なれていて、なつかしいとさえ思った私は大声で、
「ここにごはんおきますよ！」
と枕元におぼんをおいて部屋を出るときにふと、
「つぐみ、恋の病なんじゃないの」
と言ってみたら彼女は黙ったまま腕だけ出して私にプラスチックの水さしを投げつけた。

(28b) *Goodbye Tsugumi*, 82
A little earlier, when I'd taken her lunch in to her, she'd been scrunched up in her futon, moaning. I was so used to seeing her that way that I even started to feel a bit nostalgic.
　"Hey, I'll leave your lunch here for you, okay?" I shouted, setting the tray down next to her pillow. Then suddenly, as I started out the door, I came out with this:

"Hey Tsugumi, do you think maybe you're just lovesick?"
　　Without saying a word Tsugumi whipped out her arm and hurled a nearby plastic pitcher at me.

　以上のように、日本語の話法は比較的自由で、その使用方法は多様であることが分かる。しかし英訳では限られた方法で対処されていて、そこに表現性の違いが確認できる。

7.3.3　語りの心内モノローグと心内会話

　語りの文章でありながら、思考内容や感情を直接話法に似た表現で提示する場合があるが、それは心内モノローグと心内会話である。心内モノローグは地の文の中で使われるものの、その場で会話をしているように提示される独立した部分である。語り手や登場人物としての話者が、日常会話に似たカジュアルで創造性に富んだスタイルで、各種のバリエーションを使う。心内モノローグは、語りの部分との違いを、言語表現、特に話のスタイルで明確にすることが多い。それは括弧なしで提示され、発話されることのない会話調の内言である。ざっくばらんな口語体の心内モノローグは、内的な独白として機能することが多く、口に出しては言わない・言えない言葉を通して、心の奥底にある思想や感情、不安や希望などを露にする。心内モノローグは演劇の劇的独白にその系譜を求めることができるという説（前田 2004）もあり、劇中で本来無言である登場人物が直接客席に話しかける演劇の表現法に似ている。特にバリエーションに富んだ心内会話は多くの会話の場を導入し、あたかも複数の声（Bakhtin 1981）で会話行為をしているような雰囲気を作り出す。
　興味深いことに、心内モノローグが物語から姿を消したのは、近代小説が勢力を増したからで、古典（例えば『源氏物語』）では文章の一つのタイプとして使われていたとする説（三谷 1996）がある。三谷は芥川龍之介の『羅生門』の分析をしているが、その中で芥川が近代小説の語りと、昔話的な語りの手法の間で悩んでいたことを指摘している。その結果生まれた作品が『羅生門』であり、そこには心内モノローグ（三谷の言う「内話文」）が呼び込まれていて、

第7章　語りのモダリティ：語り方を操作する話者　235

それによって登場人物に同化しなくては書けない文が導入されていると述べている。三谷によると、内話文は日常生活で発話されるとしたら狂気として扱われることになることから、近代文学では抑圧される傾向があった。しかし、前近代の古典的テクストでは認められていて、源氏物語の古注では、地の文・会話文・草子地と並ぶ文章分類の一つとして扱っていたとのことである。心内モノローグは、こうした歴史的な視点から考えても、日本語に見られるごく自然な表現形態である。心内モノローグは話者の内面に響く叫びであり、その心の声を通して、空白の話者を具現化していく一つの方策として機能するのである。

　以下、『"文学少女"と死にたがりの道化(ピエロ)』に使われる語り手の心内モノローグが、異なった形で英訳される現象を調べてみよう。心内モノローグは、(29b)のように間接話法に英訳されたり、(30b)と(31b)のように三人称視点からの描写文となったりする。語りの視点が一人称から三人称にシフトするわけで、直接話法のように思いを暴露するモノローグ的効果は失われる。

　(29a)のモノローグには「文芸部を続けてゆくのかなぁ……」という会話体が使われ、直接話法のような効果があるのだが、(29b)の英訳では'I wonder if I can stay with'と間接的な表現で地の文に統合されている。(30a)には「心が温まるね」という一人称視点のコメントが使われているのだが、英訳では'It made me feel all warm and fuzzy inside'となっていることに注目したい。原作の潜在的な経験者としての心葉は、他動詞の目的格の'me'として登場するのである。原作には明らかに視点と口調のシフトが観察されるのだが、英訳ではあくまで三人称の語りが維持されているため、原作に見られる創造的な操作は無視されたままになる。(31a)では「やばい、見透かされている」という部分が、直接話法の心内モノローグとなっているのだが、(31b)では'This was bad—she'd seen right through me'という過去形の説明が加えられていて、原作のル形の効果や受身表現の表現性は充分反映されない。「見透かされてる」は迷惑の受身であるが、英訳ではハルヒが仕手になっていることにも注目したい。

(29a) 『"文学少女"と死にたがりの道化(ピエロ)』13
　このままこのおかしな先輩と二人きりで、文芸部を続けてゆくのかなぁ……。

(29b) *Book Girl and the Suicidal Mime,* 10
　I wonder if I can stay with this club if it's just me and this freakish president.

(30a) 『涼宮ハルヒの憂鬱』155
　今度は北と南に別れることになり、俺たちは南担当。去り際に朝比奈さんは小さく手を振ってくれた。心が温まるね。

(30b) *The Melancholy of Haruhi Suzumiya,* 101
This time, we split up searching north and south. Nagato and I were responsible for the south side. Asahina waved her small hand at me before she went on her way. It made me feel all warm and fuzzy inside.

(31a) 『"文学少女"と死にたがりの道化(ピエロ)』31
　遠子先輩がパイプ椅子の上で膝を抱え、涼しげに目を細めるのを見て、耳がカァッと熱くなる。やばい、見透かされてる。

(31b) *Book Girl and the Suicidal Mime,* 24
　I glanced over at Tohko, who sat on the fold-up chair hugging her knees, her bright eyes crinkling, and my ears burned with embarrassment. This was bad—she'd seen right through me.

　心内モノローグは直接話法のコンテクストで、会話行為をするような機能を果たすことがある。筆者は、その種類を、思考内容を暴露する「思考心内会話」、直接引用される相手の会話に心内会話文で答える「掛け合い心内会話」、相手なしでひとりで会話しているような心内会話で自分の心中を伝える「一人

相撲心内会話」、そして、直接引用に続けて心内会話で終わるという形で描写から会話へのシフトが見られる「会話つなぎ心内会話」の四つのタイプに分けて考察した（メイナード 2014）。

『涼宮ハルヒの憂鬱』に使われる心内会話の例を、英訳と比較してみよう。(32a) は、語り手が登場人物として、あたかもその場の会話に参加しているような表現である。キョンの会話口調が感じられる「そうかい、決まってるのかい。初めて知ったよ」は、英訳では引用符付きの直接話法となっている。しかし、直接話法と心内会話は、相手に聞こえる実際の発話と相手には届かない心内の発話という根本的な違いがある。(32b) の英訳では原作の直接話法も原則として同じように翻訳されるため、心内会話ではなく、実際の会話として相手に向けられている。原作の表現効果は反映されないままとなる。

(32a)『涼宮ハルヒの憂鬱』32
「あたしが気に入るようなクラブが変、そうでないのは全部普通、決まってるでしょ」
<u>そうかい、決まってるのかい。初めて知ったよ。</u>
「ふん」
そっぽを向き、この日の会話、終了。

(32b) *The Melancholy of Haruhi Suzumiya*, 20
"Any club I lke is weird. Eveything else is totally normal. Isn't that obvious?"
"Really? Obvious, is it? First I've heard about it."
"Hmph."
She looked away, and the day's conversation came to an end.

(33a) では、下線部で示すように、登場人物との会話をしているような掛け合い心内会話が、4回続けて使われる。(33b) の英訳ではすべて引用符付きの直接話法となっていて、『涼宮ハルヒの憂鬱』の独特の語り方は反映されない。原作ではキョンは物語内の会話に語り手として参加しているのである。

ここでキョンは古泉の発話に対する反応をあたかも会話に参加しているように表現しているのであり、それは通常の会話とは異なる次元にある。しかし、(33b)の英訳では、あくまで通常の会話として提示されている。結局、原作の創造的で複雑な語りの操作は無視されてしまうのである。

(33a)『涼宮ハルヒの憂鬱』232
「人間原理を引き合いに出したのは、ものの例えですよ。涼宮さんの話がまだです」
　だから、どうしてお前も長門も朝比奈さんもハルヒがそんなに好きなんだ。
「魅力的な人だとは思いますが。それは置いときましょう。覚えていますか、僕が、世界は涼宮さんによって作られたのかもしれないと言ったこと」
　いまいましいことだが記憶には残っているようだな。
「彼女には願望を実現する能力がある」
　そんなことを大まじめに断言するな。
「断言せざるを得ません。事態はほとんど涼宮さんの思い通りに推移していますから」
　そんなはずがあるか。

(33b) *The Melancholy of Haruhi Suzumiya*, 154
"I brought up the anthropic principle to draw a comparison. I haven't gotten to Suzumiya yet."

"So tell me already. Why do you, Nagato, and Asahina all like Haruhi so much?"

"I believe her to be a charming person. But let's set that aside. Do you remember? I once said that the world may have been created by Suzumiya."

"It annoys the hell out of me, but I guess I still remember."

"She has the ability to realize wishes."

"Don't make that kind of a statement with a straight face."

第7章　語りのモダリティ：語り方を操作する話者　239

"I have no choice but to make such a statement. The situation is changing the way Suzumiya wishes."

"Like that's possible."

7.3.4　引用の変動性と移人称

『取り替え子（チェンジリング）』には、多様な引用表現や引用に似た表現が使われる。吾良のテープの中の声、吾良の書いたシナリオの中の言葉、思い出の会話、インタビュー、古義人の語りかけ、古義人の会話部分、相手の言葉を想定する引用、複数の登場人物の会話、心内会話、文中にそのまま挿入される直接話法などである。実に多くの表現が駆使されていて、いわゆる括弧で括られた直接話法だけでなく、ダッシュで導入されるもの、また、引用マーカーの全くないものもある。

これらの談話部分は作品の構成上重要な役目を果しているのだが、それがどのように英訳されるかが問題である。『取り替え子（チェンジリング）』の語り手の心内モノローグは、英訳では 'he thought' などを使って三人称に訳されることが多い。原作では、同じ段落内で視点がシフトしているのだが、それは無視されることになる。また、原作では直接話法、いわゆる括弧付きでないもの、話法があいまいなもの、などが出没するが、英訳では直接引用かモノローグ的なイタリック体として表現されることが多い。

(34a) の二番目と三番目の文は、古義人の心内モノローグであり、それは語りの一部ではあるものの一人称で表現されている。英訳はあくまで三人称で、'He thought' 以下の従属節にまとめられている。原作の「とくに」以後は、英訳では新しい段落となり、三人称視点の描写文となっている。

(34a)『取り替え子（チェンジリング）』83
　古義人にはその東ベーム夫人のいう、吾良のシナリオにもとづいてドイツ人の監督が撮る映画という話を聞いた記憶はなかった。しかし、あのじつは気の弱い吾良に、この人の雄弁に逆らう気力が続いただろうか？　とくにその人の娘となんらかの関係があり、それが厄介なものとなっていて、という

ようなことであればなおさらに……

(34b) *The Changeling*, 105

　Contrary to this Azuma-Bōme women's supposition, Kogito had no recollection of ever having heard anything about a plan for a German director to make a film based on one of Goro's original screenplays. He thought it likely that Goro, who was somewhat weak-willed （or, more charitably, softhearted） and hated to say no to anyone, might simply have been unable to summon the energy to resist this woman's blandishments.

　The likelihood increased if you considered the possibility （again, this was wild surmise） that Goro might have had some kind of involvement with the woman's daughter and that relationship had become complicated and problematic.

　(35a) のダッシュに導かれた部分は、古義人がテープレコーダーに向かって、亡くなった吾良に話し掛ける部分である。原作ではこれが通常の会話ではないことを示すために、括弧付きの会話は避けられているのだが、英訳では引用符付きで、あたかも通常の直接話法として提示されている。原作の特別な引用意図は、無視されてしまう。なお、「パリ全市のミニアチュアのような画をお土産にもらった」の「もらう」という授受表現の意味は伝わらない。(35b) ではあくまで 'he brought back for me' と吾良が仕手となっている。

　(35a)『取り替え子（チェンジリング）』92
　そして田亀に向かっていそいそと答えたのだ。
　　──先生の最後のフランス滞在の時だね、あの年パリではゴミ収集人のストライキがあった。市街のところどころからゴミを焼く煙が上っている、パリ全市のミニアチュアのような画をお土産にもらった。いまも成城の机の前に置いてあるよ。

　(35b) *The Changeling*, 115

第7章　語りのモダリティ：語り方を操作する話者　241

Then he turned back to Tagame and replied in great excitement. "That must have been at the time of Professor Musumi's last stay in France! It was the year there was a trash collectors' strike in Paris. I still have a souvenir that <u>he brought back for me</u>; it's a miniature-type painting that shows the entire city of Paris, and here and there you can see smoke rising from the piles of burning trash in the streets. It's sitting on the desk in front of me, here in Seijo."

　(36a) には興味深い視点シフトが観察できる。「古義人は」、「かれは」と続いたあと、「しかしもうひとつ気がついていることもあったのである」という語りの説明がある。それに続いて何の引用マーカーもなく「おれは、吾良の頰から耳にかけて田亀に向けて話していた跡が、衝撃によって残っているかどうか確かめたかったのだ……」という文が現れる。ここでは明らかに三人称の古義人から、一人称に移っているのである。一方、(36b) の英訳では、視点のシフトは認められず 'he was curious' と三人称視点が維持されている。原作のこの部分には、三人称の語りから一人称の古義人の声に変化する移人称とも言える現象が観察される。
　移人称という表現は、渡部 (2015) が用いたもので、一人称から三人称というように、小説の中で人称がシフトすることを指す。それは、一人称と三人称の間を移動し往復する手法であるが、渡部はこのような手法が2000年代の小説に見られると述べている。それは、語る者と語られる者が従来別々なものと考えられていたのに対し、むしろ一人称的になる現象である。ただ、語り手としての話者はいつでも介入できるのだから、どんな語りも潜在的には一人称で行われると考えることもできる。渡部は、現在は語りの声が増大し描写性が失われつつあり、その傾向は大江健三郎の晩年の作品に見られるとも指摘している。従来の三人称小説と一人称小説というような区別が薄れ、むしろ人称多元小説、または、移人称小説と言えるような作品が多くなっていると言う。『取り替え子（チェンジリング）』は、まさにその好例と言え、視点の移動と融合が繰り返されているのである。

(36a) 『取り替え子(チェンジリング)』16

　<u>古義人</u>は、千樫に見すかされている心弱さがありながら、梅子さんに誘われるといそいそと立とうとしていた。<u>かれ</u>は、いつまでも成長しきれぬ自分のことを、孤立した寂しさで思ったのだ。<u>しかしもうひとつ気がついていることもあったのである</u>。<u>おれ</u>は、吾良の頰から耳にかけて田亀に向けて話していた跡が、衝撃によって残っているかどうか確かめたかったのだ……

(36b)　*The Changeling*, 14

　As Chikashi perceptively surmised, the prospect of viewing Goro's dead body filled Kogito with dread, but when Umeko voiced her request he automatically started to stand up. He couldn't help thinking that he would never be mature enough to handle something like this, and he was engulfed by feeling of loneliness and isolation. But he was conscious of another motivation for agreeing to view the corpse, as well; <u>he was curious</u> whether there might be a mark stretching along Goro's cheek that would indicate he had been talking into a Tagame-type headset when he jumped.

　日本語では心内会話と心内モノローグという操作で、語りと会話の間を行き来することが比較的自由に行われる。英語では人称の区別を明確にしそれを維持することが好まれ、引用方法が限られたものとなるのと対照的である。日本語の自由な引用表現は、語り手としての空白の話者が変化しながら、常に創られつつある存在であることを物語っている。移人称の表現効果が英訳され難いことは、同一的な個としての安定感ゆえに、視点シフトが限定されてしまう英語の世界のあり方を示している。本稿で比較対照した現象は、確かに日本語の特徴とそれにつながる空白の話者のあり方を映し出していると言えるのである。

7.4 スタイルシフト

　日本語の文章の特徴として無視できない現象は、言語表現のスタイルとそのシフトである。日本語の豊かなスタイルは、空白の話者が自分を表現するためのリソースを提供する。本項では、ダ体とデス・マス体を中心に会話体を含むスタイル選択、さらにアイロニー効果を生み出すスタイル使用について、それらが話者の演出のために駆使される現象を見ていこう。なお、スタイルは言語のバリエーションの一部と理解することができる。そのバリエーションの中には借り物スタイルやキャラクター・スピークも含まれるのだが、それは次章で論じることにする。

　ダ体とデス・マス体は、状況や相手への意識と考慮を反映し、丁寧体や敬語のシステムと共に重要な機能を果たしてきた。しかしスタイルの選択は、社会の慣例に違反することによって効果を生み出す場合もあり、むしろ社会の慣例と個人の意志との間の葛藤の結果であると言える。従来の研究ではともすれば、社会言語学的な要素や会話の場面などの要素が重要視されがちであり、話者の意図が考慮されない傾向があった。

　筆者は、以前、スタイルの選択とそのシフトは、話し手が正式に相手に向けるか、相手との距離を保持・拡大するかという、どちらかというと心理的・心情的な要素によって決定されることを指摘し、感情の揺れとスタイルの揺れがどのように関わっているかを論じたことがある（Maynard 1991, 2001b, 2004, 2008, メイナード 2001b, 2004）。また、スタイルの選択とシフトは言語の創造性とも関連していて、特にアイロニー効果を生み出すのに利用されることを見た（メイナード 2004, 2008, 2012, 2014）。スタイルは、空白の話者が次第に意味付けされる空白の場の中で、自分を演出するためのレトリックの技法として、機能するのである。

7.4.1　語りの態度とデス・マス体

　ここで、筆者の「だ」と「です・ます」のシフトについての研究（Maynard 1991）を、まとめておきたい。ダ体の表現には直接的で臨場感をもたらす機能

があるため、デス・マス調の文章に混入するダ体は、話者が驚いた時、急に思い出した時、そして特に感情的になった時に使われる。特に語りの世界に関して言うと、ダ体にシフトするのは、話者がその現場にいる時、つまり話者が語りの世界内から語る時である。一方、デス・マス体をダ体の文章の中に混用するのは、話者が例えば社会的な地位を意識した時などのように、意識して妥当なスタイルを選ぶ時である。語りの世界の外部の視座に立ってデス・マス体を使うと、話者が読者に直接語りかけるような印象を与え、それは読者へのアピールを狙うスタイルとして機能する。意見を述べたり問いかけたりする際に、あたかも公の場で誰かに聞いてもらいたい気持ちがあるような印象を与える。同時に正式に発表する前によく考えてから至った結論なのだ、というような意味合いを伝える。この他者を意識した語り口調は、間接的にではあるが、読者に話者の存在をそれだけ意識させることにもなる。

　上述のようなスタイルシフトの機能をヒントに幾つか例を選んで、その英訳と比較対照してみよう。『涼宮ハルヒの憂鬱』の語り手であるキョンのスタイルは、会話調で助詞の使用が多く、時には乱暴言葉や方言などのバリエーションを伴う。しかし概してキョンのスタイルとスタイルシフトは、英訳には反映されないままとなる。(37a) と (38a) ではキョンの口調が「正直、たまりません」と「いい笑顔です」でデス・マス体にシフトしている。語りのスタイルは一貫してダ体であることから、デス・マス体は逸脱していて、読者に正式に発表するようなアピールの仕方が感じられるのである。読者は、スタイルを操作する話者の存在を意識させられるのだが、その効果は英語には見られない。ちなみに (37b) の 'To be honest, I can't get enough of that outfit' を逆翻訳すると、「正直その姿には見飽きない」、(38b) の 'A brilliant smile' は「すばらしい笑顔」とでもなり、キョンの語りの態度を充分伝えることはできない。

　　(37a)『涼宮ハルヒの憂鬱』89
　　俺は朝比奈さんのバニースタイルにひたすら見とれるのみだった。
　　　ごめん。<u>正直、たまりません</u>。

(37b) *The Melancholy of Haruhi Suzumiya*, 57
I could only stare at her in her bunny outfit.
　Sorry. <u>To be honest, I can't get enough of that outfit.</u>

(38a) 『涼宮ハルヒの憂鬱』150
「全部、保留でいいですか。信じるとか信じないとかは全部脇に置いておいて保留ってことで」
「はい」
　朝比奈さんは微笑んだ。<u>いい笑顔</u>です。

(38b) *The Melancholy of Haruhi Suzumiya*, 98
　"Can we put this all on hold? Just set the matter of whether or not I believe you aside and put this on hold."
　"OK."
Asahina smiled. <u>A brilliant smile</u>.

　(39a) では、デス・マス体の「全然けっこうです」と、ダ体の「やっぱり可愛い」とのスタイルのコントラストが見られるが、(39b) の英訳には表現されない。原作ではまず、「けっこう」というフォーマルな語彙が使われていることもあり、それに共起して、デス・マス体で正式の発表であるような印象を与える。続いて「やっぱり可愛い」というダ体は、自分で納得している心内モノローグのような雰囲気をもたらす。英訳には、そのような豊かな表現性を感じることはできない。

(39a) 『涼宮ハルヒの憂鬱』172-173
「わたしこそ、いつも恥ずかしいところばかり見せちゃって……」
　<u>全然けっこうです</u>。
　どうやらハルヒの注文を愚直に守っているらしい。朝比奈さんは例のメイド服を着込んでしきりと恥じらっていた。

<u>やっぱり可愛い。</u>

(39b) *The Melancholy of Haruhi Suzumiya*, 113-114

"I should apologize for putting you in such embarrassing situations all the time...."

Totally fine with me.

It appeared that she was obediently abiding by Haruhi's request. Asahina had finished changing into the maid outfit and was blushing.

She really is cute.

『キッチン』には、興味深いスタイルシフトが観察できる。語り手としての話者が、感受し経験する者としての反応を発表する場合に起こる現象である。『キッチン』は一人称でダ体で語られるのだが、時々、デス・マス体になることがある。デス・マス体にシフトすると、意識的に読者に語りかける態度を示すことができるため、話者の反応を直接伝え、その行為が他の部分とは異なる雰囲気を醸し出すことがある。

(40a) の「胸元に落ちているではないですか」は、話者が経験した事態に驚いている表現なのだが、デス・マス体にシフトしている。(40b) の英訳 'I found that tears were pouring down' は、仕手が発見したという文型になっているばかりか、原作の感嘆表現が過去形の描写になっていて、原作のスタイルシフトは反映されないままになる。

(40a)『キッチン』54

しかし、気づくとほおに涙が流れてぽろぽろと<u>胸元に落ちているではないですか</u>。

(40b) *Kitchen*, 34

But then, overpowered by their enormous weight, <u>I found that tears were pouring down</u> my cheeks and onto my blouse.

同様に、(41b) のデス・マス体の表現「魔がさしたというのでしょう」の英訳 'it was like I was possessed' にも、スタイルシフトは感じられない。原作では、スタイルの混合が語りの態度の変化を示す重要な手段となっているのだが、そのような表現性は英訳では失われてしまう。

(41a)『キッチン』10
　悪く言えば、魔がさしたというのでしょう。しかし、彼の態度はとても〝クール〟だったので、私は信じることができた。

(41b) *Kitchen*, 6
　Bad as it sounds, it was like I was possessed. His attitude was so totally "cool," though, I felt I could trust him.

7.4.2　会話体へのシフト

　語りに見られるスタイルシフトはダ体とデス・マス体だけでなく、終助詞の使用と非使用によっても指標される。終助詞で読者にアピールする時、語り手としての話者は語りのスペースの外に顔を出し、親しく話しかけるような印象を与える。会話をしているような語り方は、話者の内面や発話態度を露にすることが多い。例えば終助詞「わ」の使用は、ステレオタイプとして女性的な雰囲気があり、そこに話者の性を想起させるのだが、そのような効果は英訳では失われることが多い。さらに、終助詞を使うことで、直接語りかける態度や相手への意識を伝え、語り手は読者との会話を装うことができる。見え隠れする話者が、相手にその存在を意識させる効果があるのである。
　(42a) の「これじゃおばあちゃんも死ぬはずだわ」は、第1章で触れた欠落現象であり翻訳されていないのだが、話者が自分の気持ちを読者に向けて発している。

(42a)『キッチン』50
　彼も年を取ったなあ。と私はしみじみ思う。これじゃおばあちゃんも死ぬは

ずだわ。
　よく、祖母がこの小さいイスにすわってお茶を飲んでいた時と同じように、今、私がこのイスにすわってお茶を飲み、天気やこの町の治安の話をしているのは、異様だった。

(42b)　*Kitchen*, 32
I felt very keenly how old he had become. Just as my grandmother had often sat here, now I was in the same little chair, drinking tea and talking about the weather and the state of the neighborhood. It was strange; it didn't seem right.

　非常に会話的な表現が語りに使われる時も、スタイルが醸し出す効果がある。(43a) の「なーんにも」は、会話の雰囲気を強調する。(43b) の 'I didn't think about it beyond that' を逆翻訳すると「それ以上は考えなかった」とでもなるだろうか。英訳の描写には、原作の話者が導入する会話性が表現されない。加えて (43a) がノダ文になっているその効果は、(43b) の英訳には反映されないままとなっている。

(43a)　『キッチン』13
なーんにも、考えてはいなかったのだ。

(43b)　*Kitchen*, 8
I didn't think about it beyond that.

　バリエーションを使用することも、スタイルシフトの一つである。語り手が乱暴言葉になることもあり、それがメタ言語的に言及される (44a) のような場合もある。「後悔は先に立たねえんだ。おばあちゃんにそんな口をきくなよ」は明らかに逸脱した乱暴言葉の会話である。「そんな口をきくなよ」という命令形は (44b) の英訳では 'talking to your grandmother that way' と間接的に後悔する内容として示されるのみであり、乱暴表現の効果は反映されないままと

なる。英訳には 'I thought' が使われていて、文全体の構造はあくまで間接話法となっていて、語りの中に挿入される会話性は無視されてしまいがちになる。なお「私もまた疲れていたため思わず汚ない言葉で思ってしまった」は (44b) では自分も過去にそうだったという解釈で英訳されているが、誤訳である。

(44a)『キッチン』53
「まだつかないのー！ 眠い。」
ゆきちゃんはだだをこね続けた。
<u>ガキ。私もまた疲れていたため思わず汚ない言葉で思ってしまった。後悔は先に立たねえんだ。おばあちゃんにそんな口をきくなよ。</u>

(44b) *Kitchen*, 34
Yuki continued her whiny pouting. "Aren't we there yet? I'm sleepy."
The brat! I, too, had acted that way when I was tired. You'll regret it, <u>I thought</u>, <u>talking to your grandmother that way.</u>

　本項で考察したスタイルシフトは、根本的には語り手としての話者の感情を表現しているのであり、話者のキャラクターを形作る働きがある。自分の内面をどの程度どんな方法で暴露するかという決断が、その人の性格を示すからであり、その結果、新たな特徴を持つことになる場合がある。会話体へのシフトは、話者が読者に疑似会話を通して話しかけているような印象を与える。
　英語には日本語のようなスタイルシフトが存在しないが、類似した効果を他の方法で表現できないわけではない。例えば、(41b) の 'it was like I was possessed' という表現は、会話的な雰囲気をもたらす。また日本語の終助詞「ね」に近い機能を持つ表現として 'I mean' が考えられるが、日本語表現のように読者に直接アピールする姿勢は強く伝えられない。原作の話者は語りのスペースに新しい感情世界を作り出すのだが、この表現性は英訳では欠如したままとなる。

7.4.3 スタイルとアイロニー

アイロニー、つまり皮肉または反語は、表面上のことばの意味とは裏腹な意味を伝える。諷刺的な意図で用いられる表現であり、その意味は反転して解釈しなければならない。アイロニーの研究で特に注目すべきものに Sperber and Wilson (1981, 1988) がある。Sperber and Wilson によると、アイロニーはエコー (echo) を伴うのだが、エコーとは言語の使用 (use) と言及 (mention) のうちの特殊な言及がもたらす効果であるとのことであり、次の例をあげて説明している (1988: 238)。

(45) It's a lovely day for a picnic.
(46) It's a lovely day for a picnic, indeed.

(45) は実際に言語を使用しているが、(46) は (45) の表現自体について評価する態度を示す言及である。アイロニーと理解されるためには、(46) のようにその言及行為を示すマーカーとしてエコー標識 (echo marker) が必要となる。英語では 'indeed' を代表とする副詞類がこれにあたる。日本語の場合も強調表現や大袈裟な表現がエコー標識として使われる。確かにエコー標識が付いている表現では、それをたよりにアイロニー的な読み方が促される。ただ、エコー標識がなくてもアイロニーと解釈する場合もあるし、また言うまでもないのだが、例えば 'indeed' を使った表現がすべてアイロニーとして解釈されるわけではない。いずれにしてもアイロニーは、言語の二重使用の側面を利用したものである。

瀬戸 (1997) は、アイロニーは「高めて落とす」という原理に支えられていると指摘する。つまり、通常より高めて表現するとそれが反転して否定の意味を含み、アイロニーとして読まれるのである。アイロニーのために意味を高める言語手段には、幾つかの種類がある。過度の上乗せをした語彙を使うもので、例えば、ある人の失敗談を聞いて「おまえ、天才だよ」と言ったりする場合である。また必要以上にその状況を強調したり程度を高めたりする方法もあり、常にアイロニーと読まれる表現に「ご大層な」や「お偉方」、またしばし

ばアイロニーと解釈されるものとして「ご立派」や「おめでたい」がある。加えて、感嘆文を使って意味を強化したり、極度に丁寧で不自然で大袈裟な表現を使用したりする場合がある。

　そもそも話者はなぜ、字義通りの言葉をあえて避け、アイロニー表現を使うのだろうか。岡本（2000）に沿って幾つか確認しておこう。まず、アイロニーを使うと、字義通りの非難より攻撃的であるということがある。例えば顔を泥だらけにした子供に向かって「そんなきれいな顔をして」という発話の方が「そんな汚れた顔をして」と言うよりも、ひどく汚れた顔を非難する時使われるという実験結果がある。しかし一方では、字義通りよりも攻撃的でないという議論もある。実際には深刻な事態であるからこそ、それをやわらげるためにアイロニーが用いられる場合もあるからである。さらに、アイロニー表現は、ユーモアを感じさせることも知られている。この場合は、攻撃的な印象を避けながら、ウィットに富むという評価がなされることがある。

　日本語のアイロニーはこのような機能を果たすのだが、英訳には充分反映され難い。特に、過度の丁寧表現や尊敬語を使ったアイロニーは、英語で表現するのは難しい。『涼宮ハルヒの憂鬱』から抜き出した（47a）の「ハルヒは高らかにのたまった」という大袈裟な敬語は、他の部分の表現方法から逸脱している。その使用が不自然であることが、アイロニーとして読まれるヒントである。英訳の'Haruhi loudly proclaimed'は単なる描写であり、アイロニー効果は感じられない。

　　(47a)『涼宮ハルヒの憂鬱』55
　　「そんなもんはね、後からついてくるのよ！」
　　<u>ハルヒは高らかにのたまった。</u>

　　(47b)　*The Melancholy of Haruhi Suzumiya*, 35
　　"That stuff will all fall into place later on," <u>Haruhi loudly proclaimed</u>.

　(48a)は、キョンと古泉とのタクシー内の会話である。この「ご存知でない

な」は、従来敬語を使うべきでないところに、あえて使うことから来るユーモア感を生む。難しい質問をやけに丁寧にしてきた相手に対し、批判を感じさせるアイロニーを含んだ表現である。翻訳テクストの 'Never heard of it' にはこのような効果は感じられず、作者の創造性は無視されたままとなる。

(48a)『涼宮ハルヒの憂鬱』230
「まだハルヒが神様だとか思ってんのか」
　後部座席に並んで座っている古泉は、俺に横目をくれて、
「人間原理という言葉をご存じですか？」
「ご存じでないな」
　ふっと息継ぎみたいな笑い声を上げて、古泉は言った。

(48b) *The Melancholy of Haruhi Suzumiya*, 152
"Do you still think Haruhi is God or whatever?"
Koizumi, sitting in the back with me, turned my way. "Are you aware of the anthropic principle?"
"<u>Never heard of it</u>"
Koizumi exhaled a chuckle before speaking again.

　(49a) でキョンは「朝比奈さんのお言葉に甘えて」という表現を使っているのだが、ここも他の部分の表現方法から逸脱している。不必要な丁寧表現であり、明らかにアイロニー表現である。ここでも (49b) の 'So I took Asahina up on her offer' には皮肉であるという表現性は感じられない。

(49a)『涼宮ハルヒの憂鬱』180
　着替えるから先に帰ってて、という<u>朝比奈さんのお言葉に甘えて</u>俺は部室を飛び出した。

(49b) *The Melancholy of Haruhi Suzumiya*, 118

Asahina said, "I'm going to change, so you can go home first." So I took Asahina up on her offer and hightailed it out of the club room.

『R.P.G.』から抜き出した（50a）には、「お方たち」と「お偉方」という逸脱した表現が見られ、高めて落とすアイロニー効果を生む例が観察できる。（50b）の英訳には 'the higher echelons' と 'the brass' が使われているが、それは上層部、あつかましいやつというような意味であり、確かに否定的な態度は感じられるものの、原作のようなアイロニー効果は充分反映されない。なお、「そこで」から「考えたのである」までは原文では直接会話を含んだ一つの文である。（50b）の英訳でも一つの文にまとまってはいるが、「そもそもスキャナーとは何だ？」は、'what a "scanner" even was' と間接目的表現になっていて、原作の会話性は感じられないままとなる。

(50a)『R.P.G.』22-23
機材によって人的負担を軽減するということを、ほとんど罪悪のように考えているお方たちばかりだからである。
　そこで中本は、武上が立ち上げた本部内のデスク班の仕事ぶりを観察した具体的な報告書を作成すれば、
「そもそもスキャナーとは何だ？」
というところから理解させなくてはならないお偉方にこの請願を聞いてもらうために、少しは役立つだろうと考えたのである。

(50b) *Shadow Family*, 21
To the higher echelons, using advanced machinery to reduce people's workloads was akin to a scam. A detailed report of the working conditions and output of Takegami's new desk operation might help persuade the brass (who needed to be educated about what a "scanner" even was) to heed their request.

豊かなスタイルは、空白の話者を創造的に演出する手法である。日本語表現

ではそれをフルに利用して、語り手や登場人物のキャラクターを印象深いものにする。このような話者の表現性が英語の翻訳テクストに反映され難いという事実は、スタイルの多様性が潜在性と可変性を備えた空白の話者の存在という日本語の本質を映し出している。

7.5　おわりに

　本章では、日本語の文芸作品に使われる各種の語りのモダリティが、英語に翻訳され難い点を確認した。カタカナ表記を含む日本語の表記変換は、話者の視点、結束性、そして、間ジャンル性に関連した表現効果を生む。ル形とタ形の使用とその操作は話者の表現性と、談話上の表現効果をもたらし、引用方法はそのあいまいな表現を含みながら、心内モノローグや心内会話を通して登場人物と話者の語り方を色付ける。加えて語りのモダリティを社会言語学的な観点から捉えると、日本語のスタイルの重要性が確認できる。デス・マス体と会話らしいスタイルの混合や、スタイルがアイロニー表現として機能するスタイルシフトは、翻訳テクストには直接反映されないことが明らかになった。ここに日本語の特徴としての話者の語りの表現性が確認でき、空白の話者の豊かな演出を感じ取ることができるのである。

　本章で扱った現象は確かに翻訳され難いものであって、起点テクストと目標テクストの間の意味のずれは、やはり埋め難いものなのである。それが語りという根本的な行為のずれであればこそ、私たちは日本語の表現性が充分理解されないまま、翻訳テクストとして世界に配信されていることの深刻さを重く受け止める必要があると思う。

注1　特に、ライトノベルに観察される各種の記号や表記の創造的使用については、メイナード (2012) を参照されたい。
注2　原文は次のようになっている。

　　the transposition of one or more systems of signs into another, accompanied by a new articulation of the enunciative and denotative position　(Kristeva 1980: 15)

注3　原文は次のようになっている。

Each word (text) is an intersection of word (texts) where at least one other word (text) can be read. In Bakhtin's work, these two axes, which he calls dialogue and ambivalence, are not clearly distinguished. Yet, what appears as a lack of rigor is in fact an insight first introduced into literary theory by Bakhtin: any text is constructed as a mosaic of quotations; any text is the absorption and transformation of another. The notion of intertextuality replaces that of intersubjectivity, and poetic language is read as at least double. (Kristeva 1980: 66)

注4　このル形は、Austin (1976 [1962])、Searle (1994 [1969])、Grice (1975) に代表される発話行為理論 (speech act theory) で言われる遂行文 (performative) である。

第 8 章
バリエーションとキャラクター・スピーク：自由に演出する話者

8.1 空白の話者とキャラクター・スピーク

8.1.1 言語の本質とバリエーション

　日本語の本質を語る上で、特に空白の話者をどう演出するか、という問に答えるために、声の多重性（multivoicedness）、特に多言語性（heteroglossia）とキャラクター・ゾーン（character zone）という概念が重要である。これらは、Bakhtin（1981, 1984, 1986）によって提唱された文学、特に小説の解釈のための概念である。Bakhtin は、西欧の小説を研究資料として言語に関する哲学を打ち立てたのだが、本研究でデータとして使う翻訳テクストにも応用できる考察が多くあり、筆者は Bakhtin を超えて、その概念を拡大解釈して分析の指針とする。これらの概念は、話者が操作するキャラクター・スピークと、多数のキャラクターやキャラとの関係を理解するために役立つからである。

　筆者は今までも多くの研究で Bakhtin（1981, 1984, 1986）の立場を説明し、日本語の談話分析に応用してきたのだが、まず、声の多重性について確認しておきたい。Bakhtin は、談話の断片、その中に出てくる一行の文、いや、一語にさえも幾つかの異なる「声」（voice）が響いていると主張する。つまり、言語表現には常に複雑な複数の視点を代表する声が聞こえ、そこに「多重性」が認められるという立場である。

　この立場はもっと根本的には言語の対話性を重視する Bakhtin の言語観に基づいている。Bakhtin（1986）は談話の意味解釈にはその談話自体だけでなく、その外部で起きているコミュニケーションにも目を向ける必要がある、つまり

第8章　バリエーションとキャラクター・スピーク：自由に演出する話者　257

テクストだけでなくコンテクストにも注目する必要があると説く。そして、特に語り手と聞き手、もしくは語り手と先行する（または後続する）語り手との間で、談話内部のコミュニケーションが行われていることに注視する必要があると主張する。Bakhtin のアプローチではいかなる発話もそれ自体独立したものではなく、あくまでその境界線は話者の交替によって引かれる。このため、発話は常に他の発話に無関心ではいられないし、それ自体で完全な一体となることもない。全ての発話は先行する発話に対する反応や答えであり、後続する発話を含む他の発話を否定したり肯定したり補足するものでもある。おのおのの発話は、他者の発話の残響で一杯になっているのであり、そこには常に声の多重性が確認できる。

続いて Bakhtin は「多言語性」という概念を紹介する。多言語性は、文学作品の中の登場人物の声（それは作者の声を反映するものでもあるのだが）に観察できる。そこに響く多言語は会話性に支えられていて、それらはあたかも互いに会話しているようなものである。そしてそこに認められる言語は「ハイブリッド構造」(hybrid construction) になると言う。Bakhtin (1981) を引用しよう。

> 多言語性から捉えられたある言語は一度小説の内部に統合されると、それはもう一人の人の言語のもう一つの発話になる。この言語は作家の意図を表現するのではあるが、その表現過程にはそのままではなく屈折したものが含まれるため、二重言語の特殊なディスコースを形成する。同時に二人の話者に利用され、キャラクターの直接の意図と作家の屈折した意図、という二つの異なった意図を同時に伝えることになる。そのようなディスコースには、重層する声、重層する意味、重層する表現が観察される。常にこれらの声は対話的・相互的に関連付けられ、あたかも互いを認め合っていて、実際に会話をしているようである。二重の声が響くディスコースは、常に内部で会話をしているのである。(Bakhtin 1981: 324 筆者訳)[注1]

Bakhtin が具体的に多言語性の現象として言及するのは、階級によるバリ

エーション、イデオロギー言語、職業による特殊言語、世代差を反映した言語、プロパガンダに用いる言語、権威者の言語、あるグループに限定された特殊言語、そして流行語などである。Bakhtin は、これらのバリエーションが小説のディスコースに取り入れられた場合について、次のような説明をする。小説内のバリエーションは、小説の構造上幾つかの層を成す。その層には、作者の語り、人々の語り、手紙や日記などの半文学的語り、作家のレトリックの綾を駆使した表現、そして一番下の層に小説の登場人物の個人的なスタイルがある。そしてこれらの言語は、あたかもオーケストラの演奏のように、作者、語り手、登場人物という三者によって組み合わされ統合されるのだ、と。

多言語性は、あらゆる言語に認められる特徴である。しかし言語によって、そのあり方や使用されるバリエーションが異なり、そこにはその言語を特徴付けるハイブリッド構造が認められると筆者は考えている。本章の分析では多言語性とハイブリッド性を意識しながら、日本語のテクストと翻訳テクストにおける表現性のずれを検証していく。

8.1.2　キャラクターとキャラクター・ゾーン

Bakhtin の言うバリエーションのうち、日本語表現で特にその自由な創造性を発揮するのは、キャラクター・スピークである。筆者は Maynard (2016) とメイナード (2017) で、キャラクター・スピークという概念を紹介し、文芸作品に観察される多くのバリエーションを分析してきた。キャラクター・スピークは、登場人物の場合、直接話法の中で用いられる。もっとも登場人物の発話と言えど、作者によってコントロールされているのであり、そのため作者と登場人物の関係が重要になる。Bakhtin はこの関係を明らかにするために、登場人物の声が中心となる意味の領域を、「キャラクター・ゾーン」(character zone) と呼んでいる。

キャラクター・ゾーンとは何かという問に答えるために、Bakhtin が説明に用いる実例を見てみよう。それはツルネーゲフの小説 *Virgin Soil* の中に登場する語り部分で、「しかしカロミエチェフは彼の丸いめがねを意図的に鼻と眉毛のあいだに軽く打ちつけ、彼の懸念をあえて分かち合わない学生を睨んだ

第8章 バリエーションとキャラクター・スピーク：自由に演出する話者　259

(Kallomyetsev deliberately struck his round eyeglass between his nose and his eyebrow, and stared at the (...) student who dared not share his apprehensions.)」という部分である。この表現の中の「あえて分かち合わない」(dared not share) という表現には、カロミエチェフの学生に対する怒りと、語り手がカロミエチェフの怒りを真似て皮肉として表現したものという二つの感情が含まれている。つまり「あえて分かち合わない」という表現には、語り手の皮肉を込めた声と、語り手の領域とは別の領域に聞こえるカロミエチェフの声が共存しているのである。この状態をBakhtin (1981)は次のように説明する。この部分は、キャラクターの役割が小説の言語を複数の層に分化し、その中に多言語を統合するという典型的な現象を示している。小説のキャラクターは常に自分のキャラクター・ゾーンを持つのだが、それはキャラクターの直接話法のディスコースより広いゾーンになっていて、その周囲を囲むゾーンは特殊なスタイルで特徴付けられている。そしてそこには、もっとも変化に富むハイブリッド構造が用いられる、と。

　Bakhtin (1981)は、このようなキャラクター・ゾーンの重要性を強調していて、それがバリエーションやスタイルの研究においても、また言語学においても最も大切な研究概念であると述べている。キャラクター・ゾーンの研究こそが、私たちの言語やスタイルに関する研究に、新たな光を投げかけてくれるだろうとまで言うのである。[注2]

　筆者はこのBakhtinの言うキャラクター・ゾーンという概念を、翻訳テクスト分析に応用することができると考えている。キャラクター・ゾーンとは語り手と登場人物の声が、複数聞こえる領域である。例えば、ライトノベルではキャラクター・ゾーンには、語り手と登場人物の声が入り乱れ、また、同一の人物が、異なったキャラクターやキャラを提示するために複数の声を響かせる。キャラクター・ゾーンでは語り手の視点は上層に位置するのだが、その声は語りのプロセス自体によって屈折し変化する。加えて登場人物の声も、会話性と対話性を帯び、キャラクター・ゾーンをさらに複雑で多重的なスペースとする。さらに、キャラクター・ゾーンを広義に解釈すれば、第7章で分析した語りのモダリティという現象は、日本語を特徴付ける語りのキャラクター・

ゾーンを創っていると解釈することもできる。

　日本語表現におけるバリエーションの豊かさは、キャラクター設定やキャラ提示という表現上の機能の必要性に支えられている。それは、空白の話者を自由に創造的に演出するために、不可欠なものなのである。本章では日本語のスタイルやキャラクター・スピークを含むバリエーションが、キャラクター・ゾーンの中でどのように翻訳されるか・されないかに焦点を当てるのだが、その表現性は英訳には充分反映されることはないことが明らかになる。そこに、日本語表現の根本的な特徴が見て取れるのである。本章の分析で明らかになるように、日本語と英語が創るキャラクター・ゾーンは、その内容も範囲も、使われる言語操作も、それぞれが具現化する物語の世界も異なっている。そしてそれは、キャラクター・ゾーンを操作する話者の姿の差にもつながっていると言える。

8.1.3　キャラクター・スピークと話者の演出

　言語のスタイルは、多くの場合言語使用者の社会的な立場や、その人の出身地、年令、性別、職業などと関係している。しかし、他の人に直結するステレオタイプ化したスタイルを、逆に利用することもある。また、現存しない実際には使われないスタイルでも、そのスタイルが想像上のある特殊なグループの人々を想起させることを利用して、使うこともある。筆者はこのようなスタイルを借り物スタイルと呼んできた（メイナード 2004, 2005a）。借り物スタイルとは、話者がその話のスタイルの中に誰か他の人の声を借りてきて、その声で異なったもう一人の話者を演じる表現方法である。この表現方法には、一定の声だけでは表現できない効果が期待できるという利点がある。それはあたかも、腹話術師のように異なった声を使って、いろいろな話者のイメージを操るようなものであり、重複する声を響かせる手法である。

　借り物スタイルは、そのステレオタイプを利用してキャラクターやキャラの設定に利用されるのだが、筆者はそれをキャラクター・スピーク（character-speak）として捉えた（Maynard 2016, メイナード 2017）。キャラクター・スピークは、作者、翻訳者、語り手、登場人物など、すべての話者が工夫しなが

ら使用する言語表現やレトリックの綾、さらに会話行為などを含む広範囲にわたる現象であり、キャラクターやキャラを立てて、それを維持し管理し変化させるために用いられる。注3

　キャラクター・スピークは、話者のキャラクターとキャラの設定に役立つのだが、ここで、両者の違いを確認しておきたい。キャラクターとは一般的に登場人物と言われる物語内の人物像であり、多くの場合ステレオタイプ化されたイメージを伴う。一般的に典型的なキャラクターとして認められるものには、「お嬢さん」、「老人」、「ツンデレ」、「ヤンキー」、「異人」などがある。一方、キャラとは、こういうシチュエーションではこういう言動を見せるというステレオタイプ化された側面で、キャラクターの一部である。同じ言動でもそれが一貫して使われれば、キャラクターにつながる場合もあれば、一時的に使うのであれば、キャラ的なイメージを提示するのに留まる場合もある。例えば、ある物語の中で「お嬢さん」がキャラクターとして登場する場合もあれば、「お嬢さん」風の言動が一時的になされることによって登場人物の一側面であるキャラ表現として機能する場合もある。

　キャラクター・スピークには、いろいろなバリエーションが使われる、例えば、老人語によって老人キャラを提示し、老人のような雰囲気を醸し出すことができる、そこには年配者ではない話者であっても、老人のようなキャラ要素が混合する複合した話者が観察できる。おネエ言葉がおネエというキャラクターを設定したり、おネエキャラを提示することもある。またフィクションとしての方言を使用することで、ある地方のステレオタイプとされる特徴を強調することもある。自分の生育地とは違う意図的に選択した方言を、キャラクター・スピークとして使うことで、その土地と関連したキャラを提示するのである。

　なお、キャラクター・スピークには、役割語（金水 2003）も含まれる。金水（2003）は「ヴァーチャル日本語」という表現で、架空の日本語を利用した表現を捉えている。例えば、博士語とか老人語と呼べるスタイルがあり、「親じゃと？　わしはアトムの親がわりになっとるわい！」の「じゃ」「わし」「なっとるわい」などの口調は、現在一般的に使用されているとは言い難い。

しかし、そんな口調で話す人のイメージを私達はすぐに思い浮かべることができる。金水 (2003) は、このような特定の人物を想像させる特徴ある話し方を「役割語」と呼んでいる。筆者はメイナード (2004, 2017) と Maynard (2016) で、役割語と借り物スタイルの差、さらにキャラクター・スピークとの差について論じた。[注4]

　日本の文芸作品、とくにポピュラーカルチャーにおいては、キャラクターやキャラが重要な位置を占めているのだが、これには心理的な動機があり、より広くは日本文化が影響している（メイナード 2017）。現実の生活でも、キャラクター・スピークは他者との違いを強調するために利用されたり、インターネット上でのアバターを含む自分のイメージ創りに利用される。いずれにしても、幾つかのキャラを提示することで、現実の自分とは向き合わないですむという利点がある。キャラの方が気軽であり、もし行き詰まったら他の場所で違ったキャラを演じればいいのである。

　キャラクター・スピークの使用はキャラやキャラクターの選択を可能にし、その多様性ゆえに話者の演出のために利用される。本章で考察する日本語の豊かなキャラ提示やキャラクター設定こそが、空白の話者を自由に創造することを可能にするのである。そのような表現性は翻訳テクストに反映し難く、そうであればこそ、豊かなバリエーションとその演出は、日本語の本質である空白の場における空白の話者という概念につながっていると解釈することができるのである。

8.2　バリエーションとキャラクター設定

8.2.1　おじさん言葉と老人語

　本研究で分析の対象とする作品の中には、多くのキャラクター・スピークの例がある。その英訳には、日本語の豊かなバリエーションは反映されないままになるのだが、本項では、幾つかそのような例を考察していくことにする。

　まず、『R.P.G.』に見られるおじさん言葉が、キャラクター設定に使われる例を見よう。(1a) は中年の武上刑事が佳恵に質問し、佳恵の答えに対して反

応する場面で使われる。「わけですな」はまぎれもなくおじさん言葉である。おじさん言葉とは「ですなあ」、「ますなあ」表現に代表され、おもに男性が中年に達した時に使い始めるスタイルである。この表現は20代の男性の1.3％が使うのみであるが、60代では18.4％が使うと報告されている（国立国語研究所2000）。小説でも日常言語の現象を応用して、登場人物が中年男性であることを知らせるために使われる。ただし、武上刑事は常におじさん言葉を使うわけではなく、リラックスした状態で使うことが多く、そこに親しみが湧くような効果がある。そのような微妙なバリエーションの応用は、翻訳テクストには反映されず、人情が滲み出るような雰囲気は生まれない。例えば (2a) の武上刑事の発話である「ベテランですな」はおじさん言葉であるが、それに呼応する (2b) の英訳 'That makes you an old hand, doesn't it?' は、「ベテランですね」というごく普通の日本語にも当てはまるものであり、おじさん言葉効果は期待できない。

(1a)『R.P.G.』198
「ははあ。そうすると内向きのことを仕切る<u>わけですな</u>」

(1b) *Shadow Family*, 134
"I see. So basically your work involves internal affairs."

(2a)『R.P.G.』198-199
「入社してどのくらいになりますか」
「今年で十五年です」
「<u>ベテランですな</u>」

(2b) *Shadow Family*, 134
"How long have you worked there?"
"This year it will be fifteen years."
"<u>That makes you an old hand, doesn't it?</u>"

(3a)は『涼宮ハルヒの憂鬱』から抜き出したもので、ある登場人物を爺さんと紹介してから、老人語風のスタイルを使っている。頻繁に使われる「のー」と、「言うのかね」という表現は他の登場人物の話し方のスタイルから逸脱していて、確かに特殊なバリエーションである。この雰囲気は英訳には反映されないままとなる。「涼子さんと言うのかね」は (3b) では 'Her name's Ryoko?' と英訳されているが、逆翻訳すると「名前は涼子？」となる可能性が大きく、ごく普通のスタイルと変わらない。

(3a)『涼宮ハルヒの憂鬱』222

爺さんはうら若き乙女と会話することがよほど楽しいらしく、

「そう言えばお嬢さんのほうはたびたび目にしたが、両親さんとはついぞ挨拶した覚えもない<u>のー</u>」

「<u>涼子さんと言うのかね</u>、あの娘さんは。気だての良い、いい子だった<u>のー</u>」

「せめて一言別れを言いたかったのに、残念なことよ<u>のー</u>。ところであんたもなかなか可愛い顔しとる<u>のー</u>」

(3b) *The Melancholy of Haruhi Suzumiya*, 147

The old man looked like he was enjoying this chance to talk with a young girl.

"That's right. I saw the young lady a number of times, but I don't recall ever meeting her parents—

"<u>Her name's Ryoko?</u> She was a good-natured, kind girl—

"She could have at least said goodbye. What a pity. By the way, you're a fine-looking girl yourself—"

8.2.2 特殊な登場人物の設定

『銀河鉄道の夜』には、いろいろな職業の人物が登場する。その中でここでは、鳥を捕る人と学者というキャラクターに関連して、どのようなキャラクター・スピークが使われるか、四人の英訳と比較してみたい。

(4a) は、鳥を捕る人のキャラクター・スピークである。「この汽車は、じっさい、どこまでもいきますぜ」という表現の「ぜ」は、他の登場人物は使わない逸脱した表現である。英訳では、(4b) と (4c) で 'you know'、(4d) で 'precisely'、(4e) で 'Indeed' が使われている。いずれの表現でも、強調しながら相手に訴えるという発話態度を伝達することはするのだが、やはり「ぜ」による話者のイメージは浮かんでこない。「わっしはすぐそこで降ります。わっしは、鳥をつかまえる商売でね」の「わっし」という一人称は、この登場人物の年齢や性別を特徴付けるのだが、(4a) の英訳では他の場合と同様 'I' になっていて、四人の翻訳者全員が 'I'm getting off' という表現を使っている。

(4a)『銀河鉄道の夜』84
「それはいいね。この汽車は、じっさい、どこまででもいきますぜ」（略）
「わっしはすぐそこで降ります。わっしは、鳥をつかまえる商売でね」

(4b) *Night Train to the Stars*, 79-80
"Now that's nice. That's just where this train is going, you know." (...)
"I'm getting off a bit farther along the line. You see, my business is catching birds."

(4c) *Night on the Galactic Railroad & Other Stories from Ihatov*, 72-73
"Oh, that's nice. This train can really take you that far, you know." (...)
"I'm getting off soon. I'm a bird catcher by trade, you see," the red-whiskered man told them, not offended in the least.

(4d)『英語で読む銀河鉄道の夜』109, 111
'That's really something. That's precisely where this train is going.' (...)
'I'm gettin' off a bit down the track.
Birdcatchin's my line.'

(4e) *Milky Way Railroad*, 63
"That's good enough. <u>Indeed</u>, this train does go on to the end." (...)
"<u>I'm getting off</u> just up the line here. My job is catching birds."

　(5a) は学者のキャラクター・スピークで、「かね」、「たまえ」などの特殊な丁寧表現が使われる。原作には学者風の登場人物の雰囲気が感じられるのだが、英訳では他の登場人物との差はあまり感じられない。例えば、(5c) の 'Hey there, stop! Don't use your pick, use a chisel instead, and carefully!' と (5e) の 'Hey there! Yes, you! That's enough with the pickax! Do it gently, with a chisel!' には、呼び止めて命令する行為はイメージできても、原作に感じられる特別な丁寧さは感じられない。(5c) を逆翻訳すると「おいそこ、君！つるはしはやめなさい・やめろ。丁寧に鑿でやりなさい・やめろ」というスタイルになるだろうか。

(5a)『銀河鉄道の夜』81
「このけもの<u>かね</u>、これはボスといってね、おいおい、そこ、つるはしはよし<u>たまえ</u>。ていねいに鑿をやってくれ<u>たまえ</u>。」

(5b) *Night Train to the Stars*, 73
"This beast here—it's called *bos*, (hey!—stop using your pickaxes there—do it carefully, with chisels!)"

(5c) *Night on the Galactic Railroad & Other Stories from Ihatov*, 70
"Now, these bones you see, they're from a creature called Vos— <u>Hey there, stop! Don't use your pick, use a chisel instead, and carefully!</u>"

(5d)『英語で読む銀河鉄道の夜』101
'We geologists call it a "boss"... hey, you, put down that pick! Can't you be more careful and use a chisel?'

(5e) *Milky Way Railroad*, 60

"This beast, now, is called a Bossy... Hey there! Yes, you! That's enough with the pickax! Do it gently, with a chisel!"

8.3 ヤンキー言葉と若者言葉

8.3.1 ヤンキーキャラクターの提示

　文芸作品の中で、語り手や登場人物がヤンキー言葉や乱暴言葉を、キャラ提示やキャラクター設定のために使う場合がある。ヤンキー言葉とは、ヤンキーと呼ばれる若者の仲間言葉であり（斉藤2009）、乱暴言葉、反抗的な口調、独特の語彙使用などの特徴がある。ヤンキーには、不良、チンピラ、不良軍団などの意味があるが、永江（2009）はその特徴として、秩序を重んじる、下町系と郊外系がある、学校が嫌い、落ち着きたいと思っている、などをあげ、要するにヤンキーとは成熟と洗練を拒否する若者・青年のことだとまとめている。また、難波（2009）は、ヤンキーは、社会への抵抗、右寄りの思想、特定の言葉遣い、奇抜なファッション、などで特徴付けることができるとしている。このヤンキーキャラクターと関連付けられるヤンキー言葉が、話者のキャラクター設定やキャラ提示に利用される。

　ヤンキーの中には、女ヤンキーとしてのキャラクターも存在する。ところどころに乱暴言葉を使った表現を導入することで、ざっくばらんな性格であり、反社会的で反抗的な女性のヤンキーとしてのキャラクターが設定されることがある。『TUGUMI　つぐみ』に登場する主人公のつぐみは、ヤンキー風乱暴言葉を使うヤンキーの性格を備えたキャラクターである。つぐみは丁寧なスタイルで話す時もあるのだが、ヤンキー風スタイルとそのシフトを使うことが多い。作品上重要な効果をもたらしているヤンキー言葉は翻訳に反映されている側面もあるのだが、つぐみがかなり逸脱したキャラクターであることを明確に設定することは難しい。(6b) と (7b) の 'You jerks sure are gonna feel like crap if I die tonight! Stop crying already!' と 'Listen, kid, I'm a hell of a lot closer to death than the rest of you assholes, so I can feel these things' は 'hell' や

'asshole'というののしり言葉を含んだ乱暴言葉ではあるが、原作に見られるヤンキー風のキャラクターを演出している印象に欠けることは否めない。

(6a)『TUGUMI　つぐみ』13
　しかしそんな時もつぐみは、
「おまえら、あたしが今夜ぽっくりいっちまってみろ、あと味が悪いぞー。泣くな」
とせせら笑った。

(6b)　*Goodbye Tsugumi*, 6
　But even at times like that, Tsugumi sneered. "You jerks sure are gonna feel like crap if I die tonight! Stop crying already!"

(7a)『TUGUMI　つぐみ』19
「あたしはおまえらなんかよりずっと死に近いから、わかるんだよ、こういうことが。」

(7b)　*Goodbye Tsugumi*, 11
　"Listen, kid, I'm a hell of a lot closer to death than the rest of you assholes, so I can feel these things."

　ところで、つぐみのヤンキー風の表現は、弱音をはく時にはスタイルが変化する。そのスタイルはダ体であり、ヤンキー風ではないものの、ぶっきらぼうなキャラクターは維持される。そのあたりのスタイルシフトは、英訳には充分に表現できないままとなる。また、つぐみのスタイルにはやさしさが見え隠れすることもある。(8a)の「おまえ、何て言うの？　名前」という表現は、ヤンキー言葉の印象はありながらも、やさしさも伝わってくる。(8b)の'Hey moron, what do you call yourself? You got some kind of name?'という英訳はあくまで乱暴なスタイルとなっていて、つぐみのいつもよりやわらかい口調は反

映されない。同様に (8a) の「なに？　女中の息子なの？　おまえ」は (8b) では 'What, is your mother a maid or something?' と英訳されていて、「女中の息子なの？」という表現に感じられるやわらかさとやさしさは、無視されたままになっている。

(8a)『TUGUMI　つぐみ』96
「うん、わかってる」
　とつぐみは言い下に向かって大声で、
「おまえ、何て言うの？　名前」
と言った。彼は権五郎をひょいと抱きあげて、私達を見上げて言った。
「俺は、恭一だよ。君らは？」
「あたしはつぐみ。こっちはまりあ。ねえ、おまえって、どこの子？」
「俺の家はまだこの町じゃない、あそこの」
と山の方を指さしながら、
「あそこの、新しくできるホテルが俺の家になるんだ」
「なに？　女中の息子なの？　おまえ」
つぐみは笑った。

(8b) *Goodbye Tsugumi*, 79
"Yeah, thanks, I noticed," she replied. Then she hollered into the street, "Hey moron, what do you call yourself? You got some kind of name?"
The guy scooped up Gongorō and looked up at us.
"My name's Kyōichi. What about you two?"
"I'm Tsugumi. This here's Maria. Tell me, whose kid are you?"
"I'm not living in this town yet, but I'll be over that way," he said, pointing toward the mountain. "That new hotel is gonna be my house."
"What, is your mother a maid or something?" Tsugumi chuckled.

筆者はつぐみの話し方をヤンキー言葉風のスタイルとして捉えるが、広くは

異性の言語スタイルを選ぶ現象の一例として考えることができる。女性が男性語を使う現象に関する先行研究には、因（2003）によるマンガに観察されるジェンダー表現の研究がある。因はマンガで男性語を女性が使う場合を、他人格モードを創出する手段として捉えている。具体的には深刻さの緩和や照れ隠しのため、また本音トークを誘発する契機となり、さらに感情の爆発を可能にする機能があるとしている。そして女性が男性語を使うことで、素の自己のままでは使い難い表現を容易に使用することができるとしている。李（2011）は、因（2003）の現象が日常会話でも見られることを報告していて、女性の男性語・異性語の使用が、行儀の悪い、俗っぽいなどのニュアンスを利用して、笑いを誘ったり場のバランスを保ったり、微妙なニュアンスを伝えたりする機能を果たしていると指摘している。つぐみのスタイルには確かに上述の特徴が観察される。そこには、英訳には必ずしも感じられない女性の男性語使用の効果が認められるのである。

8.3.2　若者を意識させるバリエーション

　若者言葉とは、10代後半から30歳くらいまでの男女が仲間内で使う表現である。米川（2002）によると、若者言葉は、娯楽・会話促進・連帯・イメージ伝達・隠蔽・緩衝・浄化などのために使うくだけた言葉であり、その主な特徴には、略語、「る」言葉、接尾辞、強調語、転義があるとのことである。若者言葉に関して、佐竹（1995, 1997）は「ソフト化」という表現を用いてその効用を説明している。若者たちの不安や恐れについて、自分の発言の正当性・妥当性に対する自信のなさからくる不安、聞き手の考えとズレているのではないかという恐れ、聞き手から自分のミスや聞き手とのズレを指摘されることへの恐れ、などをあげ、そうした不安や恐れに対する方策として、断定回避があったり、ぼかし表現が選ばれたり、半クエスチョンが使用されたりすると説明している。辻（1999）は若者言葉について、「とか」、「っていうか」、「って感じ」、「みたいな」などの表現を使用する心理を調査している。これらの表現の心理的要因は、「発話によって設定される対人関係上の責任・拘束——いわば対人関係の『重力場』——から身を引き離すことにある」（1999: 22）と説明する。

第8章　バリエーションとキャラクター・スピーク：自由に演出する話者　271

そして「とか」や「っていうか」などの若者言葉の背景にあるのは、互いを束縛する重い関係より、相手に寄りかからない軽い関係を好む対人心理であるとしている。

　本研究のデータのうち、ライトノベルは若者向けのジャンルであることもあり、登場人物の若者言葉が目立つ。(9a)には若者言葉の典型と言える「とゆーか」と「というか」が使われていて、例えば(9b)では'I guess I just got a little high-strung or something'と翻訳されている。'I guess'と'or something'には確かに躊躇感が表現されているが、ソフト化を伴う若者言葉という印象はあまり与えない。同様に、「つい甘えてしまったというか……」は'I guess I just got carried away with it.'となっていて、逆翻訳しても「というか」が醸し出す若者言葉の雰囲気は感じられない。

(9a)『"文学少女"と死にたがりの道化(ピエロ)』70
「えへへ、心葉先輩のほうからいらっしゃるなんて、びっくりしちゃいましたよぉ」
「昨日泣いていたから大丈夫かな……と思って」
「あー、あれですか？　全然大したことないです。ちょっとナーバスになっちゃった<u>とゆーか</u>。雨が降ってて鬱入っちゃった<u>とゆーか</u>……心葉先輩が、優しい顔してたから……<u>つい甘えてしまったというか</u>……きゃあ、恥ずかしいからもう忘れてください」

(9b) *Book Girl and the Suicidal Mime*, 52
　"Heh-heh-heh...what a surprise to have you come to me, Konoha."
　"I was just wondering if you were all right ... since you were crying yesterday."
　"Oh, that? It wasn't anything important, really. <u>I guess I just got a little high-strung or something</u>. I guess I was a little down because of the rain. And you looked at me so kindly ... <u>I guess I just got carried away with it</u>. Oh geez, it's so embarrassing. Please just forget that happened."

若者言葉に関連して、若い男性のざっくばらんな会話表現が使われるが、これもキャラクターを設定するバリエーションである。例えば、『涼宮ハルヒの憂鬱』では（10a）にあるように、キョンの級友である谷口の発話に、男子キャラクターを印象付けるスタイルが使われる。しかし（10b）ではそうしたキャラクターは感じられない。また『R.P.G.』の稔は丁寧に応じる部分もあるが、（11a）にあるように興奮すると若者風の乱暴言葉を使う。（11b）では'Come on, Officer, What are you, nuts?' となっていて、このような口調を再現しようとはしているが、若者風の印象はあまりなく、キャラクター設定は充分にはなされない。「おっさん」という呼びかけが 'Officer' と訳されていて、取り調べの席で若者が中年の男性をばかにする態度は、反映されないままとなる。

(10a)『涼宮ハルヒの憂鬱』20
「でもなぁ、あいつモテるんだよな」
　谷口はまだ話している。
「なんせツラがいいしさ。おまけにスポーツ万能で成績もどちらかと言えば優秀なんだ。ちょっとばかし変人でも黙って立ってたら、んなこと解んねーし」

(10b) *The Melancholy of Haruhi Suzumiya*, 12
　"Even so, she's pretty popular ..." Taniguchi was still talking. "It's because she has the looks. Plus she's great at sports and probably gets better grades than most. You can't tell she's a freak when she just stands there and keeps her mouth shut."

(11a)『R.P.G.』226
「どうかしてるぜ。おっさん、頭おかしいんじゃねェの？」

(11b) *Shadow Family*, 152
　"You gotta be kidding me," said Minoru. "Come on, Officer, What are you,

nuts?"

8.4 方言とおネエ言葉

8.4.1 方言とキャラクター

今からおよそ半世紀前には、方言は恥ずかしいものであり、その訛りを隠すことに一生懸命だった時代があった。いわゆる「方言コンプレックス」(柴田1958) である。井上 (2000) は、1990年代には方言のメインストリーム化が顕著になり、方言イベント、方言コマーシャル、方言ドラマ、マンガの台詞や、文学の方言使用などが否定し難いものとなり、エンターテインメントの世界にも方言を使うタレントが登場したと指摘する。確かに方言は、今やポピュラーカルチャーに不可欠なバリエーションとなっている。

方言価値の変遷について陣内 (2007) は次のように説明している。かつて集団就職で上京した地方の若者は訛りを隠すのに必死であり、訛りは自己嫌悪の象徴だった。しかし、現在の若者世代では「むしろその人の個性として肯定的に受け止められている」(2007: 27) のであり、主に、ツッコミ、合の手、文末表現などで使われていると指摘している。「共通語が話せない」という態度から、「共通語しか話せない」という態度に変化していて、共通語しか話せない人は面白くない、味がない、楽しくない、などと否定的な評価を受けがちになる、と。なお、田中 (2011) は2010年代に至っては、方言はかっこいい、おもしろいという付加価値のあるものになり、「一時のブームから恒常的なものとして定着した」(2011: 66) とまとめている。田中 (2014) は、インターネット上の打ちことば (キーボードなどを打つことによって視覚化された言葉) のコミュニケーションに観察される多様化した方言使用を検証している。

なお、方言の機能を「アクセサリー化」という表現で捉える立場もある。小林 (2004) は、方言の質的変化を「アクセサリー化」と呼び、共通語の服を着ていても、その中に適宜に投入される方言は、アクセサリーのような機能を果たしていると言う。具体的には「同一地域社会に帰属する親しい仲間同士であることの確認」と「その場の会話を気取らないもの、くだけたものにしたいと

いう意思表示」(2004: 106) の機能があるとしている。方言機能がこのような筆者の言うパトス的な要素（メイナード 1998, 2000）と密接に関係していることは、方言が話者のキャラクター設定やキャラ提示を、よりカラフルなものにする可能性を秘めていることを示している。

　ここで、方言がある地域の出身者であることを示すキャラクター・スピークの例を見よう。(12a) は『取り替え子（チェンジリング）』で古義人が母親との会話を回想している部分である。『取り替え子（チェンジリング）』は三人称小説ではあるが、既に触れたように、作者の大江健三郎の実生活と重なる部分がある。古義人は大江と同じように、愛媛県の森に囲まれた田舎の出身である。郷里にいる母親が息子に対して話すスタイルは、デス・マス体の丁寧表現で、「ておる」や「や」など伊予弁の特徴も見られる。興味深いことに、英訳には母親の発話が伊予弁であるという指摘がある。原文にはそのような記述は全くないのだが、そこには伊予弁の特徴まで付け加えられているのである。(12b) の 'Kogito's mother began to speak in the local Iyo dialect, which tends to feature more exclamatory sentences than standard Japanese' で、普通の日本語より感嘆表現が多い傾向があると説明されている。これは、翻訳論で言う受容化であり、目標テクストの読者に理解しやすいように翻訳するという現象である。同時に読者に説明が必要であるという意識を伝えることになり、一種の異質化現象（Venuti 2008）であると解釈することも不可能ではない。このような説明が正しいかどうかという問題を抜きにしても、方言についての説明では母親の優しい方言が醸し出す雰囲気を、そのまま伝えることはできない。

　　(12a)『取り替え子（チェンジリング）』34
　　さて、向かいあって朝食をとっている時、母親は次のような話をした。
　　――古義人さんに会いたいものじゃと、この春の初めから（すでに秋だった）念じておったのでな……いまあなたがそこに坐っておられても、半分は自分の空想がそこで食事をしておるかと思っていますよ。私はもう耳も遠いのに、古義人さんの言葉は……子供の時から口を大きく開けて話さなんだのが改良されておらず……よく聞きとれませんしな！

半ばは現実のことで、半ばは架空のことのように思いますよ！　それにな、この頃は何につけても、これは全部現実のこと<u>や</u>と、とくに思い込もうともしませんが！

(12b)　*The Changeling*, 40

　　Later, when they were sitting across from each other at the breakfast table, <u>Kogito's mother began to speak in the local Iyo dialect, which tends to feature more exclamatory sentences than standard Japanese.</u> "I've been praying for a chance to see you since the beginning of last spring, Kogito!" she began. (It was already fall.) "And now that you're sitting here, I still half feel as if it's my fantasy eating breakfast in front of me. It doesn't help that I can barely hear what you're saying—of course, I've gotten quite deaf; and on top of that you still don't open your mouth wide enough when you speak, just like when you were a child!

　　"But anyway, right now I feel as if this is half reality and half fanciful daydream! Besides, lately, no matter what's going on, I'm never entirely certain that it's really happening!

　(13a) は、やはり愛媛の人物で、古義人の父親と同じ政治運動に参加していた大黄のキャラクター・スピークである。大黄の発話の直前、彼の話し方について「否定できない森のなかのアクセントで」と描写されている。(13b) にもその描写が翻訳されているものの、原作の方言が持つインパクトは英訳には反映されない。「古義人さんがわしらのことも、あの日のことも、決して忘れてはおられんのやと安心しましたが！」は (13b) で 'It's a great relief to me to know that you haven't forgotten about that day, or about us!' となっているが、それを逆翻訳すると「あなたがあの日のことそして私たちのことを忘れていないと分かって安心しました」という標準語になるものと思われる。伊予弁を使わない会話部分と同じスタイルになってしまうのである。

　(13a)『取り替え子（チェンジリング）』137

それから片腕の男は、この日から二十年たって古義人が三人の男たちに襲われた時、懐しさを認めたことを否定できない森のなかのアクセントで、勢い込んで話しかけて来た。
　――わしですよ、大黄ですが！　ギシギシですよ。覚えておられるでしょう？　古義人さん！　わしらがいま急に話を聞いてもらいたいというのはな、迷惑なことやろうと思いますが！　古義人さんは大学受験をされようとしておるのやし！　それでもわしらをすぐ、長江先生の慎死された場所が見える所へ連れて来られたのやから！　古義人さんがわしらのことも、あの日のことも、決して忘れてはおられんのやと安心しましたが！

(13b)　*The Changeling*. 179
　Abruptly, the hitherto-silent one-armed man began to speak in a spirited, exclamatory way, with the same sweetly nostalgic deep-forest accent that Kogito would hear from the men who attacked him, twenty years later.
　"It's me, Daio! You know, they used to call me Gishi-Gishi! You remember, don't you, Kogito? I'm sure having me suddenly turn up wanting to talk to you must be a big nuisance," the man went on, "especially when you're in the middle of studying for your entrance exams. Still, I'm really happy to see that you brought us right away to a place overlooking the spot where your father went down in a blaze of glory! It's a great relief to me to know that you haven't forgotten about that day, or about us!"

8.4.2　キャラクター・スピークとしてのおネエ言葉

　日本語のバリエーションの中で、その価値が変化したのは方言だけではない。おネエ言葉も、キャラクター設定とキャラ提示の方法として使われることがある。
　通常、性差による日本語の種別については、次のように考えられてきた。女性的な表現では、断定を避け、命令的でなく、自分の考えを相手に押しつけない言い方が多く、男性的な表現では、断定や命令を含み、主張・説得をするた

めの表現が多く使われる。つまり、より断定的なスタイルとして男性語スタイルがあり、一方女性語スタイルは余り断定的ではない（益岡・田窪1993）と。具体的には、女性語専用とされる「かしら」、男性語専用とされる「だろ？」をはじめ、文型や全体の雰囲気に至るまでいろいろなレベルで、断定的なスタイルとそうでないスタイルという種別が認められている。このようなステレオタイプ化された見方は、それ自体が偏見につながるのであるが、一方性差による種別がステレオタイプとして存在することも確かなのである。

　言語と性差の問題に関して特に注意しなければならないのは、話者が男性であるか女性であるかという性別と言語使用との間に、個人の選択があるという事実である。私達は、それなりの表現効果を求めて、より女性的・男性的なスタイルを場に応じて使い分けることが多い。つまり、言葉を選ぶことによって、多様なジェンダー・アイデンティティを作り上げるのである。男性も女性も、性差を強調したり、逆にあまり性差を感じさせないスタイルを使ったり、生物学上の性と社会的な性とのギャップや矛盾点を調整するために、女性語と男性語をどの程度使うのかを決めたりして、性に関連する言語のスタイルを使い分けているのである。

　日本語にはおネエ言葉と言われるスタイルがある。男性が使う女性っぽい話し方を指し、使う人にもよるが通常の女性語より丁寧になる傾向があるものの、ウィットや毒舌が頻繁に観察されるという特徴がある。このおネエ言葉はキャラクター・スピークとして、キャラクター設定やキャラ提示に使われる。女性的な言葉を男性が使うという現象は現在に始まったことではないのだが、昨今おネエ言葉として話題になっている女性的な言葉は、2000年代に入ってゲイの男性、特に新宿のゲイバーで話されていた言語のバリエーションを指している。この点は、Maree (2003) によると、おネエ言葉を話す人の間でも認められていたとのことで、その言葉の特徴として、典型的な女性の言葉を誇張したイントネーションを伴い、母音を長く発音したものと理解されていたとのことである。Mareeは具体的には、SayuriとOkaという二人のレズビアンの意見を引用し、おネエ言葉とは女性の言葉を五割増しに誇張したものだとしている。

おネエ言葉についてはいろいろな議論があるのだが、筆者は Lunsing and Maree (2004)、マリィ (2013)、阿部 (2014) を参考にしながら次のように定義した (Maynard 2016)。

1．大袈裟なイントネーションを使い、遊びやパフォーマンス的な印象を与える。
2．次の表現を使うことが多い。
　　名詞句に直結する終助詞の「よ」や「ね」
　　終助詞「わ」及び「わよ」や「わよね」
　　「あたし」、「わたし」や自称詞としての名前使用
　　「あら」、「かしら」や終助詞の「の」
　　「なさい」など直接命令する表現
　　感情を露にする表現や誇張表現
3．伝統的に女性と結び付けられる会話の場やトピックに関心がある。
4．皮肉、批判、毒舌、などが含まれる。
5．おしゃべりに積極的に参加する態度を示す。
6．自分の意見や、自分が支持する思想に固執する傾向がある。

この中には、「あたし」、「かしら」、「あら」など、おネエ言葉を強く意識させるものと、「の」のように比較的弱く感じさせるものがある。終助詞の「の」は非おネエ言葉としても使うことがあるが、女性的なニュアンスがあることも確かである。

上記のリストに加えて、おネエ言葉には、乱暴言葉や下品な語彙の混用、自分を卑下する発話行為、男性を想起させる荒っぽい表現などが目立つ。おネエ言葉は確かに性の意識と無関係ではないが、性を直接指標することなく、むしろ自分を演出するために言語のイデオロギーを利用したり、遊びやパフォーマンスのために創造的に使われるバリエーションなのである。なお、筆者は Maynard (2016) とメイナード (2017) で、メディアにおけるおネエ言葉を分析し、そのキャラ提示やキャラクター設定について考察した。

第8章　バリエーションとキャラクター・スピーク：自由に演出する話者　279

　『キッチン』には、雄一の父親である人物が、母親として登場する。そのキャラクター・スピークは、「あたし」、終助詞の「の」、「わ」、「わね」などを伴っている。父親は物語の中で重要なおネエキャラクターなのだが、英訳ではおネエキャラクターははっきり設定されない。例えば（14a）の「あたしは、よかったわ」は（14b）の英訳では 'I'm grateful for it' と翻訳されていて、全く普通のスピーチスタイルである。（15a）の「みかげの素直な心が、とても好きよ」は（15b）で 'I love your honest heart, Mikage' と翻訳されていて、'love' という動詞の使用には、女性的な要素が感じられるのだが、決定的なキャラクター設定はできていない。「いいわねえ」というまぎれもないおネエ言葉は、（15b）では 'You've been lucky' という普通体に終わっている。

　（14a）『キッチン』66
「まあね、でも人生は本当にいっぺん絶望しないと、そこで本当に捨てらんないのは自分のどこなのかをわかんないと、本当に楽しいことが何かわかんないうちに大っきくなっちゃうと思う<u>の</u>。<u>あたしは、よかったわ</u>。」

　（14b）*Kitchen*, 41
　Yes. But if a person hasn't ever experienced true despair, she grows old never knowing how to evaluate where she is in life; never understanding what joy really is. <u>I'm grateful for it</u>."

　（15a）『キッチン』66-67
「わかる気がする<u>わ</u>。」
　私は言った。
「<u>みかげの素直な心が、とても好きよ</u>。きっと、あなたを育てたおばあちゃんもすてきな人だったのね。」
　とヒズ・マザーは言った。
「自慢の祖母でした。」
　私は笑い、

「いいわねえ。」
　と彼女が背中で笑った。

(15b)　*Kitchen*, 42
　"I think I understand."
　"<u>I love your honest heart, Mikage</u>. The grandmother who raised you must have been a wonderful person."
　I smiled. "She was."
　"<u>You've been lucky</u>," said Eriko. She laughed, her back to me.

　『キッチン』の作品全体を通して、父親がみかげに接するその態度には、おネエキャラクターの人物像が色濃く表現されるのだが、その全体像はしばしば使われるおネエ言葉を抜きにしては具体化しない。この作品が書かれた時期を考えると、おネエキャラクターの登場はそれなりのインパクトがあったものと思われるのだが、英訳には充分反映されていない。このような表現性のずれは、それが作品を特徴付ける要素であることを考えると無視できないものである。なお、(15a) の「ヒズ・マザーは言った」には、父親ではなく、しかし彼の母親でもなく、外来語という距離感を含んだ表現しかできないという特別な意味が込められているが、英訳には照応する表現はなく、そのニュアンスは無視される。

8.5　語り手のキャラクター・スピーク

8.5.1　語りの声と方言

　本項では『涼宮ハルヒの憂鬱』のキョンの語り方に焦点を当て、それが英訳でどのように表現されるかを考察したい。キョンの語りではキャラ提示としてのバリエーションが各種使われる。一貫したキャラクターとしては、標準語と若者言葉を話す高校生という設定であるが、それに加えて多くのカラフルなキャラが演じられる。

まず、方言がキョンのキャラ提示として使われる状況を考察したい。その前に、方言がフィクションとして使われることを確認しておこう。三宅（2005）は、関西域以外における関西方言の使用理由に関して、関西方言の好感度は若者及び30代で高く、その評価は、楽しい、おもしろい、ノリ・テンポがいい、親しみやすい、あたたかい、やわらかい、などのキーワードに集約されると指摘している。特に興味深いのは三宅が「新・戦略的利用」と呼ぶもので、方言を場を盛り上げたり笑いをとったり、緊張の緩和のために意識的に使う場合である。三宅は関西方言は「内容の厳しさをオブラートに包んで緊張を和らげようとする心理が働き、それが地の文とは違う言葉を使うという手段を選ばせ」（2005: 276）、その役割にふさわしい言葉として使われると説明する。さらに、話者と相手が共に方言を使うことの効果に、相手との距離を縮める、安らぎを与える、緊張を和らげる、などがあるが、関西方言は他の方言を代表してその役目を引き受けているものと思われる、としている。

　地域外話者の方言使用について、田中（2011）は、話者が生育地方言とは関わりなく、イメージとしての方言を臨時的に着脱することを指す「方言コスプレ」という概念を紹介し、現代を方言コスプレの時代と捉えている。方言コスプレに関連して、田中は方言を三層に分ける。まず、土地や生活と結び付いたリアル方言としての本方言があり、それと対峙するものにヴァーチャル方言がある。ヴァーチャル方言は、ジモ方言（リアル方言由来の「土地」との結び付きを持つヴァーチャル方言）とニセ方言（自分自身のリアル方言とは無関係で「土地」から切り離されたヴァーチャル方言）に分けられる。田中は加えて、日常生活における言語行動としての方言コスプレには、特に呼称、文末表現、語彙などが多く使われるとしている。そして現在の方言使用では方言のおもちゃ化が進み、メディアの影響を受けながら方言ステレオタイプが形成されるのだが、それとヴァーチャル方言がセットとして結び付くことが多いと強調している。その例として、おもしろい（大阪方言）、かわいい（京都方言）、かっこいい（東京方言、大阪方言）、あたたかい（沖縄方言）、素朴（東北方言）、男らしい（九州方言）、女らしい（京都方言）などをあげている。

　『涼宮ハルヒの憂鬱』に登場する（16a）と（17a）は「けったいなこと」と

「アホか」が使われる例である。関西弁の使用は他のテクストから逸脱していて、キョンの語りに関西方言のもたらす一種のおもしろさを感じさせる効果があるのだが、(16b) と (17b) の英訳ではそのような効果は失われる。キョンはこのような方言を時々混用することで、関西方言を話すキャラを提示する。

 (16a)『涼宮ハルヒの憂鬱』250
 では、俺は？
 なんだって俺はこんな<u>けったいなこと</u>に巻き込まれているんだ？

 (16b) *The Melancholy of Haruhi Suzumiya*, 166
 Then what about me?
 Why was I dragged into this bizarre mess?

 (17a)『涼宮ハルヒの憂鬱』124
 情報統合思念体？　ヒューマノイド・インターフェース？
 <u>アホか</u>。

 (17b) *The Melancholy of Haruhi Suzumiya*, 80
 Data Overmind? Humanoid interface?
 My ass.

8.5.2　語りのキャラクター・スピーク

 キョンの語りにはキャラ提示のために方言だけでなく、老人語、若者風の乱暴言葉、殿様をイメージさせるスタイル、年配者を思わせるスタイル、カジュアルな会話調などのバリエーションが使われる。まず (18a) には老人語の「わい」が混入され、何かを悟りきった老人のような雰囲気を醸し出す効果がある。(18b) の英訳 'I'll fan myself' には、そのような効果への配慮はなされていない。

第8章　バリエーションとキャラクター・スピーク：自由に演出する話者　283

(18a)『涼宮ハルヒの憂鬱』255
「キョン、暑いわ」
　そうだろうな、俺もだよ。
「扇いでくんない？」
「他人を扇ぐくらいなら自分を扇ぐわい。お前のために余分に使うエネルギーが朝っぱらからあるわけないだろ」

(18b)　*The Melancholy of Haruhi Suzumiya*, 169
"Kyon, I'm hot."
"Yeah. So am I."
"Fan me?"
"If I'm going to fan anyone, I'll fan myself. I don't have enough energy to be wasting any on you this early in the morning."

　キョンは、ざっくばらんに心情や発話態度を表現することがある。それは、乱暴言葉にも聞こえるスタイルを通して、男子高校生のキャラ提示をする時である。(19a) の「こいつ」、(20a) の「何がベールだ」、「いいのか、お前」、(21a) の「このアマ」、「つもりでいやがった」がその例であるが、ここに観察されるスタイル変化は英訳されないままとなる。例えば (20a) の「いいのか、お前」は (20b) では 'Are you OK with that?' となっていて、逆翻訳すると「それでいい？　OK？」とでもなるだろうか。やはりスタイルシフトは英訳され難い。(21b) には 'the damn girl' と 'my half-assed Web site' という表現でののしり言葉が使われていて、キョンの語りの態度が反映されていることに注目したい。英語のバリエーションも、全く使われないというわけではないが、全体的にキョンの態度は充分に伝えられることはない。

(19a)『涼宮ハルヒの憂鬱』25
　運動部からは例外なく熱心に入部を薦められ、そのすべてを断ってハルヒは毎日参加する部活動を気まぐれに変えたあげく、結局どこにも入部すること

もなかった。

何がしたいんだろうな、<u>こいつ</u>はよ。

(19b)　*The Melancholy of Haruhi Suzumiya*, 15
Every sports club, without exception, fervently pursued her membership. Turning their requests down, she would arbitrarily join a different club every day. In the end, she didn't stick with a single one of them.
What exactly was she trying to accomplish?

(20a)　『涼宮ハルヒの憂鬱』108
「いえー、SOS団、いよいよベールを脱ぐ時が来たわよ。みんな、一丸となってがんばっていきまっしょー！」
<u>何がベールだ</u>。
ふと気付くと長門はまた定位置に戻ってハードカバーの続きに挑戦している。勝手にメンバーに入れられちまってるけど、<u>いいのか、お前</u>。

(20b)　*The Melancholy of Haruhi Suzumiya*, 70
"All right, SOS Brigade! It's finally time to unveil ourselves to the world! Everyone! Let's join together as one and give it our all!"
What do you mean by unveil?
When I turned to look, I found that Nagato had returned to her customary position and was taking another crack at her hardcover.
You've been arbitrarily included as a member, you know. <u>Are you OK with that</u>?

(21a)　『涼宮ハルヒの憂鬱』136
ところで朝比奈さんのメイドコスプレ写真をハルヒがどうするつもりだったのかと言うと、<u>このアマ</u>、デジカメから吸い出した画像データを俺が適当に作ったホームページに載せる<u>つもりでいやがった</u>ことが判明した。

(21b) *The Melancholy of Haruhi Suzumiya*, 88
If you're wondering what Haruhi planned on doing with the pictures of Asahina in a maid outfit, it was revealed that <u>the damn girl</u> was going to put the pictures in that digital camera on <u>my half-assed Web site</u>.

キョンのキャラクター・スピークには、(22a) に見られる殿様のようなスタイルも含まれる。この逸脱したスタイルは、(22b) の英訳では他の部分とのコントラストがないため、その効果は期待できない。キョンの語りのスタイルの変化を工夫することで、読者を楽しませるという作者の表現意図が伝わらないのである。

(22a) 『涼宮ハルヒの憂鬱』253
まこと、真実とは明らかになってみれば下らないものであることよなあ。

(22b) *The Melancholy of Haruhi Suzumiya*, 168
Indeed, once the truth has been brought to light, it seems like such a trivial thing."

他にも、「安心したまえ」、「そうかい、決まってるのかい」など、年配者のようなスタイルが登場する。その英訳は普通の会話体に終わっている。

(23a) 『涼宮ハルヒの憂鬱』16
「あたし、何かおかしな事言った？」
<u>安心したまえ</u>、言ってない。おかしいのは涼宮ハルヒの頭のほうさ。

(23b) *The Melancholy of Haruhi Suzumiya*, 9
"Did I say something strange?"
Rest assured, you didn't. The only thing strange here is Haruhi's mind.

(24a) 『涼宮ハルヒの憂鬱』32

「あたしが気に入るようなクラブが変、そうでないのは全然普通、決まってるでしょ」
　そうかい、決まってるのかい。
　初めて知ったよ。

(24b) *The Melancholy of Haruhi Suzumiya*, 20
　"Any club I like is weird. Everything else is totally normal. Isn't that obvious?"
　"Really? Obvious, is it? First I've heard about it."

　キョンは（25a）の「っつーの」に見られるような若者風スタイルを使い、ざっくばらんなキャラを強調することがあるのだが、英訳には呼応する表現は使われない。なおここで、英語にキャラクター・スピークに類似する言語表現が、全く存在しないわけではないことも確認しておきたい。例えば（25a）の「っつーの」に呼応する表現として 'I'm telling you!' が考えられ、若者というメッセージはないものの、会話体の強調表現としての効果は期待できる。しかし、翻訳にはそのような考慮はなされていない。『涼宮ハルヒの憂鬱』の英訳は、全体的に一定した描写と通常の会話表現に統一されている。語り手としての話者のキャラクター・スピークは、翻訳者がその逸脱性を好まず不自然であると感じたからか、ほとんど使われていない。

(25a)『涼宮ハルヒの憂鬱』133
　違うって、俺は襲う方じゃなくて助けに入っている方だっつーの。

(25b) *The Melancholy of Haruhi Suzumiya*, 87
　You've got it wrong. I'm helping her, not assaulting her.

8.6　おわりに

　本章では空白の話者を演出するキャラクター・スピークの諸相に焦点を当

て、それがいかに翻訳テクストである英訳に反映され難いかを考察した。キャラクター・スピークの中から、おじさん言葉、老人語、特殊な登場人物の言葉、ヤンキー言葉、若者をイメージさせる言葉、方言、おネエ言葉などについて観察した。また、キャラクター・スピークは語りの手法としても使われ、多くのキャラ提示をすることで、独特の多彩な語り口調をもたらす現象を分析した。Bakhtin (1981) の言う言語の多言語性とハイブリッド性は、あらゆる言語に観察されるものであるが、日本語には特徴のある多言語による表現性と、それを支えるハイブリッド構造が認められるのである。

本章で、英訳にキャラクター・スピークが反映されないことを論じたが、もちろん、英語にキャラクター・スピークが全く存在しないというわけではない。バリエーションはあらゆる言語に認められる様相にちがいないのだが、その種類と使用頻度が異なり、言語内の重要性にも差がある。バリエーションはもともと社会に動機付けられるものであり、どのような創造的な使用方法が許されるかにも差があるため、ある意味翻訳不可能であるのは当然のことであると言える。

なお、既に触れたように、原作と翻訳テクストのバリエーションとキャラクター・スピークの差は、キャラクター・ゾーンのあり方の違いと考えることができる。Bakhtin (1981) が主張したキャラクター・ゾーンに関連して言えば、日本語は広く可変性に富んだ領域としてのキャラクター・ゾーンを活用する言語であると言える。英語に翻訳され難いバリエーションとキャラクター・スピークの現象は、空白の話者を比較的自由に演出することができる日本語の本質を映し出している。

注1　原文は次のようになっている。

> Heteroglossia, once incorporated into the novel (...), is *another's speech in another's language*, serving to express authorial intentions but in a refracted way. Such speech constitutes a special type of *double-voiced discourse*. It serves two speakers at the same time and expresses simultaneously two different intentions; the direct intention of the character who is speaking, and the refracted intention of the author. In such discourse

there are two voices, two meanings and two expressions. And all the while these two voices are dialogically interrelated, they—as it were—know about each other (...); it is as if they actually hold a conversation with each other. Double-voiced discourse is always internally dialogized. (Bakhtin 1981: 324 イタリックは原文のまま)

注2　参考までに、原文には次の記載がある。

Character zones are a most interesting object of study for stylistic and linguistic analysis; in them one encounters constructions that cast a completely new light on problems of syntax and stylistics. (Bakhtin 1981: 320)

注3　キャラクター・スピークについての詳細は Maynard (2016)、及び、メイナード (2017) を参照されたい。

注4　キャラクター・スピークと役割語との違いについては、メイナード (2017) で論じた。役割語という概念では説明できない現象として、以下の三つがあげられる。一つ目は、役割語のような言葉がステレオタイプ化された人物像につながらない場合があるということ、二つ目は役割語研究では触れられていないものの、役割語のような言葉使いが登場人物と直結することなく、キャラ提示に使われる場合があるということ、そして三つ目は、Teshigawara and Kinsui (2011) と金水 (2014) でも役割語の使用は主な登場人物には避けられると主張されているが、主人公のキャラクターを立てるために使われるという重要な機能があるということである。役割語と言われる表現が、文芸作品では主人公のキャラクター設定に利用されることも稀ではない。筆者のキャラクター・スピークは役割語をも含む概念であり、文芸作品をはじめとしたポピュラーカルチャーの談話分析に利用できる。

第9章
翻訳テクストとしての日本語

　本章では、まず、起点言語がポルトガル語の小説と物語を選び、その翻訳テクストを比較対照分析する。具体的には *Terras do Sem Fim*（Amado 1965）と *O Alquimista*（Coelho 1988）と、その翻訳テクストとしての和訳作品『果てなき大地』と『アルケミスト　夢を旅した少年』及び、それらの英訳である。第4章から第8章までの、原作とその英訳との比較で明らかになった日本語の特徴が、ポルトガル語を起点言語とした場合にも観察できるか、そしてそれは英訳と比較するとどうか、という問い掛けをする。

　次に、起点言語が英語の短編 *Auggie Wren's Christmas Story*（Auster 2000）を、小説家と、翻訳家としても活躍する文学者による二編の和訳テクストを検証する。ここでは、二人の翻訳テクストに観察される類似点と相違点に焦点を当てる。この分析を通して、日本語の本質とつながる現象は日本語が目標言語となる場合にも観察されることを、個人差を確認しながら強調したい。

　なお、起点言語としてポルトガル語を選んだ理由は、翻訳テクストとして扱われることの多い英語がゲルマン語派の言語であるため、それとは異なったインド・ヨーロッパ言語であるロマンス諸語の一つであるポルトガル語との比較が有効であると判断したからである。加えて、筆者はかつてポルトガル語の勉強をしたことがあるため、ロマンス語派のポルトガル語を使った比較対照が可能であることが、選択の理由である。なお、第1章で触れたように、本章では文中でポルトガル語の表現を例示する時、筆者が直訳した日本語を括弧付きで添えてある。やや不自然な日本語になっているが、あくまで解釈のヒントとして示すのみであることをご了解願いたい。

9.1 ポルトガル語小説の翻訳テクスト

　J・アマードによる『果てなき大地』は、ブラジルのカカオ農園を舞台にした小説であり、多くの多彩な人物が登場する。キャラクター・スピークを使う登場人物をはじめ、ブラジルの風景と人間模様、そして絶え間なく起こるカカオ農園を巡る争いが、描かれている。翻訳テクストとしての日本語には、日本語の本質につながる興味深い表現が使われているが、その中でも印象的なのは、キャラクター・スピークと感受表現である。本項ではこの二点を中心に論じるのだが、その前に日本語表現ならではの、ひらがな表記について触れておきたい。物語の後半、昔の恋人がマネカ・ダンデス大佐にあてた恋文が読まれるシーンがある。その手紙の和訳は「こんにちわ　いとしいまねかさまこんなひどいてがみでひつれいしますすげんきですよね。まねかいつもあたしのことわすれてしまっててがみもくれないなんてつめたいひとね。あたしいつもあなたをまってるのよ。まねかあなたはいつここにきてくれるのかしらおしえてね」(武田 1996: 315) と、ひらがな使用で提示されているのである。原作と英訳ではともにイタリック体となっているのだが、和訳では幼く純情な恋人の気持ちがすべてをひらがなにすることで表現されている。このような翻訳テクストにおける表記操作は、第7章で考察したように日本語であればこそ可能なのだが、そこに日本語の表現性と創造性が確認できる。

9.1.1　キャラクター・スピーク

　『果てなき大地』には多くのキャラクターが登場する。例えば、カカオ農園に働き口を求める若者たち、行商人、息子の仇討ちに行く老人、カカオ農園主、大尉や大佐、弁護士、そしてそれらの男性を取り巻く異なる境遇の女性たちである。第1章「船」ではカカオ栽培に一攫千金を夢見て、バイーアからイリェウスへ行く船に乗り合わせた人々が紹介される。それらの登場人物の言語のスタイルをリストすると次のようになる。

　　ジョアン・マガリャンエス大尉：大人の男性のスタイル
　　行商人：丁寧なデス・マス体

田舎者の男：教育のないことが強調される田舎者言葉
　　マントの老人：老人語
　　ジュカ・バダロ（農園主）：大人の男性のスタイル
　　　　　　　　マルゴに対して乱暴言葉
　　　　　　　　これから雇う労働者に対して横柄な言葉
　　青白い若い女：若い女らしい女性語
　　腹の大きい女：親しみのある女性語
　　マルゴ（娼婦）：大人の女性語
　　　　　　　　行商人に対して丁寧な口調や年増の娼婦らしいスタイル
　　　　　　　　ジュカに対して反発する乱暴なスタイル

　和訳された作品では、全体を通して、多くのキャラクター・スピークが使われ、キャラクター設定がなされている。このようなバリエーションの選択によるキャラクター設定は、ポルトガル語の原作でも英訳でも具体的に明示されることはない。また、和訳は会話的な表現になることが多く、間接的なものが直接話法になったり、会話的な従属節を含む表現になったりする。この傾向はキャラクター・スピークが頻繁に使われやすい環境を作っていると言える。以下、女性語、老人語、田舎者言葉という三種のキャラクター・スピークを観察したい。
　まず、女性語と言われてきた現象について復習しておこう。言語とジェンダーの関係、特に女性語の特殊性については、1970年代から論じられてきた。当初は女性が女らしい言葉を使うことが性差別の証拠であるというフェミニズム的アプローチ（Lakoff 1975; 井出 1979）が主流を占めていた。しかし、1990年代の研究者は、これとは異なったアプローチをとっている。Butler (1990) に代表される研究で、私たちの性アイデンティティは生来のものではなく、社会の中で繰り返される具体的な経験によって育まれるものであるとする立場である。女性の言葉は生まれ持った性別に直結しているわけではなく、言語の選択・使用、そしてその評価自体が、言語のイデオロギーの一部であるとする立場である。日本語研究においても Okamoto (1994, 1995) は、女性

の言葉とか男性の言葉という概念は実際の言語使用を反映していないのであって、ステレオタイプとして存在するに過ぎないことを指摘している。Okamoto (2004) は同様の立場で、日本語の丁寧表現や敬語を使って相手に敬意を表すという行為は、女性または女という性を指標しないと主張している。

確かに女性的、男性的という解釈は、あくまで女性の言葉を使うことに対するイデオロギーを基盤とする価値判断なのであって、女性・男性という性別によるものではない。実際問題として、日本語の性差が以前のように著しいものではなくなり、ほとんど認められない場合もあることが指摘されて久しい。概念としての「女ことば」と実際の女性の言語行動とは、かなりの食い違いを見せているのである。高崎 (2002) は、幾つかの研究報告を引用しながら、若年層以外では女性専用の表現が維持されているものもあるが、一般的に女性専用とされた表現が衰退する傾向にあり、男性的な表現とされてきた「かね」、「かな」、「だよね」などの疑問表現も、女性的な表現とされてきた「の」や「のね」で終わる疑問表現も、性差とは関係なく使われると報告している。飯野 (2003) は、男女のことば使用に転換が見られ、「これ、いいなあ」、「知るかよ」といった男性的な表現を使う女性や、「いいじゃない」、「そうねえ」といった女性的な表現を使う男性が増えてきていることを指摘している。そして、男性も女性と同様、同性の級友への話し方、妻や子供への話し方、上司や顧客への話し方など、いろいろなスタイルを選んでいるのであり、男性はこういう話し方をするものである、と規定するのはあまりに単純化された見方であるとの指摘がある。

日本語と性差について上述のような見解がある一方、女性語のステレオタイプはフィクションの世界に応用される。第1章で中村 (2013) に関して触れたように、現在の日本語話者の間であまり使われない表現が、翻訳テクストでは女性的なキャラクター設定やキャラ提示をするために使われるのである。『果てなき大地』に観察される、そのような例を見よう。

まず、(1a) の和訳には、青白い顔をした病気の若い女が、船に乗り込む若者に別れを告げる時の会話が出てくる。「わかっているの。私はもう長くはないわ」に使われる終助詞「の」と「わ」は女性語を思わせる。原作 (1b) の

'Eu sei que morro, Robério'（私は死ぬと分かっている、ロベリオ）には女性語は使われていず、発話自体には女性をイメージさせる効果はない。(1c)の英訳 'I know very well that I'm going to die, Roberio' も同様である。
　ちなみに、英語とポルトガル語の大きな差として、人称代名詞と動詞の活用との関係がある。ロマンス諸語がそうであるように、ポルトガル語では人称代名詞は表層化せず、その代わりに動詞の活用形によって主格の人称を間接的に示すことが多い。このため、英語とポルトガル語の文章を比べると、仕手が表層化する・しないという基本的な差が生じる。例えば、'Eu sei que morro, Robério' と 'I know very well that I'm going to die, Roberio' とを比較すると、ポルトガル語では 'eu'（一人称単数代名詞）が一度だけ使われる。動詞の 'morro'（直説法現在一人称、私は死ぬ）は、英語では 'I'm going to die' となっているのと対照的に、人称代名詞を伴わない。この表現上の差については、それなりの効果が生まれるものと思われるが、それについての研究は将来の課題である。

(1a)『果てなき大地』20
　若い女の声は痛々しく、ジョアンは気の毒になった。
　「ロベリオ、わかっているの。私はもう長くはないわ。もうあなたにも子供たちにも会えないのよ」そしてもう一度小さな声で「子供たちにもね」と言って泣き伏した。

(1b) *Terras do Sem Fim*, 20
　A voz da moça era dorida, João teve pena:
　—Eu sei que morro, Robério. Não vejo mais você nem os meninos. —Repetiu baixinho: —Nem os meninos... —e rebentou em soluços.

(1c) *The Violent Land*, 2
　The young woman's voice was full of pain, and João shared her anguish as he heard her say: "I know very well that I'm going to die, Roberio. I'll never see you

nor the children again." And dropping her voice, she repeated: "Nor the children?" Then she burst into sobs.

　女性語を使って和訳されている登場人物で興味深いのは、娼婦のマルゴである。マルゴは丁寧言葉と乱暴言葉を使い分ける。例えば船上で会った行商人との会話では、初めは丁寧に「ええ」と答えている。(2a) に見るように、行商人に変な男には関わらない方がいいとアドバイスされると、「あいつとは関わりたくないの。あたしは金なんかには釣られないわ……」と女性語を交えて答える。しかし、続けて行商人がジュカというカカオ農園主の怖さを強調すると、スタイルが変化する。

「一体だれがあんたに、あたしが関心を持ってるなんて吹き込んだのさ？」と「とにかくあたしはごめんだよ」には、ズケズケ言う年増の娼婦のような雰囲気がある。マルゴの発話には、相手の出方によって口調を変える様子が、翻訳文のスタイルを通して見て取れるのである。最初は「言った？」であり、後半では「吹き込んだのさ？」という口調の違いは明らかであるが、原作では「吹き込んだのさ？」は、'quem meteu na sua cabeça'（誰が君の頭の中に入れたか）という表現になっている。ちなみに英訳もそのままで 'what ever put it in your head' である。原作のポルトガル語と英訳には、和訳に観察されるスタイルとスタイルシフトに呼応するような表現はない。原作の 'quem lhe disse'（誰が君に言ったか）と 'quem meteu na sua cabeça'（だれが君の頭の中に入れたか）には、娼婦をイメージさせるインパクトはない。なお、行商人の「なんでもジュカのかみさんは、ジュカの女の頭を丸めさせたって話だぜ」にも独特の男の口調が生かされているのだが、それは原作にも英訳にも感じられない。

　　(2a)『果てなき大地』41-42
　　マルゴは見下したように、下唇を突き出してみせた。
　　「だれがあいつに興味持ってるなんて言った？　あいつがあたしの回りをうろついてるだけよ。老いぼれの雄鶏が若い雌鶏を追っかけるようなもんね

……あいつとは関わりたくないの。あたしは金なんかには釣られないわ……」

行商人はそんなことは信じないよとばかりににたっと笑い、マルゴは行商人がどう思おうと知ったことじゃないとでも言うように、肩をすくめた。

「なんでもジュカのかみさんは、ジュカの女の頭を丸めさせたって話だぜ」

「だから、一体だれがあんたに、あたしが関心を持ってるなんて吹き込んだのさ？　別にあいつがどれだけ女を抱えていたって、そんなこと関係ないね。とにかくあたしはごめんだよ」と、胸をポンと叩いて言った。

(2b) *Terras do Sem Fim*, 40

Margot estirou o beiço num gesto de desprezo:

— E quem lhe disse que eu tenho interesse nele? Elle é quem tá me cercando que nem galo velho com franga nova... Não quero nada com ele, não vou atrás de dinheiro...

O caixeiro-viajante sorriu como quem não acreditava, ela deu de ombros como se pouco lhe importasse a opinião dele.

— Contam por lá que a mulher de Juca já mandou raspar a cabeça de uma rapariga que estava amigada com ele...

— Mas quem meteu na sua cabeça que eu estou com interesse nele? Ele pode ter as mulheres que quíser, não tem é essa aqui... — batia a mão no peito.

(2c) *The Violent Land*, 27

Margot stuck out her lip disdainfully.

"And who told you that I was interested in him? He's just an old rooster who runs after every young pullet that he sees. I want nothing to do with him. I'm not out for money."

The travelling salesman gave an incredulous smile and shrugged his shoulders, as much as to say that her opinion mattered little to him.

"There was one young girl," he said, "who was friendly with him, and Juca's wife had her done in."

"But <u>what ever put it in your head</u> that it's any concern of mine? He can have as many women as he pleases; he's not going to have this one." And she struck her hand to her bosom.

　次に、船に乗っている田舎者を提示するキャラクター・スピークを観察しよう。(3a) の「おらはタボカスへ行くだ」に代表される口調は、フィクションとしてのバリエーションである。原作では 'Eu me boto para Tabocas'（私はタボカスへ行く）、英訳は 'I'm headed for Tabocas' であり、日本語のようなキャラクター・スピークは使われていない。しかし、ここで和訳の田舎者言葉が醸し出す雰囲気は、独特の効果をもたらす。(3a) の最後に「神様のお望みなさるようにしかならないのよ……」というフィクションとしての女性語が登場するのだが、ここに田舎者言葉とのコントラストがもたらされる。このようなスタイルの差によるキャラクター設定の方法は、原作にも英訳にも観察できない。原作には 'Será o que Deus quiser'（神が望むようになるだろう）、英訳は "That is as God may will." という表現になっていて、女性語の要素は感じられない。

(3a)『果てなき大地』26
「おらはタボカスへ行くだ」髭のまばらな、縮れ毛のそう若くはない男が言った。「未来の大地だっちゅうじゃないか」
「んだども、ひでえところだとも聞くぜ。人の殺し方は救いようがないんだと」かすれ声のちびが言った。
「おらもそんな噂を聞いた……んだども、おらはそんな話、これっぽっちも信じねえ。人は何とでも言うさ」
「神様のお望みなさるようにしかならないのよ……」
こう言ったのは頭からすっぽりショールを被った女だった。

(3b) *Terras do Sem Fim*, 25

— Eu me boto para Tabocas ... — diz um homem que já não é muito moço, de barba rala e cabelo encrespado. — Disque é um lugar de future.

— Mas dizque também que é uma brabeza. Que é um tal de matar gente que Deus me perdoe... — falou um pequenininho de voz rouca.

— Já ouvi contar essa conversa... Mas não acredito nem um tiquinho. Se fala muito no mundo...

— Será o que Deus quiser ... — agora era a voz de uma mulher que trazia a cabeça coberta com um xale.

(3c) *The Violent Land*, 10

"I'm headed for Tabocas," said one man who was no longer young, with a scraggly beard and kinky hair. "They tell me it's the coming place."

"But they say it's a wild one, too, with all the killing that goes on, God forgive me." It was a little fellow with a hoarse voice who spoke.

"I've heard tell of that, but I don't believe a word of it. You hear all kinds of things."

"That is as God may will." This from an old woman with a shawl about her head.

興味深いキャラクター・スピークの三番目として、老人語をあげたい。息子の仇を討つために船に乗ったマントの老人は、船上の何人かと会話するのだが、そのスタイルを通して老人キャラクターが設定される。(4a) と (5a) はそれぞれ、青白い若い女と、腹の大きい女との会話である。老人語のステレオタイプである「わし」が使われることと、全体的にはダ体で終助詞の「な」や「さ」が使われることは、年老いた男のイメージ作りに矛盾しない。

なお、(4a) には自動詞の迷惑の受身表現である「死なれた」と授受表現の「呼び寄せてくれた」が使われている。原作の 'a velha morreu, ele mandou me buscar...'（妻が死んだ、彼が私を連れて来るようにした）では、老人と息子のジョアキンとの間に認められる受身や授受といった関係は、直接表現され

てはいない。ここにも、翻訳テクストの中に日本語の特徴が確認できるのである。なお、(5a) の和訳に使われる「おじいさんは？」という呼称は、原作でも英訳でも二人称の代名詞になっている。このような血縁関係用語が拡大化し、それを応用した表現が名詞として一般化している現象は、日本社会において他者との関係を前景化する傾向があることと無関係ではない。

(4a)『果てなき大地』30
「お年なのにどうしてこんなところへ？」
「最初に来たのは倅のジョアキンだったんだ……成功して、小さくても畑を持てるようになってな、婆さんに死なれたもんでわしを呼び寄せてくれたんだ……」

(4b) *Terras do Sem Fim*, 28
— E que veio fazer pra essas bandas com essa idade?
— Não vê que primeiro veio meu filho Joaquim... Se deu bem, fez uma rocinha, a velha morreu, ele mandou me buscar...

(4c) *The Violent Land*, 14
"And what are you doing down there at your age?"
"My son, Joaquim, went down there first. He was doing well for himself, had a little grove. The old lady died, and he sent for me."

(5a)『果てなき大地』32
「で、おじいさんは？」
「バイーアに行ったさ。そこにはもう居られなくなったからな……ただ、今わしはこうやって戻るところだ」

(5b) *Terras do Sem Fim*, 32
— E vosmicê?

— Me tocaram pra Bahia, que en não podia ficar mais lá... Mas agora tou voltando...

(5c) *The Violent Land*, 16-17
"And you?" said the pregnant woman in a low voice.
"They shipped me off to Bahia, told me I couldn't stay there any longer. But I'm going back now."

9.1.2 感受表現

　日本語の文型として知覚動詞を使用した感受表現が好まれることは、第5章で既に指摘したことだが、その日本語の特徴が確かにポルトガル語からの翻訳テクストにも使われる。(6a) の「大尉の視界にはいろいろな屋根が飛び込んできたが、石畳の道はほんのわずか人影のない部分が見えるだけだった」という和訳の原文は、'Seu olhar abrangia uma variedade de tehados, porém da rua só via um pequeno trecho onde não passava ninguém'（彼の視界はいろいろな屋根と、しかし誰も通らない小さな部分が見えるだけの道を含んだ）となっている。原文では彼の視界が包んだものが、'abrangia'（含んだ、包んだ）という他動詞に後続して列記されるという文構造になっている。あくまで、マガリャンエス大尉の視界が主格となっていて、「見える」に当たる表現は使われていない。英訳も同様に、'His gaze took in' に続いて、見える景色が描写されている。

(6a)『果てなき大地』19
ジョアン・マガリャンエス大尉はデッキの手すりにもたれ、古い建築様式の街並や教会の塔に目をやった。数々の黒い屋根、大きな石が敷きつめられた石畳の道。大尉の視界にはいろいろな屋根が飛び込んできたが、石畳の道はほんのわずか人影のない部分が見えるだけだった。

(6b) *Terras do Sem*, 19

O capitão João Magalhães encostou-se na amurada e viu o casario de construção antiga, as torres das igrejas, os telhados negros, ruas calçadas de pedras enormes. <u>Seu olhar abrangia uma variedade de tehados, porém da rua só via um pequeno trecho onde não passava ninguém.</u>

(6c) *The Violent Land,* 1
Standing upon the deck, Captain João Magelhães surveyed the jumble of old-fashioned houses, the church spires, the dark roof-tops, the streets paved with enormous cobblestones. <u>His gaze took in</u> the roofs of varying shape, but he had no more than a glimpse of a bit of street where no one passed.

(7a)の和訳には「聞こえてきた」という知覚動詞が使われている。(7b)の原作と (7c) の英訳にはそのような文型は使われず、'alguém dizia'（誰かが言った）、そして、'someone was calling' となっていて、あくまで仕手が言ったという文構造になっている。

(7a) 『果てなき大地』20
外からは叫びに近い声が<u>聞こえてきた</u>。
　「手紙ちょうだいよ……手紙ちょうだいよ……」

(7b) *Terras do Sem,* 20
De fora, <u>alguém dizia</u> quase aos gritos:
　— Me escreva...Me escreva...

(7c) *The Violent Land,* 3
From a distance <u>someone was calling</u>, shouting almost: "Write to me. Write to me."

9.2　ポルトガル語物語の翻訳テクスト

　『アルケミスト　夢を旅した少年』は、起点言語のポルトガル語から多くの言語に翻訳されている。和訳を概観してみると、形式名詞の「こと」が頻繁に使われていることに気付く。加えて「てもらう」と「てくれる」などの授受表現で相手とのつながりが表現される。原作にも英訳にもこのような表現が少ないことで、ロマンス諸語のひとつが起点言語でありそれが和訳される場合でも、その翻訳テクストとしての日本語には、起点言語としての日本語と矛盾しない特徴が見られることが確認できる。

9.2.1　「こと」表現と名詞化

　「こと」という形式名詞には幾つかの機能がある。第6章で考察した名詞化による概念をトピックとして提示する機能はもちろんのこと、ノダ文やコトダ文として使われる。さらに、名詞に「のこと」を付け加えることで、名詞の意味をぼかしその意味と距離を置くこともある。本項では和訳に使われる「こと」表現を中心に「の」の使用にも注目しながら、それらが原作と英訳ではどのような表現になっているか調べてみたい。「こと」と「の」を用いる名詞化表現には語り方の操作が感じられ、その使用が少ない文章とは表現効果に違いがある。このような日本語で可能な表現性は、名詞化現象の少ない言語では実現され難いのである。

　翻訳テクストである『アルケミスト　夢を旅した少年』から抜き出した(8a)には、「自分の話すこと」という表現が使われている。これは、(8b)のポルトガル語の原文では 'o que ele falava'（彼が言ったこと）となっていて、'que' が使われている。この後続する節を導く 'que' の使用は日本語の「こと」に類似した機能を持っていて、(8c)の英訳 'what he said' と同様、確かに呼応した表現効果が認められる。

　　(8a)『アルケミスト　夢を旅した少年』8
　　　しかし、羊たちの中には、目が覚めるのに、もう少し時間がかかるものも

いた。少年は一頭ずつ、名前を呼びかけながら、杖で羊を突っついて起こしていった。彼はいつも、<u>自分の話すこと</u>を羊が<u>理解</u>できると、信じていた。

(8b) *O Alquimista*, 20

Haviam certas ovelhas, porém, que domoravam um pouco mais para levantar, O rapaz acordou uma a uma com seu cajado, chamando cada qual pelo seu nome. Sempre acreditara que as ovelhas eram capazes de entender <u>o que ele falava</u>.

(8c) *The Alchemist*, 4

But there were certain of them who took a bit longer to awaken. The boy prodded them, one by one, with his crook, calling each by name. He had always believed that the sheep were able to understand <u>what he said</u>.

しかし、名詞に「のこと」が続くぼかし効果を狙った「こと」表現は、原作にも英訳にも使用例がない。例えば (9a) の「少女のこと」と「商人の娘のこと」は (9b) の原作では 'a menina'（娘）と 'filha do comerciante'（商人の娘）であり、単に少女と商人の娘となっている。(9c) の英訳でも 'the girl' と 'the daughter of a merchant' と同じ表現方法が使われている。加えて「連れていったのだった」というノダ文は、やはり日本語の叙述方法であり、原作にも英訳にも呼応する表現はない。

(9a)『アルケミスト 夢を旅した少年』8-9

しかし、このところの数日間は、少年はたった一つのことしか、羊たちに話していなかった。それはある<u>少女のこと</u>だった。あと四日で到着する村に住む<u>商人の娘のこと</u>だった。その村へは、まだ、一度しか行ったことがなかった。それは去年のことだった。その商人は呉服屋の主人で、だまされないために、いつも自分の目の前で、羊の毛を刈るように要求した。友達がその店のことを教えてくれたので、少年はそこへ、羊を<u>連れていったのだった</u>。

(9b) *O Alquimista*, 20

Nos últimos dois dias, porém, seu assunto tinha sido praticamente um só: a menina, filha do comerciante, que morava na cidade aonde ia chegar dali a quarto dias. Tinha estado apenas uma vez lá, no ano anterior. O comerciante era dono de uma loja de tecidos, e gostava sempre de ver as ovelhas tosquiadas na sua frente, para evitar falsificações. Um certo amigo tinha indicado a loja, e o pastor levou lá suas ovelhas.

(9c) *The Alchemist*, 4

But for the past few days he had spoken to them about only one thing: the girl, the daughter of a merchant who lived in the village they would reach in about four days. He had been to the village only once, the year before. The merchant was the proprietor of a dry goods shop, and he always demanded that the sheep be sheared in his presence, so that he would not be cheated. A friend had told the boy about the shop, and he had taken his sheep there.

(10a)には「こと」の使用と非使用のコントラストが観察できる。(10a)の直前の段落では、少年がタンジュのバーに行った様子が描かれる。特に、そこに異教徒たちがいた様子が動詞のタ形で表現されるのだが、この場合語り手としての話者は、ただ単にバーの様子を描写するだけである。第三段落でも、少年が自分には好きでない飲み物を頼んでしまった、という事実が描写される。

これとは対照的に、第二段落と段四段落には「こと」が多用されている。この部分は情報を概念化して理解したり納得したりする部分であり、明らかに他の部分とは語り方が異なる。和訳に観察されるこのようなコントラストは、原作と英訳ではあまり鮮明に感じることはない。形式名詞の多用は確かに日本語の特徴なのである。「一つだけ小さなこと」と「ほんの簡単なこと」は原作では 'um detalhe, um único detalhe'（ひとつの細部・詳細、たったひとつの細部・詳細）、英訳では 'a detail, just one detail' となっていて、両者とも普通名

詞がそのまま使われている。和訳では「こと」が繰り返されることで他の「こと」使用との結束性が生まれる。和訳では、続いて「それは、この国ではアラビア語しか話されていないということだった」と、トピックを含む名詞述語文になっている。しかし、この部分の原文は 'naquele pais todos falavam árabe'（その国では全ての人々がアラビア語を話した）である。英訳は和訳に近い構造で 'only Arabic was spoken in this country' となっているものの、「ということだった」に呼応する表現はない。

　（10a）の和訳の第四段落の冒頭に見られる「しかし、今はそんなことはどうでもよかった。彼が心配しなければならないのは、宝物のことと、それをどうやって手に入れるか、ということだった」という部分であるが、原文では 'Mas não devia preocupar-se com isto agora'（しかし今それを心配する必要はなかった）となっている。「そんなこと」は 'isto'（それ）のままであり、「彼が心配しなければならないのは」という名詞化は 'Tinha que pensar'（彼は考えなければならなかった）と少年が仕手になっていて、「ということだった」という名詞化は使われず、そのまま述語につながる。文全体が仕手の行為という構造になっているのである。興味深いことに、（10c）の英訳では 'What he had to be concerned about was his treasure, and how he was going to go about getting it' という名詞化操作がなされ、名詞句がトピックとなっている。この英訳はむしろ和訳に近いのだが、原作にはこのような操作は観察できない。

　そして語り方という観点からは、（10a）の第一段落及び第三段落と、第二段落及び第四段落の語り方のコントラストは、原作にも英訳にも見られない。それが翻訳テクストとしての日本語に顕著に現れることは、日本語の語り方を操作する空白の話者の存在を意識させる。日本語では潜在的であるものの、変化する語りの声がテクスト内部に響き渡るのである。

　なお、第一段落の「異教徒たちは人相が悪かった」については、原作では 'Os infiéis tinham um olhar sinistro'（異教徒たちは邪悪なめつきを持っていた／していた）、英訳では 'The infidels had an evil look about them' と仕手が所有しているという構造となっている。これはポルトガル語と英語の両者が仕手中心の表現性を好むのに比較して、日本語はトピックを提示して状況を示す表現が

好まれるという特徴と矛盾しない。

　(10a)『アルケミスト　夢を旅した少年』41-43
　「異教徒のお祈りだ」と彼は独り言を言った。子供の頃教会で、彼はいつも、聖サンチャゴが白馬にまたがり、剣をかざしている画を見たが、そこには、彼の足元にひれふす異教徒たちが描かれていた。少年は気分が悪くなって恐ろしいほど孤独だった。異教徒たちは人相が悪かった。
　その上、急いで旅行に出てきたため、一つだけ小さなことを忘れていた。ほんの簡単なことだったが、そのために、宝探しに出かけられなくなるかもしれなかった。それは、この国ではアラビア語しか話されていないということだった。
　バーの主人が少年に近よってきた。少年は隣のテーブルに出されている飲み物を指さした。それは苦いお茶だった。少年はぶどう酒の方が好きだった。
　しかし、今はそんなことはどうでもよかった。彼が心配しなければならないのは、宝物のことと、それをどうやって手に入れるか、ということだった。羊を売ったので、彼の袋の中には十分なお金があった。少年はお金には魔法があると知っていた。それは、お金を持ってさえいれば本当は一人ぼっちではないということだった。おそらく二、三日後には自分はピラミッドのそばにいるだろう。金の胸あてをつけていたあの老人は、六頭の羊を得るために、うそをついたりはしないだろう。

　(10b) *O Alquimista*, 54-55
　"Coisa de infiéis", disse para si mesmo. Quando criança, via sempre na igreja da sua aideia uma imagem de São Santiago Matamouros em seu cavalo branco, com a espada desembainhada, e figuras como aquelas debaixo de seus pés. O rapaz sentia-se mal e terrivelmente só. Os infiéis tinham um olhar sinistro.
　Além disso, na pressa de viajar, ele havia se esquecido de um detalhe, um único detalhe, que podia afastá-lo do seu tesouro por muito tempo: naquele pais

todos falavam árabe.

O dono do bar se aproximou e o rapaz apontou para uma bebida que tinha sido servida em outra mesa. Era um chá amargo. O rapaz preferia beber vinho.

Mas não devia preocupar-se com isto agora. Tinha que pensar apenas no seu tesouro, e a maneira de consequi-lo. A venda das ovelhas lhe havia deixado com bastante dinheiro no bolso, e o rapaz sabia que o dinheiro era mágico; com ele ninguém jamais está sozinho. Daqui a pouco, talvez em alguns dias, estaria junto das Pirâmides. Um velho, com todo aquele ouro no peito, não precisava mentir para ganhar seis ovelhas.

(10c)　*The Alchemist*, 34–37

How strange Africa is, thought the boy.

"A practice of infidels," he said to himself. As a child in church, he had always looked at the image of Saint Santiago Matamoros on his white horse, his sword unsheathed, and figures such as these kneeling at his feet. The boy felt ill and terribly alone. The infidels had an evil look about them.

Besides this, in the rush of his travels he had forgotten a detail, just one detail, which could keep him from his treasure for a long time: only Arabic was spoken in this country.

The owner of the bar approached him, and the boy pointed to a drink that had been served at the next table. It turned out to be a bitter tea. The boy preferred wine.

But he didn't need to worry about that right now. What he had to be concerned about was his treasure, and how he was going to go about getting it. The sale of his sheep had left him with enough money in his pouch, and the boy knew that in money there was magic, whoever has money is never really alone. Before long, maybe in just a few days, he would be at the Pyramids. An old man, with a breastplate of gold, wouldn't have lied just to acquire six sheep.

(11a) の和訳にも形式名詞が使用されている。会話部分に使われる例であり、相手に向けるノダ表現「話をするのですか？」に見られる。原作にはノダ文効果はなく、「話をするのですか？」は 'Porque um rei conversa com um pastor?'（なぜ王が羊飼いと話すか）という直接的な疑問文である。「老人の言っていることはどれも、少年にはあまり意味のないことのように思われた」という和訳は、原文では 'O que o velho estava dizendo não fazia muito sentido para o rapaz'（老人が言っていたことは少年にとって余り意味をなさなかった）であり、'O que o velho estava dizendo' には修飾節を導く 'que' が使われているものの、文全体には「こと」効果は感じられない。英訳では 'None of what the old man was saying made much sense to the boy' となっていて文型上「こと」表現に近いが、和訳の「意味のないこと」という表現に呼応するものはなく、ただ単に少年にはあまり意味をなさなかったという直接的な表現になっている。

(11a) 『アルケミスト　夢を旅した少年』27-28
「わしはセイラムの王様さ」とその老人は言っていた。
「どうして王様が羊飼いの僕と話をするのですか？」と、少年は当惑しながらたずねた。
「いくつかの理由がある。しかし一番重要なのは、おまえが自分の運命を発見したということだ」（略）
老人の言っていることはどれも、少年にはあまり意味のないことのように思われた。しかし、彼は、その「不思議な力」が何か知りたかった。もし、商人の娘にそのことを話したら、きっと彼女は感心してくれるだろう。

(11b) *O Alquimista*, 41
"Sou o Rei de Salém", dissera o velho.
— Porque um rei conversa com um pastor? – perguntou o rapaz, envergonhado e admiradissimo.
— Existem várias razões. Mas vamos dizer que a mais important é que você

tem sido capaz de cumprir sua Lenda Pessoal. (...)

O que o velho estava dizendo não fazia muito sentido para o rapaz. Mas ele queria saber o que eram "forças misteriosas"; a filha do comerciante ia ficar boquiaberta com isto.

(11c) *The Alchemist*, 22

I'm the king of Salem," the old man had said.

"Why would a king be talking with a shepherd?" the boy asked, awed and embarrassed.

"For several reasons. But let's say that the most important is that you have succeeded in discovering your destiny." (...)

None of what the old man was saying made much sense to the boy. But he wanted to know what the "mysterious force" was, the merchant's daughter would be impressed when he told her about that!

9.2.2 授受表現

日本語の翻訳テクストである『アルケミスト 夢を旅した少年』に観察できるもう一つの特徴として、第2章で触れた授受表現がある。(12a)には「読んでやったり」と「話してやったりした」が使われている。原作では 'ler para elas'（彼らのために読む）と 'falar'（話す）、英訳では 'read them' と 'tell them' となっている。仕手が誰か（のため）にするという表現にはなっているが、和訳のような授受関係は伝わってこない。また、和訳の「自分の意見を聞かせることもあった」という使役表現は、原作では 'comentar sobre'（についてコメントする）、英訳では 'comment to them' となっていて、使役関係は表現されない。ここにも話者と相手との関係を含意する日本語の特徴が見てとれる。

(12a)『アルケミスト 夢を旅した少年』8

それで、時々羊たちに、自分がおもしろいと思った本の一部を読んでやった

り、野原での自分のさびしさや幸せを、話してやったりした。時には自分たちが通り過ぎた村で見たことについて、自分の意見を聞かせることもあった。

(12b) *O Alquimista*, 20

Por isso costumava às vezes ler para elas os trechos de livros que a haviam impressionado, ou falar da solidão e da alegria de um pastor no campo, ou comentar sobre as últimas novidades que via nas cidades por onde costumava passar.

(12c) *The Alchemist*, 4

So there were times when he read them parts of his books that had made an impression on him, or when he would tell them of the loneliness or the happiness of a shepherd in the fields. Sometimes he would comment to them on the things he had seen in the villages they passed.

　(13a)の和訳には、行為の受け手側からの視線を感じさせる「てくれる」表現が使われている。原作では「話してくれた」と「教えてくれた」に呼応する表現は、'lhe havia falado'（彼に話した）と 'lhe haviam ensinado'（彼に教えた）であり、仕手が誰かにする、という構造になっていて、両方とも 'lhe'（三人称単数目的格、彼）が他動詞の目的格になっている。あくまで話す者と教える者が前景化されるため、「てくれる」感が感じられない。英訳では「話してくれた」には目的語は使用されないが、「教えてくれた」に関しては(13c)の 'The sheep had taught him' という英訳で、'him' という行為の受け手である目的語が使われている。いずれにしても、仕手が誰かにするという構造であり、和訳に感じられる授受関係は表現されていない。なお、前出の(11a)の最後に出てくる「てくれるだろう」の授受表現についても、同様の分析ができる。

(13a) 『アルケミスト　夢を旅した少年』43

　老人はしるしと前兆のことを話してくれた。少年は海峡を渡る時、前兆について考えた。そう、老人は自分が話していることを知っていたのだ。少年がアンダルシアの平原で暮していた時、彼は地面と空を見て、どちらの道を行ったらいいのかわかるようになった。ある種の鳥がいると、ヘビが近くにいるということも発見した。ある種の植物は、水がその地域にあるというしるしだった。羊がそれを教えてくれたのだった。

(13b) *O Alquimista*, 54

　O velho lhe havia falado de sinais. Enquanto atravessava o mar, ele havia pensado nos sinais, Sim, sabia do que ele estava falando, durante o tempo em que estivera nos campos de Andaluzia, havia se acostumado a ler na terra e nos céus as condições do caminho que devia seguir. Apredera que certo pássaro indicava uma cobra por perto, e que determinado arbusto era sinal de água daqui a alguns quilômetros. As ovelhas lhe haviam ensinado isto.

(13c) *The Alchemist*, 36-37

　The old man had spoken about signs and omens, and, as the boy was crossing the strait, he had thought about omens. Yes, the old man had known what he was talking about: during the time the boy had spent in the fields of Andalusia, he had become used to learning which path he should take by observing the ground and the sky. He had discovered that the presence of a certain bird meant that a snake was nearby, and that a certain shrub was a sign that there was water in the area. The sheep had taught him that.

9.3　日本語翻訳テクストの比較：共通性と個人差

　本項ではPaul Austerによる *Augie Wren's Christmas Story* が、どのような日本語表現を使って翻訳されているか検証する。柴田元幸訳と村上春樹訳の

『オーギー・レンのクリスマス・ストーリー』を比較し、共通性と相違点を考察するのだが、具体的には、一人称表現、登場人物の人称表現、ノダ文とノデアル文に焦点を当てる。

9.3.1 柴田訳と村上訳の特徴

　起点言語である英文の作品は、191の文から成る短編である。一人称語り手に、オーギーがクリスマスの経験を話して聞かせるという構成で、作品の約半分がオーギーの話として直接話法になっている。後続するデータ提示では、オーギーが語る部分は便宜上すべて括弧で括ることにする。

　柴田訳と村上訳を概観すると、共通点と相違点があることが分かる。まず、両者に共通して見られる傾向としては、原作の間接話法は直接話法（的）に翻訳されることが多いこと、そして授受表現や「なる」などの表現が使われることがある。二人の翻訳に違いが見られるのは、一人称語り手に関して、「僕」と「私」という違った表現が選ばれる点である。加えて、会話に登場するキャラクター・スピークに関して、(14b)の「小僧に送り返してやろうかな」と「結局ずるずる」に見られるように、作品全体を通して、柴田訳の方がやや会話調のスタイルになっている点があげられる。

　　(14a)　*Auggie Wren's Christmas Story*, xii
　　　"Every once in a while I'd get a little urge to send it back to him, but I kept delaying and never did anything about it."

　　(14b)　柴田訳 171
　　　「ときどき、小僧に送り返してやろうかなっていう気になることもあったけど、結局ずるずる何もしなかった。」

　　(14c)　村上訳 155
　　　「家に送ってやらなくちゃなとときどき思い出すんだけど、つい送りそびれて、結局そのままになってしまった。」

(15a) の原文の和訳には、柴田訳にも村上訳にも話し言葉を特徴付ける表現が使われている。柴田訳では「見えるんだよな」、「十五はあるんじゃないかっていう」、そして「ロバートや」という呼びかけ、村上訳では「まわっていたりするんだよ」と「やっとこさ」が話し言葉の印象を与える。また、柴田訳には「開けてくれた」という授受表現が使われているが、村上訳では英語の原作に近い「開ける」が使われている。

　(15a) の時制の表現に関して原作と和訳を比較してみると、原作では一貫して現在形になっていることが分かる。(15b) の柴田訳では「押した」、「押してみた」、「答えた」、「言った」、「開けてくれた」と、タ形が5回使われている。柴田訳では時系列が守られる傾向があり、過去の話を過去として語って聞かすという語りの行為が強く感じられる。一方村上訳では、原作と同様すべてル形になっている。村上訳のル形は確かに英語と呼応しているのだが、日本語のル形はそのまま使われるとぶっきらぼうに言い切る感じがして、相手に語りかける気持ちを表現するのには、やはり何らかの陳述操作が好まれるように思う。柴田訳の方が全体的に語りかける態度が強く感じられる。ちなみに Inoue (2012) は、第1章で触れたように、ヘミングウェイの和訳『武器よさらば』(小田 1930) が、乾いたはっきりした印象を与える翻訳文体になっていると指摘しているが、村上はその翻訳文体に近い言い切り方をしている印象を受ける。

　なお、原作の 'I hear someone shuffling to the door' 以下の部分は (15c) の村上訳では「ぞろぞろと脚を引きずりながら」となっていて、英語により近い翻訳となっている。(15b) の「のそのそとドアの前にやって来るのが聞こえる」には 'shuffling' が意味する足を引き摺る音が感じられず、印象が薄くなる。また、柴田訳では「年寄りの女」の次に「婆さん」という親しみを込めた呼称が使われているのに対し、村上訳は「年取った女」と「女」という表現で距離感を保っている。原作は確かに 'an old woman' と 'the old woman' になっているのだが、そのままの和訳より「婆さん」と翻訳した方が、会話の雰囲気を醸し出す効果がある。いずれにしても、二人の翻訳者はいろいろな操作を調整し混合することで、語りの口調を調整しながら、作品が醸し出す雰囲気を作り出したり、作品と読者との距離感を適度に保っているように見える。

第9章 翻訳テクストとしての日本語　313

(15a) *Auggie Wren's Christmas Story*, xii

"Everything looks the same in the place, and you keep going over the same ground thinking you're somewhere else. Anyway, I finally get to the apartment I'm looking for and ring the bell. Nothing happens. I assume no one's there, but I try again just to make sure. I wait a little longer, and just when I'm about to give up, <u>I hear someone shuffling</u> to the door. <u>An old woman's</u> voice asks who's there, and I say I'm looking for Robert Goodwin. 'Is that you, Robert?' <u>the old woman</u> says, and then she undoes about fifteen locks and opens the door."

(15b) 柴田訳 171-172

「ああいう団地って、何もかもおんなじに<u>見える</u>んだよな。違う場所に出たと思っても、実は同じところをぐるぐる<u>回ってたりする</u>。まあとにかく、やっとのことで目当てのドアにたどり着いて、呼び鈴を<u>押した</u>。反応なし。留守かな、とも思ったけど、念のためってこともあるから、もういっぺん<u>押してみた</u>。しばらく待ってみて、やっぱり駄目かと思った矢先に、<u>誰かがのそのそとドアの前にやって来るのが聞こえる</u>。<u>年寄りの女</u>の声で、どなたです、って訊くから、ロバート・グッドウィンを探してるんです、と答えた。『お前かい、<u>ロバートや？</u>』と<u>婆さん</u>は<u>言った</u>。そして、<u>十五はあるんじゃないかっていう鍵</u>を一つずつ外して、ドアを<u>開けてくれた</u>。」

(15c) 村上訳 155-156

「そこでは何もかもがおんなじに見えるし、違うところに出たつもりで、ひとつの場所をぐるぐるまわっていたりするんだよ。でもやっとこさ目当ての部屋にたどり着いて、俺は入口のベルを押す。でも反応はない。誰もいないんだろうと思ったけど、まあせっかくここまで来たんだからと、念のためにもう一回押してみる。そしてひとしきり待ってみて、これは駄目だと思って引き上げかけたときに、誰かが<u>ぞろぞろと脚を引きずりながら</u>ドアの方にやってくる音が聞こえる。誰だい、と<u>年取った女</u>の声が尋ねる。ロバート・グッドウィンを尋ねてきたんです、と俺は言う。『お前かい、ロバート？』

と<u>女</u>は言う。そして十五個くらいの錠を外して、ドアを<u>開ける</u>。」

9.3.2 一人称表現

　一人称の語り手を「私」にするか「僕」にするかは、第5章で論じたように、翻訳者にとって基本的な決断である。それぞれの持つ効果を考慮し、物語全体の雰囲気作りにも一役買うからである。「僕」は下男とかしもべ（僕）の意味から、明治初期に書生言葉として使われたもの（堀井 2015）であり、一般的に話者が男性であることを表現することが多いが、「私」にはそのような特性がない。実際問題として、一人称の選択はその表現性の違いから翻訳者を悩ませてきた。松岡（2016）は、シェイクスピア劇の登場人物がどの一人称表現を使うことにするかについて、翻訳者としての経験を語っている。登場人物の男が胸中で自分に言及する時は「俺」を使い、同一人物が恋人に話す時は「僕」、目上の人物が相手の時は「私」、親友や召使いに話す時は「俺」と区別するようにすると説明している。

　「私」と「僕」について、村上と柴田（村上・柴田 2000）は、次のようにコメントしている。

> **村上**　あともうひとつ、僕がこれを訳したときに、ずいぶん気になったことは覚えているんだけど、人称の問題ですね。「僕」にするか、「私」にするかという問題、これはものすごく悩んだ覚えがあるんですよ。それだけは覚えている。でも結局「僕」にしちゃったんですよね。というのは、「私」だと、はまりすぎるような気がしたんです。だからあえてここは「僕」にしたんだろうなという気はするんですよ。普通の人だと、八〇パーセントから八五パーセントぐらいは「私」でいくんじゃないかな。この話はね。
> **柴田**　僕はたぶん、「僕」にすると、肉声的になるから……要するに「僕」のほうが「私」より色がありますよね。で、なるべく色なし、人間性なしでいきたかったので、本当は、だから何も書かないのがいちばんいいんだけど、さすがにそうもいかないので仕方なく「私」にしたっていう感じですね。（村上・柴田 2000: 183-184）

確かに「僕」と「私」の選択によって、異なった語りのキャラクターを設定することができ、それなりの効果を狙う場合も、その効果をむしろ避ける場合もあると言える。村上は「私」が選ばれる可能性が高いとしながらも、「僕」を選ぶ。「僕」は肉声的になるから「私」を選ぶという柴田は、語り手を前面に出したがらないのであるが、作品全体を通しての印象は、潜在的な話者をむしろ強く感じさせるような表現を使っている。

興味深いことに、村上訳では（16a）のように、一度だけ「私」が使われている。

(16a) *Auggie Wren's Christmas Story*, x
I understood then that he knew exactly what he was doing.

(16b) 柴田訳 167
そう、自分がやっていることの意味を、オーギーは完璧に把握しているのだ。

(16c) 村上訳 151
私はそこで理解した。自分が何をやっているのか、オーギーはしっかり心得ているのだ。

この逸脱性の理由について村上は次のように述べ、レトリック上何らかの効果を狙って選んだものではないと言う。

村上　僕はこれについてはどっちでもよかったような気がするけどね。読み直してみたら、ずうっと「僕」できて、一カ所、「私」になっているところがあったんですよ。それはなぜかというと、僕は前半「僕」で訳して、後半を訳したときに、間違えて「私」で訳しちゃって。全部あとで書き直したんですね。それで一カ所消し忘れちゃった。それぐらいだから、べつに「僕」でも「私」でもどっちでもいいと思う。そんなにブレはない、ということで

す。(村上・柴田 2000: 185)

　さて、具体的に語り手としての話者がどのような一人称表現で提示されるかを調べてみると、柴田訳では語り部分は「私」で、話者が会話の中に登場する場合は「僕」、村上訳では語り部分でも会話の中でも「僕」が使われている。語り部分の一人称表現の使用頻度を原作と比較すると、原作では'I'が81回、柴田訳では「私」が47回、村上訳では「僕」が38回となっている。表層化する人称表現の頻度には、日本語と英語では著しい差が認められるが、それは基本的に英語と日本語の表現方法の違いを反映しているわけで、二人の翻訳者の一人称表現は同じような頻度になっている。
　柴田訳と村上訳において、「私」と「僕」の使用が対照的になっている部分を観察しておこう。まず『オーギー・レンのクリスマス・ストーリー』の冒頭から (17b) の「私」と (17c) の「僕」による異なる世界が展開する。一方、物語の最後の文である (18a) の'I'の場合もそれぞれ「私」と「僕」が選ばれている。

　　(17a) *Auggie Wren's Christmas Story,* viii
　　　I heard this story from Auggie Wren.

　　(17b) 柴田訳 163
　　　私はこの話をオーギー・レンから聞いた。

　　(17c) 村上訳 147
　　　僕はこの話をオーギー・レンから聞いた。

　　(18a) *Auggie Wren's Christmas Story,* xv
　　　I returned Auggie's smile with a smile of my own, and then I called out to the waiter and asked for the check.

(18b) 柴田訳 178
　オーギーの笑顔に、<u>私</u>も笑顔を返した。そして<u>私</u>はウェイターに声をかけ、勘定にしてくれと頼んだ。

(18c) 村上訳 162
　<u>僕</u>はオーギーの笑顔に、笑顔で答えた。それからウェイターを呼んで勘定を頼んだ。

　(19b) と (19c) に見るように、柴田訳では語り部分では「私」、オーギーに問い詰めようと思った発話の中では「僕」であり、村上訳では語り部分では「僕」、尋ねてみようとした発話の中でも「僕」である。語り部分と会話部分の一人称が異なる柴田訳と、そのようなコントラストがなく同一表現である村上訳では、語りと会話の世界における話者のイメージが違う。柴田訳では、松岡 (2016) がシェイクスピア劇で使い分けるように、胸中で話者に言及する時と会話部分の区別が感じられるのだが、村上訳では話者は「僕」として定着している。

(19a) *Auggie Wren's Christmas Story*, xv
<u>I</u> was about to ask him if he'd been putting me on, but then I realized he would never tell. I had been tricked into believing him, and that was the only thing that mattered.

(19b) 柴田訳 177
おい、<u>僕</u>をかついでるのか、そう問いつめてみようかとも思ったが、やめにした。どうせまともな答えが返ってくるはずはない。まんまと罠にはまった<u>私</u>が、彼の話を信じた——大切なのはそのことだけだ。

(19c) 村上訳 161
もう少しで僕は面と向かって尋ねてみるところだった。おいおい、まさか<u>僕</u>

をかついでいるんじゃないよねと。でも尋ねたところで、この男が真実を打ち明けるわけがない。だいたい僕はそれまですっかり真に受けて話に聞き入っていたわけだし、大事なのはそこのところなのだ。

「私」と「僕」の選択は、村上と柴田がそれぞれ指摘しているように、作品全体に異なった印象を与える。もっとも村上は同時に「私」でも「僕」でもどっちでもいいと語っているのだが、やはりその表現性の差は無視できないものである。いずれにしても、「私」と「僕」という選択が必須である日本語は、あくまで同一的な我が 'I' として登場する言語と異なった世界を創り出すのである。空白の話者をどう演じるか、それには一人称表現の選択という避けられない決断が、その可変性を伴いながら必要となる。この事実にこそ、日本語の空白の話者のあり方が浮き彫りになるのである。

9.3.3　登場人物の人称表現

Auggie Wren's Christmas Story の登場人物であるオーギーに関して、原作とその翻訳テクストである柴田訳と村上訳には、次のような人称表現が使われている。原作の一人称の語り部分では 'Auggie' が13回、'he' が47回、オーギーの会話部分では 'I' が103回使われる。柴田訳の語り部分では「オーギー」は23回、「彼」は19回、会話部分では「俺」が35回使われ、村上訳の語り部分では「オーギー」が17回、「彼」が18回、会話部分では「俺」が34回使われる。柴田訳も村上訳も、語り部分では「オーギー」と「彼」、会話の中ではオーギーは自分を「俺」と表現している。登場人物の人称表現に関して、原作と和訳の使用頻度の差はあるものの、二人の翻訳者の使用には共通点が認められる。

オーギーが訪ねる盲目の老女エセルは、既に述べたように、柴田訳では「婆さん」が、村上訳では「彼女」が使われる傾向がある。「婆さん」の方が人情味があり会話には適していて、それを繰り返すことで柴田訳の会話性が強調される。(20a) と (21a) の原作では 'her' が使用されていて、村上訳の「彼女」は英語に照応する。村上訳には一定した語りの距離が感じられ、全体的に英語

の語りに近いものになっていて、書き言葉的な雰囲気が生まれる。「彼女」という言い方は、話し手であるオーギーがアメリカ人であり、ある種の距離感を意識させるための手段ということも考えられる。

(20a) *Auggie Wren's Christmas Story*, xiv
"I lied to her, and then I stole from her. I don't see how you can call that a good deed."

(20b) 柴田訳 176
「俺は婆さんに嘘をついた、婆さんのところにあった物を盗んだ。そんなののどこがいいことなのかね」

(20c) 村上訳 160
「俺はばあさんに嘘をついて、それから彼女のものを盗んだ。どうしてそれを善き行ないと呼べるんだい？」

(21a) *Auggie Wren's Christmas Story*, xiv
"You made her happy."

(21b) 柴田訳 176
「婆さんに楽しい思いをさせてやったじゃないか。」

(21c) 村上訳 160
「彼女を幸福な気持ちにした。」

9.3.4 ノダ文とノデアル文

ここで『オーギー・レンのクリスマス・ストーリー』に使われる、ノダ文とノデアル文に注目しよう。ノダ文とノデアル文は、第6章で論じたように、異なった効果を狙ったものなのだが、柴田訳ではノデアル文が、村上訳ではノダ

文が好まれる傾向が見られる。(22a) の原作では、自分はもはやオーギーにとって単なるその他大勢の客ではなかったという最初の文の内容を、さらに説明して、私は特別な人になったと付け加えている。その説明が柴田訳では「のである」で、村上訳では「のだ」で関係付けられている。ノデアル文には、話者がドラマチックにあたかも宣言しているように情報を提供する印象があるため、柴田訳の方が話者が前景化されていると言える。村上訳の「のだ」は確かに二つの文を関係付けてはいるが、主張する話者の存在感はノデアル文より弱い。

(22a) *Auggie Wren's Christmas Story*, viii
I was no longer just another customer to Auggie, I had become a distinguished person.

(22b) 柴田訳 164
オーギーにとって、私はもはや単なるその他大勢の客ではなかった。私は一人の名士になったのである。

(22c) 村上訳 148
オーギーにとって僕はもうただの店のお客ではなく、特別な人になってしまったのだ。

(23a) の原作は柴田訳では「私にはわかったのだ。オーギーは時間を撮っているのである」、村上訳では「オーギーは時間を撮影しているのだと僕は悟った」となっている。柴田訳では二文に分かれていて、その両方に「のだ」と「のである」が使われている。村上訳では述部は「悟った」だけで形式名詞を伴う述語文にはなっていない。個人差はあるものの、ノダ文とノデアル文は日本語ならではの操作であり、原文にはない表現を導入しなければ、自然な日本語にならないという話者の判断が、観察できる。

(23a) *Auggie Wren's Christmas Story*, x
Auggie was photographing time, I realized, both natural time and human time, and he was doing it by planting himself in one tiny corner of the world and willing it to be his own, by standing guard in the space he had chosen for himself.

(23b) 柴田訳167
<u>私にはわかったのだ</u>。オーギーは時間を撮っているのである。自然の時間、人間の時間、その両方を。世界のちっぽけな一隅にわが身を据え、それをわがものにすべく自分の意志を注ぎ込むことによって。みずから選びとった空間で、見張りに立ちつづけることによって。

(23c) 村上訳151
<u>オーギーは時間を撮影しているのだと僕は悟った</u>。自然の時間と、人間の時間の両方を。そして彼はそれを、世界の小さな街角に自らを据え付け、そこを選んで自分自身の場所となすことによって、自らのために選んだその小さな場所に歩哨として立つことによって、なしとげている<u>のだ</u>。

(24a) でも柴田訳と村上訳の表現性の違いが繰り返される。柴田訳には、名詞句が主格となり「のだ」で結ぶという日本語表現の特徴が観察できる。村上訳は 'That was the subject of the story he told me' に近い文の構造で「それが彼が僕に語ってくれた話の主題だった」となっている。'I'm still struggling to make sense of it' に関しては、柴田訳では「のである」、村上訳では「のだ」が使われる。ここでも、柴田訳の方がドラマチックに語る態度が観察でき、話者の潜在的な存在がより強く感じられる。

(24a) *Auggie Wren's Christmas Story*, x
<u>That was the subject of the story he told me,</u> and <u>I'm still struggling to make sense of it</u>.

(24b) 柴田訳 167
彼がしてくれた話というのが、まさにそのことをテーマにしていたのだ。そして私の方は、その話の意味を捉えようと、いまも頭をひねっている最中なのである。

(24c) 村上訳 151-152
それが彼が僕に語ってくれた話の主題だった。そしてその話をどのように解釈すればいいものか、僕はいまだに頭を悩ませているのだ。

　ノダ文とノデアル文の使用頻度の差は、物語の冒頭部分で特に目立つのだが、それは語り口調の設定の役目を果たしている。ちなみに作品全体の使用頻度を比較すると、柴田訳ではノデアル文は6回、ノダ文は3回であり、村上訳ではノデアル文は1回、ノダ文が4回となっている。柴田訳の語り部分には、語り手が説明し主張する雰囲気があり、全体的に日本語の特徴を生かした文章であるという印象を受ける。

9.4　おわりに

　本章では起点言語がポルトガル語である二作品の翻訳テクストと、起点言語が英語の短編の二人の翻訳者による和訳を分析した。特に焦点を当てた現象は、キャラクター・スピーク、感受表現、形式名詞「こと」、授受表現、一人称表現、登場人物の人称表現、ノダ文とノデアル文である。いずれの場合も、第4章から第8章までで日本語の本質を支える特徴として指摘してきたものであり、それらが起点言語には観察されないものの、翻訳テクストに使われることが明らかになった。

　本章で観察した日本語表現はすべて、空白の場における空白の話者を豊かに具現化し演出するための手段としてある。空白の場を生き生きとした世界にし、空白の話者を豊かに変化させながら演出するという日本語の特徴は、日本語と外国語の接点で、やはり根源的なものとして存在しているのである。

第3部

展　望

第10章
日本語の本質と翻訳

10.1 日本語表現の本質と話者

　筆者は翻訳テクスト分析を通して日本語表現の本質を探究してきたのだが、それは根本的には話者のあり方と密接な関係にある。言語表現はすべて、最終的には話者の独自性に基づいているのであって、その選択や操作はまぎれもなく、その話者の創造的行為であるからであり、それによって話者の存在が具現化するからである。本研究で筆者は、日本語の特徴と話者のあり方を理解する上の必須条件として、空白の場と空白の話者という概念をテーマとし、それを基軸に考察を進めてきた。空白の話者は、デカルトのコギトの我とは対照的に、場を設定し、同時に場に影響される潜在的な存在であり、常に変化する可塑性を備えた存在でもある。

　もっとも、例えば自分の空白化というような概念が、西洋の学問に全くなかったわけではない。第2章で、西洋の研究における話者の概念に触れた際に、反・脱デカルト主義の動向として Hume (1963) や James (1984 [1890])、そして Geertz (1984) のアプローチを概観し、ポストモダンの現象と自分の概念を関連付ける研究として、Gergen (2000 [1991]) に触れた。Gergen が自分の空白化という現象を紹介し、空白化された自分を埋めるために、その中に多くの人とキャラクターを住まわせ、飽和状態の自分が生まれるとしたことでも知れるように、確かに筆者の立場と類似した思索がなされてきたのである。

　特に言語学では、デカルト主義を受け入れた言語学を樹立した Chomsky

(1957, 1965) に、反論し続けてきた動向もあることを忘れてはならない。その動向は社会言語学や語用論、そして談話分析や会話分析に著しい。また、筆者はメイナード（2017）で言語哲学を試み、話者複合論を唱えたが、これもChomsky 神話への挑戦に他ならない。

　このような学問の風土を背景にすると、筆者が本研究で分析・考察する上での指針としてきた空白の場と空白の話者という概念は、決して唐突なものではないことが分かる。筆者はこの流れを支えとし、従来の研究が陥りがちであったような単なる論述に終わることを避け、日本語の文芸作品に使われる言語とその翻訳テクストの表現とを、比較対照するという具体的な分析作業を行った。そして本研究の目的は、そこに観察される意味のずれを指針として、日本語の本質を発見し確認することであった。

　空白の場と空白の話者という概念は、第2章で概観したように、多くの日本の先行研究に影響を受けている。空白の場は、根本的には西田哲学の場所の論理を基盤としている。西田の場所が否定的な無ではなく、そこにおいてあるという存在の根源を提供するように、筆者が提唱する空白の場とは、話者が日本語表現を駆使して、自分を表現する可能性を秘めたスペースである。

　かつて河合（1982）は、日本の昔話の分析に基づいて、日本的中空構造を論じたことがある。日本文化には中心が空白のまま、対立するものや矛盾するものを排除することなく、共存し得る可能性が認められるとし、それを中空的均衡型モデルと呼んだ。日本文化の原型には、このように中心を空にしたまま、複数の登場人物が適度の距離感を保ちながら共存し続ける型がある。このような中空は、文字通りの無ではなく、何かを生み出す自由なスペースとしてある。日本語表現が具体化する場と話者には、随時変化しながら具現化する様相が矛盾するものとしてではなく、そして一つに統一されることもなく、そのまま共存する。この意味で筆者が提案した空白という概念は、河合の中空という思想につながっている。

　空白の話者は、空白の場の中で感受する者として潜在し、その存在は言語表現を通して幾つもの特性を伴って具現化する。その言語表現の中には次項でまとめるように、表記、語彙、文、談話といった言語の複数レベルの操作が含ま

れるのだが、本研究で特に重要なのは、先行研究に欠けていた日本語のバリエーションを分析の対象にしたことである。キャラクター・スピークのような自由で創造的な表現操作によって、話者はその都度具体的な様相を備えた存在となる。日本語の話者は言語を使って何をしているかと言うと、空白の場を形成し同時にそれに影響される空白の自分を埋めながら、その瞬間に演じる自分という存在を生き、相手や世界に翻弄されながらも、自分を提示し続ける任務を全うしていると言えるのである。

もともと言語というものは、正確な情報を伝えるという短絡的とさえ言えるような目的のためだけにあるのではない。特に日本語の場合、情報をはっきりと直接言語化することを避け、辞的な表情を大切にする傾向がある。日本語の話者はこの事実を充分承知の上で、次々と直面する環境の中で複雑に絡まる知識、常識、感情、対人的条件などを調節しながら、その都度自分を演出しているのである。このような、場における各種の条件に翻弄される日本語表現は、あいまいであると批判的に言われることがある。情報が明確・明瞭に提示されないことが、あいまいであると性格付けられるのである。しかし、言語というものが情報の明確さより、むしろ自分のあり方を表現する方法であるという見方をすれば、決してあいまいではない。いわゆる「日本語あいまい論」は、日本語が何のためにあるかというその本質の捉え方を考慮すると、説得力を失ってしまうのである。

これに関連してここで、第2章で触れた三木 (1967b, 1967c) のレトリックの精神を思い起こしてみたい。私たちの言語は、単なる情報提示のための文法的な文から成り立っているわけではない。文芸作品だけでなく、日常生活に私たちが用いるレトリック的な言語こそ、人間の本質に属するのであり、それは私たちの存在の証でもある。日本語の本質につながる表現として分析してきた現象は、命題の意味というより文や談話の表現性、つまりレトリックに関するものであった。それらの日本語の表現性が、話者の人間としての存在の根本を規定することを考えると、言語の本質と話者は切っても切り離せない関係にあることが分かる。そのような根源的な言語の力を思う時、異言語との差異性は、やはり簡単に乗り越えられるものではないように思える。

本書では、日本語の本質を理解するために、第4章で話者が空白の場をどのように設定し具体化するかを論じ、第5章から第8章で空白の話者がその場にふさわしい姿で随時登場するその様子を、そのために使用される表現操作に焦点を当てて分析した。空白の場と空白の話者は相互に作用しながら、次第に具体的なイメージを創造していくのである。しかし、このような日本語の操作は、一貫して英訳には反映されないことが判明した。翻訳テクストは、その欠如を通して日本語の本質を映し出すのであり、分析の章でその諸相を明らかにすることができた。

10.2　翻訳テクスト分析が映し出す日本語の姿

　本書では第2部の分析で、翻訳テクストでは失われがちになる日本語の特徴を考察してきた。話者はまず空白の場を設定するために、場から話者へという求心的な表現を使い、場に臨場感と具体性をもたらすオノマトペを多用し、場に動機付けられた登場人物の設定をする。
　次に、空白の話者を具現化するために、言語の幾つかのレベルで興味深い現象を観察した。文構造のレベルでは、仕手の他動性が回避される傾向があること、知覚表現や受身表現、及び、授受表現などを通して、経験する受け手としての潜在的な話者が具現化すること、また語彙レベルでは、空白の話者が英語とは異なる一人称表現で多様に設定されることを論じた。
　続いて、話者の設定と演出のために使われる日本語表現を、トピック・コメント軸、語りのモダリティ、キャラクター・スピークという三つのテーマに分けて分析した。トピック・コメントは、文と談話のレベルで、コメントする話者の視点や発想・発話態度を示す効果をもたらすこと、つまり情報をパッケージ化し、それにコメントを提供するという関係性を生み出し、談話レベルにおけるステージング操作を支えることを理解した。ノダ文と非ノダ文やデアル文とノデアル文という文構造も、トピック・コメント軸という日本語の根本的なダイナミズムを支え、同時にそれに支えられていることが明らかになった。
　トピック・コメント軸の重要性は、日本語の文頭と文末が、しばしばトピッ

クとしての名詞化表現と、それに関するコメントとしての辞的表現になっていることでも分かる。同時にトピック・コメント関係は、感情を共有するためのターゲットを、トピック化して提供する付託の綾によってさらに鮮明になる。

　本書の中で折に触れて言及してきたように、付託は和歌の解釈や創作のための手法であるが、日常言語のレトリックとも根底でつながっている。つまり、名詞化されたトピックを感動の対象として場の中に投げ出し、その場を空白の場から意味のあるスペースへと変化させるのである。付託は心情を表現する時、言語の直接表現ではうまく伝わらないということの裏返しである。情意は「悲しい」というような感情を概念化した語彙で表現されることもある。しかしそれでは、深い感情は表現できない。そうではなくて、何か他のものを談話の世界に持ち込み、それに焦点を当てて話者の「見え」を伝えることで、相手も共に経験してくれるだろうことを期待するのである。付託は感情の焦点を提供し、それは例えばマンガのようなポピュラーカルチャーにも使われる。美しい夕日や夕闇に輝き出す星を眺めながら、言葉少なにただ一緒にいる親しい人間同士が、その感情を夕日や星に託す風景がある。日本語表現はこうして、トピックをただ提示する方法を選ぶこともあるのだが、一方、話者が自分を演出するために、豊かな辞的表現を用いたり、変化に富むキャラクター・スピークを操作したりする。トピック・コメントの軸は、このような意味でも日本語表現のダイナミズムを支えているのである。そしてこの軸は、結果的には空白の場を意味のあるものに変え、トピック・コメント関係を操作する空白の話者の存在を感じさせる機能を果たすことになる。

　語りのモダリティでは、日本語の表記操作が伝える話者の視点や態度、揺れ動く時制、加えて、語り手や登場人物の声を操作する引用について分析した。時制表現は主観的な判断によって選ばれ、引用表現はその多様な方法や移人称によって、比較的自由に使用されたり、人称の間を行ったり来たりする傾向があり、心内モノローグや心内会話では頻繁に視点がシフトする。日本語表現が実現する空白の話者は、同一的で確立したコギトの我とは違い、主客の間を行き来する可変性を備えた流動的な存在である。そして豊かなスタイルとそのシフトも、語りの視点や発想態度を表現することで、空白の話者を埋めていく機

能を果たす。特に、おじさん言葉、ヤンキー言葉、若者言葉、方言、おネエ言葉などのキャラクター・スピークが、登場人物や語り手のキャラクターを設定したり、キャラを提示するために使われることを観察した。そして、話者を具体的に演出するためのリソースとしてのバリエーションこそが、日本語の創造的な演出を可能にすることを確認した。話者はその場にふさわしい姿で随時登場するために、複数レベルの表現操作をし続けるのである。

以上の考察の対象となった日本語表現や操作は、英語では表現し難く、また表現可能であっても好まれない手法を必要とするため、翻訳テクストには充分反映され難い。いずれの現象においても翻訳テクストには、原作の日本語の意味、情意、創造性、演出効果などが、充分反映されないままになっていることを考えると、それらはやはり日本語の根源的な特徴であり、そこに映し出される日本語の姿は、無視できないものであると解釈しなければならない。

本書の第9章では、テクスト分析を起点言語が日本語以外である場合に拡げ、比較対照した。この分析でも翻訳文としての日本語表現には、第5章から第8章までの分析で明らかにされた表現が、個人差はあるものの、確かに使われていることが確認できた。日本語から英語という方向だけでなく、他言語から日本語への翻訳という作業においても、日本語の本質として意識される特徴が、翻訳者に選ばれ表現され続けることを確認した。

10.3 翻訳における意味のずれ

翻訳というプロセスで失われる日本語の意味は、いわゆる主観的・間主観的な意味、陳述、辞的表現、モダリティと言われる部分であることが多い。それは深い心情的な意味を提供するものであり、まさに言語表現のエッセンスであると言える。本書では、日本語の語彙の意味について充分な考察はしてこなかったが、翻訳における意味のずれは、例えば日本的と言われる言葉の情的な意味にも観察される。大来（2017）は、英語に翻訳できない日本語の決まり文句や語彙について、文化的な情報を提示しながら説明している。例えば「風情がある」という表現は、自然の中で生きる五感を通した体験や記憶、そして自

然との一体感につながっていて、それは個人的な要素を含みながらも、日本らしさを物語る概念であると説明している。あえて英語にするならば、「'to feel one's origin'（自分の根源を感じる）」（大来 2017: 173）となると述べている。このように語彙レベルにおいても、翻訳し難い日本語には情緒的で主観的な意味が隠されている。

　本研究で分析したのは、文芸作品の諸相に観察できる表現であるが、そこに主観的・間主観的で辞的な日本語の姿が浮かび上がることを見た。これらが指標し表現するのは、発想・発話態度、情意・情緒、対人的な位置付けや人情などであり、それは日本語の持つ美しさや、日本文化に見られる審美的な価値観、さらに日本社会における人間性につながっている。特に翻訳の過程で失われる側面として忘れてならないのは、作者の創造性である。これは創作者が一番大切にしているものであり、その創造性の中に込められた重要な意味も、主観的・間主観的な意味と同様、翻訳では欠如していること自体が意識されないままになる。

　このような言語間の差異性に関して、翻訳論に一つのヒントを読み取ることができる。それは翻訳についての論述が、常に翻訳という行為の難しさと不可能性を指摘してきたという事実である。翻訳は言葉の置き換えではなく、それぞれの言語文化の違いを考慮に入れてなされなければならない。翻訳作品は言語と同様、その時代や社会によって左右され、常に変化・変容するものである。そして根本的には言語で何をしようとしているのか、という言語使用者の意図が必ずしも同じではないということを、翻訳のプロセスで意識し認めなければならない。翻訳における意味と表現性の差異性は、簡単には解消されないものなのである。

　ここで、言語にはもともと異質のものを受け入れる側面があるという Ricoeur（2006）の立場を思い起こそう。私たちは自分とは違う視点から物を見る相手に、自分の立場を理解してもらおうと努力するのだが、意味のずれという問題は完全に解決することはできない。言語には言語によって言語を説明するという再帰的な機能があることから、私たちはこの機能を使って言語内の翻訳をする。この言語内の翻訳は、本書でテーマとした異言語間の翻訳の場合

と根本的な違いはない。意味の不確定性というのは翻訳に限られた懸案ではなく、むしろ言語自体に観察される現象なのである。この意味で翻訳は、言語自体の宿命を背負った複雑な行為であると言える。

　本研究で試みた日本語の原作と英訳された文芸作品を読み比べてみると、それがいかに上手な翻訳であろうと、両作品の間には克服することのできない意味の差が生じていることを、認めないわけにはいかない。このような不一致は、原作と翻訳テクストを支えるそれぞれの文化が、距離的にまた時間的に離れていればいるほど、大きくなり乗り越え難くなる。Ortega y Gasset（1959）は、言語にはどんな場合にも豊潤性（exuberancies）と貧困性・言い足りなさ（deficiencies）がつきまとうと語っている。言語表現は言いたいことを言いすぎたり、感じていることを充分に言えなかったりするその矛盾を常に抱えている。このような言語に内在する難しさは、翻訳テクストならなおさらのことである。言語の豊潤性と貧困性は一つの言語内に観察されるものであるが、複数の言語を比較対照する際により強く意識させられるものでもある。

　なお、本研究の翻訳テクスト分析では、限られたデータを扱っていることから、翻訳プロセスの意味と表現性のずれに関して、次のような問題点が残されていることを確認しておきたい。まず、翻訳テクストに何かが欠けているという直感的な反応は、日本語から英語に翻訳される場合のみならず、英語から日本語に翻訳される時にも当然起きる現象であって、翻訳のずれは両方向に見られるという点を承知しておかなければならない。筆者の研究とは逆方向のアプローチをとることで、英語の本質が浮き彫りになるものと思われ、それと本研究の結果を比較することも興味深い。

　次に、本研究の分析で使用した翻訳テクストは、目標言語を母語話者とする翻訳者が作成したものであることを意識しておく必要がある。逆に、起点言語を母語とする翻訳者が翻訳したらどうだろうか。日本語の原作を、英語母語話者ではなく日本語母語話者が英訳したり、ポルトガル語の原作を、ポルトガル語母語話者が和訳したらどうなるだろうか。それによって、日本語の本質の異なった側面が露になるかもしれない。

　さらに、根本的な問題として、翻訳テクストの質、つまり、使用データの質

を問わなければならない。翻訳という行為は、いつの時代のどの作品であっても、Lefevere（2004［1984］）が主張するように、イデオロギーの影響を受ける。翻訳は屈折を伴う書き換え行為の一種であり、そのため翻訳テクストには原作とは異なった要素が潜んでいることを承知しておかなければならない。翻訳における意味のずれには、多くの複雑な要因があるのである。

　しかし、翻訳テクスト分析には幾つかの利点もある。複数の作品を分析の対象とすることで、各作品が置かれた社会的なコンテクストから受ける影響を、最小限に止めることができる。日本語と英語の差異性の全体的な傾向を検証することで、ある作品に見られる政治的なイデオロギーや個人的な好みを超え、日本語の特徴を一般化して捉えることができる。さらに、大衆に受け入れられている文芸作品と、その翻訳テクストを分析の対象に加えることで、日常的な日本語を捉えることができるという利点がある。従来の研究とは違い、純文学とされる文学作品だけでなく、広く文芸作品を分析することで、ともすると陥りがちであったエリート主義を避け、日本語文化の現況を捉えることができる。

　かつてBenjamin（2004［1923］）は、翻訳者は翻訳の過程で純粋言語と呼ばれる真の言語の存在を想定し、その設立に寄与することが大切だと説いた。そのような目的は、現在の翻訳界では受け入れられないものとしても、翻訳テクストには、それ以外では到達できない言語の姿を発見することができる。翻訳という現象は多くの問題を抱えてはいるが、研究者には有効なリソースを提供してくれることも確かなのである。翻訳、スコポス理論に基づく翻訳、逆翻訳など翻訳のプロセスが生み出す異なるテクストを分析することで、言語をより深く理解することができる。逐語訳、パラフレーズ、受容、省略、加筆、解説といった異なる翻訳手法が生み出す翻訳テクストには、異言語間の差異性がいろいろなかたちで現れると思われるのであり、幾つかの種類の翻訳テクストを分析することが、より鮮明に日本語の姿を映し出す可能性がある。翻訳テクストを使った分析には、他にもいろいろなアプローチの可能性があることと思う。それらは将来の研究を待たなければならない。

10.4　グローバル時代と日本語の存在理由

　現在、インターネットの言葉として、多くの翻訳テクストの言葉として、そしてグローバル時代の中心的な言葉として英語が使われている。英語は確かに世界のメディアやネット社会の共通言語となっているのみならず、国際英語というかたちでアジア諸国の第二言語となっている。しかし、人類が使用する言語は膨大な数に及び、それぞれの言語には異言語には翻訳され難い特徴がある。外国語では表現できない概念や感情が、多くの言語内に存在するのである。言語と言語の間の差異性と異文化間の意味のずれは、一般的に受け止められているより深刻なものであり、本書で何度も指摘してきたように簡単に乗り越えられるものではない。乗り越えられるとする楽観的な立場は、一般的に意味の核心に触れていない場合が多い。確かに、日本を訪れる観光客が必要とする日本語は、翻訳可能な内容であることが多い。しかし、一歩踏み入り、人間の複雑な思考や矛盾する感情、加えて日本文化の深層につながる特徴を伝えようとすると、英語では充分訴えることができないことも多いのである。現在、英語という言語に勢力があるからと言って、英語中心の世界を築いたり、世界の諸言語を限られた言語に制限したりすることは不可能であるばかりか、そのような行為に賛同することは暴力的で独善的な態度と言わなければならない。

　グローバル時代の日本語の運命に関連して、日本語より英語を重視するべきという立場がある。もっとも日本語の代わりに英語を重視すべきという意見が過去になかったわけではない。丸山・加藤（1998）は、1870年代に森有礼が日本語を廃止し、英語を国語にするべきだと唱えたことを批判している。森の誤った考え方を、不幸な思想であったと性格付けるのだが、英語をエリートの言葉として受け入れると、階級別に異なった言語が話されることになるという問題点をあげる。下層階級の多くが、国事の重大問題から締め出される可能性もあると危惧し、このように外国語を自国の言葉にするというような非現実的な立場が、エリート意識に満ちたものであると非難している。

　日本語より英語を重視するという昨今の思想には、賛否両論があるのだが、日本語の重要性と特に英語との関係を文学的、教育的、政治的に捉えた論議が

なされている。ここでは、水村（2008, 2009）と津田（2011, 2013）をあげたい。水村（2008）は日本社会では英語が不可欠になり、限られた日本人が英語力をつける必要がある一方、日本語は亡びる傾向にあると指摘する。ただ、水村の論述で亡びるとされている日本語は、西洋文学の翻訳に支えられた日本の近代文学作品の日本語である。このため、あくまで特殊な時代の特殊なジャンルの日本語について、ある意味個人的な意見が述べられているに過ぎないという印象を受ける。もっともこの著作は、小説と論文が混合した文体で著者自身の経験を綴っているものであり、インパクトはあるものの、学問的な説得力に欠ける面があることは否めない。特に水村が学問の対象として選んだ明治の文学作品以外は、読むに値しないものとしている点が気がかりである。

水村（2009）はインタビューに答える形式で自論を弁護しているが、そこでは、亡びるかもしれない日本語は書き言葉のみで話し言葉ではなく、しかも書き言葉でもすべてが亡びるわけではないと主張している。亡びるかもしれないとする日本語については、それが、「読む意味がある〈テキスト〉」であり、問題は「小説や詩や戯曲、あるいはフィクション、ノンフィクションの別なく、すぐれた〈書き言葉〉としての文学が日本語で残るかどうかということです」（2009: 36）と説明している。

過去もそうであったように、ある時代の日本語が亡びる運命にあることは否定できない。言語は常に変化するものだからである。しかし、すぐれた書き言葉とかすぐれた文学とは誰が決めるのだろう。その判断は水村自身や他の評論家が個人的にすべき性格のものではない。例えばポピュラーカルチャーの書き言葉として、マンガやライトノベル、ミステリー、大衆小説、幾つかの音楽ジャンルの歌詞、あるいは、俳句、短歌、現代詩、などはすぐれていないと言うのだろうか。インタビューで水村はエリート意識を否定しているのだが、現在の日本語文化を切り捨てる態度には、皮肉にも強いエリート意識が感じられ残念である。

津田（2011, 2013）は、水村（2008）が指摘した日本語滅亡の可能性に危機感を抱き、今、日本では日本語保護法が必要であると主張する。日本の教育現場での英語中心主義に対して警告を発し、まさに国をあげて日本語を護ってい

く努力が必要であると説くのである。津田（2011）によると、過去500年で地球上の言語は半減し、その分英語支配が進んでいるという。日本語自体も外国語の勢力に押され、例えば外来語の占める割合は、1956年には9.8%だったものが、1994年には34.8%に増加しているとのことである。また津田は、日本国内で英語を社内の公用語とする企業が登場し、2011年からは英語教育の早期化現象として、小学校での英語教育が始まったことに警鐘を鳴らし、日本語を護る制度を打ち立てるべきだと訴えている。

　確かにそういう政策を必要とする事態になっているのかもしれないが、筆者は、日本語の底力を信じている。日本語は日本人の存在の根源に横たわるものであり、それはまさに日本人の自分の概念を規定する。日本語という言語の特徴と使用方法が、それを使う話者がどういう人間であるかに深く影響するのである。大学や学術会議での使用言語の主流を英語が占め、日本人もそれに参加するために英語力が必要とされるようになっても、多くの日本人は日常的に、変化しつつある日本語を創り出し、それを使って生活している。そして、そこに新しく美しい表現が生み出されていることも、確かなのである。その現象を無視することなく、多くの翻訳テクストが生み出される時代においても、いや、そういう言語と言語の接触が当たり前である時代だからこそ、日本語の存在を主張し、その本質を探究していくべきである。私たちは今、遠く江戸時代の国語学者が聞いた日本語表現の心の声の残響を、深く受け止めるべきなのである。

　日本語には、多くの言語がそうであるように、その存在理由がある。英語を使うことが必要とされたら、そのような必要性に対処すればいいのであって、日本語より英語を重視したり日本語が亡びるなどという考え方を、軽々しく吹聴するべきではない。日本語は日本語であり、そのあるがままの姿で、しかも変容しながら存続すること自体が、その存在理由なのである。私たちは人類の言語がそれぞれの特殊性を失うことなく、共存することの意味を理解し、その多様性を正しく評価するべきである。日本語の存続という課題、具体的には日本語が世界の中でどのような存在であるか・あるべきかという疑問には、他の言語がそうであるように、人類文化に貢献するためにあると答えることができる。

言語はもともと豊潤性と貧困性を同時に備えたものである。多くの言語がそれぞれの豊潤性と貧困性を内包しながら、その差異性を維持しつつ存在し続けること自体が、人類文化の財産である。本研究で確認した本質を有する日本語は、英語を中心としたグローバル時代にあって、日本人・日本文化のためだけでなく、言語の多様性に特徴付けられる人類文化のためにも、存在し続けなければならないのである。異なる言語文化の間をつなぐ翻訳は、外国語で表現できないことを伝えなければならないという矛盾した行為を強いる。その深刻な困難さを認めること自体が人類文化の課題であり、グローバル時代の異文化対立を理解するための希望でもある。

10.5　世界の中の日本語と日本語本質論

　筆者は本書で、空白の場における空白の話者という日本語本質論を展開してきた。日本語の本質を探究することの意義は、世界における日本語の評価と無関係ではない。筆者は、日本語の存在だけでなく、日本語本質論を主張すること自体が、世界で日本語の存在感とその重要性を主張することにつながると考えている。

　言語の価値について、経済言語学という枠組みから論じる立場がある（井上2011）。井上は言語の情的価値を紹介し、特に外国語との比較において観察できる言語の価値を、相対的情的価値と呼んでいる。この相対的情的価値に関して言えば、世界の中で日本語は過去よりむしろその価値が認められるようになっていて、日本語に興味を持つ人々の数が増えているとのことである。井上は外国語として日本語を学ぶ者が多くなっていることを指摘しているが、それは確かに日本語に母語とは異なった魅力を感じているからであろう。

　空白の場における空白の話者という日本語の世界は、我と他者、主体と客体、という対立を基盤とした世界と対照的である。対立を対立とせず、共にあるという思考を可能にする日本語の構造は、文化や宗教の対立や闘争を、違う角度から見ることを促す可能性がある。現在、日本語的な思想を持つ人間は、日本で生まれ育った日本人に限らない。日本人ではないものの、日本語を使っ

て生活したり思索したりする人々は、その個人の好みにもよるのだが、日本的な話者としての存在を選ぶかもしれないのである。私たちは今、自分の選ぶ話者のあり方を味わうことができる時代に生きている。日本語という言語を通して、人間を緩やかに捉えるあり方が好ましいと思う人間が、生まれる可能性がある。世界における日本語は、このような意味で影響力があると言える。筆者には日本語を外国語として学ぶ者の中には、日本の文化や社会の中に感知できる情感に魅せられている者が多いように思える。経済的な有益性から文化的・人間的な魅力へと、世界における日本語の価値が変化してきたのである。

日本語の存在は、言語学的にも大切である。それは日本語の現象が、言語とは何なのかという普遍的な疑問に答えるヒントを提供するからである。例えば、第2章で主観性・間主観性に触れたが、日本語は深く間主観化された言語であることが明らかになっている (Onodera and Suzuki 2007)。この事実は世界の言語を、文法化という視点から理解するための貴重なデータを提供するのであり、日本語の本質を探究することが、言語自体の本質を理解することにつながる好例である。

さらに本研究のテーマの一つであるキャラクター・スピークは、バリエーションに関する従来の言語理論に挑戦するものであり、そこにも日本語論の意義を見出すことができる。松田 (2015) は、バリエーション理論の観点から言語研究の歴史を比較しているが、その指摘にもあるように、バリエーションに対する見方が変化している。従来のバリエーション理論はともすると、方言を話者の居住地に直結した現象として捉えることが多かったのだが、バリエーションを表現の手段として自由に着脱するものと捉えるアプローチが目立ってきている。その最も進んだ例としてキャラクター・スピークがあり、それは、言語のバリエーションを、話者の自由意志に基づいて選択されるものと性格付ける新しい認識に導く。このように、日本語の表現性は、他言語の特徴と同様に、言語というものを理解する貴重なリソースとなり得るのである。

ところで、本書で分析した日本の文芸作品とその翻訳テクストは、世界でどのような位置を占めるのだろうか。この疑問に答えるために、一つの可能性として第3章で触れた翻訳理論で言われるポリシステム (Evan-Zohar 2004

［1978, 1990］）を応用することが考えられる。同一の言語社会内のポリシステムではなく、グローバル社会全体のポリシステムに拡大して応用することができる。ポピュラーカルチャーを含む文芸作品とその翻訳作品は、世界文化の中で一つのジャンルを形成している。これらの作品群は、日本という文化のアイデンティティを保ちながら、そのビジュアル記号とともに、日本語文化として一定の人気を集めている。欧米の作品と並んで、一つの存在感を保っているのだが、それは日本語文化に、他のメディア文化にはない何かが感じられるからに相違ない。日本語文化は確かに価値のあるものとされているのであり、そこにはやはり世界における日本語自体に関してのポジティブな評価がある。

　世界の中の日本語を論じるうえで、日本語の存在だけでなく、日本語論を主張することも大切である。本研究に関して言えば、日本語本質論がどのように普遍的な知の構築に関わるかという点も無視できない。筆者が提唱する空白の話者という概念は、西洋の学問の伝統では生まれにくい性格のものである。西洋における知の構造は、同一的で確立した我による明晰な思惟作用を基盤にしている。しかも一つの抽象的な理解の仕方に統合させる欲求が強く、それは近代科学の合理性と結び付いて、結果的には統一された画一的な思考に至ることが理想とされてきた。学問の知をこのように性格付けると、筆者が探究してきた空白の場と空白の話者という概念は、西洋的な知の姿に合致しないものであり、それは正しく受け止められることのないまま無視される可能性が大きい。実際、日本語の姿と日本の話者の概念は、日本においても特に近代の日本が受容してきた西洋の学問に影響を受け、その時代に受け入れられ主流となった学問の枠組みによって左右されてきたという経緯がある。その結果、日本語の本来の姿がそのまま充分に探求されることがなかったように思える。

　このような背景を鑑みるにつけ、日本語から発信する言語理論の意義を軽視するわけにはいかない。あらゆる学問が言語を介して探究される限り、理論の構築は何らかの言語を媒体とする。デカルトがコギトと口走った瞬間もそうであったように、言語による限定性は人間の思考の宿命である。言語と言語理論の関係は、Silverstein（1979）の言語のイデオロギー（linguistic idelology）にあるように、分析するメタ言語によって左右されるのである（メイナード

2000)。本書は日本語で綴ったものであり、その可能性と限界を認識しておかなければならないのは当然である。しかし筆者は、日本語の現象を研究の出発点としても、日本語研究が可能にする言語のイデオロギーを利用しつつ、その限界を超え、新しい解釈・理解ができると思っている。筆者は本研究で、西洋と日本の学問の動向を把握しつつ、翻訳テクスト分析を通して、日本語と外国語を同時に観察するという開かれたアプローチで、新しい知の発見を試みた。

筆者が本書で主張する立場、つまり確立した顕在する我に対し、あくまで空白の場に潜在する空白の話者という立場は、西洋の学問の伝統に挑戦するものであり、このような観点は時として、一種の日本人論・日本語論であるとして批判されることがある。日本人論とは、例えば日本社会を集団主義と特徴付け、ユニークな文化を持っているとする立場で、1980年代の一部の日本論者が主張した類のものである。このような、日本はユニークであるとする立場は、国粋的でありひとりよがりの見方であるとして、反日本人論が聞かれるようになった (Maynard 1997a)。

日本人論は急速に西欧の仲間入りを果たした日本人の、そして日本という国家の、アイデンティティの問題であるとする立場 (船曳 2010) がある。船曳 (2010) が指摘するように、日本人論的な思想は、特に海外に留学したエリートたちが感じたアイデンティティ不安を、払拭するために必要であったものと思われる。しかし、現在、ポストモダンの日本では、過去のようなアイデンティティの危機を感じない者が増加し、日本人という意識は、多元的な社会における複数のアイデンティティの一部でしかないとされる現象が起こりつつある。

確かに、従来のような日本人論は不要になってきているのかもしれない。しかしそうかと言って、すべての言語文化は互いに完全に理解し合えるという無責任な想定のもと、日本語表現の特徴を否定したりむやみに日本人論を批判することは、つつしまなければならない。日本語文化には、他の言語文化と根本的に異なる点が認められるという筆者の立場は、他の言語が日本語と違うとする立場と同等のレベルで理解されるべきである。

これに関して触れておかなければならないのは、学問における日本（人）論

批判が今も存在するという事実である。それは、西洋の学問の伝統に挑戦する立場が、特に西洋の文化圏の外から発せられると、その特殊性ゆえに、普遍性に欠けるとして見過ごされる傾向があることに見てとれる。これは学問のオリエンタリズム（Said 1978）として批判されてきた。この点は筆者も指摘してきた（メイナード 1997, 2000）のだが、日本語論が学問の主流から疎外されがちであることは、学問の方法自体に起因する面もある。この問題を解決するために、本研究で筆者は単なる議論ではなく、言語のデータを分析し、具体的に比較対照するという立場をとった。

　本研究では比較対照分析を通して、日本語の本質を探るという立場をとったのだが、比較対照という手法には、それ以上の利点がある。具体的な使用データの比較対照分析を基盤とする研究を通して、学問のあり方についても比較しながら評価することができるからである。日本語を他言語と比較することがもたらす最大の意義は、日本語を通して育まれた知の世界を相対的に見ることを可能にする点にある。

　筆者が伝えたい空白の場における空白の話者というメッセージは、最終的には世界に向けて発信していくべきであろう。そうしなければ、日本語について日本語というメタ言語で語られた学問は、日本語の個別性を超えていくことができないからである。それは、日本語本質論が日本語の理論としてのみ理解され、西洋の学問の動向に挑戦する筆者の態度が、単なる特殊な研究に過ぎないとして、片付けられないようにするために必要なのである。グローバル時代の日本語本質論は、その内容を英語という言語を通して発信するべきであるが、それには翻訳ではなく、英語を使ってどのように表現するかという翻訳を超えた作業が必要となる。

　筆者は今回翻訳を取り入れた言語研究を試みたわけだが、この分野の研究はまだ始まったばかりである。本書の内容が、筆者が既に触れた将来への課題も含めて、翻訳と日本語をテーマにした多岐にわたる研究へのきっかけとなってくれれば幸いである。

参照文献・サイト

あ

安部公房 1968『他人の顔』新潮社
阿部ひで子ノーネス 2014「ゲイ/オネエ/ニューハーフのことば」『日本語学』33, 1月号, 44-59
尼ケ崎彬 1988『日本のレトリック』筑摩書房
安西徹雄 1983『英語の発想』講談社

い

飯野公一 2003「男ことば・女ことばとジェンダー この違いは誰がつくるのか」『新世代の言語学 社会・文化・人をつなぐもの』飯野公一（編）236-242 くろしお出版
庵功雄他 2001『中上級を教える人のための日本語文法ハンドブック』スリーエーネットワーク
池上嘉彦 1981『「する」と「なる」の言語学』大修館書店
池上嘉彦 1986「日本語の語りのテクストにおける時制の転換について」『記号学研究』6, 61-74
池上嘉彦 2006「〈主観的把握〉とは何か 日本語話者における〈好まれる言い回し〉」『言語』35, 5月号, 20-27
池上嘉彦 2011「日本語と主観性・主体性」『主観性と主体性』澤田治美（編）49-67 ひつじ書房
石黒圭 2006『よくわかる文章表現の技術IV 発想編』明治書院
石黒圭 2007『よくわかる文章表現の技術V 文体編』明治書院
市川浩 1975『精神としての身体』勁草書房
井出祥子 1979『女のことば 男のことば』日本経済新聞社
井上健 2005「「第三の文学」としての翻訳文学 近代日本文学と翻訳」『翻訳を学ぶ人のために』安西徹雄・井上健・小林章夫（編）173-202 世界思想社
井上健 2012「序にかえて 翻訳文学への視界」『翻訳文学の視界 近現代日本文化の変

容と翻訳』井上健（編）2-12 思文閣出版
井上史雄 2000『日本語の値段』大修館書店
井上史雄 2011『経済言語学論考　言語・方言・敬語の値打ち』明治書院

う

上野千鶴子 2005「脱アイデンティティの理論」『脱アイデンティティ』上野千鶴子
　　（編）1-41 勁草書房
内田樹 2009『日本辺境論』新潮社

お

大江三郎 1975『日英語の比較研究　主観性をめぐって』南雲堂
大江三郎 1979「『感情導入』にかかわる日本語の特徴　英語との比較を含めて」『国語
　　学論説資料』16, 1, 198-208
大来尚順 2017『訳せない日本語　日本人の言葉と心』アルファポリス
太田稔（訳）1971『宙ぶらりんの男』新潮社
大谷麻美 2015「話題展開スタイルの日・英対照分析　会話参加者はどのように話題の
　　展開に貢献するのか」『日・英語談話スタイルの対照研究　英語コミュニケーショ
　　ン教育への応用』津田早苗他（著）193-229 ひつじ書房
大津栄一郎 1993『英語の感覚』上・下　岩波書店
大塚容子 2015「日・英語の初対面3人会話におけるあいづち」『日・英語談話スタイル
　　の対照研究　英語コミュニケーション教育への応用』津田早苗他（著）169-191 ひ
　　つじ書房
岡本真一郎 2000『ことばの社会心理学』ナカニシヤ出版
小田律（訳）1930『武器よさらば』天人社
小野正樹 2016「引用表現における事態把握と伝達　構造と機能」『言語の主観性　認知
　　とポライトネスの接点』小野正樹・李奇楠（編）191-204 くろしお出版
尾上圭介 1999a「文の構造と"主観的"意味」『言語』28, 1月号, 95-105
尾上圭介 1999b「文法を考える　7　出来文 (3)」『日本語学』18, 1月号, 86-93
尾上圭介 2003「ラレル文の多義性と主語」『言語』32, 4月号, 34-41
小野寺典子 2017「語用論的調節・文法化・構文化の起きる周辺部　『こと』の発達を
　　例に」『発話のはじめと終わり　語用論的調節のなされる場所』小野寺典子（編）

99-114 ひつじ書房

か

筧寿雄 2001「変身するオノマトペ」『言語』36, 8月号, 28-36

片岡義男 2012『日本語と英語 その違いを楽しむ』NHK出版

加藤陽子 2005「話しことばにおける発話末の『みたいな』について」『日本語教育』124, 43-52

加藤陽子 2010『話し言葉における引用表現 引用標識に注目して』くろしお出版

鎌田修 1988「日本語の伝達表現」『日本語学』7, 9月号, 59-72

鎌田修 2000『日本語の引用』ひつじ書房

河合隼雄 1982『中空構造日本の深層』中央公論社

河原清志 2009「英日語双方向の訳出行為におけるシフトの分析 認知言語類型論からの試論」『翻訳研究への招待』3, 29-49

き

岸本秀樹 2016「複文レベルの構文」『徹底比較 日本語文法と英文法』畠山雄二（編）175-198 くろしお出版

北原保雄 1970「助動詞の相互承接についての構文論的考察」『国語学』83, 32-59

北原保雄（編）2003『明鏡国語辞典』大修館書店

金水敏 2003『ヴァーチャル日本語 役割語の謎』岩波書店

金水敏（編）2007『役割語研究の地平』くろしお出版

金水敏（編）2011『役割語研究の展開』くろしお出版

金水敏 2014a「フィクションの話し言葉について 役割語を中心に」『話し言葉と書き言葉の接点』石黒圭・橋本行洋（編）3-11 ひつじ書房

金水敏（編）2014b『〈役割語〉辞典』研究社

く

工藤真由美 1990「現代日本語の受動文」『ことばの科学』4, 47-81

工藤真由美 1995『アスペクト・テンス体系とテクスト 現代日本語の時間の表現』ひつじ書房

国広哲弥 1984「『のだ』の意義素覚え書」『東京大学言語学論集』5-9

窪田彩子 2000「日本語学習者の相づちの習得　日本人との初対面における会話資料を基に」『南山日本語教育』7, 76-114

こ

小金丸春美 1990「ムードの『のだ』とスコープの『のだ』」『日本語学』9, 3月号, 72-82
国立国語研究所 1972『形容詞の意味・用法の記述的研究』秀英出版
国立国語研究所 2000『新「ことば」シリーズ12　言葉に関する問答集　言葉の使い分け』
小玉安恵 1998「会話の中でのナラティブにおける日本語の時制転換」『日本語国際センター紀要』8, 1-18
小林隆 2004「アクセサリーとしての現代方言」『社会言語科学』7, 1, 105-107
近藤安月子 2002「会話に現れる『ノダ』『談話連結語』の視点から」『日本語学と言語教育』上田博人（編）225-248　東京大学出版会
近藤いね子（訳）1999『ダロウェイ夫人』みすず書房

さ

斎藤環 2009「ヤンキー文化と『キャラクター』」『ヤンキー文化論序説』五十嵐太郎（編）247-264　河出書房新社
酒井潔 2005『自我の哲学史』講談社
酒井悠美 1998「会話文における『のだ』」『日本語論説資料』35, 2, 665-675
坂原茂 2003「ヴォイス現象の概観」『言語』32, 4月号, 26-33
佐久間鼎 1967『日本的表現の言語科学』恒星社厚生閣
佐治圭三 1991『日本語の文法の研究』ひつじ書房
佐竹秀雄 1984「文字の性質と使い方　平仮名・片仮名・句読点の役割と用法」『日本語の働き』野村雅昭（編）75-89　筑摩書房
佐竹秀雄 1995「若者ことばとレトリック」『日本語学』14, 11月号, 53-60
佐竹秀雄 1997「若者ことばと文法」『日本語学』16, 4月号, 55-64
定延利之 2001「情報のアクセスポイント」『言語』30, 12月号, 64-70
定延利之 2009「音声・文字と表現」『日本語表現学を学ぶ人のために』糸井通浩・半沢幹一（編）118-131　世界思想社

ザトラウスキー・ポリー 1993『日本語の談話の構造分析　勧誘のストラテジーの考察』くろしお出版
佐野香織 1997「『自分』の発話意図」『神田外国語大学大学院紀要』1, 59-69
澤田治美 2011「モダリティにおける主観性と仮想性」『ひつじ意味論講座　主観性と主体性』澤田治美（編）25-48　ひつじ書房

し

重光由加 2015「日・英語の男性初対面母語会話に見られる応答要求発話　応答の連鎖」『日・英語談話スタイルの対照研究　英語コミュニケーション教育への応用』津田早苗他（著）93-134　ひつじ書房
柴田武 1958『日本の方言』岩波書店
陣内正敬 2007「若者世代の方言使用」『方言の機能』真田信治・陣内正敬・井上史雄・日高貢一郎・大野道男（著）小林隆（編）27-65 岩波書店

す

杉田くに子 1995「日英対照レトリック　文章の流れはいかに分節されるか」『アメリカ・カナダ大学連合日本研究センター紀要』19. 35-50
鈴木朖 1979［1824］『言語四種論』小島俊夫・坪井美樹解説　勉誠社
砂川有里子 1988「引用文における場の二重性について」『日本語学』7, 9月, 14-29
砂川有里子 1989「引用と話法」『講座日本語と日本語教育　4』北原保雄（編）355-387 明治書院
砂川有里子 1996「日本語コピュラ文の談話機能と語順の原理　『AがBだ』と『AのがBだ』構文をめぐって」筑波大学文芸・言語学系『文藝言語研究言語篇』30, 53-71
砂川有里子 2002「日本語コピュラ文の構造と談話機能」『日本語と言語教育』上田博人（編）39-70　東京大学出版会

せ

瀬戸賢一 1997『認識のレトリック』海鳴社

た

高崎みどり 2002「『女ことば』を創りかえる女性の多様な言語行動」『言語』31. 2月号, 40-47

太宰治 1952『人間失格』新潮社

田嶋香織 2006「オノマトペ（擬音語・擬態語）について」『関西外国語大学留学生別科日本語教育論集』16, 193-205

田中ゆかり 2011『「方言コスプレ」の時代』岩波書店

田中ゆかり 2014「ヴァーチャル方言の3用法　『打ちことば』を例として」『話し言葉と書き言葉の接点』石黒圭・橋本行洋（編）37-55 ひつじ書房

谷口一美 2015「英語から見た日本語の統語構造　『出来事』の捉え方と文法」『日本語学』34, 3月号, 14-26

谷崎潤一郎 2010 [1934]「文章読本　西洋の文章と日本の文章」『日本の翻訳論　アンソロジーと解題』柳父章・永野的・長沼美香子（編）256-262 法政大学出版局

田野村忠温 1990『現代日本語の文法1　「のだ」の意味と用法』和泉書院

田守育啓 2001「日本語オノマトペの語形成規則」『言語』30, 8月号, 42-49

田守育啓 2002『オノマトペ　擬音・擬態語をたのしむ』岩波書店

田守育啓・ローレンス・スコウラップ 1999『オノマトペ　形態と意味』くろしお出版

ち

因京子 2003「談話ストラテジーとしてのジェンダー標示形式」『日本語とジェンダー』3, 17-36

つ

辻大介 1999「若者語と対人関係　大学生調査の結果から」『東京大学社会情報研究所紀要』57, 17-40

津田幸男 2011『日本語防衛論』小学館

津田幸男 2013『日本語を護れ！「日本語保護法」制定のために』明治書院

土屋俊 2008『真の包括的な言語の科学』くろしお出版

角田三枝 2004『日本語の節・文の連接とモダリティ』くろしお出版

坪井栄治郎 2002「受影性と受身」『認知言語学I　事象構造』西村義樹（編）63-86 東京大学出版会

と

時枝誠記 1941『国語学原論』岩波書店
時枝誠記 1950『日本文法口語篇』岩波書店

な

永江朗 2009「ヤンキー的なるもの　その起源とメンタリティ」『ヤンキー文化論序説』
　　五十嵐太郎（編）32-51 河出書房新社
中島文雄 1987『日本語の構造　英語との対比』岩波書店
中田祝夫・竹岡正夫 1960『あゆひ抄新注』風間書房
長沼美香子 2013「翻訳研究における『等価』言説」『通訳翻訳研究』13, 25-41
永野賢 1986『文章論総説　文法論的考察』朝倉書店
中村明 1991『文章をみがく』NHKブックス
中村明 2010『文体論の展開　文藝への言語的アプローチ』明治書院
中村桃子 2013『翻訳がつくる日本語　ヒロインは「女ことば」を話し続ける』白澤社
中村雄二郎 1993『中村雄二郎著作集　第7巻　西田哲学』岩波書店
中村雄二郎 1996「場所の論理と〈演劇的知〉」『新潮』4月号, 291-307
名嶋義直 2002「『説明のノダ』再考　因果関係を中心に」『日本語文法』2, 1, 66-88
難波功士 2009『ヤンキー進化論　不良文化はなぜ強い』光文社

に

西田幾多郎 1949a「場所」『西田幾多郎全集　第4巻』208-289 岩波書店
西田幾多郎 1949b「働くもの」『西田幾多郎全集　第4巻』175-207 岩波書店
西原鈴子 1990「日英対照修辞法」『日本語教育』72, 11, 25-41
仁田義雄 1989「現代日本語文のモダリティの体系と構造」『日本語のモダリティ』仁田
　　義雄・益岡隆志（編）1-56 くろしお出版

ぬ

沼田裕之 1998『国際化時代　日本の教育と文化』東信堂

の

野上豊一郎 1921「翻訳可能の標準について」『英文学研究』3, 131-153

野崎歓 2014『翻訳教育』河出書房新社
野田春美 1997『「の（だ）」の機能』くろしお出版
野田春美 2012「『のだ』の意味とモダリティ」『ひつじ意味論講座　モダリティⅡ　事例研究』澤田治美（編）141-157　ひつじ書房

は

ハイコ、ナロック 2014「モダリティの定義をめぐって」『ひつじ意味論講座　モダリティⅠ　理論と方法』澤田治美（編）1-23　ひつじ書房
浜野祥子 2015「音まねから抽象的な音象徴への変化　オノマトペ語尾の鼻音をめぐって」『日本語学』34, 9月号, 34-43
早川敦子 2013『翻訳論とは何か　翻訳が拓く新たな世紀』彩流社
林四郎 1987「文法を考える　『構話助詞』の論」『日本語学』6, 3月号, 4-10
林四郎 1992「文章とは何か　私の文章論」『日本語学』11, 4月号, 16-19

ひ

平子義男 1999『翻訳の原理　異文化をどう訳すか』大修館書店
平野啓一郎 2012『私とは何か　「個人」から「分人」へ』講談社
廣瀬幸生 1988「言語表現のレベルと話法」『日本語学』7, 9月号, 4-13
廣松渉 1982『存在と意味　事的世界観の定礎　第1巻』岩波書店

ふ

藤田保幸 2000『国語引用構文の研究』和泉書院
船曳建夫 2010『「日本人論」再考』講談社
古野ゆり 2002「日本の翻訳　変化の表れた1970年代」『通訳翻訳研究』2, 114-122

ほ

堀井令以知 2015「呼称・人称と社会」『ひつじ意味論講座　意味の社会性』澤田治美（編）57-70　ひつじ書房
堀口純子 1997『日本語教育と会話分析』くろしお出版
本田啓 2011「共同注意と間主観性」『ひつじ意味論講座　主観性と主体性』澤田治美（編）127-148　ひつじ書房

本名信行 1989「日本語の文体と英語の文体」『講座日本語と日本語教育 5　文法・文体』(下) 山口佳紀 (編) 363-385 明治書院

ま

前田彰一 2004『物語のナラトロジー　言語と文体の分析』彩流社
前野隆司 2015『幸せの日本論　日本人という謎を解く』角川書店
マグロイン、直美・H. 1984「談話・文章における『のです』の機能」『言語』13, 1月号, 254-260
益岡隆志・田窪行則 1993『基礎日本語文法』改訂版　くろしお出版
町田宗鳳 2003「述語的論理と二十一世紀」『「あいまい」の知』河合隼雄・中沢新一 (編) 121-145 岩波書店
松岡和子 2016「翻訳と日本語」『日本語学』35, 1月号, 2-5
松田謙次郎 2015「英語から見た日本語のバリエーション　変異理論を中心に」『日本語学』34, 3月号, 50-59
マリィ、クレア 2013『おネエことば論』青土社
丸山真男・加藤周一 1998『翻訳と日本の近代』岩波書店

み

三尾砂 1948『国語法文章論』三省堂
三木清 1967a「解釈学と修辞学」『三木清全集　第5巻』139-158 岩波書店
三木清 1967b『構想力の論理』岩波書店
三木清 1967c「レトリックの精神」『三木清全集　第12巻』131-147 岩波書店
水村美苗 2008『日本語が亡びるとき　英語の世紀の中で』筑摩書房
水村美苗 2009「世界史における日本語という使命」(インタビュー、聞き手　前田塁)『ユリイカ』41, 2, 32-62
水本光美 2006「テレビドラマと実社会における女性文末詞使用のずれにみるジェンダーフィルタ」『日本語とジェンダー』佐々木瑞枝 (編) 73-94 ひつじ書房
三谷邦明 1996「『羅生門』の言説分析」『近代小説の〈語り〉と〈言説〉』三谷邦明 (編) 197-237 有精堂
三宅直子 2005「関西域外における関西方言の受容について　好悪評価コメントより」『関西方言の広がりとコミュニケーションの行方』陣内正敬・友定賢治 (編)

267-278 和泉書院

宮崎清孝・上野直樹 1985『視点』東京大学出版局

宮崎幸江 2009「ポライトネス・ストラテジーとしての聞き手のうなずき」*Sophia Junior College Faculty Journal*, 29, 55-72

む

村上春樹・柴田元幸 2000『翻訳夜話』文藝春秋社

め

メイナード、泉子・K. 1987「日米会話におけるあいづちの表現」『言語』16, 11月号, 88-92

メイナード、泉子・K. 1991「文体の意味 ダ体とデスマス体の混用について」『言語』20, 2月号, 75-80

メイナード、泉子・K. 1993『会話分析』くろしお出版

メイナード、泉子・K. 1994「『という』表現の機能、話者の発想・発話態度の標識として」『言語』23, 11月号, 80-85

メイナード、泉子・K. 1997『談話分析の可能性：理論・方法・日本語の表現性』くろしお出版

メイナード、泉子・K. 1998「パトスとしての言語」『言語』27, 6月号, 34-41

メイナード、泉子・K. 2000『情意の言語学：「場交渉論」と日本語表現のパトス』くろしお出版

メイナード、泉子・K. 2001a『恋するふたりの「感情ことば」：ドラマ表現の分析と日本語論』くろしお出版

メイナード、泉子・K. 2001b「心の変化と話しことばのスタイルシフト」『言語』30, 6月号, 38-45

メイナード、泉子・K. 2001c「日本語文法と感情の接点 テレビドラマに会話分析を応用して」『日本語文法』1, 1, 90-110

メイナード、泉子・K. 2003「談話分析の対照研究」『朝倉日本語講座 第7巻 文章・談話』佐久間まゆみ（編）227-249 朝倉書店

メイナード、泉子・K. 2004『談話言語学：日本語のディスコースを創造する構成・レトリック・ストラテジーの研究』くろしお出版

メイナード、泉子・K. 2005a『日本語教育の現場で使える　談話表現ハンドブック』くろしお出版

メイナード、泉子・K. 2005b「会話導入文―話す声が聞こえる類似引用の表現性」『言語教育の新展開　牧野成　教授古稀記念論集』鎌田修他（編）61-75 ひつじ書房

メイナード、泉子・K. 2006「指示表現の情意：語り手の視点ストラテジーとして」『日本語科学』19, 55-74

メイナード、泉子・K. 2008『マルチジャンル談話論　間ジャンル性と意味の創造』くろしお出版

メイナード、泉子・K. 2012『ライトノベル表現論　会話・創造・遊びのディスコースの考察』明治書院

メイナード、泉子・K. 2013「あいづちの表現性」『日本語学』32, 4月臨時増刊号 36-48

メイナード、泉子・K. 2014『ケータイ小説語考　私語りの会話体文章を探る』明治書院

メイナード、泉子・K. 2017『話者の言語哲学　日本語文化を彩るバリエーションとキャラクター』くろしお出版

も

森有正 1979『森有正全集　第12巻』筑摩書房

森田良行 1995『日本語の視点』創拓社

森田良行 1998『日本人の発想、日本語の表現』中央公論新社

森田良行 2001「確述意識を表す『た』」『言語』30, 12月号, 72-77

守屋三千代 2012「日本語教育から『日本語のモダリティ』を考える」『ひつじ意味論講座　モダリティⅡ　事例研究』澤田治美（編）215-232 ひつじ書房

や

八木下孝雄 2016「近代日本語における欧文直訳的表現」『日本語学』35, 1月号, 32-40

安井稔 2000「日本語表記体系の中の片仮名」『言語』29, 8月号, 113-120

柳父章 2004『近代日本語の思想　翻訳成立事情』法政大学出版局

柳父章 2010「日本における翻訳　歴史的前提」『日本の翻訳論　アンソロジーと解題』柳父章・永野均・長沼美香子（編）1-34 法政大学出版局

柳父章・永野均・長沼美香子（編）2010『日本の翻訳論　アンソロジーと解題』法政大学出版局
山口佳也 2016『「のだ」の文とその仲間　続編　文構造に即して考える』三省堂
山中桂一 1998『日本語のかたち　対照言語学からのアプローチ』東京大学出版会

ゆ

湯本久美子 2004『日英語認知モダリティ論　連続性の視座』くろしお出版

よ

米川明彦 2002「現代日本語の位相」『現代日本語講座 4　語彙』飛田良文・佐藤武義（編）46-69 明治書院

り

李雪 2011「日本語の自然会話に見られる女性の表現の丁寧さ　あいづち、笑い、ジェンダースタイル交替の視点から」『日本語とジェンダー』Vol. 11, http://www.gender.jp/journal/no11/07 Li Xue.html 2016年1月12日アクセス

わ

渡辺実 1991「『わがこと・ひとごと』の観点と文法論」『国語学』165, 1-14
渡部直己 2015『小説技術論』河出書房新社

A

Austin, J. L. 1976 [1962]. *How to Do Things with Words*. Cambridge, MA: Harvard University Press.

B

Baker, Mona. 1992. *In Other Words: A Coursebook on Translation*. New York and London: Routledge.
Baker, Mona and Gabriela Saldanha. eds. 2009. *Routledge Encyclopedia of Translation Studies*. London and New York: Routledge
Bakhtin, M. M. 1981. *The Dialogic Imagination*, ed. by M. Holquist and trans. by C.

Emerson and M. Holquist. Austin: University of Texas Press.

Bakhtin, M. M. 1984. *Problems of Dostoevsky's Poetics*, ed. and trans. by C. Emerson. Minneapolis, MN: University of Minnesota Press.

Bakhtin, M. M. 1986. *Speech Genres and Other Late Essays*, ed. by C. Emerson and M. Holquist, trans. By V. W. McGee. Austin, TX: The University of Texas Press.

Beaugrande, Robert de. 1998. Performative speech acts in linguistic theory: The rationality of Noam Chomsky. *Journal of Pragmatics*, 29, 765-803.

Bell, Allan. 1999. Styling the other to define the self: A study in New Zealand identity making. *Journal of Sociolinguistics*, 99, 523-541.

Bellow, Saul. 1988. *Dangling Man*. New York: Penguin Books

Benjamin, Walter. 2004 [1923]. The task of the translator: An introduction to the translation of Baudelaire's Tableauz Parisiens. In *The Translaton Studies Reader*, second edition, ed. by L.Venuti. 75-85. New York and London: Routledge

Bucholtz, Mary. 1999. You da man: Narrating the racial other in the production of white masculinity. *Journal of Sociolinguistics*, 99, 443-460.

Burke, Peter J. and Jan E. Stets. 2009. *Identity Theory*. Oxford and New York: Oxford University Press.

Butler, Judith. 1990. *Gender Trouble: Feminism and the Subversion of Identity*. New York: Routledge.

C

Carroll, Noël. 1997. Simulation, emotion and morality. In *Emotion in Postmodernism*, ed. by G. Hoffman and A. Hornung. 383-399. Heidelberg: C. Winter.

Carroll, Noël. 1998. *A Philosophy of Mass Art*. Oxford: Clarendon Press.

Chomsky, Noam. 1957. *Syntactic Structures*. The Hague: Mouton.

Chomsky, Noam. 1965. *Aspects of the Theory of Syntax*. Cambridge, MA: MIT Press.

Chomsky, Noam. 1995. The Minimalist Program. Cambridge, MA: MIT Press.

Clancy, Patricia, et al. 1996. The conversational use of reactive tokens in English, Japanese, and Mandarin. *Journal of Pragmatics*, 26, 365-387.

Cutler, Cecilia A. 1999. Yorkville crossing: White teens, hip hop and African American English. *Journal of Sociolinguistics*, 99, 428-443.

D

Descartes, Rene. 2001 [1901]. *Meditations on First Philosophy*, trans. by J. Veitch. The Classical Library. http://www.classicallibrary.org/indexhtm 2016年2月10日 アクセス

E

Evan-Zohar, Itamar. 2004 [1978, 1990]. The position of translated literature witin the literary polysystem. In *The Translaton Studies Reader*, second edition, ed. by L. Venuti. 199-204. New York and London: Routledge

F

Firbas, Jan. 1964. In defining the theme in functional sentence analysis. *Trauvauz Linguistiques de Prague*, 1, 267-280.

G

Gambier, Yves and Luc van Doorslaer. eds. 2010. *Handbook of Translation Studies*, Vol. 1. Amsterdam and Philadelphia: John Benjamins.

Geertz, Clifford. 1984. From the native's point of view: On the nature of anthropological understanding. In *Culture Theory: Essays on Mind, Self, and Emotion.* ed. by R. A. Shweder and R. A. Levine, 123-136. Cambridge: Cambridge University Press.

Gergen, Kenneth. 2000 [1991]. *The Satulated Self: Dilemmas of Identity in Contemporary Life.* New York: Basic Books.

Goffman, Irving. 1959. *The Presentation of Self in Everyday Life.* New York: Doubleday.

Grice, Paul. 1975. Logic and conversation. In *Syntax and Semantics*, Vol. 3. *Speech Acts*, ed. by P. Cole and J. L. Morgan. 41-58. New York: Academic Press.

H

Halliday, M.A.K. and Ruqaiya Hasan.1976. *Cohesion in English.* London: Longman.

Hamano, Shoko. 1980. The Sound-symblic system of Japanese. Ph. D. Dissertation. University of Florida.

Heidegger, Martin. 1971. *On the Way to Language.* New York: Harper & Row Publishers.

Hijiya-Kirschnereit, Irmela. 2012. Pretranslation in modern Japanese literature and what it tells us about "world literature." In *Translation Studies in the Japanese Context*, ed. by N. Sato-Rossberg and J. Wakabayashi. 167-182. London and New York: Continuum.

Hinds, John. 1983. Contrastive rhetoric: Japanese and English. *TEXT*, 3, 183-195.

Hinds, John. 1984. Topic maintenance in Japanese narrative and Japanese conversational interaction. *Discourse Processes*, 7, 465-482.

Hinds, John. 1986. *Situation versus Person Focus*. Tokyo: Kuroshio Publishers.

Hinds, John. 1990. Inductive, deductive, quasi-inductive: Expository writing in Japanese, Korean, Chinese, and Thai. In *Coherence in Writing: Research and Pedagogical Perspectives*, ed. by U. Connor and A. M. Johns, 89-109. Alexadria, VA: Teachers of English to Speakers of Other Languages, Inc.

Hume, David. 1963. A treatise of human nature. In *The Philosophy of David Hume*, ed. and with an introduction by V.C. Chappell. 11-311. New York: Random House.

I

Ikegami, Yoshihiko. 1988. What wew see when we see flying cranes: Motion of situation. *The Japan Foundation Newsletter*, 15, 5/6, 1-9.

Ikegami, Yoshihiko. 1991. DO-language and BECOME-language: Two contrasting types of linguistic representation. In *The Empire of Signs*, ed. by Y. Ikegami, 258-326. Amsterdam: John Benjamins.

Inoue, Ken. 2012. On the creative function of translation in modern and postwar Japan: Hemingwy, Proust, and Modern Japanese novels. In *Translation and Translation Studies in the Japanese Context*, ed. by N. Sato-Rossberg and J. Wakabayashi. 116-133. London and New York: Continuum.

Iwasaki, Shoichi. 1993. *Subjectivity in Grammar and Discourse: Theoretical Considerations and a Case Study of Japanese Spoken Discourse*. Amsterdam: John Benjamins.

J

Jakobson, Roman. 2004 [1959]. On linguistic aspects of translation. In *The Translation Studies Reader, second edition*, ed. by L. Venuti. 138-143. New York and London: Routledge.

James, William. 1984 [1890]. *The Works of William James: Psychology Brief Course.* Cambridge, MA: Harvard University Press.

K

Kristeva, Julia. 1980. *Desire in Language: A Semiotic Approach to Literature and Art,* ed. by L. S. Roudiez, trans. by T. Gora, et al. Oxford: Basil Blackwell.

Kuno, Susumu. 1976. Subject, theme and the speaker's empathy: A reexamination of relativization phenomena. In *Subject and Topic,* ed. by C. N. Li, 417-444. New York: Academic Press.

Kuno, Susumu and Etsuko Kaburaki. 1975. Empathy and syntax. *Harvard Studies in Syntax and Semantics* 1, 1-73.

L

Lakoff, George. 1996. Sorry, I'm not myself today: The metaphor system for conceptualizing the self. In *Spaces, Worlds, and Grammar,* ed. by G. Fauconnier and E. Sweetser, 91-123. Chicago: University of Chicago Press.

Lakoff, Robin. 1975. *Language and Women's Place.* New York: Harper and Row.

Lefevere, André. 1992. On the construction of different Anne Frank. In *Translation, Rewriting and the Manipulation of Literary Fame,* ed. by A. Lefevere. 59-72. London and New York: Routledge.

Lefevere, André. 2004 [1984]. Mother Courage's cucumbers: Text, system and refraction in a theory of literature. In *The Translaton Studies Reader,* second edition, ed. by L. Venuti. 239-255. London and New York: Routledge.

Lunsing, Wim and Claire Maree. 2004. Shifting speakers: Negotiating reference in relation to sexuality and gender. In *Japanese Language, Gender, and Ideology: Cultural Models and Real People,* ed. by S. Okamoto and J. Shibamoto. 72-109. Oxford and New York: Oxford University Press.

M

Makino, Seiichi and Michio Tsutsui. 1995. *A Dictionary of Intermediate Japanese Grammar.* Tokyo: The Japan Times.

Maree, Claire. 2003. Ore wa ore dakara（because I'm me）: A case study of gender and language in the documentary Shinjuku Boys. http://www.gender.jp/journal/no 4/AIclaire.html 2014年5月1日アクセス

Markus, Hazel Rose and Shinobu Kitayama. 1991. Culture and the self. *Psychological Review*, 98, 224-253

Martin, Samuel. 1975. *A Reference Grammar of Japanese*. New Haven and London: Yale University Press.

Maynard, Senko K. 1980. Discourse Functions of the Japanese Theme Marker *Wa*. Ph. D. Dissertation. Northwestern University.

Maynard, Senko K. 1981. The given/new distinction and the analysis of the Japanese particle *wa* and *ga*. *Papers in Linguistics*, 14, 1, 109-130.

Maynard, Senko K. 1982. Theme in Japanese and topic in English: A Functional comparison. *Forum Linguisticum*, 5, 235-261.

Maynard, Senko K. 1983. Flow of discourse and linguistic manipulation: Functions and constraints of the Japanese and English relative clauses in discourse. *Procedings of the XIIIth Intenational Congress of Linguiists*, ed. by S. Hattori and K. Inoue. 1028-1031. Hague: CIPL.

Maynard, Senko K. 1984. Functions of *to* and *koto-o* in speech and thought representation in Japanese. *Lingua*, 64, 1-24.

Maynard, Senko K. 1985a. Choice of predicate and narrative manipulation: Functions of *dearu* and *da* in modern Japanese ficition. *Poetics*, 14, 369-385.

Maynard, Senko K. 1985b. Contrast between Japanese and English participant identification: Its implications for language teaching. *International Review of Applied Linguistics*, 23, 217-229.

Maynard, Senko K. 1986a. The particle *-o* and content-oriented indirect speech in Japanese written discourse. In *Direct and Indirect Speech*, ed. by F. Coulmas, 179-200. Berlin: Mouton de Gruyter

Maynard, Senko K. 1986b. On Back-channel behavior in Japanese and English casual conversation. *Linguistics*, 24, 1079-1108.

Maynard, Senko K. 1987. Thematization as a staging device in Japanese narrative. In *Perspectives on Topicalization: The Case of Japanese Wa*, ed. by J. Hinds, S. K. Maynard and S. Iwasaki, 57-82. Amsterdam: John Benjamins.

Maynard, Senko K. 1989. *Japanese Conversation: Self-contextualization through Structure and Interactional Management.* Norwood, NJ: Ablex

Maynard, Senko K. 1990a. *An Introduction to Japanese Grammar and Communication Strategies.* Tokyo: Japan Times.

Maynard, Senko K. 1990b. Conversation management in contrast: Listener response in Japanese and American English. *Journal of Pragmatics*, 14, 397–412.

Maynard, Senko K. 1991. Pragmatics of Discourse Modality: A case of *da* and *desu/masu* forms in Japanese. *Journal of Pragmatics*, 15, 551–582.

Maynard, Senko K.1992a. Cognitive and pragmatic messages of a syntactic choice: A case of the Japanese commentary predicate *n(o)da*. *TEXT*, 12, 563–613.

Maynard, Senko K. 1992b. Where textual voices proliferate: A case of *to yuu* clause-noun combination in Japanese. *Poetics*, 21, 169–189.

Maynard, Senko K. 1993. *Discourse Modality: Subjectivity, Emotion and Voice in the Japanese Language.* Amsterdam: John Benjamins.

Maynard, Senko K. 1994. The centrality of thematic relations in Japanese text. *Functions of Language*, 1, 229–260.

Maynard, Senko K. 1995. "Assumed quotation" in Japanese. In *Gengo Henyoo ni kansuru Taikeiteki Kenkyuu oyobi sono Nihongo Kyooiku e no Ooyoo*, ed. by M. Tokunaga. 163–175.

Maynard, Senko K. 1996a. Contrastive rhetoric: A Case of nominalization in Japanese and English discourse. *Language Sciences*, 18, 933–946.

Maynard, Senko K. 1996b. Multivoicedness in speech and thought representation: The case of self-quotation in Japanese. *Journal of Pragmatics*, 25, 207–226.

Maynard, Senko K. 1997a. *Japanese Communication: Language and Thought in Contrast.* Honolulu: University of Hawai'i Press.

Maynard, Senko K. 1997b. Meta-quotation: Thematic and interactional significance of *tte* in Japanese girls' comics. *Functions of Language*, 4, 23–46.

Maynard, Senko K. 1997c. Rhetorical sequencing and the force of the topic-comment relationship in Japanese discourse: A case of *mini-jihyoo* newspaper articles. *Japanese Discourse: An International Journal for the Study of Japanese Text and Talk*, 2, 43–64.

Maynard, Senko K. 1997d. Shifting contexts: The sociolinguistic significance of nominalization in Japanese television news. *Language in Society*, 26, 381–399.

Maynard, Senko K. 1997e. Synergistic structures in grammar: A case of nominalization and commentary predicate in Japanese. *Word: Journal of the International Linguistic Association*, 48, 15-40.

Maynard, Senko K. 1997f. Textual ventriloquism: Quotation and the assumed community voice in Japanese newspaper columns. *Poetics*, 24, 379-392.

Maynard, Senko K. 1998a. *Principles of Japanese Discourse: A Handbook*. Cambridge: Cambridge University Press.

Maynard, Senko K. 1998b. Ventriloquism in text and talk: Functions of self- and other-quotation in Japanese discourse. *Japanese/Korean Linguistics*, 7, 17-37. Stanford, CA: Center for the Study of Language and Information.

Maynard, Senko K. 1999a. A poetics of grammar: Playing with narrative perspectives and voices in Japanese and translation texts. *Poetics*, 26, 115-141.

Maynard, Senko K. 1999b. On rhetorical ricochet: Expressivity of nominalization and *da* in Japanese Discourse. *Discourse Studies*, 1, 57-81.

Maynard, Senko K. 2001a. Expressivity in discourse: Cases of vocatives and themes in Japanese. *Language Sciences*, 23, 679-705.

Maynard, Senko K. 2001b. Falling in love with style: Expressive functions of stylistic shifts in a Japanese television drama series. *Functions of Language*, 8, 1-39.

Maynard, Senko K. 2002. *Linguistic Emotivity: Centrality of Place, Topic-Comment Dynamic, and an Ideology of Pathos in Japanese Discourse*. Amsterdam: John Benjamins.

Maynard, Senko K. 2004. Poetics of style mixture: Emotivity, identity, and creativity in Japanese writings. *Poetics*, 32, 387-409.

Maynard, Senko K. 2005. Another Conversation: Expressivity of *mitaina* and inserted speech in Japanese discourse. *Journal of Pragmatics*, 37, 837-869.

Maynard, Senko K. 2007. *Linguistic Creativity in Japanese Discourse: Exploring the Multiplicity of Self, Perspective, and Voice*. Amsterdam: John Benjamins.

Maynard, Senko K. 2008. Playing with multiple voices: Emotivity and creativity in Japanese style mixture. In *Style Shifting in Japanese*, ed. by K. Jones and T. Ono, 91-129. Amsterdam: John Benjamins.

Maynard, Senko K. 2009. *An Introduction to Japanese Grammar and Communication Strategies*. Tokyo: The Japan Times.

Maynard, Senko K. 2011. *Learning Japanese for Real: A Guide to Grammar, Use, and Genres of the Nihongo World.* Honolulu: University of Hawai'i Press.

Maynard, Senko K. 2016. *Fluid Orality in the Discourse of Japanese Popular Culture.* Amsterdam: John Benjamins.

N

Neisser, Ulric. 1988. Five kinds of self-knowledge. *Philosophical Psychology*, 1, 35–59.

Nida, Eugene. 1964. *Toward a Science of Translating with Special Reference to Principles and Procedures involved in Bible Translation.* Leiden: E. J. Brill.

Nida, Eugene. 2004 [1964]. Principles of correspondence. In *The Translaton Studies Reader*, second edition, ed. by L. Venuti. 153–167. New York and London: Routledge

O

Okamoto, Shigeko. 1994. 'Gendered' speech styles and social identity among young Japanese women. In *Cultural performances: Proceedings of the 3rd Berkeley Women and Language Conference*, ed. by M. Bucholtz, A.C. Liang, L, A. Sutten and C, Hines. 569–581.

Okamoto, Shigeko. 1995. 'Tastless' Japanese: Less 'feminine' speech among young Japanese women. In *Gender Articulated: Language and the Socially Constructed Self*, ed. by K. Hall and M. Bucholtz. 297–325. New York: Routledge

Okamoto, Shigeko. 2004. Ideology in linguistic practice and analysis: Gender and politeness in Japanese revisited. In *Japanse Language, Gender, and Ideology: Cultural Models and Real People*, ed. by S. Okamoto and J. Shibamoto. 38–56. Oxford and New York: Oxford University Press.

Onodera, Noriko O. and Ryoko Suzuki. 2007. Historical changes in Japanese: With special focus on subjectivity and intersubjectivity. *Journal of Historical Pragmatics*, 8, 2, 153–169.

Ortega y Gasset, J. 1959. The difficulty of meaning. *Diogenes*, 28, 1–17.

P

Parks, Tim. 2007. *Translating Style: A Literary Approach to Translation, A Translation*

Approach to Literature, second edition. Mancheste, UK and Kinderhook, NY: St. Jerome Publishing.

Peirce, Charles Sanders. 1992 [1868]. Some consequences of four incapacities. In *Essential Peirce: Selected Philosophical Wirtings*, ed. by H. Houser and C. Kloesel. 28-55. Bloomington, IN: The Indiana University Press.

Postgate, J. P. 1922. *Translation and Translations: Theory and Practice*. London: G. Bell and Sons.

R

Reiß, Katharina and Hans J. Vermeer. 2014. *Towards a General Theory of Translation Action: Skopos Theory Explored*, trans. by C. Nord. London and New York: Routledge.

Ricoeur, Paul. 2006. *On Translation*, trans. by E. Brennan with an introduction by Richarad Kearney. London and New York: Routledge.

S

Said, Edward. 1978. *Orientalism*. New York: Pantheon.

Saunders, Dale. (translation) 1966. *The Face of Another*. New York: Alfred Knopf.

Saussure, Ferdinand de. 1966. *Course in General Linguistics*, ed. by C. Bally and A. Schehaye and trans. by W. Basken. New York: McCraw-Hill.

Searle, John. 1994 [1969]. *Speech Acts*. Cambridge: Cambridge University Press.

Silverstein, Michael. 1979. Language structure and linguistic ideology. In *The Elements*, ed. by P. R. Clyne et al., 193-237.

Sperber, Dan and Deirdre Wilson. 1981. Irony and the use-mention distinction. In *Radical Pragmatics*, ed. by P. Cole. 295-318. New York: Academic Press.

Sperber, Dan and Deirdre Wilson 1988. *Relevance: Communication and Cognition*. Oxford: Blackwell.

T

Takeda, Kayoko. 2012. The emergence of translation studies as a discipline in Japan. In *Translation and Translation Studies in the Japanese Context*, ed. by N. Sato-Rossberg and J. Wakabayashi. 11-32. London and New York: Continuum.

Teshigawara, Mihoko and Satoshi Kinsui. 2011. Modern Japanese 'role language' (*yakuwarigo*): Fictionalised orality in Japanese literature and popular culture. *Sociolinguistic Studies*, 5, 37-58.

Toury, Gideon. 2004. Probabilistic explanations in translation studies: Welcome as they are, sould they qualify as universals? In *Translation Universals: Do they Exist?*, ed, by A. Mauranen and P. Kujamäki. 15-32. Amsterdam and Philadelphia: John Benjamins.

Traugott, Elizabeth Closs. 2003. From subjectification to intersubjectification. In *Motives for Language Change*, ed. by R. Hickey. 124-139. Cambridge: Cambridge University Press.

Turner, Jonathan H. 2012. *Contemporary Sociological Theory*. Los Angeles, London, and New York: Sage.

U

Uspensky, Boris.1973. *A Poetics of Composition*. Berkeley: University of California Press.

V

Venuti, Lawrence. 1998. The scandal of translation: Relevance and disciplinary resistance. *Yale Journal of Criticism*. 16, 2, 237-262.

Venuti, Lawrence. ed. 2008. *The Translator's Invisibility: A History of Translation*, second edition. New York and London: Routledge.

Vermeer, Hans J. 2004 [1989]. Skopos and commission in translational action. In *The Translaton Studies Reader*, second edition, ed. by L.Venuti. 227-230. New York and London: Routledge.

使用データ

日本語原作とその英訳

小説

大江健三郎 2000『取り替え子（チェンジリング）』講談社
Boehm, Deborah Boliver.（translation）2010. *The Changeling*. New York: Grove Press.

川上弘美 2004『センセイの鞄』文藝春秋
Powell, Allison Markin.（translation）2012, *The Briefcase*. Berkeley, CA: Counterpoint.

星野智幸 2010『俺俺』新潮社
De Wolf, Charles.（translation）2017. *ME: A Novel*. Brooklyn, NY: Akashic Books

吉本ばなな 1991『キッチン』福武書店
Backus, Megan.（translation）1993. *Kitchen*. New York: Grove Press.

吉本ばなな 1992『TUGUMI　つぐみ』中央公論社
Emmerich, Michael.（translation）2002. *Goodbye Tsugumi*. New York: Grove Press.

ライトノベル

谷川流 2003『涼宮ハルヒの憂鬱』角川書店
Pai, Chris.（translation）2009. *The Melancholy of Haruhi Suzumiya*. New York: Hanchette Book Group.

野村美月 2006『"文学少女"と死にたがりの道化(ピエロ)』エンターブレイン
McGillicuddy, Karen.（translaton）2010. *Book Girl and the Suicidal Mime*. New York: Yen Press.

野村美月 2007『"文学少女"と慟哭の巡礼者(パルミエーレ)』エンターブレイン

McGillicuddy, Karen. (translation) 2012. *Book Girl and the Wayfarer's Lamentation*. New York: Yen Press.

ミステリー

東野圭吾 2011『真夏の方程式』文藝春秋

Smith, Alexander O. (translation) 2016. *A Midsummer's Equation*. New York: St. Martin's Press, Minotauer Books.

宮部みゆき 2001『R.P.G.』集英社

Carpenter, Juliet Winters. (translation) 2004. *Shadow Family*. Tokyo: Kodansha International, Ltd.

児童文学

宮沢賢治 1961『銀河鉄道の夜』新潮社

Bester, John.（ジョン・ベスター）(translation) 1996. *Night Train to the Stars*. 講談社インターナショナル

Neville, Julianne. (translation) 2014. *Night on the Galactic Railroad & Other Stories from Ihatov*. Long Island City, NY: One Peace Books, Inc.

Pulvers, Roger.（ロジャー・パルバース）(translation) 1996『英語で読む銀河鉄道の夜』筑摩書房

Sigrist, Joseph and D. M. Stroud. (translation) 1996. *Milky Way Railroad*. Berkeley, CA: Stone Bridge Press.

ポルトガル語の原作とその和訳と英訳

Amado, Jorge. 1965. *Terras do Sem Fim*. Rio de Janeiro: Record.

Putnam, Samuel. (translation) 1965. *The Violent Land*. New York: Alfred A. Knopf.

武田千香（訳）1996『果てなき大地』新潮社

Coelho, Paulo. 1988. *O Alquimista*. Rio de Janeiro: Editora Rocco LTD.

Clarke, Alan R. (translation) 1998. *The Alchemist*. New Delhi: HarperCollins.

山川紘矢・山川亜希子（訳）1997『アルケミスト　夢を旅した少年』角川書店

英語の原作とその和訳

Auster, Paul. 2000. *Auggie Wren's Christmas Story.*『翻訳夜話』村上春樹・柴田元幸（編）viii-xv. 文藝春秋

柴田元幸（訳）2000「オーギー・レンのクリスマス・ストーリー」『翻訳夜話』村上春樹・柴田元幸（編）163-178 文藝春秋

村上春樹（訳）2000「オーギー・レンのクリスマス・ストーリー」『翻訳夜話』村上春樹・柴田元幸（編）147-162 文藝春秋

使用作品紹介

　本研究で分析の対象となる作品の内容を、簡単に紹介しておきたい。ネット検索すればより詳しい情報が入手できるのだが、本書で引用する部分のコンテクストを承知しておくことで、理解しやすくなるのではと思うからである。（ネタバレに注意されたい。）作品は使用データのリストにあるように、ジャンル別に紹介することにする。

大江健三郎　2000『取り替え子（チェンジリング）』講談社
Boehm, Deborah Boliver. (translation) 2010. *The Changeling*. New York: Grove Press.
　主人公古義人は、俳優・映画監督である義理の兄、吾良の自殺にショックを受ける。古義人は吾良の自殺の瞬間が録音されたカセットテープを、「田亀」と呼んでいるカセットレコーダーで聴きながら、吾良との会話を始める。傷心を癒すため、ドイツへ講演旅行に出かける。しかしドイツでも吾良と関係のあった人に出会うことになり、吾良の自殺を考えざるを得ない状況に置かれる。主人公と吾良が四国でいっしょに過ごした少年・青年時代の思い出が呼び起こされ、暴力団に襲われた事件や吾良の映画観などが語られる。そして、最終章は妻千樫の視点から、モーリス・センダックの絵本のテーマである取り替え子に関連して、死んでしまった者のことは忘れて、まだ生まれていない者たちを大切にしようというメッセージが紡ぎ出される。

川上弘美　2004『センセイの鞄』文藝春秋
Powell, Allison Markin. (translation) 2012, *The Briefcase*. Berkeley, CA: Counterpoint.
　ツキコは行きつけの居酒屋で、三十歳年上で高校の古文の先生だった松本に

再会する。居酒屋で偶然会ううちに、ふたりはいっしょにキノコ狩りに行ったり、花見の行事に参加したりして親しくなっていく。ツキコの同級生でバツイチの小島はツキコに興味を示し、旅行に誘ったりするがツキコはセンセイへの想いから断る。

　センセイは亡き妻の墓のある島へツキコを誘う。次第にセンセイもツキコに恋心を感じるようになり「ツキコさん、デートをいたしましょう」の一言からふたりは結ばれる。センセイと再会して二年、恋仲になって三年の月日が流れ、センセイはツキコに愛用の鞄を残してこの世を去っていく。

星野智幸 2010『俺俺』新潮社
De Wolf, Charles. (translation) 2017. *ME: A Novel*. Brooklyn, NY: Akashic Books

　家電量販店メガトンに勤務する永野均は、マクドナルドで誰かが自分のトレーに置き忘れた携帯を拾い、持ち主（市役所勤務の大樹）を装ってオレオレ詐欺を働く。この時点から彼の周囲の状況は狂い出す。帰宅すると大樹の母がいて均を大樹と思い込む。おかしいと思った均が自分の実家に帰ってみると、そこには大学生が均としてすでに住んでいる。こうして、均、大樹、大学生という複数の俺は自分の一部のように感じられ、一緒に高尾山に登ったりする。そのうち彼らの周囲や社会全体に「俺」が増殖し、「俺」の間で敵意が芽生え殺戮が始まる。均は高尾山に身を潜めるのだが、食糧難になり食われてしまう。しかし、現実の世界では食われた「俺」は自分が誰かのためになったということに気付き、満足感を覚え生き残る。そして高尾山に残った十四人の俺たちと集落を作り生き延びる。「俺」は、若者たちがこのようないまいましい俺俺時代の恐ろしさを忘れないようにと願うようになる。

吉本ばなな 1991『キッチン』福武書店
Backus, Megan. (translation) 1993. *Kitchen*. New York: Grove Press.

　「私」（桜井みかげ）は、祖母と二人暮らしをしていたが、その祖母が亡くなったことで途方に暮れていた。みかげは寝苦しさから逃れるため、最終的に

は台所が一番眠りやすいことに気付く。そんな時、祖母の知り合いだった青年、田辺雄一が訪ねてきて、自分の家に来ないかと誘う。

　みかげは雄一の家で居候をすることになるのだが、雄一の母親えり子さん（女装をして夜の仕事についている父親）に会う。みかげはそこの台所が気に入り、料理を作ってあげたりしながら、雄一とえり子さんのやさしさに包まれ、だんだん癒されていく。いずれは出ていかなければならないと思いつつ、田辺家の台所を愛しく思う一方、「私」がいつか持つ夢のキッチンに思いを馳せる。

吉本ばなな 1992『TUGUMI　つぐみ』中央公論社
Emmerich, Michael. (translation) 2002. *Goodbye Tsugumi*. New York: Grove Press.

　東京の大学に通う「私」（白河まりあ）は、ある夏を海辺の町で暮らした。山本屋旅館に住み、旅館の娘でいとこにあたるつぐみとともに過した夏の日々の出来事が語られる。つぐみは病弱だが人一倍強がりでヤンキー言葉を使い、病気とは思えないほど冒険好きなのである。「私」はつぐみの理解者として、彼女の面倒をみながら友情を育む。

　つぐみは犬のけんかがきっかけで恭一と出会い、恋をする。つぐみとまりあ、そして恭一は夏を楽しむのだが、恭一の犬が殺される事件が起こり、夏の終わりが来て恭一も「私」も東京へ戻ることになる。つぐみは体調がすぐれず入院を余儀なくされ、東京に戻った「私」のもとにその知らせが届く。「私」は急いで見舞いに行き、つぐみは元気になる。しかし、つぐみがこれが最後かもしれないと意を決して書いたまりあ宛ての手紙が届き、その時の気持ちが綴られる。恭一は新しく建てられるホテルのオーナーの息子として、海辺の町に戻ってくる。

谷川流 2003『涼宮ハルヒの憂鬱』角川書店
Pai, Chris. (translation) 2009. *The Melancholy of Haruhi Suzumiya*. New York: Hanchette Book Group.

高校入学と同時に、一人称語り手のキョンは不思議な級友に会う。「ただの人間には興味ありません。この中に宇宙人、未来人、異世界人、超能力者がいたら、あたしのところに来なさい。以上」という不思議な自己紹介をした涼宮ハルヒである。ハルヒは高校生活が退屈だという理由で、SOS団というクラブを作りそこに、長門、みくる、古泉、そしてキョンを強制的に入団させる。

　実はハルヒは気付いていないが、無意識のうちに願望を実現させることができる力を備えていて、その彼女をなんとかしようと集まったのが、宇宙人の長門、未来人のみくる、超能力者の古泉なのである。普通の高校生であるキョンを巻き込みながら、次々と奇妙な事件に遭遇する。例えばハルヒが発生源となっている超常現象を解決したり、宇宙人や未来人たちの思惑に振り回されたり、その他もろもろのトラブルに付き合ったりしながら日々を過ごしていく。

野村美月　2006『"文学少女"と死にたがりの道化(ピエロ)』エンターブレイン
McGillicuddy, Karen (translaton) 2010. *Book Girl and the Suicidal Mime*. New York: Yen Press.

　文学少女を名乗る妖怪、天野遠子は、本のページを食べて文学を味わうという高校三年生。物語は、彼女が部長をつとめる文芸部に無理やり入部させられた二年生男子、井上心葉の視点から語られる。心葉は「おやつ」としておもしろい話を書かされることになり、それなりに部員の役目を果たす。心葉は苦しい過去を抱えているのだが、無邪気な遠子に振り回されながら、さまざまな事件を解決する手助けをしていく。竹田千愛、芥川一詩、琴吹ななせなど、部員や級友との人間的なふれあいを通して心を開いていく。太宰治の作品、特に『人間失格』から幾つか引用部分が導入され、複雑な想いが語られる。

野村美月　2007『"文学少女"と慟哭の巡礼者(パルミエーレ)』エンターブレイン
McGillicuddy, Karen. (translation) 2012. *Book Girl and the Wayfarer's Lamentation*. Yew York: Yen Press.

　この巻では、宮沢賢治の作品、特に『銀河鉄道の夜』を引用しながら心葉の過去が明らかにされる。遠子が卒業する年の正月を迎えた頃、心葉はななせと

距離を縮めていくのだが、ななせは突然入院する。見舞いに行った病院で心葉は忘れられない少女美羽と再会する。

　美羽は心葉の幼友達で、中学の時屋上から飛び降り、その後消息を絶っていたのだが、その友達との二年ぶりの再会であった。美羽を裏切ったという罪悪感にさいなまされてきた心葉は、遠子の助けを借りながら、苦しみが癒されていくのを感じる。遠子は大学受験の前にもかかわらず心葉の心の支えとなり、最後にみんなをプラネタリウムに誘い、全員が苦しみの巡礼者として希望を持って生きていくように心強くサポートする。

東野圭吾　2011『真夏の方程式』文藝春秋
Smith, Alexander O. (translation) 2016. *A Midsummer's Equation*. New York: St. Martin's Press.

　海沿いの町玻璃ヶ浦は、その美しい海が売り物である。小学生の恭平は、夏休みを利用して、そこで緑岩荘という宿を経営している親戚を訪れる。丁度その頃、その海での資源開発の話が持ち上がっていて、湯川学（このシリーズに登場し科学的に事件を解決する物理学者）は、説明会にアドバイザーとして呼ばれていた。恭平と列車の中で知り合ったことから、湯川も緑岩荘に投宿する。

　翌日、緑岩荘に泊まっていた男が、変死体となって発見される。その男（塚原）はもと刑事で、退職後にある事件を追っていたことが分かる。警視庁捜査一課の草薙は湯川とともに、この殺人事件を捜査する。事件を追っていくうちに、恭平が伯父さんと花火をしたことが塚原の死に関係していることが明らかになる。恭平はそのことを理解し苦しむのだが、それを湯川が優しく包む。この殺人にはもう一つの殺人事件が絡んでいることが判明するのだが、結局事件の真相は誰をも幸せにしないということでそのままにされる。

宮部みゆき　2001『R.P.G.』集英社
Carpenter, Juliet Winters. (translation) 2004. *Shadow Family*. Tokyo: Kodansha International, Ltd.

郊外の建築中の一軒家で殺人事件が起きる。被害者は所田良助というサラリーマンなのだが、所田はネット上にも「家族」を持っていたことが判明する。家族ごっこというロール・プレイング・ゲームをしていたのである。妻の春恵と娘の一美、息子の稔という家族がいるにも関わらず、お母さん、カズミ、ミノルというネット上の疑似家族と頻繁にチャットで連絡し合い、オフ会で顔を合わせたりしていたのだ。

　警視庁捜査一課の武上や、石津刑事などの取調べで、犯人はごく身近な者であることが明らかになる。良助は、子供の時のように甘えることのなくなった一美に不満を感じ、ネット上の家族につながりを求めていたのだと、一美は思っている。マジックミラーを通して家族の取調べが続けられるのだが、一美の反応で、一美が他人のカズミに愛着する父親に不満を持っていたことが判明する。一方、一美の恋人石黒も捜査線上に上がってきて、殺人事件は次第に解決に向かう。

宮沢賢治　1961『銀河鉄道の夜』新潮社
Bester, John.（ジョン・ベスター）(translation) 1996. *Night Train to the Stars*. 講談社インターナショナル
Neville, Julianne. (translation) 2014. *Night on the Galactic Railroad & Other Stories from Ihatov*. Long Island City, NY: One Peace Books, Inc.
Pulvers, Roger.（ロジャー・パルバース）(translation) 1996『英語で読む銀河鉄道の夜』筑摩書房
Sigrist, Joseph and D.M. Stroud. (translation) 1996. *Milky Way Railroad*. Berkeley, CA: Stone Bridge Press.

　活版所でアルバイトをする少年ジョバンニには、今は昔のように親しくはないが、大切に思っているカムパネルラという友達がいる。級友の中には、ジョバンニの父親が家にいないことから、お父さんからラッコの上着が届くよ、とからかうザネリもいる。ケンタウル祭の夜、ジョバンニは牛乳屋へ病気の母のための牛乳を取りに行くがもらえなかった。帰り道、ザネリやカムパネルラが

一緒に祭に行くところに出会う。

　淋しくなったジョバンニがひとり丘に登り星空を眺めていると、突然、銀河ステーションというアナウンスが響く。次の瞬間、カムパネルラと一緒に銀河鉄道に乗っていることに気付く。ふたり一緒に鉄道で旅をしている間に、学者に話を聞いたり鳥を捕る人に出合ったり女の子に会ったりする。女の子はさそりの話をしてくれたりするのだが、そのうちカムパネルラは元気をなくし、いつの間にかいなくなってしまう。

　丘の上で目覚めたジョバンニは、川へ落ちた少年を助けに行ったもうひとりの少年が見つからないということを知らされる。心配して川へ走っていったジョバンニは、ザネリを助けようとしたカムパネルラがおぼれてしまったことを知る。ジョバンニはカムパネルラの父から、君のお父さんはもうすぐ帰ってくるだろうと知らされ、家に帰る。

Amado, Jorge. 1965. *Terras do Sem Fim*. Rio de Janeiro: Record.
Putnam, Samuel. (translation) 1965. *The Violent Land*. New York: Alfred A. Knopf.
武田千香（訳）1996『果てなき大地』新潮社

　船はブラジルの北東部の街バイーアから、イリェウスを目指している。船には、カカオ栽培で大金を手に入れようとする若者、病弱の妻を残していく夫、死んだ息子の仇を討とうとする老人、オラシオ大佐、そしてカカオ農園の主であるジュカ・バダロなどが乗っている。

　到着先のセケイロ・グランデは、まだ未開の森であり、そこに多くの開墾者が入って農園を広げようと凄惨な戦いを続ける。農園主の妻や女中、用心棒や弁護士などが入り混じり、人間模様が繰り広げられる。中でも勢力のあるのは、少しでも大きな農園の主となりたがっているオラシオ大佐とバダロの二人である。オラシオは残忍な男であり、ライバルのバダロとの悲惨な戦いが繰り広げられる。オラシオは熱病にかかり、妻エステルの看病によって一命をとりとめるものの、熱病にかかったエステルは亡くなってしまう。実はエステルにはヴィルリジオという弁護士の恋人がいたのだが、その不倫がエステルの死後

発覚し、ヴィルリジオは殺されてしまう。

　セケイロ・グランデの森の戦いは、結局オラシオ側が勝ち、バダロの家屋敷は焼き討ちにされる。森は今、半分のサイズになりカカオ農園の開墾が進んでいく。

Coelho, Paulo. 1988. *O Alquimista*. Rio de Janeiro: Editora Rocco LTD.
Clarke, Alan R. (translation) 1998. *The Alchemist*. New Delhi: Harper-Collins.
山川紘矢・山川亜希子（訳）1997『アルケミスト　夢を旅した少年』角川書店
　スペインの羊飼いの少年サンチャゴは、偶然出会った王様の話を信じて、ピラミッドにあるという宝物を探しに行く。アフリカに渡ったものの金を騙し取られ、クリスタルショップで働いたり、キャラバンに加わって旅をする途中で部族間の争いに巻き込まれたりする。キャラバンで会ったイギリス人は錬金術師を探しているという。サンチャゴは到着したオアシスが襲撃されることを予言し、オアシスの危機を救う。それを認めた錬金術師と会い、オアシスの少女ファティマに恋する。

　しかし、ピラミッドへ行く夢は捨てきれず、ファティマに別れを告げ、錬金術師とともにピラミッドを目指す。途中である部族に捕えられるが、風をおこす奇跡を呼び起こし助かる。その後、錬金術師と別れたサンチャゴはついにピラミッドに到着し宝物を掘り始める。しかしその時、宝物はスペインの教会に埋められているというお告げを聞く。それはふるさとの教会である。サンチャゴはふるさとに戻り宝を手に入れ、再びファティマの待つオアシスに戻る決心をする。

Auster, Paul. 2000. *Auggie Wren's Christmas Story*. 『翻訳夜話』村上春樹・柴田元幸（編）viii-xv. 文藝春秋
柴田元幸（訳）2000「オーギー・レンのクリスマス・ストーリー」『翻訳夜話』村上春樹・柴田元幸（編）163-178 文藝春秋
村上春樹（訳）2000「オーギー・レンのクリスマス・ストーリー」『翻訳夜話』

村上春樹・柴田元幸（編）147-162 文藝春秋

　ニューヨークに住む作家の「私」は、クリスマス・ストーリーを書くように依頼される。どうしようかと困っている時、近くの葉巻店のカウンターで働くオーギー・レンと知り合いになり、彼に何百枚に及ぶ写真が整理されたアルバムを見せてもらう。オーギーは、写真をとるようになったいきさつを語るのだが、それはクリスマスに起きたある事件と関係している。

　ある日、オーギーの店に来てペーパーバックを万引きする若者を見つけ、追いかけた際その青年が落とした財布を拾う。クリスマスの日財布を返そうと彼の住所を訪ねると、年取った盲目の女が出てきて、息子のロバートがクリスマスに会いにきてくれたものと思い込む。オーギーはエセルというその年老いた女の息子になりすまし、ふたりでクリスマスのディナーを楽しみながら四方山話をする。たまたまトイレに入ったオーギーは高価なカメラを見付けそれを盗んでしまう。しかし罪悪感に苛まれ、しばらくしてカメラを返しに行くと、エセルは亡くなっていてもうそこには住んでいないことを知らされる。それから十二年間、オーギーはそのカメラで毎朝七時に近くの交差点の同じ位置から写真を取り続けているのである。

　「私」はオーギーに、エセルと最後のクリスマスを祝うことになっていいことをしたんだ、と言ってなぐさめ、この話をクリスマス・ストーリーとすることにする。

著者索引

あ
安部公房　24
阿部ひで子ノーネス　278
尼ケ崎彬　55
安西徹雄　43, 87, 93, 94

い
飯野公一　292
庵功雄　175, 215
池上嘉彦　42, 55, 67, 191, 217, 228
石黒圭　99, 202, 203
市川浩　64
井出祥子　291
井上健　17, 79
井上史雄　273, 336

う
上野千鶴子　66
上野直樹　64
内田樹　41

お
大江健三郎　29, 241, 274
大江三郎　42
大来尚順　329, 330
太田稔　24
大谷麻美　24
大津栄一郎　86, 93
大塚容子　24
岡本真一郎　251

小田律　18, 312
小野正樹　229
尾上圭介　55, 127
小野寺典子　167

か
筧寿雄　95
片岡義男　94
加藤周一　333
加藤陽子　229
鎌田修　228
河合隼雄　41, 325
川上弘美　29, 202
河原清志　23

き
岸本秀樹　154
北原保雄　96, 97, 98, 101, 104, 185
金水敏　19, 261, 262, 288

く
工藤真由美　127, 216, 217
国広哲弥　175
窪田彩子　24

こ
小金丸春美　175
国立国語研究所　56, 263
小玉安恵　217
小林隆　273
近藤安月子　176
近藤いね子　27

さ
斎藤環　267

酒井潔　39
酒井悠美　175
坂原茂　127
佐久間鼎　171
佐治圭三　170
佐竹秀雄　202, 270
定延利之　202, 216
ザトラウスキー、ポリー　23
佐野香織　144
澤田治美　55

し
重光由加　24
柴田武　273
柴田元幸　30, 310, 311, 312, 313, 314, 315, 316, 317, 318, 319, 320, 321, 322
陣内正敬　273

す
杉田くに子　23
スコウラップ、ローレンス　99
鈴木朖　48, 50, 52, 157
砂川有里子　171, 228

せ
瀬戸賢一　250

そ
ソシュール　39, 70

た
高崎みどり　292
田窪行則　277
竹岡正夫　49
武田千香　30, 290

太宰治　62, 205, 369
田嶋香織　99
田中ゆかり　273, 281
谷川流　29
谷口一美　127
谷崎潤一郎　14
田野村忠温　175
田守育啓　94, 96, 98, 99

ち
因京子　270

つ
辻大介　270
津田幸男　334, 335
土屋俊　40
角田三枝　176
坪井栄治郎　127

て
デカルト　37, 38, 39, 324, 338

と
時枝誠記　51, 52, 55, 61, 157, 185

な
永江朗　267
中島文雄　44, 86, 93
中田祝夫　49
長沼美香子　15, 16
永野均　16
永野賢　160, 161
中村明　54, 136, 139, 202
中村桃子　19, 292
中村雄二郎　45, 63

名嶋義直　176
難波功士　267

に
西田幾多郎　42, 45, 46, 47, 48, 52, 63, 325
西原鈴子　23
仁田義雄　61

ぬ
沼田裕之　43

の
野上豊一郎　15
野崎歓　20
野田春美　175
野村美月　29, 200

は
ハイコ、ナロック　61
浜野祥子　105
早川敦子　4
林四郎　160

ひ
東野圭吾　30
平子義男　17, 218, 228
平野啓一郎　66
廣瀬幸生　228
廣松渉　41

ふ
藤田保幸　228
富士谷成章　48, 49, 50
船曳建夫　339
古野ゆり　15

ほ
星野智幸　29
堀井令以知　314
堀口純子　24
本田啓　55
本名信行　23

ま
前田彰一　234
前野隆司　41
マグロイン、直美・H.　175
益岡隆志　277
町田宋鳳　42
松岡和子　314, 317
松田謙次郎　337
マリィ、クレア　278
丸山真男　333

み
三尾砂　161
三木清　61, 62, 326
水村美苗　334
水本光美　35
三谷邦明　234
三宅直子　281
宮崎清孝　64
宮崎幸江　24
宮沢賢治　30, 95, 107, 208, 212
宮部みゆき　30

む
村上春樹　20, 28, 30, 310, 311, 312, 313, 314, 315, 316, 317, 318, 319, 320, 321, 322

め

メイナード、泉子・K　19, 21, 22, 23, 24, 25, 37, 39, 40, 45, 56, 59, 60, 63, 64, 66, 127, 153, 156, 160, 171, 177, 186, 200, 201, 218, 229, 237, 243, 254, 258, 260, 262, 274, 278, 288, 325, 338, 340

も

森有正　65
森田良行　42, 215, 216
守屋三千代　61

や

八木下孝雄　5
安井稔　202
柳父章　15, 16, 217
山川亜希子　30
山川紘矢　30
山口佳也　176
山中桂一　44

ゆ

湯本久美子　61

よ

吉本ばなな　29
米川明彦　270

り

李雪　270

わ

渡辺実　56
渡部直己　241

A

Amado, J.　30, 289
Auster, P.　30, 289, 310
Austin, J. L.　255

B

Backus, M.　29
Baker, M.　76, 77
Bakhtin, M. M.　200, 229, 256, 257, 258, 259, 287, 288
Beaugrande, R. de.　39, 40
Bell, A.　41
Bellow, S.　24
Benjamin, W.　71, 72, 75, 83, 332
Bester, J.　30
Boehm, D. B.　29
Bucholtz, M.　41
Burke, P. J.　40
Butler, J.　291

C

Carpenter, J. W.　30
Carroll, N.　64
Chomsky, N.　39, 40, 324, 325
Clancy, P.　24
Clarke, A. R.　30
Coelho, P.　30, 289
Cutler, C. A.　41

D

De Wolf, C.　29
Descartes, R.　37, 38, 66
Doorslaer, L. van.　76

E
Emmerich, M. 29
Evan-Zohar, I. 79, 80, 337

F
Firbas, J. 154

G
Gambier, Y. 76
Geertz, C. 37, 40, 324
Gergen, K. 41, 324
Goffman, I. 40
Grice, P. 255

H
Halliday, M. A. K. 101
Hasan, R. 101
Hamano, S. 96, 99
Heidegger, M. 36
Hijiya-Kirschnereit, I. 20
Hinds, J. 23, 87, 93, 160
Hume, D. 37, 40, 324

I
Ikegami, Y. 67, 87, 93
Inoue, K. 18, 312
Iwasaki, S. 55

J
Jakobson, R. 71, 72, 73, 74, 75, 84, 227
James, W. 37, 40, 324

K
Kaburaki, E. 87
Kinsui, S. 288

Kitayama, S. 40
Kristeva, J. 199, 200, 254, 255
Kuno, S. 87

L
Lakoff, G. 134
Lakoff, R. 291
Lefevere, A. 81, 82, 332
Lunsing, W. 278

M
Makino, S. 217
Maree, C. 277, 278
Markus, H. R. 40
Martin, S. 184
Maynard, S. K. 19, 22, 23, 24, 27, 39, 45, 54, 55, 60, 63, 65, 101, 134, 153, 154, 157, 160, 176, 177, 186, 229, 243, 258, 260, 262, 278, 288, 339
McGillicuddy, K. 29

N
Neisser, U. 41
Neville, J. 30
Nida, E. 71, 74, 75, 84

O
Okamoto, S. 291, 292
Onodera, N. 53, 337
Ortega y Gasset, J. 331

P
Pai, C. 29
Parks, T. 25, 26, 27
Peirce, C. S. 197

Postgate, J. P.   15
Powell, A. M.   29
Pulvers, R.   5, 30
Putnam, S.   30

R
Reiß, K.   78
Ricoeur, P.   68, 69, 70, 83, 330

S
Said, E   108, 340
Saldanha, G.   76
Saunders, D.   24
Saussure, F. de   39, 70
Searle, J.   255
Sigrist, J.   30, 116
Silverstein, M.   338
Smith, A. O.   30
Sperber, D.   250
Stets, J. E.   40

Stroud, D. M.   30, 116
Suzuki, R.   53, 337

T
Takeda, K.   4
Teshigawara, M.   288
Toury, G.   79, 80
Traugott, E. C.   53, 66, 67
Tsutsui, M.   217
Turner, J.   40

U
Uspensky, B.   87

V
Venuti, L.   78, 82, 108, 274
Vermeer, H. J.   78

W
Wilson, D.   250

事項索引

あ

アイコン　197, 198, 199
アイコン的　104, 197
あいづち研究　24
アイデンティティ　41, 82, 338, 339
アイロニー　243, 250, 251, 252
　　先行研究　250
　　日本語の表現　251
アイロニー効果　243, 251, 253
アイロニー表現　251, 254
アクセサリー化　273
「ある」　121, 191
『アルケミスト　夢を旅した少年』　30, 289, 301, 302, 305, 307, 308, 310
『R.P.G.』　13, 30, 133, 136, 137, 187, 188, 189, 204, 205, 218, 219, 222, 230, 231, 253, 262, 263, 272

い

言い足りなさ　331
一貫性　25, 101, 194, 196
異質化　108
異質化現象　274
異質化方略　78
一人称　131, 133, 134, 135, 136, 137, 142, 144, 145, 146, 147, 151, 208, 235, 239, 241, 246, 265, 314, 317, 318
一人称視点　235
一人称小説　137, 144, 241
一人称表現　32, 117, 134, 135, 136, 137, 143, 144, 147, 151, 152, 311, 314, 316, 318, 322, 327
　　ゼロ記号　89, 109, 113, 135, 136, 137, 138, 143
　　翻訳における「私」と「僕」　314-318
　　「私」と「自分」　141-144
イデオロギー　3, 31, 78, 79, 80, 81, 82, 83, 278, 292, 332
田舎者言葉　291, 296
移人称　239, 241, 242, 328
「いる」　121
インデックス　197
引用　33, 58, 199, 200, 212, 228, 229, 230, 231, 232, 239, 328
　　種類　228-230
　　先行研究　228, 229
　　「と」引用　229
引用節　58
引用表現　21, 197, 228, 229, 230, 239, 242, 328
引用方法　230, 232, 242, 254

う

ヴァーチャル方言　281
受身　127, 128, 130, 152, 226
受身表現　32, 55, 56, 117, 127, 128, 152, 194, 235, 327
　　機能　127, 128
　　種類　127, 128
　　先行研究　127

え

『英語で読む銀河鉄道の夜』　7, 9, 30, 96, 97, 100, 109, 113, 114, 118, 119, 120, 121, 122, 126, 131, 168, 179, 181, 183,

265, 266
エコー 250
エコー標識 250
遠心的 87, 89, 90, 91, 93, 138

お
「オーギー・レンのクリスマス・ストーリー」 30, 311, 316, 319
おじさん言葉 33, 262, 263, 287, 329
おネエキャラクター 279, 280
おネエ言葉 33, 261, 273, 276, 277, 278, 279, 280, 287, 329
　先行研究 277-278
　特徴 278
オノマトペ 32, 43, 86, 94, 95, 96, 98, 100, 101, 103, 104, 105, 106, 107, 115, 201, 327
オリエンタリズム 108, 340
「俺」 136, 147, 148, 151, 152, 314, 318
『俺俺』 29, 147, 148, 149, 171, 172

か
「が」 141, 154, 155, 159, 161, 162
概念化 25, 87, 156, 169, 170, 171, 172, 173, 176, 177, 181, 195, 303, 328
会話体 235, 243, 247, 249
会話つなぎ心内会話 237
会話分析 21, 22, 24, 325
書き換え 81, 82
確述 215, 216, 218, 221, 223
確述意識 216
掛け合い心内会話 236, 237
「かしら」 19, 277, 278
カタカナ 198, 201, 202
カタカナ表記 111, 198, 201, 202, 203, 204, 205, 207, 208, 212, 213, 254
　機能 202, 203
　先行研究 202, 203
語りのスタイル 182, 186, 244
語りのモダリティ 33, 197, 254, 259, 327, 328
可能意 63
借り物スタイル 22, 243, 260, 262
　キャラクター・スピークとの関係 260, 261
　定義 260
間ジャンル性 22, 33, 197, 199, 200, 201, 208, 212, 213, 215, 254
「とさ」の使用 301
慣習的オノマトペ 95, 104
間主観化 53, 54, 167, 337
間主観性 32, 53, 54, 55, 56, 337
感受表現 55, 92, 226, 290, 299, 322
感情形容詞 56
間接受身 127
間接話法 217, 228, 229, 230, 232, 235, 249, 311
間テクスト性 22, 33, 199, 200, 206, 208, 209, 210, 211, 212
　定義 199-200

き
「ギーギーフーギーギーフー」 99, 100
「聞こえる」 124
記号間翻訳 72
記述的翻訳研究 80
既知情報 16, 141, 148, 155, 159, 160, 162, 166
『キッチン』 29, 88, 89, 90, 137, 138, 139, 140, 141, 142, 143, 144, 246, 247, 248,

249, 279, 280
規範　80, 108
客体化　177, 181, 182
客体的話者　135, 136
キャラ　33, 66, 259, 260, 261, 262, 280, 282, 286
　　キャラクターとの違い　261
　　定義　261
キャラクター　33, 34, 40, 41, 249, 254, 257, 258, 259, 260, 261, 262, 264, 267, 268, 272, 273, 280, 288, 290, 324, 329
　　キャラとの違い　261
　　定義　261
キャラクター・スピーク　19, 22, 33, 243, 256, 258, 260, 261, 262, 264, 265, 266, 274, 275, 276, 277, 279, 280, 282, 285, 286, 287, 288, 290, 291, 296, 297, 311, 322, 326, 327, 328, 329, 337
　　借り物スタイルとの関係　260, 261
　　定義　261
　　役割語との違い　261, 262
キャラクター設定　260, 262, 267, 272, 274, 276, 277, 278, 279, 288, 291, 292, 296, 315
キャラクター・ゾーン　256, 258, 259, 260, 287
　　特徴　259
　　Bakhtinの説明　258, 259
キャラ提示　260, 262, 267, 274, 276, 277, 278, 280, 281, 282, 283, 287, 288, 292
逆翻訳　27, 88, 91, 96, 97, 118, 125, 132, 164, 166, 172, 187, 188, 226, 244, 248, 264, 266, 271, 275, 283, 332
求心性　87, 88, 89, 93
求心的　32, 86, 89, 90, 92, 93, 94, 114, 327

旧情報　158
「共感」　205, 206, 207
「キョーカン」　205, 207
共通性　22, 23, 35
『銀河鉄道の夜』　5, 6, 7, 8, 9, 29, 30, 95, 96, 97, 99, 100, 101, 102, 103, 107, 108, 110, 112, 113, 114, 115, 117, 118, 119, 120, 121, 122, 125, 126, 130, 167, 168, 178, 181, 182, 183, 208, 210, 211, 212, 264, 265, 266

く

空白の場　18, 32, 34, 36, 37, 44, 45, 53, 55, 63, 66, 86, 92, 94, 95, 104, 105, 110, 112, 114, 115, 157, 191, 243, 322, 324, 325, 326, 327, 336, 338, 339, 340
　　意味付け　63-64
　　空白の話者との関係　45-48
　　西田哲学の背景　45-48, 325
空白の話者　18, 32, 33, 34, 36, 37, 44, 45, 48, 49, 52, 53, 55, 57, 60, 63, 64, 86, 94, 110, 115, 117, 133, 134, 147, 152, 153, 156, 175, 177, 182, 192, 197, 208, 228, 235, 242, 243, 253, 254, 256, 260, 262, 286, 287, 304, 318, 322, 324, 325, 327, 328, 336, 338, 339, 340
　　間主観性との関係　53-57
　　空白の場との関係　45-48
　　特徴　49, 64-66, 325, 326
屈折　82, 332

け

形式的等価　74
結束性　100, 101, 103, 104, 107, 112, 113, 114, 115, 135, 151, 152, 155, 171, 174,

177, 194, 196, 206, 207, 212, 254, 304
　　一貫性との違い　101
　　定義　101
欠落　6, 10, 12, 13, 14
言及　250
言語過程説　51, 52
言語間翻訳　70, 72, 73
言語内翻訳　70, 72
言語のイデオロギー　291, 338, 339
言語の情的価値　336
言語のもてなし　69
言語哲学　325
顕在化　221
現象文　161, 185

こ
声　33, 66, 135, 139, 177, 180, 182, 229, 234, 241, 256, 257, 258, 259, 260, 280, 304, 328
声の多重性　229, 256, 257
交渉意　63
「幸福」　209, 210, 211
コギト　37, 38, 39, 49, 51, 64, 65, 66, 152, 153, 324, 328, 338
心の声　50, 51, 52, 157, 335
コト　25, 43, 44
「こと」　166, 167, 168, 169, 229, 301, 302, 303, 304, 307, 322
「ことだ」　24, 167, 219
コメント　25, 33, 58, 59, 64, 153, 154, 155, 156, 157, 167, 170, 171, 172, 178, 182, 187, 195, 196, 235, 327, 328
　　定義　154, 155
　　テーマ・レーマとの関係　154
コメント的　59

コメント表現　59
コメント文　156, 157
誤訳　6, 14, 249

さ
再記述　81, 82
差異性　2, 27, 35, 68, 70, 79, 103, 115, 148, 166, 196, 227, 326, 330, 332, 333, 336
「さいわい」　209, 210, 211, 212
「幸い」　209, 210, 211, 212
三人称　133, 144, 145, 146, 147, 221, 326, 235, 239, 241
三人称視点　115, 144, 145, 146, 226, 235, 239, 241
三人称小説　131, 147, 182, 241, 274
三人称表現　144, 145

し
辞　32, 48, 51, 52, 61, 62
「幸せ」　209
ジェンダー・アイデンティティ　277
思考心内会話　236
自己引用　229
視座　69, 87, 95, 133, 134, 139, 144, 165, 186, 217, 218, 221, 223, 227, 244
指示詞　174
指示表現　22, 56, 101, 109, 110, 164, 224
指示方法　107
時制　17, 44, 215, 217, 218, 219, 220, 221, 228, 312, 328
　　時制の揺れ　215
　　主観的な判断　227-228
　　先行研究　215-218
時制表現　33, 73, 197, 218, 227, 328

事項索引　385

辞的　52, 326, 330
辞的表現　328
視点　33, 53, 56, 64, 69, 82, 87, 88, 109,
　　110, 115, 118, 119, 122, 128, 130, 131,
　　133, 136, 144, 145, 146, 156, 159, 161,
　　162, 164, 167, 177, 186, 194, 201, 204,
　　205, 208, 209, 216, 217, 218, 219, 221,
　　226, 227, 229, 230, 235, 239, 241, 259,
　　327, 328, 330
　　先行研究　87
　　視座との違い　87
　　定義　87
視点シフト　144, 241, 242
シフト　77, 78, 79, 104
「自分」　135, 136, 138, 141, 142, 143, 144,
　　145, 146, 152
主観化　53, 167, 177
主観性　17, 32, 49, 53, 54, 55, 56, 337
授受表現　32, 55, 117, 131, 132, 133, 152,
　　240, 297, 301, 308, 309, 311, 312, 322,
　　327
授受動詞　56
述語的論理　42
述語論理　46
受容化　78, 79, 108, 204, 274
受容化方略　78, 79
使用　250
状況焦点化　87
女性語　19, 20, 277, 291, 292, 293, 294,
　　296
　　ステレオタイプとしての女性語
　　　　19-20, 292
　　先行研究　291, 292
純粋経験　45
純粋言語　71, 72, 75, 79, 332

純粋言語的　72
『情意の言語学』　57, 58, 67
新情報　141, 154, 158
心内会話　33, 131, 234, 236, 237, 239, 242,
　　254, 328
　　種類　236, 237
心内モノローグ　10, 11, 25, 33, 131, 203,
　　211, 228, 234, 235, 236, 239, 242, 245,
　　254, 328
シンボル　197, 199

す
『涼宮ハルヒの憂鬱』　29, 95, 98, 99, 128,
　　129, 130, 201, 236, 237, 238, 244, 245,
　　251, 252, 264, 272, 280, 281, 282, 283,
　　284, 285, 286
スコポス理論　78, 79, 332
スタイル　25, 33, 58, 136, 191, 201, 230,
　　231, 234, 243, 244, 245, 247, 248, 250,
　　253, 254, 258, 259, 260, 261, 263, 264,
　　267, 268, 272, 274, 275, 277, 282, 283,
　　285, 290, 291, 292, 294, 297, 311, 328
スタイルシフト　22, 78, 136, 197, 243,
　　244, 246, 247, 248, 249, 254, 268, 283,
　　294
　　先行研究　243
スタイル分析　25
スタイルの揺れ　243
ステージング効果　153, 154, 160, 162,
　　165, 166
ステージング操作　33, 160, 161, 162, 164,
　　165, 166, 195, 223, 327
　　定義　161
　　「は」との関係　160
　　表現効果　161, 162, 164, 165, 166

ステレオタイプ　19, 20, 35, 81, 247, 260, 261, 277, 292, 297
ステレオタイプ化　19, 21, 185, 260, 261, 277, 288

せ
「ぜ」　265
生成変形文法　39, 40
ゼロ化　57
ゼロ記号　89, 135, 143, 152, 154, 155, 164
潜在化　137, 221
潜在性　117, 123, 124, 222
潜在的な話者　65, 117, 121, 124, 125, 152, 315
『センセイの鞄』　29, 91, 158, 159, 164, 165, 166, 198, 199, 202

そ
相互関係性　65
想定引用　229
属性形容詞　56
ソフト化　270, 271

た
「だ」　171, 175, 177, 184, 185, 186, 187, 189, 191, 243
対照言語学　22, 77
対照分析　22
題述　154
体言止め　54
ダイナミックな等価　74
タ形　194, 215, 216, 217, 218, 219, 221, 223, 224, 225, 226, 227, 228, 254, 303, 312
　機能　215-218
　ル形との比較　215-218
多言語性　256, 257, 258, 287
ダ体　243, 244, 245, 246, 247, 268, 297
脱構築　76, 79
脱デカルト主義　37
脱デカルト的　48
『他人の顔』　24
他動詞　117, 118, 121, 124, 127, 128, 194, 235, 299, 309
ダ文　186, 187, 188, 189, 190, 191, 194
『ダロウェイ夫人』　27
男性語　19, 270, 277
談話言語学　21
談話構造　64, 77, 191, 233
談話のモダリティ　60, 61, 64, 157
談話分析　2, 3, 21, 22, 40, 49, 77, 256, 288, 325
『談話分析の可能性』　57, 58, 67

ち
知覚動詞　299, 300
知覚表現　32, 124, 125, 327
「ちらちら」　100, 101, 102, 103, 115
『宙ぶらりんの男』　24, 25
直接受身　127
直接話法　21, 43, 217, 228, 229, 230, 231, 232, 233, 234, 235, 236, 237, 239, 240, 258, 259, 291, 311
陳述　32, 48, 49, 52, 53, 54, 61, 62, 156, 157, 185, 186, 192, 218, 329
陳述効果　191
陳述表現　156, 186

つ
『TUGUMI　つぐみ』　29, 90, 92, 93, 162,

172, 173, 233, 268, 269

て

「である」 184, 185, 186, 187, 189, 190, 191, 219
    使用制限　185, 186
    先行研究　185
デアル文　33, 184, 186, 187, 188, 189, 190, 191, 195, 327
    ダ文との比較　185
    非デアル文との比較　186, 187
提題　154
デカルト主義　37, 39, 40, 64, 324
デカルト的　38, 49
テクスト等価　77
「てくれる」　42, 117, 131, 133, 152, 301, 309
ディスコース・モダリティ　157
ディスコース・モダリティの指標　157
「です・ます」　243
デス・マス体　136, 157, 243, 244, 245, 246, 247, 254, 274, 290
    選択の心理的動機　243
    ダ体との比較　243, 244
テニヲハ　50, 52, 157
テーマ　154
「てもらう」　152, 301
「てやる」　42
伝達推進力　154, 157

と

「と」　228, 229
「というか」　271
等価　4, 15, 16, 35, 74, 76, 77, 78
動詞文　187, 194

時枝文法　51, 52
「とさ」　201
「どしん」　104, 105
「ドシン」　104, 105, 106, 107, 115
トピック　58, 59, 109, 119, 136, 153, 154, 155, 158, 159, 160, 162, 164, 166, 167, 169, 171, 174, 194, 195, 196, 223, 301, 304, 327, 328
    定義　154, 155
    テーマ・レーマとの関係　154
トピック維持　160
トピック化　155, 160, 161, 162, 165, 328
トピック構造　23, 136, 158, 160
トピック・コメント　33, 58, 59, 64, 153, 155, 156, 157, 161, 165, 195, 327, 328
    先行研究　160
    談話レベルの機能　155, 156, 157
トピック・コメント関係　33, 153, 156, 328
トピック・コメント構造　177
トピック・コメント軸　33, 58, 153, 155, 156, 157, 159, 167, 182, 219, 327
トピック提示　154, 158, 166, 186
『取り替え子(チェンジリング)』　29, 104, 105, 106, 115, 144, 145, 146, 147, 168, 169, 170, 192, 194, 226, 227, 228, 239, 240, 241, 242, 274, 275

な

内面的　142, 143
内面的話者　135, 136
なる　58
「なる」　89, 130, 191, 311
なる視点　64

に
西田哲学　32, 45, 47, 52, 325
日本語あいまい論　326
日本人論　339
人称代名詞　17, 109, 148, 162, 293

の
「の」　166, 167, 169, 170, 171, 174, 175, 177, 191, 192, 301
「のだ」　24, 167, 170, 175, 176, 177, 178, 182, 191, 219, 320, 321
　　客体化と主題化　177
　　先行研究　175, 176
ノダ文　33, 153, 167, 169, 175, 176, 177, 178, 180, 181, 182, 183, 184, 195, 248, 301, 302, 311, 319, 320, 322, 327
　　機能　177
　　非ノダ文との比較　182-184
「のである」　191, 192, 194, 320, 321
ノデアル文　33, 153, 167, 184, 192, 193, 194, 195, 311, 319, 320, 322, 327

は
「は」　16, 58, 153, 154, 155, 158, 159, 160, 161, 162
場　34, 44, 45, 46, 49, 51, 53, 54, 55, 57, 59, 63, 64, 86, 87, 90, 91, 92, 93, 94, 107, 109, 112, 113, 114, 115, 117, 122, 133, 137, 154, 157, 161, 192, 197, 226, 228, 229, 234, 270, 277, 281, 324, 325, 326, 327, 328
　　背景となる場所論　45-48
　　場交渉論における場　63
　　場面との関係　51-53
ハイブリッド性　287
ハイブリッド構造　257, 258, 287
場から話者へ　32, 86, 87, 89, 327
場交渉論　22, 63
場所　42, 45, 46, 47, 48, 52, 53, 63, 325
場所の論理　45, 47, 325
場所論　45, 47
発想・発話態度　4, 33, 51, 58, 60, 110, 155, 185, 186, 189, 196, 199, 327, 330
「パチパチ」　98
パッケージ化　33, 167, 168, 169, 170, 172, 173, 175, 192, 327
パッケージ機能　167
パッケージ効果　168
『果てなき大地』　30, 289, 290, 292, 293, 294, 296, 298, 299, 300
パトス　61, 62
パトス的　59, 60, 274
パトスの知　39
パトスのレトリック　32, 57, 58, 59, 60
場の設定　86, 91, 92, 93, 108, 115
場面　49, 51, 52, 53, 86, 88
バリエーション　2, 20, 22, 33, 34, 35, 41, 64, 157, 234, 243, 244, 248, 256, 257, 258, 259, 260, 261, 262, 263, 264, 270, 272, 273, 276, 277, 278, 280, 282, 283, 287, 291, 296, 326, 329, 337
パロール　39, 70
反Chomsky言語観　40
判断文　155, 161
反デカルト主義　37
反日本人論　339

ひ
被影響　127
比較対照分析　3, 6, 22, 24, 60, 83, 289,

340
非コメント文　156
非主題化　160
非デアル文　189, 191
ひとごと性形容詞　56
人焦点化　87
非トピック化　160, 161, 162, 165, 166, 223
一人相撲心内会話　236
非ノダ文　33, 175, 177, 178, 181, 182, 183, 184, 327
非ノデアル文　192, 194
ひらがな　198, 290
表記変換　33, 197, 198, 199, 213, 215
描出話法　230
「ぴょこぴょこ」　98
「ぴょんぴょん」　95, 96
貧困性　34, 331, 336

ふ
付託　55, 156, 157, 328
　　定義　156
　　和歌との関係　156
付託的　55, 59, 92, 122, 123, 167
「二人」　112, 113, 114, 115
浮遊するモノローグ　229
『"文学少女"と死にたがりの道化(ピエロ)』　29, 110, 111, 115, 198, 203, 205, 206, 207, 235, 236, 271
『"文学少女"と慟哭の巡礼者(パルミエーレ)』　29, 112, 208, 209, 210, 211, 212, 213, 214
文法化　54, 337

ほ
方言　19, 22, 33, 244, 273, 274, 275, 280, 281, 282, 287, 329, 337

語り手の方言使用　280, 281, 282
　　先行研究　273, 274
　　方言とキャラクター　274, 275, 276
方言コスプレ　281
方言コンプレックス　273
豊潤性　34, 331, 336
ぼかし効果　167, 172, 302
ぼかし表現　270
「僕」　136, 152, 208, 210, 311, 314, 315, 316, 317, 318
ポリシステム　79, 80, 337, 338
翻訳規範　80
翻訳研究　2, 4, 15, 17, 32, 68, 75, 76, 77, 78, 79, 80, 81, 82, 103
翻訳テクスト分析　2, 14, 21, 22, 24, 27, 32, 60, 62, 82, 86, 87, 93, 95, 259, 324, 327, 331, 332
翻訳手順　74

ま
『真夏の方程式』　5, 10, 11, 12, 13, 30, 122, 123, 124, 125, 131, 132, 133, 172, 174, 182, 203, 204, 223, 224, 225, 226, 232

み
見え　64, 115, 156, 328
「見える」　92, 124, 299
未知情報　16, 155, 160, 162, 166, 223

む
「むしゃむしゃ」　95, 96, 99
無の場所　46, 47, 48

め
名詞化　25, 58, 166, 167, 169, 170, 171,

173, 174, 175, 176, 177, 301, 304, 328
名詞化効果　169
名詞述語文　24, 25, 168, 170, 171, 173, 176, 187, 189, 191, 195, 215, 304
　　小説における分布　24, 25
　　先行研究　170, 171
　　動詞文との違い　171
迷惑の受身　127, 128, 235, 297
メタファー的　27
メタファー表現　13

も
「もしゃもしゃ」99
モダリティ　49, 61, 62, 64, 155, 156, 175, 196, 329
　　定義　61
モノ　43

や
役割語　19, 262, 288
ヤンキー　261, 267
　　女ヤンキー　267
　　定義　267
ヤンキーキャラクター　267
ヤンキー言葉　33, 267, 268, 287, 329

ら
ラング　70
乱暴言葉　244, 248, 267, 268, 272, 278, 282, 283, 291, 294

り
臨時的オノマトペ　94, 95, 99, 104

る
類似引用　229
ル形　187, 192, 194, 215, 216, 217, 218, 219, 221, 223, 224, 225, 226, 228, 235, 254, 312
　　機能　215, 216, 217, 218
　　即時性　224
　　ダ形との比較　215, 216, 217, 218

れ
レーマ　154
レトリック　23, 32, 34, 57, 60, 61, 62, 70, 141, 201, 243, 258, 261, 326, 328
レトリック的　60, 61, 62, 326

ろ
老人語　261, 262, 282, 287, 291, 297
ローカリゼーション　78, 79
ロゴス　61, 62
ロゴス的　59, 60
ロゴスの知　39
ロゴスのレトリック　59

わ
「わ」　20, 247, 278, 279, 292
「わい」　282
わがこと性形容詞　56
若者言葉　33, 136, 267, 270, 271, 272, 280, 329
　　先行研究　270
「分かる」　124
「わし」　261, 297
「わっし」　265
話者　25, 32, 33, 34, 35, 36, 37, 39, 40, 41, 42, 44, 45, 46, 48, 49, 50, 51, 52, 53,

54, 55, 56, 57, 60, 61, 63, 64, 65, 66,
87, 88, 89, 90, 91, 92, 93, 99, 107, 112,
115, 117, 119, 120, 122, 123, 124, 132,
134, 135, 136, 137, 140, 141, 142, 143,
144, 148, 152, 153, 155, 156, 157, 161,
162, 164, 167, 175, 177, 182, 185, 186,
187, 189, 191, 192, 194, 196, 197, 199,
201, 208, 216, 218, 219, 221, 222, 227,
228, 232, 233, 234, 244, 246, 247, 249,
251, 254, 256, 257, 260, 261, 262, 265,
274, 277, 308, 314, 316, 317, 320, 321,
324, 325, 326, 327, 328, 329, 335, 337,
338
  コギトとの比較　37, 38, 39
  定義　53, 65
  特徴　64, 65, 66
  ideal speaker との違い　39
話者複合論　40, 325
「私」　42, 51, 56, 135, 136, 137, 138, 139,
  140, 141, 142, 143, 152, 162, 311, 314,
  315, 316, 317, 318

A

A Midsummer's Equation　5, 10, 11, 12,
  13, 30, 123, 124, 125, 132, 133, 174,
  175, 204, 224, 225, 226, 232
Auggie Wren's Christmas Story　30, 289,
  310, 311, 313, 315, 316, 317, 318, 319,
  320, 321

B

betrayal　69
Book Girl and the Suicidal Mime　29, 110,
  111, 199, 203, 206, 207, 236, 271
Book Girl and the Wayfarer's Lamentation
  29, 112, 209, 213, 214

C

character-speak　260
character zone　256, 258
coherence　101
cohesion　100
Communicative Dynamism　154
contrastive analysis　22
contrastive linguistics　22
cultural studies　79
cultural translation　76

D

Dangling Man　24, 25
deconstruction　76
deficiencies　331
Descriptive Translation Studies　80
Discourse Modality　60
discourse modality indicators　157
domestication　78, 108, 204
dynamic equivalence　74

E

echo　250
echo marker　250
emotive focus　64
empathy　87
equivalence　4, 22, 35, 74
exuberancies　331

F

faithfulness　69
foreignization　78, 108
formal equivalence　74

G

gain 69
Generative Transformational Grammar 39
Goodbye Tsugumi 29, 91, 92, 93, 163, 173, 233, 268, 269
grammaticalization 54

H

heteroglossia 256
hybrid construction 257

I

icon 197
ideal speaker 39
index 197
individuum 87
information qualification 157
interactional appeal 157
interlingual translation 70, 72
interpretation 70
intersemiotic translation 72
intersubjectification 53
intertextuality 199
intralingual translation 70, 72

K

Kitchen 29, 88, 89, 90, 138, 139, 140, 141, 142, 143, 246, 247, 248, 249, 279, 280

L

Linguistic Emotivity 57
linguistic hospitality 69
linguistic ideology 338
localization 78
loss 69

M

ME: A Novel 29, 149, 150, 172
mention 250
Milky Way Railroad 7, 9, 10, 30, 96, 97, 100, 107, 108, 109, 118, 120, 121, 122, 126, 131, 168, 180, 183, 266, 267
modality 50
multivoicedness 256

N

Night on the Galactic Railroad & Other Stories from Ihatov 7, 8, 9, 30, 96, 97, 100, 109, 110, 118, 119, 120, 121, 122, 126, 130, 168, 179, 181, 183, 265, 266
Night Train to the Stars 7, 8, 9, 30, 96, 97, 100, 101, 102, 109, 118, 119, 120, 121, 122, 126, 130, 168, 179, 181, 184, 265, 266
norm 80
non-thematization 160

O

O Alquimista 30, 289, 302, 303, 305, 307, 309, 310

P

participatory control 157
performance 39
person focused 87
Polysystem 79
postcolonial approaches 76
pretranslation 20
principles of correspondence 74
production of meaning 70
pure language 71

R

receptor-language 75
refraction 82
relationality 65
representative speech 230
rewriting 72, 81
rheme 154

S

semantic innovation 70
Shadow Family 14, 30, 133, 137, 188, 189, 190, 205, 220, 222, 231, 232, 253, 263, 272
shift 77
signified 70
signifier 70
situation focused 87
skopós 78
sociological approaches 76
source-language 75
speech act declaration and qualification 157
split self 134
subjectification 53
symbol 197

T

Terras do Sem Fim 30, 289, 293, 295, 296, 298, 299, 300

textual equivalence 77
The Alchemist 30, 302, 303, 306, 308, 309, 310
The Briefcase 29, 91, 158, 159, 165, 166, 199
The Changeling 29, 105, 106, 145, 146, 169, 170, 193, 195, 227, 240, 242, 275, 276
The Face of Another 24
The Melancholy of Haruhi Suzumiya 29, 98, 99, 129, 130, 201, 236, 237, 238, 245, 246, 251, 252, 264, 272, 282, 283, 284, 285, 286
The Violent Land 30, 293, 295, 297, 298, 299, 300
the whole event 87
thematization 160
theme 154
topic maintenance 160
translation 70, 76
translation proper 72
translation studies 76
transmutation 72

U

use 250

V

voice 256

【著者紹介】
泉子・K・メイナード（Senko K. Maynard）
山梨県出身。AFS（アメリカン・フィールド・サービス）で米国に留学。甲府第一高等学校およびアイオワ州コーニング・ハイスクール卒業。東京外国語大学卒業後、再度渡米。1978年イリノイ州イリノイ大学シカゴ校より言語学修士号を、1980年ノースウェスタン大学より理論言語学博士号を取得。その後、ハワイ大学、コネチカット・カレッジ、ハーバード大学、プリンストン大学で教鞭をとる。現在、ニュージャージー州立ラトガース大学栄誉教授（Distinguished Professor of Japanese Language and Linguistics）。会話分析、談話分析、感情と言語理論、語用論、マルチジャンル分析、創造と言語論、ポピュラーカルチャー言語文化論、言語哲学、翻訳論、日本語教育などの分野において、日本語、英語による論文、著書多数。

主要著書・『情意の言語学 「場交渉論」と日本語表現のパトス』2000 くろしお出版
　　　　・『談話言語学　日本語のディスコースを創造する構成・レトリック・ストラテジーの研究』2004 くろしお出版
　　　　・『ライトノベル表現論　会話・創造・遊びのディスコースの考察』2012 明治書院
　　　　・『ケータイ小説語考　私語りの会話体文章を探る』2014 明治書院
　　　　・『話者の言語哲学　日本語文化を彩るバリエーションとキャラクター』2017 くろしお出版
　　　　・*Principles of Japanese Discourse: A Handbook.* 1998. Cambridge, England: Cambridge University Press..
　　　　・*Linguistic Creativity in Japanese Discourse: Exploring the Multiplicity of Self, Perspective, and Voice.* 2007. Amsterdam: John Benjamins.
　　　　・*Learning Japanese for Real: A Guide to Grammar, Use, and Genres of the Nihongo World.* 2011. Honolulu: University of Hawai'i Press.
　　　　・*Fluid Orality in the Discourse of Japanese Popular Culture.* 2016. Amsterdam: John Benjamins.

日本語本質論　翻訳テクスト分析が映し出す姿
令和元年10月10日　初版発行

著　者　　泉子・K・メイナード

発行者　　株式会社明治書院　　代表者　　三樹　蘭
印刷者　　精文堂印刷株式会社　代表者　　西村文孝
製本者　　精文堂印刷株式会社　代表者　　西村文孝

発行所　　株式会社明治書院
　　　　　〒169-0072　東京都新宿区大久保1-1-7
　　　　　電話 03-5292-0117　　FAX 03-5292-6182
　　　　　振替 00130-7-4991

© Senko K. Maynard 2019
Printed in JAPAN　ISBN 978-4-625-43454-9